最高人民法院案例指导与参考丛书

最高人民法院
劳动案例指导与参考

（第三版）

最高人民法院案例
指导与参考丛书编选组 编

人民法院出版社

图书在版编目（ＣＩＰ）数据

最高人民法院劳动案例指导与参考 / 最高人民法院
案例指导与参考丛书编选组编. -- 3版. -- 北京 ：人民
法院出版社，2023.9
（最高人民法院案例指导与参考丛书）
ISBN 978-7-5109-3876-4

Ⅰ. ①最… Ⅱ. ①最… Ⅲ. ①劳动争议－民事诉讼－
审判－案例－中国 Ⅳ ①D925,118.24

中国国家版本馆CIP数据核字(2023)第158712号

最高人民法院劳动案例指导与参考(第三版)

最高人民法院案例指导与参考丛书编选组　编

责任编辑　杨佳瑞
出版发行　人民法院出版社
地　　址　北京市东城区东交民巷 27 号(100745)
电　　话　(010)67550638(责任编辑)　 67550558(发行部查询)
　　　　　　　65223677(读者服务部)
客 服 QQ　2092078039
网　　址　http://www. courtbook. com. cn
E － mail　courtpress@ sohu. com
印　　刷　保定市中画美凯印刷有限公司
经　　销　新华书店

开　　本　787 毫米×1092 毫米　 1/16
字　　数　490 千字
印　　张　33
版　　次　2023 年 9 月第 1 版　 2023 年 9 月第 1 次印刷
书　　号　ISBN 978-7-5109 3876 4
定　　价　99.00 元

出版说明

案例指导制度是一项具有中国特色的司法制度。自建立以来，案例指导制度发展迅速，在统一裁判标准、提高审判质量、提升司法公信力方面发挥了重要作用。最高人民法院院长张军指出，人民法院要组织编写集中反映案件审理中的难点、争点和痛点问题，能够指导广大法官公正高效办案的案例教程，使之充分发挥促进公正司法、统一裁判尺度的重要作用。基于此，我们编辑了《最高人民法院案例指导与参考丛书》，将最高人民法院出台的指导性案例分类汇编成册，并收录近几年来《最高人民法院公报》《中国审判指导丛书》中公布的具有重要参考价值的典型案例，为广大法官审理类似案件提供指导与参考，使公众从案例中直观领悟法律的原则和精神，更好地发挥司法的指导引领作用。

本丛书具有以下特点：

第一，精选案例、指导实践。本丛书收录了截至目前最高人民法院发布的有效指导性案例以及部分指导性案例理解与参照适用的权威论述，并对近几年来《最高人民法院公报》《民事审判指导与参考》《执行工作指导》《商事审判指导》《立案工作指导》《审判监督指导》《知识产权审判指导》等《中国审判指导丛书》中刊发的典型案例进行了系统梳理，精选出社会广泛关注、法律规定比较原则、具有典型性、疑难复杂或者新类型的案例予以收录。这些案例经过了最高人民法院的层层筛选，案例中所蕴含的裁判思路、裁判标准和裁判方法将为广大法律工作者从"抽象到具体"的法律适用,提供从"具体到具体"的参照,对司法实践中的法律适用难点问题进行实例指导。

第二,精细编排,精准参照。本丛书将最高人民法院公布的有效指导性案例以及分布在《最高人民法院公报》和最高人民法院各审判业务庭出版的审判参考类图书中的大量案例进行了精细分类编排,以案件类型为分卷标准,目前已陆续出版了合同、物权、侵权、劳动、婚姻家庭与继承、知识产权、保险、票据、公司、行政、执行、环境资源、建设工程、人格权等案例指导与参考分册,各分册以案由、公布载体对精选收录的案例进一步细化分类,每一案例均注明案例来源,方便读者进行同类案件查找比对。各分册还特别提炼了所收录案例的裁判要点,并在目录中进行醒目提示,使读者对案例的指导与参考要点一目了然,准确定位所需参照案例。在部分指导性案例后附录最高人民法院案例指导工作办公室撰写的理解与参照文章,有助于读者领会和把握案例的精神实质和指导与参考意义。

本丛书一经推出便得到读者广泛好评。因近几年我国法律的立改废释工作举措密集,同时新类型案件层出不穷,本丛书编写组特对丛书进行了更新,以期为读者提供最新、最全的最高人民法院案例指导与参考。衷心希望本丛书的出版能够为法律实务工作提供切实有效的办案指导与参考,同时也能够为法学理论研究提供权威、真实的案例素材。书中存在的不当之处,敬请广大读者批评指正。

编　者
二〇二三年九月

目录

劳动合同纠纷

社会保险纠纷

工伤认定

平等就业权纠纷

其他

劳动合同纠纷

1.中兴通讯（杭州）有限责任公司诉王某劳动合同纠纷案*

（最高人民法院审判委员会讨论通过 2013 年 11 月 8 日发布）

劳动者被绩效考评为末等，用人单位不能因此认定不能胜任工作而单方解除劳动合同

【关键词】

民事 劳动合同 单方解除

【裁判要点】

劳动者在用人单位等级考核中居于末位等次，不等同于"不能胜任工作"，不符合单方解除劳动合同的法定条件，用人单位不能据此单方解除劳动合同。

【相关法条】

《中华人民共和国劳动合同法》第三十九条、第四十条

【基本案情】

2005 年 7 月，被告王某进入原告中兴通讯（杭州）有限责任公司（以下简称中兴通讯）工作，劳动合同约

＊ 摘自 2013 年 11 月 8 日最高人民法院发布的第五批指导性案例（指导案例 18 号）。

定王某从事销售工作，基本工资每月 3840 元。该公司的《员工绩效管理办法》规定：员工半年、年度绩效考核分别为 S、A、C1、C2 四个等级，分别代表优秀、良好、价值观不符、业绩待改进；S、A、C（C1、C2）等级的比例分别为 20%、70%、10%；不胜任工作原则上考核为 C2。王某原在该公司分销科从事销售工作，2009 年 1 月后因分销科解散等原因，转岗至华东区从事销售工作。2008 年下半年、2009 年上半年及 2010 年下半年，王某的考核结果均为 C2。中兴通讯认为，王某不能胜任工作，经转岗后，仍不能胜任工作，故在支付了部分经济补偿金的情况下解除了劳动合同。

2011 年 7 月 27 日，王某提起劳动仲裁。同年 10 月 8 日，仲裁委作出裁决：中兴通讯支付王某违法解除劳动合同的赔偿金余额 36596.28 元。中兴通讯认为其不存在违法解除劳动合同的行为，故于同年 11 月 1 日诉至法院，请求判令不予支付解除劳动合同赔偿金余额。

【裁判结果】

浙江省杭州市滨江区人民法院于 2011 年 12 月 6 日作出（2011）杭滨民初字第 885 号民事判决：原告中兴通讯（杭州）有限责任公司于本判决生效之日起 15 日内一次性支付被告王某违法解除劳动合同的赔偿金余额 36596.28 元。宣判后，双方均未上诉，判决已发生法律效力。

【裁判理由】

法院生效裁判认为：为了保护劳动者的合法权益，构建和发展和谐稳定的劳动关系，《中华人民共和国劳动法》《中华人民共和国劳动合同法》对用人单位单方解除劳动合同的条件进行了明确限定。原告中兴通讯以被告王某不胜任工作，经转岗后仍不胜任工作为由，解除劳动合同，对此应负举证责任。根据《员工绩效管理办法》的规定，"C（C1、C2）考核等级的比例为 10%"，虽然王某曾经考核结果为 C2，但是 C2 等级并不完全等同于"不能胜任工作"，中兴通讯仅凭该限定考核等级比例的考核结果，不能证明劳动者不能胜任工作，不符合据此单方解除劳动合同的法定条件。虽然 2009 年 1 月王某从分销科转岗，但是转岗前后均从事销售工作，并存在分销科解散导致王某转岗这一根本原因，故不能证明王某系因不能胜任工作而转岗。因此，中兴通讯主张王某不胜任工作，经转岗后仍然不胜任工作的依据不足，存在违法解除劳动合同的情形，应当依法向王某支付经济补偿标准二倍的赔偿金。

理解与参照

《中兴通讯（杭州）有限公司诉王某劳动合同纠纷案》的理解与参照[*]
——用人单位不得因劳动者考核末位单方解除劳动合同

最高人民法院案例指导工作办公室

2013 年 11 月 8 日，最高人民法院发布了指导案例 18 号"中兴通讯（杭州）有限公司诉王某劳动合同纠纷案"。为了正确理解和准确参照适用该指导性案例，现对其推选经过、裁判要点、需要说明问题等有关情况予以解释、论证和说明。

一、推选经过及其指导意义

本案于 2011 年 12 月经浙江省杭州市滨江区人民法院一审后，双方当事人未上诉，判决发生法律效力。2013 年浙江省高级法院经审判委员会讨

---

[*] 摘自《最高人民法院司法解释与指导性案例理解与适用》（第 2 卷），人民法院出版社 2014 年版，第 468~472 页。

论将该案例作为备选指导性案例向最高人民法院推荐。2013 年 6 月 22 日，最高人民法院民一庭审查认为，"末位淘汰制"在有关劳动争议司法解释起草过程中曾有涉及，但最终没有规定。通过指导性案例规制，有助于劳资双方对这一问题清晰理解，达到较好社会效果。9 月 3 日，研究室室务会讨论了该案例，认为它解决了司法实践中的争议问题，一致同意作为指导性案例。10 月 28 日，最高人民法院审判委员会经讨论一致同意将该案例确定为指导性案例。11 月 8 日，最高人民法院以法〔2013〕241 号文件将该案例作为第五批指导案例予以公开发布。

本案例系因"末位淘汰制"引发的劳动合同解除典型案例，具有一定的典型性。该指导案例旨在明确用人单位不能仅因劳动者在考核中居于末位等次而单方解除劳动合同。该案例裁判要点贯彻了劳动法和劳动合同法的有关规定，强调了单方解除劳动合同必须符合法定条件，对于严格把握用人单位单方解除劳动合同的条件，保护劳动者合法权益具有普遍指导意义。发布该指导性案例，一方面有利于依法促进就业，保护劳动者合法权益；另一方面也能够促使用人单位在遵守劳动法、劳动合同法的前提下，制定合法合理的绩效考核体系和内部管理规章制度，从而维护和谐稳定的劳动关系，防范和减少劳动纠纷的发生，促进经济协调健康发展。

二、裁判要点的理解与说明

指导案例 18 号裁判要点确认：劳动者在用人单位等级考核中居于末位等次，不等同于"不能胜任工作"，不符合单方解除劳动合同的法定条件，用人单位不能据此单方解除劳动合同。该裁判要点针对法律和司法解释没有规定的"末位淘汰制"热点问题，以《中华人民共和国劳动法》《中华人民共和国劳动合同法》为依据，根据《中华人民共和国劳动合同法》第四十七条、第四十八条、第八十七条等规定，重点分析了"末位淘汰制"不符合劳动合同法规定的"劳动者不能胜任工作，经过培训或者调整工作岗位，仍不能胜任工作的"情形，用人单位不能以此单方解除劳动合同。下面结合有关法律和司法解释等规定，围绕与裁判要点有关的问题逐一论证和说明。

（一）"末位淘汰制"是否属于用人单位规章制度

"末位淘汰制"作为绩效考核的一种管理制度，是指工作单位根据本单位的工作目标，结合各个岗位的实际情况，制定具体的考核指标体系对员工考核，并依据考核结果对得分靠后的员工予以淘汰的管理制度。这一制度源于美国通用电气公司杰克·韦尔奇创建的活力曲线，也叫10%淘汰率法则，每年对员工工作绩效严格评估，有10%的员工被评为C类落后员工，表现最差的员工通常会被淘汰。这是一种强势的管理制度，员工竞争激励机制，一方面有积极作用，从客观上推动了员工工作积极性，有利于提高企业竞争力；另一方面也有消极作用，如可能存在违法内容、给员工压力过大等。近年来，我国一些企业将"末位淘汰制"写入企业规章制度或者劳动合同中，作为绩效考核的重要内容，定期将业绩居于末位的劳动者降薪、调岗或解除劳动合同，由此引发的劳动争议纠纷逐渐增多。本案例中，中兴通讯（杭州）有限公司（以下简称中兴通讯）将其《员工绩效管理办法》在网上予以公示，使其成为一项单位内部规章制度。

《中华人民共和国劳动合同法》第四条对用人单位制定规章制度的总体要求进行了规定，《最高人民法院关于审理劳动争议案件适用法律若干问题的解释》第十九条①对此也有涉及。据此，用人单位的规章制度要合法有效，在劳动争议案件审理中可以作为依据之一，须同时具备以下条件：其一，规章制度的制定程序合法。用人单位在制定、修改或者决定有关劳动报酬、工作时间、休息休假、劳动安全卫生、保险福利、职工培训、劳动纪律以及劳动定额管理等直接涉及劳动者切身利益的规章制度或者重大事项时，应当经职工代表大会或者全体职工讨论，提出草案，听取意见，与工会或者职工代表平等协商后确定。其二，履行告知义务。用人

---

① 该司法解释已于2021年1月1日废止，根据2020年12月29日公布的《最高人民法院关于审理劳动争议案件适用法律问题的解释（一）》，本条被修改为第五十条："用人单位根据《中华人民共和国劳动合同法》第四条规定，通过民主程序制定的规章制度，不违反国家法律、行政法规及政策规定，并已向劳动者公示的，可以作为确定双方权利义务的依据。用人单位制定的内部规章制度与集体合同或者劳动合同约定的内容不一致，劳动者请求优先适用合同约定的，人民法院应予支持。"

单位应当将直接涉及劳动者切身利益的规章制度和重大事项决定予以公示,或者直接告知劳动者。其三,不违反国家法律、行政法规及政策规定。根据《中华人民共和国劳动合同法》第八十条规定,用人单位直接涉及劳动者切身利益的规章制度违反法律、法规规定的,由劳动行政部门责令改正,给予警告;给劳动者造成损害的,应当承担赔偿责任。

本案例中,中兴通讯的《员工绩效管理办法》,内容属于涉及劳动者切身利益的重大事项,将其制定为单位的规章制度,要履行前述的协商制定程序和公示义务,制定包括实行末位淘汰的岗位、对象、程序、淘汰形式等内容的书面方案,充分征求员工意见,经过职工代表大会讨论后,向员工公示,并不得违反法律、法规的规定。

(二)"末位淘汰制"可否作为单方解除劳动合同条件

"末位淘汰制"作为用人单位的规章制度,并不意味着用人单位对业绩居于末位等次的劳动者可以单方面解除劳动合同。《中华人民共和国劳动合同法》第三十九条、第四十条和《中华人民共和国劳动合同法实施条例》第十九条规定了用人单位可以单方面解除劳动合同的法定情形。实践中劳动者与用人单位因为考核而解除劳动合同容易发生争议的情形主要有两种:一是"劳动者严重违反用人单位的规章制度";二是"劳动者不能胜任工作,经过培训或者调整工作岗位,仍不能胜任工作"。下面对这两种情形逐一分析:

第一,劳动者考核等次居于末位,是否构成"严重违反用人单位的规章制度"。严重违反用人单位的规章制度,是指劳动者明知或应知规章制度的要求,却基于故意或重大过失的心态,实施了严重违反规章制度的行为。考核居于末位是一种客观状态,不是员工的主观行为。有考核就有先进与落后之分,从客观上讲任何规章制度都不可能禁止劳动者的工作业绩在单位考核中居于末位。因此,劳动者在考核中居于末位,并不意味着严重违反用人单位的规章制度,用人单位不能以此为由单方面解除劳动合同。

第二,劳动者考核等次居于末位,是否属于"劳动者不能胜任工作"。

劳动者考核居于末位等次，可能是其不胜任现职工作，也可能是其能够胜任现职工作，但因各种因素在某次考核中居于末位等次。因为末位等次总是客观存在的，每次考核中总会有人居于末位等次，考核的末位等次不能直接等同于不胜任现职工作；以同一标准在相同行业考核，本单位考核的末位可能是其他单位考核的中位甚至首位，即"末位不末"，以此来认定劳动者不胜任工作也并不科学合理。即使考核居于末位等次的劳动者确实不能胜任现职工作，用人单位也不能直接与之解除劳动合同，而应当对劳动者先进行培训或调整工作岗位。只有在劳动者经培训或者调整工作岗位后仍不能胜任工作的情况下，才能提前30日以书面形式通知劳动者本人或者额外支付劳动者一个月工资后解除劳动合同。因此，用人单位不能仅因劳动者居于末位等次，就以其不能胜任工作为由而解除合同。

本案例中，中兴通讯的《员工绩效管理办法》规定，员工半年、年度绩效考核登记分别为S、A、C1、C2四个等级，其中C（C1、C2）等级的比例为10%，不胜任工作原则上考核为C2。可以看出，中兴通讯是以单位规章制度的形式规定了"末位淘汰制"。因王某三次考核为C2，中兴通讯以其"不能胜任工作，经转岗后仍不胜任工作"为由，解除劳动合同。由此有两个问题需要研究：即考核为C2是否意味着不能胜任工作？王某是否因不能胜任工作而进行转岗？

首先，考核为C2并不意味着不胜任工作。中兴通讯在单位规章制度中限定了考核为C的比例为10%，即每次考核中，不管员工的业绩如何，总会有人被考核为C。如前所述，考核的末位等次不能直接等同于不胜任现职工作，中兴通讯认为王某不胜任工作，应举证证明有合法的考核标准和王某不能胜任工作的具体事实，不能仅凭王某考核为C就认定其不胜任工作。

其次，王某没有因不能胜任工作而进行转岗。即使王某不能胜任工作，中兴通讯也应该对其进行培训或调整工作岗位，只有仍不能胜任工作的，才可以提前30日以书面形式通知其本人或者额外支付一个月工资后解除劳动合同。虽然2009年1月，王某从该公司分销科转岗至另一岗位华东区工作，存在调整工作岗位的事实，但转岗的根本原因是王某原工作岗位解散,而且王某原工作岗位的其他员工均进行了转岗,由此并不能证明王某转岗是因不能胜任工作。因此,中兴通讯主张王某不胜任工作,经转岗后仍然不胜任工作的依据不足,存在违法解除劳动合同的情形。

(三)"末位淘汰制"可否调整岗位或工资待遇

所谓"淘汰",本意指去掉不合适的,留下合适的。淘汰制度,并非仅指解除劳动合同,而是可以泛指降级、降职、免职、调整工作岗位、待岗培训、解除劳动合同等多种形式。

劳动者在用人单位的工作岗位、工资待遇等,应由双方协商确定。根据《中华人民共和国劳动合同法》第三十五条规定,用人单位与劳动者协商一致,采用书面形式,可以变更劳动合同约定的内容。调整工作岗位或者工资待遇等涉及劳动者切身利益,只要符合劳动法、劳动合同法等法律规定,经过了前述的民主协商程序,可以视为双方事前协商约定了单方变更劳动合同的内容,就合法有效,对双方具有约束力。因此,如果将"淘汰"限定为降级、降职、免职、调整工作岗位、待岗培训等其他形式,用人单位就可以在不解除劳动合同的前提下,对考核居于末位的劳动者作出调整工作岗位等处理。但是,用人单位单方解除劳动合同的条件是法定的,即使用人单位以法定程序制定了以"末位淘汰制"为内容的规章制度,且经过公示,也不能将其作为单方解除劳动合同的依据。需要注意的是,用人单位将考核与劳动报酬、奖金等工资待遇相挂钩,不得违反法律法规的相关规定。例如,试用期的工资不得低于本单位相同岗位最低档工资或者劳动合同约定工资的80%,并不得低于用人单位所在地的最低工资标准。

三、其他需要说明的问题

(一)参照该指导案例需要注意的问题

审理"末位淘汰"类具体案件时,要分别从考核制度制定的合法性,解除劳动合同条件的法定性,"不能胜任工作"的举证,以及对末位劳动者采取的不同处理形式等多方面，进行具体分析。在《中华人民共和国劳动合同法》第四十二条的法定情形下，用人单位不得依照本法第四十条、第四十一条的规定解除劳动合同。在不解除劳动合同的前提下，用人单位可以依据合法的规章制度或者劳动合同，对考核居于末位的劳动者予以待岗培训、调整工作岗位等处理。故在参照适用该指导性案例时应注意区别案件的不同情况，依法作出正确妥当的裁判。

（二）如何进行科学合理的考核

考核中"末位"总是存在的，用人单位必须将不能胜任工作而处于末位和能胜任工作而处于末位区分开来。如果劳动者能胜任工作而处于末位，则用人单位根据规章制度或者劳动合同，可以对劳动者进行待岗培训、调整工作岗位等处理，而不能单方解除劳动合同。如果劳动者不能胜任工作而处于末位，那么用人单位须先对其进行培训或调整工作岗位，只有仍不能胜任工作，才可以依法解除劳动合同。

要区分上述两种情形下的末位，就需要制定科学合理的考核指标，以判断劳动者能否胜任工作。首先，用人单位要有明确的目标管理制度和清晰的岗位职责，制定科学合理的考核标准和程序，将劳动者的工作职责、岗位要求细化、量化，明确不能胜任工作的具体标准和指标。其次，用人单位应当根据单位工作实际情况，在与劳动者或其代表民主协商的基础上，在单位规章制度或者劳动合同中对考核指标予以明确并公示告知，并注意不得违反法律法规的规定。

（执笔人：吴光侠）

2. 孙某锋诉淮安西区人力资源开发有限公司劳动合同纠纷案*

（最高人民法院审判委员会讨论通过　2022年7月4日发布）

▶
法院在判断用人单位单方解除劳动合同行为的合法性时，应当以用人单位向劳动者发出的解除通知的内容为认定依据

【关键词】

民事　劳动合同　解除劳动合同　合法性判断

【裁判要点】

人民法院在判断用人单位单方解除劳动合同行为的合法性时，应当以用人单位向劳动者发出的解除通知的内容为认定依据。在案件审理过程中，用人单位超出解除劳动合同通知中载明的依据及事由，另行提出劳动者在履行劳动合同期间存在其他严重违反用人单位规章制度的情形，并据此主张符合解除劳动合同条件的，人民法院不予支持。

【相关法条】

《中华人民共和国劳动合同法》第三十九条

---

* 摘自 2022 年 7 月 4 日最高人民法院发布的第 32 批指导案例（指导案例 180 号）。

【基本案情】

2016年7月1日，孙某锋（乙方）与淮安西区人力资源开发有限公司（以下简称西区公司）（甲方）签订劳动合同，约定：劳动合同期限为自2016年7月1日起至2019年6月30日止；乙方工作地点为连云港，从事邮件收派与司机岗位工作；乙方严重违反甲方的劳动纪律、规章制度的，甲方可以立即解除本合同且不承担任何经济补偿；甲方违约解除或者终止劳动合同的，应当按照法律规定和本合同约定向乙方支付经济补偿金或赔偿金；甲方依法制定并通过公示的各项规章制度，如《员工手册》《奖励与处罚管理规定》《员工考勤管理规定》等文件作为本合同的附件，与本合同具有同等效力。之后，孙某锋根据西区公司安排，负责江苏省灌南县堆沟港镇区域的顺丰快递收派邮件工作。西区公司自2016年8月25日起每月向孙某锋银行账户结算工资，截至2017年9月25日，孙某锋前12个月的平均工资为6329.82元。2017年9月12日、10月3日、10月16日，孙某锋先后存在工作时间未穿工作服、代他人刷考勤卡、在单位公共平台留言辱骂公司主管等违纪行为。事后，西区公司依据《奖励与处罚管理规定》，由用人部门负责人、建议部门负责人、工会负责人、人力资源部负责人共同签署确认，对孙某锋上述违纪行为分别给予扣2分、扣10分、扣10分处罚，但具体扣分处罚时间难以认定。

2017年10月17日，孙某锋被所在单位用人部门以未及时上交履职期间的营业款项为由安排停工。次日，孙某锋至所在单位刷卡考勤，显示刷卡信息无法录入。10月25日，西区公司出具离职证明，载明孙某锋自2017年10月21日从西区公司正式离职，已办理完毕手续，即日起与公司无任何劳动关系。10月30日，西区公司又出具解除劳动合同通知书，载明孙某锋在未履行请假手续也未经任何领导批准情况下，自2017年10月20日起无故旷工3天以上，依据国家的相关法律法规及单位规章制度，经单位研究决定自2017年10月20日起与孙某锋解除劳动关系，限于2017年11月15日前办理相关手续，逾期未办理，后果自负。之后，孙某锋向江苏省灌南县劳动人事争议仲裁委员会申请仲裁，仲裁裁决后孙某锋不服，遂诉至法院，要求西区公司支付违法解除劳动合同赔偿金共计68500元。

西区公司在案件审理过程中提出，孙某锋在职期间存在未按规定着工作服、代人打卡、谩骂主管以及未按照公司规章制度及时上交营业款项等违纪行为，严重违反用人单位规章制度；自 2017 年 10 月 20 日起，孙某锋在未履行请假手续且未经批准的情况下无故旷工多日，依法自 2017 年 10 月 20 日起与孙某锋解除劳动关系，符合法律规定。

【裁判结果】

江苏省灌南县人民法院于 2018 年 11 月 15 日作出（2018）苏 0724 民初 2732 号民事判决：一、被告西区公司于本判决发生法律效力之日起 10 日内支付原告孙某锋经济赔偿金 18989.46 元。二、驳回原告孙某锋的其他诉讼请求。西区公司不服，提起上诉。江苏省连云港市中级人民法院于 2019 年 4 月 22 日作出（2019）苏 07 民终 658 号民事判决：驳回上诉，维持原判。

【裁判理由】

法院生效裁判认为：用人单位单方解除劳动合同是根据劳动者存在违法违纪、违反劳动合同的行为，对其合法性的评价也应以作出解除劳动合同决定时的事实、证据和相关法律规定为依据。用人单位向劳动者送达的解除劳动合同通知书，是用人单位向劳动者作出解除劳动合同的意思表示，对用人单位具有法律约束力。解除劳动合同通知书明确载明解除劳动合同的依据及事由，人民法院审理解除劳动合同纠纷案件时应以该决定作出时的事实、证据和法律为标准进行审查，不宜超出解除劳动合同通知书所载明的内容和范围。否则，将偏离劳资双方所争议的解除劳动合同行为的合法性审查内容，导致法院裁判与当事人诉讼请求以及争议焦点不一致；同时，也违背民事主体从事民事活动所应当秉持的诚实信用这一基本原则，造成劳资双方权益保障的失衡。

本案中，孙某锋与西区公司签订的劳动合同系双方真实意思表示，合法有效。劳动合同附件《奖励与处罚管理规定》作为用人单位的管理规章制度，不违反法律、行政法规的强制性规定，合法有效，对双方当事人均具有约束力。根据《奖励与处罚管理规定》，员工连续旷工3天（含）以上的，公司有权对其处以第五类处罚责任，即解除合同、永不录用。西区公司向孙某锋送达的解除劳动合同通知书明确载明解除劳动合同的事由为孙某锋无故旷工达3天以上，孙某锋诉请法院审查的内容也是西区公司以其无故旷工达3天以上而解除劳动合同行为的合法性，故法院对西区公司解除劳动合同的合法性审查也应以解除劳动合同通知书载明的内容为限，而不能超越该诉争范围。虽然西区公司在庭审中另提出孙某锋在工作期间存在不及时上交营业款、未穿工服、代他人刷考勤卡、在单位公共平台留言辱骂公司主管等其他违纪行为，也是严重违反用人单位规章制度，公司仍有权解除劳动合同，但是根据在案证据及西区公司的陈述，西区公司在已知孙某锋存在上述行为的情况下，没有提出解除劳动合同，而是主动提出重新安排孙某锋从事其他工作，在向孙某锋出具解除劳动合同通知书时也没有将上述行为作为解除劳动合同的理由。对于西区公司在诉讼期间提出的上述主张，法院不予支持。

西区公司以孙某锋无故旷工达3天以上为由解除劳动合同，应对孙某锋无故旷工达3天以上的事实承担举证证明责任。但西区公司仅提供了本单位出具的员工考勤表为证，该考勤表未经孙某锋签字确认，孙某锋对此亦不予认可，认为是单位领导安排停工并提供刷卡失败视频为证。因孙某锋在工作期间被安排停工，西区公司之后是否通知孙某锋到公司报到、如何通知、通知时间等事实，西区公司均没有提供证据加以证明，故孙某锋无故旷工3天以上的事实不清，西区公司应对此承担举证不能的不利后果，其以孙某锋旷工违反公司规章制度为由解除劳动合同，缺少事实依据，属于违法解除劳动合同。

（生效裁判审判人员：王小姣、李季、戴立国）

《孙某锋诉淮安西区人力资源开发有限公司劳动合同纠纷案》的理解与参照[*]

——用人单位单方解除劳动合同行为的合法性审查范围

为了正确理解和准确参照适用第 180 号指导性案例，现对该指导性案例的基本案情、裁判要点、参照适用等有关情况予以解释、论证和说明。

一、本案例的基本情况

（一）基本案情

2016 年 7 月 1 日，孙某锋（乙方）与淮安西区人力资源开发有限公司（以下简称西区公司）（甲方）签订劳动合同，约定：劳动合同期限为自 2016 年 7 月 1 日起至 2019 年 6 月 30 日止；乙方工作地点为江苏省连云港，从事邮件收派与司机岗位工作；乙方严重违反甲方的劳动纪律、规章制度的，甲方可以立即解除本合同且不承担任何经济补偿；甲方违约解除或者终止劳动合同的，应当按照法律规定和本合同约定向乙方支付经济补偿金或赔偿金；甲方依法制定并通过公示的各项规章制度，如《员工手册》《奖励与处罚管理规定》《员工考勤管理规定》等文件作为本合同的附件，与本合同具有同等效力。之后，孙某锋根据西区公司安排，负责江苏省灌

＊ 摘自《人民司法·案例》2023 年第 23 期。

南县堆沟港镇区域的顺丰快递收派邮件工作。西区公司自 2016 年 8 月 25
日起每月向孙某锋银行账户结算工资，截至 2017 年 9 月 25 日，孙某锋前
12 个月的平均工资为 6329.82 元。2017 年 9 月 12 日、10 月 3 日、10 月 16
日，孙某锋先后存在工作时间未穿工作服、代他人刷考勤卡、在单位公共
平台留言辱骂公司主管等违纪行为。事后，西区公司依据《奖励与处罚管
理规定》，由用人部门负责人、建议部门负责人、工会负责人、人力资源
部负责人共同签署确认，对孙某锋上述违纪行为分别给予扣 2 分、扣 10
分、扣 10 分的处罚，但具体扣分处罚时间难以认定。

2017 年 10 月 17 日，孙某锋被所在单位用人部门以未及时上交履职期
间的营业款项为由安排停工。次日，孙某锋至所在单位刷卡考勤，显示刷
卡信息无法录入。10 月 25 日，西区公司出具离职证明，载明孙某锋自
2017 年 10 月 21 日从西区公司正式离职，已办理完毕手续，即日起与公司
无任何劳动关系。10 月 30 日，西区公司又出具解除劳动合同通知书，载
明孙某锋在未履行请假手续也未经任何领导批准情况下，自 2017 年 10 月
20 日起无故旷工 3 天以上，依据国家的相关法律法规及单位规章制度，经
单位研究决定自 2017 年 10 月 20 日起与孙某锋解除劳动关系，限于 2017
年 11 月 15 日前办理相关手续，逾期未办理，后果自负。之后，孙某锋向
江苏省灌南县劳动人事争议仲裁委员会申请仲裁，仲裁裁决后孙某锋不
服，遂诉至法院，要求西区公司支付违法解除劳动合同赔偿金共计
68500 元。

西区公司在案件审理过程中提出，孙某锋在职期间存在未按规定着工
作服、代人打卡、谩骂主管以及未按照公司规章制度及时上交营业款项等
违纪行为，严重违反用人单位规章制度；自 2017 年 10 月 20 日起，孙某锋
在未履行请假手续且未经批准的情况下无故旷工多日，依法自 2017 年 10
月 20 日起与孙某锋解除劳动关系，符合法律规定。

江苏省灌南县人民法院于 2018 年 11 月 15 日作出（2018）苏 0724 民
初 2732 号民事判决：一、被告西区公司于本判决发生法律效力之日起 10
日内支付原告孙某锋经济赔偿金 18989.46 元。二、驳回原告孙某锋的其他
诉讼请求。西区公司不服，提起上诉。连云港市中级人民法院于 2019 年 4

月 22 日作出（2019）苏 07 民终 658 号民事判决：驳回上诉，维持原判。

（二）指导价值

本案是用人单位单方解除劳动合同引发的纠纷，主要争议焦点是西区公司解除劳动合同的行为是否合法，即人民法院应当对西区公司解除劳动合同行为的合法性进行审查。《中华人民共和国劳动合同法》及相关司法解释对用人单位因劳动者存在过错解除劳动合同行为的情形作了较为详细的规定，但并未对用人单位解除劳动合同行为的合法性审查范围、审查内容、审查程序作出明确规定。目前学术界对合法性审查的研究方向也主要集中在审查内容和审查程序上，对审查范围的研究不多，导致此类案件在审判实务中存在较大分歧。

本案例明确判断用人单位单方解除劳动合同行为的合法性应以其行为作出时的意思表示范围为限进行审查。用人单位在诉讼中另行提出劳动者在履职期间尚存在其他严重违反用人单位规章制度的情形，主张符合解除劳动合同行为条件，但不属于解除劳动合同行为作出时的意思表示范围的，人民法院不予审查。本案例填补了对用人单位单方解除劳动合同行为合法性进行审查的法律空白，明确了对用人单位单方解除劳动合同行为的合法性审查范围，规制了《中华人民共和国劳动合同法》第三十九条用人单位单方解除劳动合同权的行使，有利于保障广大劳动者的合法权益，同时有助于引导用人单位遵守诚实信用原则，对类案裁判具有一定的指导意义。

二、裁判要点的理解与说明

该指导性案例的裁判要点确认：人民法院在判断用人单位单方解除劳动合同行为的合法性时，应当以用人单位向劳动者发出的解除通知的内容为认定依据。在案件审理过程中，用人单位超出解除劳动合同通知中载明的依据及事由，另行提出劳动者在履行劳动合同期间存在其他严重违反用人单位规章制度的情形，并据此主张符合解除劳动合同条件的，人民法院不予支持。现围绕与该裁判要点相关的问题解释和说明如下：

1. 劳动合同法所调整的法律关系具有从属性。理论上一般认为，劳动关系的实质性特征在于劳动关系中劳动者对用人单位具有依附性、从属性或者隶属性，用人单位与劳动者之间是管理与被管理的劳动法律关系。立法基于用人单位与劳动者之间管理与被管理的不平等关系，对用人单位单方解除劳动合同行为这一事项采取了极为审慎的立场，意在限制用人单位单方解雇权的滥用。

2. 限于解雇通知事由的合法性审查是解雇事由法定主义的一个常识。目前，解雇理论通说解雇事由法定主义认为，应以正当事由作为解雇权内在的制约，非由法定事由，不得解雇劳动者。从《中华人民共和国劳动合同法》关于用人单位单方解除劳动合同行为的规定来看，也采用了解雇事由法定主义学说。解雇事由法定主义的核心内涵在于用人单位单方解除劳动合同须选择明确的解除依据和事由，并遵循法定的解除程序。

3. 解除劳动合同行为的依据和事由是用人单位解除劳动合同行为意思表示的基本要素。从意思表示的确定来看，解除劳动合同行为的主体、事由、证据、依据等均是解除行为意思表示的基本要素，这些基本要素的变更，是对意思表示内容的实质性变更，与原有的意思表示的概念内涵和具体指向均有区别，并非同一概念或同一意思表示。用人单位通过事后更换解除劳动合同行为依据和事由进行补正，属于基本要素的变更，是对解除劳动合同行为意思表示内容的实质性变更，目的在于通过变更以补正其单方解除劳动合同行为的合法性，混淆解除劳动合同行为意思表示的内涵，从而获取不正当利益。

4. 从程序法定原则来看，用人单位实施单方解除劳动合同行为时，需要严格按照法定程序进行。当事人在诉讼过程中反复无常的行为会直接影响诉讼程序的安定及效益价值的实现。用人单位单方解除劳动合同行为必须以事实为依据，以证据为支撑，与行为事实、性质、情节以及过错责任程度相当，并应事先通知工会，向工会说明行为的根据、理由，听取工会意见。这就要求用人单位必须在作出单方解除劳动合同行为时有充分的依据、事实及证据。

5. 从信赖利益保护来看，用人单位单方解除劳动合同行为的事实认定、证据提供和法律适用是作为信赖基础而存在。基于维护法律秩序安定性和保护劳动者正当利益的考虑,当劳动者对用人单位单方解除劳动合同行为中的某些因素的不变性形成合理信赖,并且这种合理信赖是值得保护时,用人单位不得更改单方解除劳动合同行为的事实、证据以及相应依据,也不得在诉讼中擅自推翻或者随意变更自己作出的决定,又寻找其他事由进行抗辩,否则将侵犯作为信赖方的劳动者的信赖利益。

6. 从裁判方法出发考虑,抓住主要矛盾并提炼出案件的核心法律关系进行审理是保证案件审判质量和效率的重要举措。裁判方法是法官认定事实、适用法律和进行裁判的方法论问题,是构筑事实、法律和裁判的桥梁。[①] 在民事诉讼中,法官审理案件首先要确定的问题是审什么、判什么,接着才是如何审、如何判并作出裁判。[②] 司法实务中常用的裁判方法是法律关系分析法,要求法官办理案件要根据法律规定的构成要件,抓住主要矛盾并提炼出核心法律关系和诉辩争议焦点,紧紧围绕核心法律关系和诉辩争议焦点进行审理。核心法律关系与关联法律关系之间的联系认识不清,诉讼争议焦点归纳不准确,就容易导致审非所诉、判非所诉。用人单位作出单方解除劳动合同通知书送达劳动者,劳动者不认可用人单位单方解除劳动合同的行为,诉请人民法院对用人单位单方解除劳动合同行为的合法性进行审查,审查对象是用人单位单方解除劳动合同的行为,核心问题和主要矛盾是解除劳动合同通知书载明的内容和范围的问题,超出解除劳动合同通知书载明的内容和范围,将偏离双方当事人所争议的解除劳动合同行为的合法性审查内容,致使所审非所诉、所判非所诉。

具体到本案中,用人单位作出单方解除劳动合同行为,明确告知劳动者解除劳动合同行为的事由和依据,意思表示和法律依据指向清晰,当其在无充分证据证实劳动者存在解除劳动合同通知所载事由的情况下,又提出劳动者还存在超出解除劳动合同通知所载事由之外的其他严重违反用人单位规章制度的情形,用以抗辩解除劳动合同行为合法。用人单位的抗辩

[①] 孙海龙、高伟:《裁判方法——联结事实、法律与裁判的桥梁》,载《人民司法》2007年第1期。

[②] 程春华:《论民事诉讼中诉讼标的与诉讼请求之关系》,载《法律适用》2014年第5期。

既与程序法定的规定不符，违反信赖保护要求，实际上也脱离了双方所争议的解除劳动合同行为的合法性审查内容，导致法院审非所诉；况且，即使用人单位提出新的抗辩理由，也应通过法定程序重新作出解除劳动合同行为，新的解除劳动合同行为即使合法成立，也不能说明原来解除劳动合同行为的合法性，不能混淆审查。因此，本案在《中华人民共和国劳动合同法》及相关司法解释未对用人单位单方解除劳动合同行为合法性审查范围作出明确规定的情况下，引入诚实信用原则对法律规定不明确之处进行填补，通过明确合法性审查范围来细化具体操作规范，确定应当以用人单位作出单方解除劳动合同行为时的意思表示范围为限审查解除劳动合同行为的合法性，对于超出用人单位作出解除劳动合同行为时的意思表示范围的事由，不应纳入用人单位单方解除劳动合同行为合法性的审查范围。

三、参照适用时应注意的问题

在参照适用本案例时，应注意用人单位单方解除劳动合同意思表示的确定，准确界定用人单位单方解除劳动合同的具体依据和事由，严格用人单位的证明责任以及对证据证明力的审查判断。实务中，用人单位单方解除劳动合同的方式纷繁复杂，形式上存在口头通知、张贴公告、电话告知、微信联系等情形，内容上存在无明确事由、事由含糊不清等情形，需要在审判实务中认真加以甄别。用人单位单方解除劳动合同但不出具书面解除劳动合同通知，劳动者可以要求用人单位提供，或者向劳动行政部门反映，由劳动行政部门责令改正。给劳动者造成损害的，用人单位应当承担赔偿责任。用人单位出具的解除劳动合同通知无明确事由和依据，不符合用人单位单方解除劳动合同行为的构成要件的，可以认定为违法解除劳动合同。

（执笔人：江苏省灌南县人民法院　李迎春　李超敏

编审人：最高人民法院案例指导工作办公室　马　剑）

3．郑某诉霍尼韦尔自动化控制（中国）有限公司劳动合同纠纷案*

（最高人民法院审判委员会讨论通过　2022 年 7 月 4 日发布）

► 用人单位的管理人员应采取合理措施以处置被性骚扰员工的投诉

【关键词】

民事　劳动合同　解除劳动合同　性骚扰　规章制度

【裁判要点】

用人单位的管理人员对被性骚扰员工的投诉，应采取合理措施进行处置。管理人员未采取合理措施或者存在纵容性骚扰行为、干扰对性骚扰行为调查等情形，用人单位以管理人员未尽岗位职责，严重违反规章制度为由解除劳动合同，管理人员主张解除劳动合同违法的，人民法院不予支持。

【相关法条】

《中华人民共和国劳动合同法》第三十九条

---

* 摘自 2022 年 7 月 4 日最高人民法院发布的第 32 批指导案例（指导案例 181 号）。

【基本案情】

郑某于 2012 年 7 月入职霍尼韦尔自动化控制（中国）有限公司（以下简称霍尼韦尔公司），担任渠道销售经理。霍尼韦尔公司建立有工作场所性骚扰防范培训机制，郑某接受过相关培训。霍尼韦尔公司《商业行为准则》规定经理和主管"应确保下属能畅所欲言且无须担心遭到报复，所有担忧或问题都能专业并及时地得以解决"，不允许任何报复行为。2017 年版《员工手册》规定：对他人实施性骚扰、违反公司《商业行为准则》、在公司内部调查中作虚假陈述的行为均属于会导致立即辞退的违纪行为。上述规章制度在实施前经过该公司工会沟通会议讨论。

郑某与霍尼韦尔公司签订的劳动合同约定郑某确认并同意公司现有的《员工手册》及《商业行为准则》等规章制度作为本合同的组成部分。《员工手册》修改后，郑某再次签署确认书，表示已阅读、明白并愿接受 2017 年版《员工手册》内容，愿恪守公司政策作为在霍尼韦尔公司工作的前提条件。

2018 年 8 月 30 日，郑某因认为下属女职工任某与郑某上级邓某（已婚）之间的关系有点僵，为"疏解"二人关系而找任某谈话。郑某提到昨天观察到邓某跟任某说了一句话，而任某没有回答，其还专门跑到任某处帮忙打圆场。任某提及其在刚入职时曾向郑某出示过间接上级邓某发送的性骚扰微信记录截屏，郑某当时对此答复"我就是不想掺和这个事""我往后不想再回答你后面的事情""我是觉得有点怪，我也不敢问"。谈话中，任某强调邓某是在对其进行性骚扰，邓某要求与其发展男女关系，并在其拒绝后继续不停骚扰，郑某不应责怪其不搭理邓某，也不要替邓某来对其进行敲打。郑某则表示"你如果这样干工作的话，让我很难过""你越端着，他越觉得我要把你怎么样""他这么直接，要是我的话，先靠近你，摸摸看，然后聊聊天"。

后至 2018 年 11 月，郑某以任某不合群等为由向霍尼韦尔公司人事部提出与任某解除劳动合同，但未能说明解除任某劳动合同的合理依据。人事部为此找任某了解情况。任某告知人事部其被间接上级邓某骚扰，郑某有意无意撮合其和邓某，其因拒绝骚扰行为而受到打击报复。霍尼韦尔公司为此展开调查。

2019 年 1 月 15 日，霍尼韦尔公司对郑某进行调查，并制作了调查笔录。郑某未在调查笔录上签字，但对笔录记载的其对公司询问所作答复作了诸多修改。对于调查笔录中有无女员工向郑某反映邓某跟其说过一些不合适的话、对其进行性骚扰的提问所记录的"没有"的答复，郑某未作修改。

2019 年 1 月 31 日，霍尼韦尔公司出具《单方面解除函》，以郑某未尽经理职责，在下属反映遭受间接上级骚扰后没有采取任何措施帮助下属不再继续遭受骚扰，反而对下属进行打击报复，在调查过程中就上述事实作虚假陈述为由，与郑某解除劳动合同。

2019 年 7 月 22 日，郑某向上海市劳动争议仲裁委员会申请仲裁，要求霍尼韦尔公司支付违法解除劳动合同赔偿金 368130 元。该请求未得到仲裁裁决支持。郑某不服，以相同请求诉至上海市浦东新区人民法院。

【裁判结果】

上海市浦东新区人民法院于 2020 年 11 月 30 日作出（2020）沪 0115 民初 10454 号民事判决：驳回郑某的诉讼请求。郑某不服一审判决，提起上诉。上海市第一中级人民法院于 2021 年 4 月 22 日作出（2021）沪 01 民终 2032 号民事判决：驳回上诉，维持原判。

【裁判理由】

法院生效裁判认为，本案争议焦点在于：（1）霍尼韦尔公司据以解除郑某劳动合同的《员工手册》和《商业行为准则》对郑某有无约束力；（2）郑某是否存在足以解除劳动合同的严重违纪行为。

关于争议焦点一，霍尼韦尔公司据以解除郑某劳动合同的《员工手册》和《商业行为准则》对郑某有无约束力。在案证据显示，郑某持有异议的霍尼韦尔公司 2017 年版《员工手册》《商业行为准则》分别于 2017 年 9 月、2014 年 12 月经霍尼韦尔公司工会沟通会议进行讨论。郑某与霍尼韦尔公司签订的劳动合同明确约定《员工手册》《商业行为准则》属于劳动合同的组成部分，郑某已阅读并理解和接受上述制度。在《员工手册》修订后，郑某亦再次签署确认书，确认已阅读、明白并愿接受 2017年版《员工手册》，愿恪守公司政策作为在霍尼韦尔公司工作的前提条件。在此情况下，霍尼韦尔公司的《员工手册》《商业行为准则》应对郑某具有约束力。

关于争议焦点二，郑某是否存在足以解除劳动合同的严重违纪行为。一则，在案证据显示霍尼韦尔公司建立有工作场所性骚扰防范培训机制，郑某亦接受过相关培训。霍尼韦尔公司《商业行为准则》要求经理、主管等管理人员在下属提出担忧或问题时能够专业并及时帮助解决，不能进行打击报复。霍尼韦尔公司 2017 年版《员工手册》还将违反公司《商业行为准则》的行为列为会导致立即辞退的严重违纪行为范围。现郑某虽称相关女职工未提供受到骚扰的切实证据，其无法判断骚扰行为的真伪、对错，但从郑某在 2018 年 8 月 30 日谈话录音中对相关女职工初入职时向其出示的微信截屏所作的"我是觉得有点怪，我也不敢问""我就是不想掺和这个事"的评述看，郑某本人亦不认为相关微信内容系同事间的正常交流，且郑某在相关女职工反复强调间接上级一直对她进行骚扰时，未见郑某积极应对帮助解决，反而说"他这么直接，要是我的话，先靠近你，摸摸看，然后聊聊天"。所为皆为积极促成自己的下级与上级发展不正当关系。郑某的行为显然有悖其作为霍尼韦尔公司部门主管应尽之职责，其相关答复内容亦有违公序良俗。此外，依据郑某自述，其在 2018 年 8 月 30日谈话后应已明确知晓相关女职工与间接上级关系不好的原因，但郑某不仅未采取积极措施，反而认为相关女职工处理不当。在任某明确表示对邓某性骚扰的抗拒后，郑某于 2018 年 11 月中旬向人事经理提出任某性格不合群，希望公司能解除与任某的劳动合同，据此霍尼韦尔公司主张郑某对相关女职工进行打击报复，亦属合理推断。二则，霍尼韦尔公司 2017 年版《员工手册》明确规定在公司内部调查中作虚假陈述的行为属于会导致立即辞退的严重违纪行为。霍尼韦尔公司提供的 2019 年 1 月 15 日调查笔录显示郑某在调查过程中存在虚假陈述情况。郑某虽称该调查笔录没有按照其所述内容记录，其不被允许修改很多内容，但此主张与郑某对该调查笔录中诸多问题的答复都进行过修改的事实相矛盾，法院对此不予采信。该调查笔录可以作为认定郑某存在虚假陈述的判断依据。

综上，郑某提出的各项上诉理由难以成为其上诉主张成立的依据。霍尼韦尔公司主张郑某存在严重违纪行为，依据充分，不构成违法解除劳动合同。对郑某要求霍尼韦尔公司支付违法解除劳动合同赔偿金 368130 元的上诉请求，不予支持。

（生效裁判审判人员：孙少君、韩东红、徐焰）

理解与参照

《郑某诉霍尼韦尔自动化控制（中国）有限公司劳动合同纠纷案》的理解与参照[*]
——管理人员未尽性骚扰防范职责可予解除劳动合同

为了正确理解和准确参照适用第 181 号指导性案例，现对该指导性案例的基本案情、裁判要点、参照适用等有关情况予以解释、论证和说明。

一、本案例的相关情况

（一）基本案情

郑某系霍尼韦尔自动化控制（中国）有限公司（以下简称霍尼韦尔公

---

[*] 摘自《人民司法·案例》2023 年第 23 期。

司）部门经理。霍尼韦尔公司建立有工作场所性骚扰防范机制，公司制度亦规定：经理和主管应确保下属的担忧或问题都能专业并及时地得以解决，不允许任何报复行为；在公司内部调查中虚假陈述属于会导致立即辞退的违纪行为。

2018年8月，郑某认为下属任某与间接上级的关系有点僵，为疏解二人关系而找任某谈话。谈话中，任某反映受到间接上级的性骚扰。郑某表示不想掺和这个事儿，还说："你如果这样干工作的话，让我很难过""你越端着，他越觉得我要把你怎么样""他这么直接，要是我的话，先靠近你，摸摸看，然后聊聊天"。

2018年的11月，郑某向人事部提出要解除任某的劳动合同，但不能说明合理依据。在霍尼韦尔公司就任某反映其因拒绝性骚扰而受到打击报复问题开展的调查中，郑某也未如实陈述相关情况。

2019年1月，霍尼韦尔公司以郑某未尽经理职责，未帮助下属不再继续遭受骚扰，反而进行打击报复，还在调查过程中虚假陈述为由，解除了郑某的劳动合同。

郑某为此提起仲裁、诉讼，主张霍尼韦尔公司据以解除其劳动合同的规章制度条款属于原则性条款，霍尼韦尔公司无限扩大严重违纪的范围，构成违法解除，要求霍尼韦尔公司支付违法解除劳动合同赔偿金368130元。

（二）裁判结果

法院生效裁判认为，关于郑某是否存在足以解除劳动合同的严重违纪行为之争议焦点：一则，霍尼韦尔公司建立有工作场所性骚扰防范培训机制，郑某亦接受过相关培训。霍尼韦尔公司规章制度要求经理、主管等管理人员在下属提出担忧或问题时能够专业并及时地帮助解决，不能进行打击报复，违反上述准则的行为会导致立即辞退。郑某在下属女职工任某反复强调受到性骚扰时，未积极应对帮助解决，所言所为明显有悖其作为霍尼韦尔公司部门主管应尽之职责，相关答复内容亦有违公序良俗。在任某明确表示对间接上级性骚扰的抗拒后，郑某还以任某性格不合群为由，向公司提出解除任某的劳动合同，霍尼韦尔公司主张郑某对相关女职工进行打击报复，亦属合理推断。二则，霍尼韦尔公司制度规定在公司内部调查中作虚假陈述属于会导致立即辞退的严重违纪行为，郑某在霍尼韦尔公司就任某所反映问题开展的内部调查中作虚假陈述，查证属实。霍尼韦尔公司主张郑某存在严重违纪行为，依据充分，不构成违法解除。对郑某要求霍尼韦尔公司支付违法解除劳动合同赔偿金368130元的诉讼请求，不予支持。

（三）推荐理由

本案所涉情形，应属2021年《中华人民共和国民法典》实施后，涉及《中华人民共和国民法典》第一千零一十条的较为典型且具新颖性的纠纷。被解除劳动合同的劳动者并非性骚扰实施人，而是管理人员，其行为是否构成严重违纪，存在争议。也因此，本案的处理，引发了比较广泛的社会关注度，《人民日报》《人民法院报》、中央电视台、东方卫视、上海电视台等相关媒体多次予以报道，取得了积极的社会反响。其指导价值与典型意义主要体现为：

1. 明确规则：明确用人单位可将性骚扰防范义务纳入管理人员的职责范围，并初步确立了管理人员未尽相关岗位职责、严重违纪的评判标准。

2. 提供借鉴：对于用人单位如何根据《中华人民共和国民法典》第一千零一十条规定建立、完善性骚扰防范机制，职场员工如何有效抵制性骚扰、合法保护自身权益，具有较大的借鉴意义和参考价值。

3. 价值导向：通过对职场性骚扰不作为行为的否定评价，以案引领用人单位、管理与非管理岗位员工共同抵制与防范职场性骚扰，弘扬文明、和谐、平等、法治等社会主义核心价值观。

二、裁判要点的理解与说明

该指导性案例的裁判要点确认：用人单位的管理人员对被性骚扰员工的投诉，应采取合理措施进行处置。管理人员未采取合理措施或者纵容性骚扰行为，甚至干扰对性骚扰行为调查的，用人单位以管理人员未尽岗位职责、严重违反规章制度为由解除劳动合同，管理人员主张用人单位解除劳动合同违法的，人民法院不予支持。

现围绕与该裁判要点相关的问题逐一解释和说明如下：

（一）关于将性骚扰防范义务纳入用人单位管理人员岗位职责的合理性与必要性

公司、企业作为劳动关系中的主要用工主体类型，其设立的主要目的在于获取经济利益，相关经营管理亦是围绕此目的而展开。相较于各类生产经营活动，性骚扰的规制防范，似乎与企业生产经营并无直接关联，也不能直接产生经济利益，用人单位管理人员应否承担职场性骚扰的管理防范职责、该职责的不履行可否作为劳动合同解除依据，在以往的社会认知和审判实践中都存在一定争议。将性骚扰防范义务纳入用人单位管理人员岗位职责的合理性与必要性，可从以下方面予以理解把握：

1. 抵制和防范性骚扰，属社会主义核心价值观引领下公序良俗的必然要求

性骚扰是指以言语、文字、图像、肢体行为等方式，违背他人意愿而实施的以性为取向的、有辱他人尊严的性暗示、性挑逗、性暴力等行为。① 性骚扰作为一个社会问题，古已有之并普遍存在于各个社会阶段。18 世纪，人类社会进入工业化时代后，广大女性从家庭走进职场，性骚扰现象亦日渐成为一个突出的社会问题。② 相较于西方国家，我国传统观念中对性骚扰的态度较为保守，遇到性骚扰时极易选择隐而不发，由此也在一定程度上加大了对性骚扰的辨识和防范难度。在 2007 年 3 月至 2008 年 12 月开展的一项关于工作场所性骚扰问题的调研中，所发放的 1501 份调查问卷显示，其中 82.88% 的被调查者确认遭受过不同程度、不同方式的性骚扰，有一半左右的被调查者认为性骚扰会对工作和身心健康产生不良影响。③

---

① 王利明：《民法典人格权编性骚扰规制条款的解读》，载《苏州大学学报》2020 年第 4 期。
② 耿殿磊：《美国的性骚扰概念及其发展》，载《河北法学》2010 年第 4 期。
③ 《〈工作场所性骚扰调查研究〉报告》，载 http://www.doc88.com/p-79129091673325.html，最后访问时间：2022 年 9 月 15 日。

在 2021 年发起的一项职场性骚扰现状调查中，通过微博、微信、豆瓣和知乎所回收的 2413 份有效问卷显示，超过 70% 的受访者经历过 1 次以上的职场性骚扰，亲历者中 34.7% 认为性骚扰"影响了日常人际交往和身心健康"，30.1% "觉得无法再信任异性"，15.92% "严重影响事业（如导致离职）"，4.39% "有严重持续的精神抑郁，并有自残自杀的倾向/行动"。① 性骚扰行为侵害他人人格权益，扰乱社会公共秩序，与公序良俗所代表的社会公认之规范秩序、具有普遍接受度的伦理要求都明显相悖，并越来越多地被纳入法律调整或规制的范畴。《中华人民共和国民法典》也已将之界定为侵害人格权的行为，并明确规定了行为人需承担的相应民事责任。因此，共同抵制和防范性骚扰，共创和谐、文明、健康的社会公共秩序，理应成为我国社会主义核心价值观引领下公序良俗的必然要求。

2. 预防和制止职场性骚扰，已构成用人单位的法定义务

"性骚扰"一词，虽源起于西方 20 世纪 60、70 年代的女权运动，② 但在提出后，即引起了广泛关注。美国平等就业机会委员会自 1980 年起先后公布了《工作场所性骚扰指南》《有关性骚扰之政策指导原则》《有关性骚扰近期争议之政策指导原则》。③ 1990 年，欧洲议会通过《关于保护男女工作人员尊严的议会决议》。2019 年，国际劳工大会通过《关于消除劳动世界中的暴力和骚扰的公约》，该公约"提供了工作场所暴力和骚扰的首个国际定义，包括基于性别的暴力和骚扰"，"呼吁劳工组织所有成员国消除工作场所一切形式的暴力和骚扰"。④

我国立法上也高度重视对性骚扰的规制与防范。2005 年《中华人民共和国妇女权益保障法》修订时，特意新增了第四十条"禁止对妇女实施性骚扰。受害妇女有权向单位和有关机关投诉"；2012 年制定的《女职工劳动保护特别规定》第十一条提出"在劳动场所，用人单位应当预防和制止

---

① 《超过 70% 曾在职场遭遇性骚扰！〈中国职场性骚扰现状报告〉发布》，载 https://zhuanlan.zhihu.com/p/414247847，最后访问时间：2022 年 9 月 15 日。

② 谢海定：《性骚扰概念在中国法上的展开》，载《法制与社会发展》2021 年第 1 期。

③ 耿殿磊：《美国的性骚扰概念及其发展》，载《河北法学》2010 年第 4 期。

④ 《首个解决工作场所暴力和骚扰问题的国际条约生效》，载 https://news.un.org/zh/story/2021/06/1086392，最后访问时间：2022 年 9 月 15 日。

对女职工的性骚扰";《中华人民共和国民法典》第一千零一十条在明确性骚扰行为人需承担民事责任的同时，又进一步规定企业应当采取合理的预防、受理投诉、调查处置等措施防止和制止利用职权、从属关系实施性骚扰。由此，预防和制止职场性骚扰，已然成为用人单位的法定义务。

3. 将性骚扰防范义务纳入管理人员岗位职责，系用人单位落实性骚扰防范举措的有效途径

《中华人民共和国民法典》第一千零一十条就企业防止和制止利用职权、从属关系实施性骚扰所应采取的措施种类予以明确，但如何制定具体细化措施，需要用人单位结合本单位实际情况进行探索优化。同时，用人单位作为拟制的法律人格主体，依照法律规定采取性骚扰预防、受理投诉、调查处置措施，对职场性骚扰进行规制，也需要由具体的人员予以落实、执行。相较于一般员工，管理人员本身承担着用人单位各项管理目标的执行落地及对基层管理的职能，不仅掌握了解所负责范围内员工的具体工作情况，也对员工的工作行为、过程及彼此之间的纠纷处理享有一定的控制、选择、决策权能。将性骚扰防范义务纳入管理人员岗位职责，有助于及时有效地发现、查处、遏制职场性骚扰。管理人员积极防范职场性骚扰的行为表现，也有利于用人单位贯彻落实法定性骚扰防范义务各项举措的有效传递及性骚扰防范机制功效的发挥，更易促成文明、健康、有序的工作环境。

本案中，霍尼韦尔公司不仅建立了工作场所性骚扰防范培训机制，设立了员工投诉、调查、处置制度，还着重强调了经理、主管等级别管理人员对于下属职员所反映问题的专业、及时解决职责，另连同被调查人如实陈述等制度设计，将性骚扰防范义务纳入管理人员的职责范围，合理扩大监督主体范围，有效增强共同防范职场性骚扰的整体合力，有利于本单位性骚扰防范机制发挥更大效用。

（二）关于用人单位管理人员未尽性骚扰防范岗位职责的认定

用人单位对未尽性骚扰防范岗位职责的管理人员作出解除劳动合同决定，系其用工管理权的体现，但该用工管理权的行使有其边界，不应侵犯

劳动者的合法权益。在认定管理人员是否未尽性骚扰防范岗位职责、相关行为是否足以构成解除劳动合同之严重违纪时,宜从以下方面进行考量:

1. 用人单位是否已采取性骚扰防范措施

劳动者对用人单位所负义务,或基于法律、劳动合同、规章制度的明确规定或约定,或源于劳动关系下用人单位与劳动者之间人身、经济从属性而产生的忠实义务。《中华人民共和国民法典》《女职工劳动保护特别规定》规定的预防和制止职场性骚扰的责任主体均为用人单位。对于管理人员而言,其作为民事主体,固然负有不实施性骚扰之义务,但并不当然负有协助用人单位防范性骚扰的法定职责。如要求管理人员承担相应职责、承担不履职后果,用人单位需通过规章制度规定或劳动合同约定等方式予以确定。如用人单位对于管理人员的岗位职责仅有原则性规定,未明确列明性骚扰防范内容的,可结合该用人单位是否已采取性骚扰防范措施加以评判。在用人单位已采取积极的预防、调查和处置措施的情况下,管理人员应当知晓性骚扰防范属于用人单位的制度管理目标范围,具备相应的岗位职责预期。

2. 管理人员就性骚扰投诉之应对处置是否合理

作为管理人员,在下属员工向其投诉反映性骚扰情况时,应采取合理措施进行处置。对于相关应对处置措施的合理性,应结合所在用人单位性骚扰防范机制的主旨目标与具体要求加以评判,包括但不限于:对于性骚扰投诉,是否及时上报单位内部调查处置部门;对于投诉所涉的性骚扰人与被骚扰人,是否在工作及办公场所安排上尽量减少性骚扰发生的可能性;在公司开展的性骚扰调查中,有无如实陈述相关事实;对于所获悉的性骚扰行为,是否尽到合理隐私保密义务等。如相关管理人员明知存在性骚扰情形,不仅未采取积极措施给予帮助,反而纵容性骚扰行为、干扰对性骚扰行为调查,甚至进行打击报复的,显属未采取合理有效措施,未尽到相应管理岗位职责。

3. 用人单位规章制度对相关违纪情节所规定之惩处

规章制度,又称为工作规则、就业规则。根据1959年国际劳工组织特别委员会所下定义,此系指"供企业之全体从业员或大部分从业员适用,专对或主要对就业中从业员之行动有关的各种规则"①。作为维护用人单位正常生产秩序和经营活动的制度保障，规章制度的具体内容由用人单位根据本单位的实际情况在法律允许的范围内合理确定，其既是用人单位经营自主权的重要体现，也是劳动合同之外确立劳动者与用人单位权利义务的重要依据。尤其对于解除劳动合同之惩处而言，虽因其涉及劳动者就业生存权，而受到劳动法律限制，但《中华人民共和国劳动法》《中华人民共和国劳动合同法》仅规定了用人单位可以解除劳动合同的事由类型，劳动者严重违反规章制度的评判标准仍主要基于用人单位规章制度所设规则而确定。因此，对管理人员未尽性骚扰防范岗位职责的惩处，应与用人单位规章制度所设定规则相匹配。如规章制度对此类情形仅给予警告、记过等处理的，用人单位主张相关管理人员严重违纪，显无依据。但是，相较于争议违纪行为，情节表现更轻的情形已被列为严重违纪的，则可根据举重以明轻原则，认定相关管理人员构成严重违纪。

4. 管理人员的行为是否严重违背公序良俗

审判实践中，劳动者违纪行为的损害后果一般表现为影响正常生产经营秩序、违反岗位职责导致风险隐患、造成实际经济损失等，即主要体现为对用人单位管理秩序、经济利益、形象声誉等的不利影响。而管理人员未尽性骚扰防范职责所造成的损害后果范围，则不仅限于劳动合同的相对方，还涉及受性骚扰困扰的第三方员工以及社会公共秩序。虽然在用人单位已采取积极性骚扰防范措施的情况下，管理人员有义务尽到相应岗位职责，但由于用人单位难以全面预见所有类型的违纪行为，存在规章制度未明确相应惩处措施之可能性。在此情况下，有必要引入公序良俗作为评判标准。这主要是由于"在坚持社会本位的现代民法中，公序良俗原则已经成为支配整个法秩序的价值理念"②，其"以确定最低限度道德标准的方式，强调民事主体进行民事活动必须遵循社会所普遍认同的道德，从而维护社会生活的有序发展"③。如管理人员未尽防范性骚扰岗位职责之行为已

① 黄越钦：《劳动法新论》，中国政法大学出版社 2003 年版，第 136 页。
② 李双元、杨德群：《论公序良俗原则的司法适用》，载《法商研究》2014 年第 3 期。
③ 王利明：《论公序良俗原则与诚实信用原则的界分》，载《江汉论坛》2019 年第 3 期。

造成重大不良影响，严重违背公序良俗的，即便规章制度未规定相应惩处措施，用人单位亦可据此解除劳动合同。

三、参照适用时应注意的问题

为保障劳动者合法权益，《中华人民共和国劳动合同法》对用人单位劳动合同解除权的行使在实体认定和程序规范等方面都作了相应规定。因此，对管理人员未尽性骚扰防范岗位职责，已构成严重违纪的，用人单位据此行使劳动合同解除权时，审判实践中对其解除行为合法与否的认定还应注意：（1）用人单位据以解除劳动合同的规章制度，是否对劳动者应具有合法约束力，即相关规章制度是否系依据法定程序制定且经公示或告知劳动者，或与劳动者通过劳动合同条款、规章制度遵守承诺书等方式进行个别约定，且相关权利义务的设定不违反法律规定，具有正当合理性。（2）用人单位就单方解除决定是否履行了通知工会之法定义务。（3）用人单位提出的该劳动合同解除理由是否明确并最先到达劳动者，而不存在事后随意变更之情形。

（执笔人：上海市第一中级人民法院　程小勇　孙少君

编审人：最高人民法院案例指导工作办公室　李予霞）

4. 房某诉中美联泰大都会人寿保险有限公司劳动合同纠纷案[*]

> 非因劳动者单方过失或主动辞职所导致的劳动合同解除，若劳动者工作业绩符合标准，用人单位应当支付年终奖

（最高人民法院审判委员会讨论通过　2022 年 7 月 4 日发布）

【关键词】

民事　劳动合同　离职　年终奖

【裁判要点】

年终奖发放前离职的劳动者主张用人单位支付年终奖的，人民法院应当结合劳动者的离职原因、离职时间、工作表现以及对单位的贡献程度等因素进行综合考量。用人单位的规章制度规定年终奖发放前离职的劳动者不能享有年终奖，但劳动合同的解除非因劳动者单方过失或主动辞职所导致，且劳动者已经完成年度工作任务，用人单位不能证明劳动者的工作业绩及表现不符合年终奖发放标准，年终奖发放前离职的劳动者主张用人单位支付年终奖的，人民法院应予支持。

＊ 摘自 2022 年 7 月 4 日最高人民法院发布的第 32 批指导案例（指导案例 183 号）。

【相关法条】

《中华人民共和国劳动合同法》第四十条

【基本案情】

房某于 2011 年 1 月至中美联泰大都会人寿保险有限公司（以下简称大都会公司）工作，双方之间签订的最后一份劳动合同履行日期为 2015 年 7 月 1 日至 2017 年 6 月 30 日，约定房某担任战略部高级经理一职。2017 年 10 月，大都会公司对其组织架构进行调整，决定撤销战略部，房某所任职的岗位因此被取消。双方就变更劳动合同等事宜展开了近两个月的协商，未果。12 月 29 日，大都会公司以客观情况发生重大变化、双方未能就变更劳动合同协商达成一致，向房某发出《解除劳动合同通知书》。房某对解除决定不服，经劳动仲裁程序后起诉要求恢复与大都会公司之间的劳动关系并诉求 2017 年 8 月至 12 月未签劳动合同二倍工资差额、2017 年度奖金等。大都会公司《员工手册》规定：年终奖金根据公司政策，按公司业绩、员工表现计发，前提是该员工在当年度 10 月 1 日前已入职，若员工在奖金发放月或之前离职，则不能享有。据查，大都会公司每年度年终奖会在次年 3 月左右发放。

【裁判结果】

上海市黄浦区人民法院于 2018 年 10 月 29 日作出（2018）沪 0101 民初 10726 号民事判决：一、大都会公司于判决生效之日起 7 日内向原告房某支付 2017 年 8 月至 12 月期间未签劳动合同双倍工资差额人民币 192500 元；二、房某的其他诉讼请求均不予支持。房某不服，上诉至上海市第二中级人民法院。上海市第二中级人民法院于 2019 年 3 月 4 日作出（2018）沪 02 民终 11292 号民事判决：一、维持上海市黄浦区人民法院（2018）沪 0101 民初 10726 号民事判决第一项；二、撤销上海市黄浦区人民法院（2018）沪 0101 民初 10726 号民事判决第二项；三、大都会公司于判决生效之日起 7 日内支付上诉人房某 2017 年度年终奖税前人民币 138600 元；

四、房某的其他请求不予支持。

【裁判理由】

法院生效裁判认为：本案的争议焦点系用人单位以客观情况发生重大变化为依据解除劳动合同，导致劳动者不符合员工手册规定的年终奖发放条件时，劳动者是否可以获得相应的年终奖。对此，一审法院认为，大都会公司的《员工手册》明确规定了奖金发放情形，房某在大都会公司发放2017年度奖金之前已经离职，不符合奖金发放情形，故对房某要求2017年度奖金之请求不予支持。二审法院经过审理后认为，现行法律法规并没有强制规定年终奖应如何发放，用人单位有权根据本单位的经营状况、员工的业绩表现等，自主确定奖金发放与否、发放条件及发放标准，但是用人单位制定的发放规则仍应遵循公平合理原则，对于在年终奖发放之前已经离职的劳动者可否获得年终奖，应当结合劳动者离职的原因、时间、工作表现和对单位的贡献程度等多方面因素综合考量。本案中，大都会公司对其组织架构进行调整，双方未能就劳动合同的变更达成一致，导致劳动合同被解除。房某在大都会公司工作至2017年12月29日，此后两日系双休日，表明房某在2017年度已在大都会公司工作满一年；在大都会公司未举证房某的2017年度工作业绩、表现等方面不符合规定的情况下，可以认定房某在该年度为大都会公司付出了一整年的劳动且正常履行了职责，为大都会公司作出了应有的贡献。基于上述理由，大都会公司关于房某在年终奖发放月之前已离职而不能享有该笔奖金的主张缺乏合理性。故对房某诉求大都会公司支付2017年度年终奖，应予支持。

（生效裁判审判人员：郭征海、谢亚琳、易苏苏）

《房某诉中美联泰大都会人寿保险有限公司劳动合同纠纷案》的理解与参照[*]

——年终奖发放前离职的劳动者主张用人单位支付年终奖案件的审理思路

为了正确理解和准确参照适用第 183 号指导性案例,现对该指导性案例的基本案情、裁判要点、参照适用等有关情况予以解释、论证和说明。

一、本案例的基本情况

(一) 基本案情

房某于 2011 年 1 月至中美联泰大都会人寿保险有限公司 (以下简称大都会公司) 工作,双方之间签订的最后一份劳动合同履行日期为 2015 年 7 月 1 日至 2017 年 6 月 30 日,约定房某担任战略部高级经理一职。2017 年 10 月,大都会公司对其组织架构进行调整,决定撤销战略部,房某所任职的岗位因此被取消。双方就变更劳动合同等事宜展开了近两个月的协商,未果。同年 12 月 29 日,大都会公司以客观情况发生重大变化、双方未能就变更劳动合同协商达成一致为由,向房某发出解除劳动合同通知书。房

---

* 摘自《人民司法·案例》2023 年第 23 期。

某对解除决定不服，经劳动仲裁程序后起诉要求恢复与大都会公司之间的劳动关系，并诉求 2017 年 8 月至同年 12 月未签劳动合同 2 倍工资差额、2017 年度奖金等。经查，大都会公司《员工手册》规定：年终奖金根据公司政策，按公司业绩、员工表现计发，前提是该员工在当年度 10 月 1 日前已入职，若员工在奖金发放月或之前离职，则不能享有。实践中，大都会公司每年度年终奖会在次年 3 月左右发放。

上海市黄浦区人民法院作出一审判决，判令大都会公司向房某支付 2017 年 8 月至同年 12 月期间未签劳动合同双倍工资差额人民币 192500 元，对房某的其他诉讼请求均不予支持。

房某不服一审判决，向上海市第二中级人民法院提起上诉，请求撤销一审判决，改判支持其一审诉讼请求。房某上诉称，大都会公司提前终止双方之间关于变更劳动合同的协商，应当承担违法解除劳动合同的责任。关于年终奖，大都会公司的规章制度仅以发放年终奖时劳动者必须在职为前提，而不是将劳动者在该年度的工作情况作为发放依据，有悖年终奖金的本质属性。房某在当年度已经为大都会公司工作一整年，仅因发放年终奖时不在职，就不予发放属于劳动报酬范畴的年终奖金，有失公允。房某对其他项上诉请求亦提出了相关理由。

大都会公司辩称，其因受到市场环境、经营状况等客观因素影响，决定撤销战略部，房某所在岗位因此被取消。此后，大都会公司就变更岗位事宜与房某进行过多次协商，但未果。本案符合《中华人民共和国劳动合同法》第四十条规定的用人单位可以解除劳动合同的情形，不属于违法解除劳动合同。年终奖是企业根据当年度的经济效益并结合员工的工作情况对员工进行额外奖励的福利制度及调动员工工作积极性的激励机制，企业对此具有自主权。大都会公司有权根据公司经营特点在《员工手册》中制定年终奖发放规则。《员工手册》明确规定公司根据经营情况和员工考核情况决定是否发放奖金与发放金额，如果员工于奖金发放月或以前从公司离职，则不能享有该奖金。大都会公司对房某的其他项上诉请求亦提出了相应答辩意见。

上海市第二中级人民法院作出二审判决，维持一审判决第一项，撤销一审判决第二项，改判大都会公司支付房某2017年度年终奖税前人民币138600元，对房某的其余诉讼请求不予支持。

（二）观点争鸣

司法实践中，涉年终奖发放的劳动争议频发，尤其是用人单位存在年终奖发放，而其规章制度规定，年终奖发放以劳动者于发放时在职为前提。此时，对于年终奖发放前离职的劳动者是否有权要求用人单位支付其履职期间对应的年终奖，既往实践中曾出现两种观点。

一种观点侧重于年终奖的工资属性，认为用人单位规章制度规定年终奖发放以劳动者于发放时在职为前提的，该规定因违反了保障劳动者工资支付等法律规定而应被认定为无效，离职劳动者仍可要求用人单位支付其履职期间对应的年终奖。[1] 另一种观点侧重于年终奖的奖励属性，认为用人单位规章制度规定年终奖发放以劳动者于发放时在职为前提的，该规定并不违反法律规定，年终奖作为激励机制，并非法律规定用人单位必须承担的义务。[2]

上述两种观点聚焦年终奖发放以劳动者于发放时在职为前提的用人单位规章制度规定对劳动者的效力，反映出对年终奖性质的认识各有侧重。在学理上，工资概念以对价理论为基础，传统观点认为工资系劳动者付出劳动的对价，但随着劳动关系具体形态的变化，有观点认为，对价理论在具体适用中存在简单化趋向，无法适应劳动报酬名义多元化的社会发展现状，也难以与劳务报酬区分，故可以从基本工资、工作工资、特别工资3个层次理解工资总额构成，即基本工资反映劳动者依据劳动合同约定而取得的固定性收入，工作工资反映用人单位根据劳动管理而给付的对价性报酬，特别工资反映用人单位基于特别事由的制度性或惯常性给付。[3] 亦有

---

[1] 陈健全：《提前离职追讨年终奖引发劳动争议》，载《中国审判》2007年第1期。
[2] 肖华林：《年中离职员工是否享有年终奖》，载《中国劳动》2015年第15期。
[3] 李海明：《从工资构成到工资定义：观念转换与定义重构》，载《法律科学》2013年第5期。

观点认为，在不同适用场景下，工资概念的范围可能存在宽窄差异。①

结合前述观点与我国情况，广义上的工资总额与狭义上的基本工资有所不同，年终奖是工资总额的组成部分，属于劳动报酬，但其亦与固定按月发放的工资有异。实践中，年终奖的发放多是结合劳动者全年工作情况、工作业绩等因素而由用人单位实施，体现对劳动者全年劳动付出的激励，与用人单位对劳动者的劳动管理有关。我国现行劳动法律目前对于年终奖发放尚没有强制性规定，用人单位对年终奖发放具有一定的自主管理权，有权根据本单位的经营状况、劳动者的业绩表现等，自主确定奖金发放与否、发放条件及发放标准。

但是，若用人单位已将年终奖发放写入规章制度或劳动合同之中，或有其他稳定、可预期的方式向劳动者表明，使劳动者的工作付出与年终奖发放之间建立正向回报的相关性，劳动者对年终奖已形成合理期待，此时年终奖既具有激励意义，亦具有合理劳动报酬之含义。在此前提下，将是否发放年终奖全然交由用人单位任意决定，容易造成劳动者难以获得正当的对价回报。故而，讨论年终奖是否应予发放，不应一概而论，而应根据用人单位有无规定、发放条件是否公平合理、劳动者是否符合发放标准以及有无过错等因素，综合地加以认定。

（三）指导意义

本案例明确了虽然用人单位的规章制度规定年终奖发放前离职的劳动者不能享有年终奖，但是由于劳动合同的解除非因劳动者单方过失或主动辞职所致，且劳动者符合年终奖发放标准时，劳动者主张用人单位支付年终奖的，人民法院应当予以支持。

本案例提炼了从劳动者的离职原因、离职时间、工作表现以及对单位的贡献程度等因素对离职劳动者年终奖发放进行综合认定的裁判规则，对人民法院审理涉年终奖劳动争议案件具有指导意义，防止用人单位侵害劳

---

① 闫冬：《反思工资界定的误区与进路》，载《河北法学》2014 年第 7 期。

动者合法权益。

二、裁判要点的理解与说明

该指导性案例的裁判要点确认：年终奖发放前离职的劳动者主张用人单位支付年终奖的，人民法院应当结合劳动者的离职原因、离职时间、工作表现以及对单位的贡献程度等因素进行综合考量。用人单位的规章制度规定年终奖发放前离职的劳动者不能享有年终奖，但劳动合同的解除非因劳动者单方过失或主动辞职所导致，且劳动者已经完成年度工作任务，用人单位不能证明劳动者的工作业绩及表现不符合年终奖发放标准，年终奖发放前离职的劳动者主张用人单位支付年终奖的，人民法院应予支持。

现围绕与该裁判要点相关的问题解释和说明如下：

（一）年终奖的含义

年终奖是用人单位根据全年经济效益和对劳动者全年工作业绩的综合考核情况而发放的奖金。根据我国《国家统计局关于工资总额组成的规定》等相关规定，奖金是指支付给职工的超额劳动报酬和增收节支的劳动报酬，其中，生产（业务）奖包括年终奖等。年终奖是奖金的一种形式，是工资总额的组成部分，属于劳动报酬。总体上，工资总额具有补偿、激励与调解等功能。[1] 用人单位发放年终奖的目的，是体现对劳动者付出劳动的认可和尊重，对劳动者形成有效激励，从而维持用工关系的稳定。

（二）年终奖的发放依据

在发放机制上，年终奖与狭义的工资有所不同。我国现行劳动法律对于劳动合同约定的固定每月向劳动者发放的基本工资支付保障有明确规定，用人单位不得无故克扣。而年终奖与此有所不同，年终奖在具体类别上一般属于奖金。我国现行劳动法律没有强制规定年终奖应如何发放，年终奖的发放由用人单位根据本单位经营状况、劳动者全年工作情况、工作

---

[1] 孙霞主编：《劳动法与社会保障法》，武汉大学出版社 2010 年版，第 146~147 页。

业绩等自主确定，反映用人单位的经营自主权与对劳动者的劳动管理，但用人单位制定的发放规则仍应遵循公平合理的原则。

认定用人单位是否存在年终奖发放制度，可从劳动合同是否约定、用人单位规章制度是否规定以及是否形成具有固定性、持续性、周期性等特点的年终奖发放行为等方面加以判断。如果劳动合同或用人单位的规章制度对于年终奖的发放具有约定或规定，且其发放并不违反公平合理原则，则用人单位应按照其约定或规定向劳动者发放年终奖。

如果劳动合同或用人单位的规章制度对于年终奖的发放没有约定或规定，但劳动者主张用人单位应向其支付年终奖，则劳动者应对其所主张的年终奖的发放具有固定性、持续性、周期性等特点以及其符合领取年终奖的条件等进行充分举证。若经证明其主张成立，而用人单位又无其他重大经营变化情况影响发放的，亦应按其惯例向劳动者发放与其履职时间相对应的年终奖部分。

（三）用人单位年终奖发放限制条件的审查路径

司法实践中，关于年终奖的争议往往集中发生在劳动者离职之际。在用人单位存在年终奖发放制度的情况下，若用人单位规章制度规定年终奖发放以劳动者于发放时在职为前提，该项限制条件是否适用，应结合以下方面，区分情形分别认定。

1. 用人单位规章制度的形成程序

《中华人民共和国劳动法》规定，用人单位应当依法建立和完善规章制度，保障劳动者享有劳动权利和履行劳动义务。《中华人民共和国劳动合同法》规定，用人单位制定、修改或者决定有关劳动报酬、工作时间、休息休假、劳动安全卫生、保险福利、职工培训、劳动纪律以及劳动定额管理等直接涉及劳动者切身利益的规章制度或者重大事项时，应当经职工代表大会或者全体职工讨论，提出方案和意见，与工会或者职工代表平等协商确定。用人单位应当将直接涉及劳动者切身利益的规章制度和重大事项决定公示，或者告知劳动者。

年终奖发放以劳动者于发放时在职为前提与劳动报酬有关，用人单位规章制度中该项规定的制定、修改或者决定应当经过民主程序，并向劳动者公示或告知，使其知悉。如果该项限制条件规定未经民主程序或者未按法律规定进行公示或告知，则对劳动者不产生效力。

2. 劳动者的离职原因

用人单位规章制度中关于年终奖发放以劳动者于发放时在职为前提的规定经过民主程序制定并向劳动者公示或告知，其本身将对劳动者产生约束力。此时，离职劳动者是否可主张支付年终奖，应秉持公平合理原则，进一步结合劳动者的离职原因。

（1）因劳动者原因离职

如果劳动合同对于年终奖发放并无约定，仅用人单位规章制度对此有规定，而劳动者系因个人意愿而主动离职，或者因劳动者过失、不能胜任工作等原因，用人单位依照《中华人民共和国劳动合同法》第三十九条或第四十条第一项、第二项解除劳动合同，导致双方之间劳动关系于年终奖发放日前终止。由于提前离开用人单位系由劳动者的个人因素造成，劳动者因此不符合用人单位设定的年终奖发放条件，实践中较多认为该情形下劳动者关于支付年终奖的要求与年终奖所具有的激励劳动者以及维护劳动关系稳定等发放目的和初衷有所不符，根据个案情况，一般难以获得支持。

（2）非因劳动者原因离职

其一，劳动者因用人单位过错而离职。

根据我国相关法律规定，附条件的民事法律行为，当事人为自己的利益不正当阻止条件成就的，视为条件已成就。劳动者因用人单位过错而离职，由于用人单位不合法的行为导致劳动者无法在年终奖发放之时在职，可以视为用人单位为了自己的利益不正当地阻止年终奖发放的条件成就，应视为条件已成就，用人单位不能免除向劳动者支付年终奖的义务。亦即，如果劳动者因用人单位存在过错而依据《中华人民共和国劳动合同法》第三十八条单方解除劳动合同，或者用人单位违法解除劳动合同，导致劳动者在年终奖发放前即已离开用人单位，由于劳动者的离职并非因劳动者的主观选择或过错，故劳动者不应当承担因此引发的不利后果。

其二，劳动者因客观情况发生重大变化并经协商未果而离职。

因客观情况发生重大变化导致劳动合同无法履行，双方未能就变更劳动合同协商一致，导致在年终奖发放之前终止劳动关系时，对于未能达到年终奖发放时间及条件，劳动者和用人单位均无主观意愿或过错，这也是本案例所涉争议的背景情形。此时，仅依据离职原因尚难认定，尚需结合劳动者履职情况等综合评判。

3. 劳动者的履职情况

在本案例情形下，用人单位与劳动者对于劳动合同终止均无过错，劳动者主张年终奖可否支持，应再结合劳动者的履职情况，进一步综合其履职时间、工作表现、贡献度大小等，按照公平合理的原则予以确定。

本案例中，房某在2017年担任高级经理一职，为大都会公司付出了一整年的劳动，为其业务的正常运转贡献了不可或缺的一份力量。在大都会公司未提供证据证明房某2017年工作表现不符合公司年终奖发放条件的情况下，房某于情于理都应当获得其辛苦工作的劳动成果。故对于房某要求2017年度年终奖金的诉请，二审法院予以支持，以保障劳动者公平获得劳动报酬的权利。

三、参照适用时应注意的问题

当前，在就业市场上，以基本工资、奖金等共同构成劳动者工资总额已成为常态。

司法实践中审理相关纠纷时，应当注意把握好尊重用人单位的自主管理权和保护劳动者取得劳动报酬的权利的界限，重点在于将秉持公平合理的原则贯穿始终。对于劳动者主张用人单位支付年终奖的请求，人民法院应结合劳动合同约定、用人单位规章制度规定、劳动者的离职原因、离职时间、工作表现以及对单位的贡献程度等因素进行综合考量。

一方面，对于用人单位依法制定且公平合理的规章制度予以认可，支持用人单位通过有效管理、激励机制提高生产经营效率。特别是非制度规定下的年终奖发放惯例应当审慎认定和适用，在用人单位发生重大经营情况变化时，兼顾各方权利；另一方面，对于用人单位不合理限制或剥夺劳动者获得合理回报的做法予以否定，尤其是在劳动者离职、伤病等特殊节点上应全面审查，依法保护劳动者合法权利。

此外，在实践中也需要注意甄别具体个案中名为"年终奖"的款项的实际性质，结合劳动合同约定、用人单位规章制度规定、款项支付情况、是否为递延工资等情况认定其性质，避免部分用人单位通过工资总额结构调整规避基本工资支付义务，保障劳动者公平获取报酬的权利。

（执笔人：上海市第二中级人民法院　郭征海　叶　戈
　　　　　上海市浦东新区人民法院　水　波
编审人：最高人民法院案例指导工作办公室　马　剑）

5．上海冠龙阀门机械有限公司诉唐某林劳动合同纠纷案*

应聘者提供
虚假学历证
明并与用人
单位签订劳
动合同的，
属于以欺诈
手段订立劳
动合同，该
劳动合同
无效

【裁判摘要】

　　用人单位在招聘时对应聘者学历有明确要求，而应聘者提供虚假学历证明并与用人单位签订劳动合同的，属于《中华人民共和国劳动合同法》第二十六条规定的以欺诈手段订立劳动合同应属无效的情形，用人单位可以根据《中华人民共和国劳动合同法》第三十九条的规定解除该劳动合同。

　　原告：上海冠龙阀门机械有限公司，住所地：上海市嘉定区南翔镇德园路。

　　法定代表人：李政宏，该公司董事长。

　　被告：唐某林，男，31岁，户籍地：安徽省安庆市宿松县高岭乡。

　　原告上海冠龙阀门机械有限公司（以下简称冠龙公司）因与被告唐某林发生劳动合同纠纷，向上海市嘉定区人民法院提起诉讼。

　　原告冠龙公司诉称：被告唐某林于2002年3月以提供虚假学历证书和采用虚假陈述的欺诈方式，使原告公

　＊　摘自《最高人民法院公报》2012年第9期。

司在违背真实意思的情况下与其签订了劳动合同。此后，在原告每次要求员工更新人事资料时，被告均以欺骗方式填写了虚假信息。公司接到相关举报后查实了上述事实，并发现被告在工作中存在虚报合同价格从中赚取差价的违规行为，使公司蒙受经济损失的同时影响了公司的声誉。鉴此，原告与被告解除了劳动合同。2010 年 7 月和 8 月，被告、原告先后向上海市嘉定区劳动争议仲裁委员会（以下简称嘉定区劳仲委）提起仲裁，同年 9 月 17 日嘉定区劳仲委作出嘉劳仲（2010）办字第 1860 号、第 2188 号裁决，该裁决部分内容不符合法律与事实。被告以欺诈的方式与原告签订劳动合同导致合同无效，且存在严重违反公司规章制度的行为，故原告的行为属于合法解除，不应支付被告违法解除劳动合同赔偿金。另，被告未做满 2010 年第二季度，原告不应支付其第二季度奖金，故请求依法判令原告：（1）不予支付被告违法解除劳动合同赔偿金 181866 元；（2）不予支付被告 2010 年第二季度奖金 32213 元；（3）被告应返还原告 2009 年 12 月至 2010 年 5 月向公司暂支的款项及借款共计 28500 元（包括暂支的业务费 10000 元、借款 15000 元、暂支茶叶款 2000 元、以工作站房租押金名义暂支的 1500 元）；（4）被告应返还原告租房款项 8190 元；（5）被告应退还 3 个月的汽车保险费用 697.75 元。同时，对仲裁裁决的其他内容表示认可。

原告冠龙公司提交以下证据：

1. 嘉劳仲（2010）办字第 1860 号、第 2188 号裁决书，旨在证明本案已经仲裁前置程序；

2. 劳动合同及补充协议，旨在证明原、被告之间存在劳动关系；

3. 暂支单四份，旨在证明被告唐某林曾于 2009 年 12 月至 2010 年 5 月期间向原告预支、预借过四笔款项，共计 28500 元；

4. 支付凭证一份，旨在证明原告冠龙公司已将 2010 年 5 月 22 日至 11 月 21 日的房租 8190 元支付给被告唐某林，但被告事后未提供租房合同；

5. 购销合同二份、苏泵泵业有限公司出具的付款证明、现金支票存根及原告冠龙公司律师与需方经理田冬的笔录各一份，旨在证明被告唐某林曾与客户签订阴阳合同，从中赚取差价；

6. 被告唐某林向原告冠龙公司提交的学历证明复印件及西安工业大学

教务处的证明，旨在证明被告唐某林存在学历造假的行为；

7. 任职承诺书，旨在证明被告唐某林曾经承诺"提供给公司的个人材料如有作假，愿意无条件被解除合同"，故原告冠龙公司系依法解除劳动合同；

8. 2007 年版的《员工手册》及被告签字的《认知确认书》，旨在证明原告冠龙公司系根据公司规章制度与被告唐某林解除劳动合同；

9. 原告冠龙公司原华东业务部经理马某新书写的情况说明及马某新的职务调动文件，旨在证明虽然马某新在 2008 年 8 月知晓被告唐某林学历造假一事，但因职务调动原因其未向公司报告亦未进行处理；

10. 汽车保险支付凭证，旨在证明原告冠龙公司为被告唐某林支付了 2791 元汽车保险费；

11.《聘用与奖惩制度》和 2003 年版《员工手册》，旨在证明原告冠龙公司招聘业务人员必须是大专以上学历。

被告唐某林辩称：虽然被告进入原告冠龙公司时提供了虚假的学历证明，但 2008 年时原告公司已经知晓实情并对被告作出了处理，且 2008 年 12 月原告又与被告续签了劳动合同，足以证明原告考虑到被告的业务能力较强故不予计较其学历造假一事。故 2010 年 6 月原告又以被告学历造假为由与其解除劳动合同系违反法律的行为，应支付被告违法解除劳动合同赔偿金。原告在 2010 年 6 月 30 日向被告发出律师函，通知解除劳动合同事宜，故双方劳动关系结束于 2010 年 6 月底，被告已做满第二季度，原告应支付该季度奖金。关于原告提到的暂支款项和借款 28500 元，其中 1 万元业务款已经花费了 6922 元，故同意返还 3078 元；15000 元系被告以私人名义欲向原告预借的款项，但因领导未签字同意，故被告实际未取得该笔借款，不同意返还；茶叶款 2000 元，系被告拿其领导杨某心的茶叶送给客户。领导要求被告向公司暂支 2000 元后找发票冲账，但被告一直未找到发票；关于以工作站租金名义暂支的 1500 元中有 1300 元系房租押金，182 元系电费。因原告与被告解除劳动关系致使工作站使用的房屋提前退租造成违约，上述两笔款项不应返还，现同意返还剩余的 18 元。租房 8190 元系经原告副总签字后同意支付的 2010 年 5 月至 11 月的房租，故不同意返还。3个月的汽车保险费用697.75元，被告同意返还。另，由于原告以无锡市最低缴费基数为被告缴纳城镇社会保险违反了法律规定，故要求原告以被告的实际收入为缴费基数为其补缴2008年7月至2010年7月无锡市城镇社会保险的差额。

被告唐某林提交如下证据：

1. 被告唐某林与马某新、潘某娟的录音资料各一份，旨在证明原告冠龙公司早在2008年即已对被告学历造假一事进行了处理；

2. 电费发票一份，旨在证明被告唐某林所在工作站在2010年6月应缴电费为182元，该款包含于被告在2010年5月31日向原告冠龙公司预支的1500元内；

3. 支付凭证二份、出差旅费报告表一份、发票六份，旨在证明被告唐某林在2009年12月向原告冠龙公司暂支业务费1万元后已花费了文娱费、餐费、差旅费等共计6922元。

上海市嘉定区人民法院一审查明：被告唐某林系上海市外来从业人员。2002年3月1日，唐某林进入原告冠龙公司从事销售工作。入职时，唐某林向冠龙公司人事部门提交了其本人于2000年7月毕业于西安工业学院材料工程系的学历证明复印件，双方签订了期限为2002年3月1日至同年12月31日的劳动合同，合同约定2002年3月1日至同年8月1日为试用期，此后双方每年续签期限为一年的劳动合同。2007年12月25日，唐某林签署《任职承诺书》一份，内容为："本人作为上海冠龙阀门机械有限公司之员工，特作如下承诺：……本人以往提供给公司的个人材料均是真实有效的，如有作假，愿意无条件被解除合同……" 2008年12月23日，原、被告双方签订《劳动合同补充协议》，约定原劳动合同有效期限顺延至2011年12月31日。冠龙公司在南京、无锡两地均设有办事处，后在常州开设工作站（受无锡办事处管辖），由唐某林任工作站站长，无其他工作人员。冠龙公司允许唐某林以个人名义租赁房屋作为办公地点开展工作，租房费用由公司承担。2009年10月25日，冠龙公司向唐某林支付汽车保险费2791元。2009年12月25日，唐某林向冠龙公司提交暂支单（有部门主管杨某心签字）并支取业务费1万元，2010年1月7日唐某林花费了文娱费、餐费、差旅费等共计6922元。2010年2月11日,唐某林填写了暂支事由为"借款"、暂支金额为15000元的暂支单,但该单据未经主管领导签字确认。2010年4月23日,冠龙公司向唐某林支付了2010年5月22日至同年11月21日的房租(含税金)8190元。2010年5月31日,唐某林填写两份暂支单并经部门主管杨某心签字确认后向冠龙公司支取了工作站房租押金1500元及茶叶款2000元,在关于茶叶款的暂支单上记载有"找发票冲账"的字样,事后唐某林未向冠龙公司提交茶叶款发票。2010年6月28日,冠龙公司向唐某林出具退工证明,但唐某林不同意接受,2010年7月2日唐某林收到冠龙公司的律师函,其中载明"鉴于你在求职时向冠龙公司出具的有关材料和陈述有虚假,且在工作时间没有完成公司规定的业务指标,没有遵守公司规定的工作纪律和规章,故从即日起冠龙公司对你开除,即解除与你的劳动合同关系",落款日期为2010年6月30日。冠龙公司未支付唐某林2009年第四季度奖金(提成)剩余差额20493.89元,未支付唐某林2010年第一季度奖金(提成)1198.40元及第二季度奖金(提成)32213元。此外,在2008年8月,唐某林的上级主管领导马某新(冠龙公司华东业务部经理)通过他人举报得知并证实唐某林存在学历造假一事。2008年12月1日后因工作调动,唐某林所在辖区不再受马某新管理。冠龙公司在劳动仲裁阶段陈述,办事处招聘员工,实际操作中由办事处主任进行核实和担保,办事处主任再向公司提供员工的学历证书复印件就可以了。

2010年11月1日,西安工业大学教务处在原告冠龙公司出具的被告唐某林毕业证书复印件上书写"2000届毕业证中无此人"的证明字样并敲章确认。冠龙公司《员工手册》中有如下规定:"新录用的员工报到时应提供以下证明文件的正本供人事部门复核,同时交复印件一份供人事部门存档:(1)身份证;(2)学历证明……""员工有下列任一严重违反公司规章制度情况的,公司将予以解雇,且不给予任何经济补偿:……以欺骗手段虚报专业资格或其他各项履历……"对以上内容,唐某林已签字确认知晓。2010年7月19日、8月11日唐某林与冠龙公司分别就违法解除劳动合同赔偿金、返还暂支款项等事项向嘉定区劳仲委提起仲裁,2010年9

月 17 日嘉定区劳仲委作出嘉劳仲（2010）办字第 1860 号、第 2188 号裁决书，裁决内容如下：一、冠龙公司应一次性支付被告违法解除劳动合同赔偿金 181866 元、2009 年第四季度奖金（提成）差额 20493.89 元、2010 年第一季度奖金（提成）1198.40 元、2010 年第二季度奖金（提成）32213 元，合计人民币 235771.29 元；二、唐某林应一次性返还冠龙公司 2009 年 12 月 25 日的业务费暂支款 1 万元、2010 年 5 月 31 日购买茶叶暂支款 2000 元、2010 年 5 月 31 日的工作站房租押金 1500 元、2010 年 2 月 11 日的借款 15000 元、汽车保险费 697.75 元，合计人民币 29197.75 元；三、对唐某林的其他请求事项，不予支持；四、对冠龙公司的其他请求事项，不予支持。冠龙公司不服部分裁决内容，遂提起诉讼。

本案一审的争议焦点是：被告唐某林在入职时向原告冠龙公司提交虚假学历证明的行为，是否构成冠龙公司合法解除劳动合同的理由之一。

上海市嘉定区人民法院一审认为：欺诈的认定标准之一为相对方是否知晓真实情况。原告冠龙公司的马某新系管理公司华东地区所有办事处的业务部经理，其对所辖办事处员工招聘、解聘等工作系其代表公司的职务行为。2008 年 12 月，在马某新知晓被告唐某林提供虚假学历的情况下，仍然作出与其续签劳动合同的决定，表明冠龙公司已经知晓唐某林学历造假仍继续予以聘用，即不予追究唐某林提供虚假学历的行为。且冠龙公司对销售人员的学历设置准入资格应为保证销售人员的工作能力，唐某林于 2002 年进入冠龙公司后双方一直续签劳动合同的事实亦从侧面证实冠龙公司对唐某林的工作能力予以认可，故冠龙公司主张唐某林欺诈的理由不能成立，冠龙公司与其解除劳动合同系违法解除。

据此，上海市嘉定区人民法院依照《中华人民共和国劳动合同法》第三条、第三十条第一款、第四十七条、第八十七条，《中华人民共和国民事诉讼法》第六十四条第一款，《最高人民法院关于民事诉讼证据的若干规定》第二条之规定，于 2011 年 3 月 21 日判决：一、原告冠龙公司应于本判决生效之日起 10 日内支付被告唐某林违法解除劳动合同赔偿金人民币 181866 元、2009 年第四季度奖金（提成）差额人民币 20493.89 元、2010 年第一季度奖金（提成）人民币 1198.40 元、2010 年第二季度奖金（提成）人民币 32213 元，上述四项合计人民币 235771.29 元；二、被告唐某林应于本判决生效之日起 10 日内返还原告冠龙公司 2009 年 12 月 25 日暂支的业务费人民币 3078 元、2010 年 5 月 31 日暂支的工作站房租押金人民币 1318 元、2010 年 4 月 23 日支取的工作站租房款人民币 6370 元、汽车保险费人民币 697.75 元，上述四项合计人民币 11463.75 元；三、驳回原告冠龙公司的其他诉讼请求。

冠龙公司不服一审判决，向上海市第二中级人民法院提起上诉，冠龙公司上诉称：（1）冠龙公司与被上诉人唐某林解除劳动合同合法有据，不应支付违法解除劳动合同赔偿金。首先，唐某林存在伪造学历的欺诈行为，唐某林采用欺诈方式骗取冠龙公司签订劳动合同，按照冠龙公司规章制度及双方约定，冠龙公司与其解除劳动合同是合法的。冠龙公司招聘员工时要求应聘者提交学历证书原件，唐某林在 2002 年应聘时亦提交了伪造的学历证书，现冠龙公司仅留存有唐某林提供的学历证书复印件，原件已交还唐某林本人。冠龙公司认为，即使冠龙公司在录用唐某林时未就学历证书尽审查义务，也不能就此抵消唐某林学历造假的责任。另，冠龙公司的马某新经理不是整个华东地区的业务经理，其只是苏州片区的业务经理，不具有人事处罚权。即使马某新经理知悉唐某林伪造学历证书的事情，也不代表公司也知悉了该事并已作处理，且事实上马某新也已证明未就此事上报公司。冠龙公司与唐某林续签劳动合同时马某新经理也已调任他处工作，冠龙公司与唐某林续签劳动合同时并不知道其学历造假事宜。其次，唐某林在工作过程中还存在其他营私舞弊行为，唐某林与常州苏泵泵业有限公司签订过一份阴阳合同，给客户的那份合同约定的价格为 2115 元，但给公司的合同价格只有 1407 元，冠龙公司实际收到的现金只有 1407 元。常州苏泵泵业有限公司也就此出具了证明。唐某林这种徇私舞弊的行为严重违反公司的规章制度，冠龙公司与唐某林解除劳动合同符合法律规定，冠龙公司无需支付唐某林违法解除劳动合同赔偿金。原审法院认定事实不清，适用法律不当。请求撤销原审法院判决第一项关于违法解除劳动合同赔偿金的判决，要求改判冠龙公司不支付唐某林违法解除劳动合同的赔偿金 181866 元。（2）原审法院认定唐某林应返还公司 15000 元和 1

万元暂支单款项的事实与实际不符，冠龙公司认为这两项应全额返还。关于 15000 元暂支单款项，冠龙公司认为，唐某林将其签过字的借款单留在冠龙公司，说明唐某林已实际取得上述款项，原审法院认为此款项唐某林未实际取得缺乏依据。关于 1 万元暂支单款项，冠龙公司规定员工报销业务费用须在费用发生后一个月内交给主管审核，唐某林直至仲裁时才主张该业务费用报销，不符合规定，应全额返还该笔款项。请求撤销原审判决第二项，改判唐某林全额返还冠龙公司暂支款 25000 元。

二审期间上诉人冠龙公司提供了两组新证据：

1. 被上诉人唐某林于 2002 年入职时所写的个人自传，称其毕业于西安工业学院材料工程系，旨在证明唐某林入职时就学历情况作了虚假表述；

2. 上诉人冠龙公司人事资料卡两份，填写时间为 2008 年 6 月 9 日、2009 年 4 月 30 日，填写人为被上诉人唐某林。其中"教育程度"一栏均填写为毕业于西安工业学院，旨在证明唐某林就学历情况欺骗公司，并在 2008 年续签劳动合同后仍继续欺骗公司。

被上诉人唐某林辩称：（1）其进入上诉人冠龙公司时根据冠龙公司招聘人员的要求提供了虚假的学历证明，2008 年 8 月后冠龙公司内从上到下对于唐某林提供虚假学历证书的事情均已知晓，因此未对唐某林进行升职，这就是冠龙公司对唐某林的处理。2008 年 12 月冠龙公司与唐某林续签了劳动合同，说明冠龙公司考虑到唐某林的业务能力较强而不再计较其学历造假事宜。同时唐某林认为，其在职期间工作业绩一直很好，完全具有任职人员所应具备的能力，从公平合理的角度看，不能仅以学历造假为由解除双方劳动合同。2010 年冠龙公司以学历造假为由与其解除劳动合同，是公司清退老员工的借口，冠龙公司应支付其违法解除劳动合同赔偿金；（2）关于 15000 元暂支单款项，因该借款单未经公司主管签字，唐某林实际未拿到此款项，不同意返还。关于 1 万元暂支单款项，冠龙公司操作流程规定员工报销业务费用有一定限额，故致唐某林该笔款项未及时报销。唐某林认为原审法院所作判决是适当的，请求二审法院依法驳回冠龙公司上诉请求，维持原审判决。

被上诉人唐某林没有提交新的证据。

法院认为上述两组证据是上诉人冠龙公司对原审证据的补强，冠龙公司虽在二审时才提供，但被上诉人唐某林对上述证据的真实性并未予以否认，法院对上述证据的真实性予以确认。

上海市第二中级人民法院经二审，确认了一审查明的事实。

另查明：上诉人冠龙公司《员工手册》第三十四条规定："员工有下列任一严重违反公司规章制度情况的，公司将予以解雇，且不给予任何经济补偿：……（2）以欺骗手段虚报专业资格或其他各项履历……"

本案二审争议的焦点是：（1）上诉人冠龙公司解除与被上诉人唐某林的劳动合同是否合法，冠龙公司应否支付唐某林违法解除合同赔偿金；（2）唐某林应否全额返还冠龙公司主张的两笔款项。

上海市第二中级人民法院二审认为：被上诉人唐某林在入职时提供虚假学历并作虚假陈述的行为显然已经构成了欺诈。但唐某林于2008年12月底与上诉人冠龙公司续签劳动合同时是否构成欺诈存有争议，此问题关键在于续签劳动合同时冠龙公司是否知晓唐某林学历造假一事并作出了错误的意思表示。第一，唐某林提供有马某新的录音资料，欲证明续签合同时公司已知道其提供虚假学历一事，但上述录音有许多语意模糊的地方，并不足以证明马某新已经将唐某林伪造学历之事告知冠龙公司。第二，冠龙公司提供的马某新的书面证言称因工作调动未将唐某林学历造假之事上报公司，亦未对此事作出处理。虽马某新系冠龙公司管理人员，与公司方有一定利害关系，但该证据不是唯一证据，其证明力可以结合其他证据综合判断。第三，冠龙公司提供的调令显示，冠龙公司与唐某林续签劳动合同之前，马某新确实已调任他处。第四，唐某林2009年填写的人事资料卡"教育程度"一栏仍填写为西安工业学院材料工程系。综合双方当事人举证情况分析，可认定唐某林对其入职时提供虚假学历一事一直采取隐瞒的态度，唐某林亦无证据证明其提供虚假学历之行为已为冠龙公司所知悉并已获得了谅解，故唐某林在2008年12月续签劳动合同时仍然构成欺诈，《中华人民共和国劳动合同法》第二十六条、第三十九条明确规定，以欺诈的手段使对方在违背真实意思的情况下订立的劳动合同是无效的，用人单位可以据此解除劳动合同。故冠龙公司与唐某林解除劳动合同有法律依据，不应支付违法解除劳动合同赔偿金。此外，我国劳动法律在充分保护劳动者合法权利的同时亦依法保护用人单位正当的用工管理权。用人单位通过企业规章制度对劳动者进行必要的约束是其依法进行管理的重要手段。冠龙公司《员工手册》第三十四条规定，员工以欺骗手段虚报专业资格或其他各项履历，公司将予以解雇，且不给予任何经济补偿。审理时，唐某林对该《员工手册》的真实性并无异议。唐某林提供虚假学历之行为亦系冠龙公司规章制度所严令禁止，冠龙公司依据企业的规章制度与唐某林解除劳动合同，系其依法行使管理权的体现，亦无不可。而且，唐某林于2007年签署有《任职承诺书》一份，内容为："本人作为上海冠龙阀门机械有限公司之员工，特作如下承诺：……本人以往提供给公司的个人材料均是真实有效的，如有作假，愿意无条件被解除合同……"此任职承诺书是唐某林与冠龙公司基于诚信原则的约定，唐某林对于违反约定义务的法律结果应是清楚的。双方的约定未违反法律规定，是合法有效的。故从该承诺的角度出发，冠龙公司在查知唐某林伪造学历后，基于承诺而解除合同亦是有依据的。至于冠龙公司认为唐某林与客户签订阴阳合同，赚取差价，严重违规，要求唐某林解除劳动的主张，因依据不足，难以采信。但这并不影响冠龙公司依据唐某林伪造学历、欺骗公司，违反《中华人民共和国劳动合同法》及公司规章制度及其本人承诺的理由行使合同解除权。一审法院关于冠龙公司解除与唐某林的劳动合同不合法、冠龙公司应支付唐某林违法解除合同赔偿金的认定不当，应予以纠正。

关于被上诉人唐某林应否返还系争款项的问题。该争议焦点双方分歧在于上诉人冠龙公司主张的15000元借款事实是否成立，唐某林提交的6922元凭证是否属于冠龙公司应予报销的范围。对此，当事人对自己的主张应当提供充分的证据予以证实。对于冠龙公司要求唐某林返还的15000元暂支单款项，根据唐某林提供的暂支单凭证可认定冠龙公司对暂支款项实行的是领导审批制，需要填写暂支单后提交主管批准签字，而该笔借款的暂支单未经主管签字，冠龙公司亦未提供其他证据证明其已向唐某林支出该笔款项，故一审法院认为借款事实不成立理由充分。对于冠龙公司要求唐某林返还1万元业务款的问题，唐某林在冠龙公司工作期间因工作需要为业务支出的费用，冠龙公司应予报销。现唐某林已提交证据证明因业务花费6922元，而冠龙公司并无证据证明上述费用系用于唐某林个人，故对于上述费用，冠龙公司应予报销。现唐某林同意返还余额3078元，于法不悖。冠龙公司以报销业务费用须在费用发生后一个月内交给主管审核为由不愿予以报销，缺乏依据。一审法院对此两笔款项认定事实清楚，所作判决并无不当。

据此，上海市第二中级人民法院依照《中华人民共和国民事诉讼法》第一百五十三条第一款第一项、第三项之规定，《中华人民共和国劳动合同法》第二十六条第一款、第三十九条之规定，于2011年7月25日判决：一、维持上海市嘉定区人民法院（2010）嘉民四（民）初字第418号民事判决主文第二项；二、撤销上海市嘉定区人民法院（2010）嘉民四（民）初字第418号民事判决主文第一项、第三项；三、上诉人冠龙公司应于本判决生效之日起10日内支付被上诉人唐某林2009年第四季度奖金（提成）差额人民币20493.89元、2010年第一季度奖金（提成）人民币1198.40元、2010年第二季度奖金（提成）人民币32213元，上述三项合计人民币53905.29元；四、上诉人冠龙公司要求不支付被上诉人唐某林违法解除劳动合同赔偿金的请求予以支持。

本判决为终审判决。

6. 梁某树诉南京乐府餐饮管理有限公司劳动争议案*

▶
医疗期内劳动合同期满,劳动合同应延续至患特殊疾病劳动者医疗期满时终止

【裁判摘要】

患有癌症、精神病等难以治疗的特殊疾病的劳动者,应当享受 24 个月的医疗期。医疗期内劳动合同期满,劳动合同应当延续至医疗期满时终止。用人单位在医疗期内违法解除或者终止劳动合同,劳动者起诉要求继续履行劳动合同的,人民法院应当判决撤销用人单位的解除或者终止通知书。

原告:梁某树,男,19 岁,住江苏省滨海县通榆镇西沙村。

被告:南京乐府餐饮管理有限公司,住所地:江苏省南京市江宁区莱茵达路。

法定代表人:张某春,该公司董事长。

原告梁某树因与被告南京乐府餐饮管理有限公司(以下简称乐府餐饮公司)发生劳动争议,向南京市江宁区人民法院提起诉讼。

原告梁某树诉称:2009 年 11 月 18 日原告进入被告乐府餐饮公司从事餐饮服务工作,后双方签订劳动合

---

* 摘自《最高人民法院公报》2013 年第 6 期。

同，合同期限自 2009 年 12 月 1 日起至 2011 年 11 月 30 日止，劳动合同由
被告保管。因在被告处每天工作时间长，劳累过度，其在 2010 年 5 月初突
然发病，经医院诊断为肾病综合征—足细胞病肾病（尿毒症）。2011 年 3
月 7 日，被告将劳动合同终止日期私自更改为 2010 年 11 月 30 日，并以医
疗期满为由终止双方劳动合同。其所患疾病应当是大病，依法应当享受 24
个月的医疗期。在医疗期内，被告终止双方的劳动合同属终止不当。现诉
至法院，请求判令：（1）撤销被告 2011 年 3 月 7 日作出的《劳动合同终
止告知书》，保持与被告的劳动合同关系；（2）被告支付 2011 年 3 月至 11
月病假津贴 8208 元（1140 元/月×9 个月×80%）以及医疗期工资 27360 元
（1140 元/月×24 个月），总计 35568 元。

被告乐府餐饮公司辩称：双方签订的劳动合同期限自 2009 年 12 月 1
日起至 2010 年 11 月 30 日止，我公司并未更改劳动合同的终止期限。原告
梁某树并未提供证据证明其所患疾病严重程度等同于瘫痪、癌症、精神病
等大病，不应当享有 24 个月的医疗期。按照原告的工作年限，其依法应当
享有的医疗期为 3 个月，故其在 2011 年 3 月 7 日终止与原告之间的劳动合
同关系是合法的，不应当撤销。请求法院依法作出公正判决。

南京市江宁区人民法院一审查明：原告梁某树于 2009 年 11 月 18 日入
职被告乐府餐饮公司工作，双方签订了劳动合同。梁某树于 2010 年 5 月初
生病，经南京军区南京总医院诊断为足细胞病，其后一直休病假，乐府餐
饮公司向梁某树支付病假工资至 2011 年 2 月份。2011 年 3 月 7 日，乐府餐
饮公司以其已经将劳动合同期限顺延至医疗期满为由，通知梁某树终止双
方的劳动合同关系。2011 年 6 月 7 日，梁某树向南京市江宁区劳动争议仲
裁委员会（以下简称江宁区仲裁委）申请仲裁。2011 年 7 月 11 日，江宁
区仲裁委作出宁宁劳仲案字（2011）第 1247 号仲裁裁决书，后梁某树不
服前述裁决书于法定期限内向南京市江宁区人民法院提起诉讼。

另查明：原告梁某树所患足细胞病为肾病综合征的一种，是肾脏足细
胞病变。尿毒症是慢性肾功能不全（又称慢性肾功能衰竭）第四期（也即
最后阶段），慢性肾功能不全是各种进展性肾病的最终结局。足细胞病是
导致慢性肾功能不全的病因之一。2011 年 11 月，梁某树因病情复发至南

京军区南京总医院治疗，南京军区南京总医院向梁某树出具病重通知单。治疗中，病程记录亦多次提及梁某树病情严重，随时可能出现猝死，危及生命。

又查明：2011年2月起南京市最低工资标准为1140元每月。

审理中，被告乐府餐饮公司未能提供双方签订的劳动合同原件，亦未能提供证据证明原告梁某树持有所签合同原件。乐府餐饮公司提供的劳动合同复印件中，关于劳动合同期限处载明的期限为2009年12月1日至2010年11月30日，"2010年"处有改动的痕迹。另，乐府餐饮公司提供于2010年10月22日在江宁区劳动就业管理中心备案的录用备案花名册及职工录用登记表，录用备案花名册及职工录用登记表记载梁某树的劳动合同期限为2009年12月1日至2010年11月30日。

本案一审的争议焦点是：原告梁某树应当享受的医疗期的期限。

南京市江宁区人民法院一审认为：劳动者患病或者非因工负伤，在规定的医疗期内劳动合同期满，劳动合同应当延续至医疗期满时终止。关于原告梁某树应当享受的医疗期问题，因其所患疾病病情严重，难以治疗，随时可能出现生命危险，应属特殊疾病，不受实际工作年限的限制，故梁某树应当享受的医疗期为24个月。关于本案中双方签订的劳动合同的终止日期问题，因乐府餐饮公司未能提供劳动合同原件，提供的复印件截止日期"2010年"处有改动痕迹，且录用备案花名册及职工录用登记表备案时间又在梁某树生病之后，故对乐府餐饮公司陈述双方劳动合同期限至2010年11月30日终止的主张法院不予采信，对梁某树陈述双方劳动合同终止日期为2011年11月30日的主张法院予以采信。梁某树与乐府餐饮公司之间的劳动合同在2011年11月30日期满，但该日期仍在梁某树享有的医疗期内，故劳动合同应当延续至医疗期满。在医疗期内被告乐府餐饮公司终止与梁某树的劳动合同，违反了法律规定，因此，乐府餐饮公司于2011年3月7日作出的《劳动合同终止告知书》无效，应予撤销。劳动者患病或者非因工负伤停止劳动，且在国家规定医疗期内的，用人单位应当按照工资分配制度的规定，按不低于当地最低工资标准的80%，向劳动者支付病假工资。原告主张的其他费用没有依据，法院不予支持。

综上，南京市江宁区人民法院依照《中华人民共和国劳动法》第七十七条，《中华人民共和国劳动合同法》第四十二条、第四十五条，《江苏省工资支付条例》第二十七条、第三十二条，《中华人民共和国民事诉讼法》第六十四条第一款之规定，于 2011 年 11 月 30 日判决：一、撤销被告乐府餐饮公司于 2011 年 3 月 7 日作出的《劳动合同终止告知书》。二、被告乐府餐饮公司于本判决发生法律效力之日向原告梁某树支付 2011 年 3 月 1 日至 2011 年 11 月 30 日的病假工资 8208 元。三、被告乐府餐饮公司于本判决发生法律效力之日起每月以南京市最低月工资标准的 80% 向原告梁某树支付病假工资（自 2011 年 12 月起至双方劳动关系依法解除终止）。四、驳回原告梁某树的其他诉讼请求。

乐府餐饮公司不服一审判决，向南京市中级人民法院提起上诉称：（1）原审判决程序不当。在劳动仲裁审理期间和原审法院适用简易程序审理时法庭辩论终结前，梁某树一直认可其公司作出的《劳动合同终止告知书》。在原审法院适用普通程序审理本案时梁某树变更诉讼请求，提出"终止劳动关系不当、维持劳动关系"的主张，明显超过法律规定的期限。（2）原审判决撤销《劳动合同终止告知书》错误。梁某树在江宁区仲裁委开庭审理宁宁劳仲案字（2010）第 2265 号劳动争议案件时，对于其公司出示的截止期限为"2010 年 11 月 30 日止"的劳动合同没有任何异议。根据《最高人民法院关于民事诉讼证据的若干规定》第九条第五项①规定，已为仲裁机构的生效裁决所确认的事实，当事人无需举证证明，其公司无须提供所谓的劳动合同的原件。梁某树目前的病情，尚不构成尿毒症，应享受 3 个月的医疗期，不应享受 24 个月的医疗期。其公司于 2011 年 3 月终止劳动合同合法。请求二审法院撤销原审判决，改判其公司支付梁某树终止劳动合同经济补偿金及 2011 年 3 月病假工资。

被上诉人梁某树辩称：一审法院认定事实清楚，适用法律正确，请求二审法院依法裁决。

南京市中级人民法院经二审，确认了一审查明的事实。

---

① 该解释已于 2019 年 12 月 25 日修正，本条款被调整为第十条第五项。

二审另查明：被上诉人梁某树在仲裁阶段提出的请求是：上诉人乐府餐饮公司支付终止劳动合同经济补偿金 2280 元、2011 年 3 月至 11 月的病假津贴 8208 元、医疗期工资 6840 元、医疗补贴费 20520 元、补缴社会保险至 2011 年 11 月、办理档案和社会保险关系转移手续。2011 年 8 月 10日，梁某树向原审法院递交起诉状的诉讼请求是：（1）因乐府餐饮公司解除劳动关系不当，支付其共计 37848 元，包括终止合同经济补偿金 2280元、2011 年 3 月至 11 月病假津贴 8208 元、医疗期工资 20520 元；（2）乐府餐饮公司为其缴纳社会保险至 2011 年 11 月；（3）乐府餐饮公司为其办理档案和社会保险转移手续。2011 年 9 月 6 日，原审法院适用简易程序第一次庭审，梁某树将医疗期工资变更为 27360 元，其他请求同起诉状。2011 年 11 月 6 日，原审法院将本案适用简易程序转为普通程序审理。2011 年 11 月 15 日，梁某树向原审法院书面变更诉讼请求，要求判令：乐府餐饮公司终止劳动关系不当，维持双方的劳动关系；放弃主张终止劳动合同经济补偿金 2280 元。其他诉讼请求不变更。2011 年 11 月 22 日，原审法院适用普通程序庭审（乐府餐饮公司放弃举证期），梁某树当庭表示放弃办理档案和社会保险关系转移手续的请求。江宁区仲裁委于 2010 年11 月 3 日作出的宁宁劳仲案字（2010）第 2265 号仲裁裁决中没有确认梁某树、乐府餐饮公司之间劳动合同的期限是 2009 年 12 月 1 日至 2010 年 11月 30 日。

本案二审的争议焦点仍是：被上诉人梁某树应当享受的医疗期的期限。

南京市中级人民法院二审认为：被上诉人梁某树在法庭辩论终结前，变更诉讼请求，符合《最高人民法院关于适用〈中华人民共和国民事诉讼法〉若干问题的意见》第 156 条①的规定。原审法院依据梁某树最终明确的诉讼请求，进行审理、判决，程序并无不当。关于劳动合同到期日问题。梁某树、上诉人乐府餐饮公司均认可签订过劳动合同，乐府餐饮公司

---

① 该司法解释已于 2015 年 2 月 4 日废止，本条被修改为 2022 年修正的《最高人民法院关于适用〈中华人民共和国民事诉讼法〉的解释》第二百三十二条。

未能提供劳动合同原件，其提供的劳动合同复印件载明，双方于 2009 年 11 月 18 日签订劳动合同，劳动合同形式上记载的期限是 2009 年 12 月 1 日 至 2010 年 11 月 30 日，在 "2010 年" 的顺数第二个 "0" 有改动的痕迹。 2010 年 10 月 22 日，乐府餐饮公司持该劳动合同向南京市江宁区劳动就业 管理中心备案。梁某树认为劳动合同的到期日应为 2011 年 11 月 30 日，乐 府餐饮公司认为劳动合同的到期日为 2010 年 11 月 30 日。鉴于乐府餐饮公 司未能提供劳动合同原件，劳动合同复印件中有关期限的内容存在改动， 且合同备案时间又是在梁某树病休之后、乐府餐饮公司主张的劳动合同期 限即将到期之时，乐府餐饮公司主张到期日为 2010 年 11 月 30 日，证据不 足。乐府餐饮公司上诉称江宁区仲裁委宁宁劳仲案字（2010）第 2265 号 仲裁裁决确认劳动合同期限是 2009 年 12 月 1 日至 2010 年 11 月 30 日，没 有事实依据。关于医疗期问题。原审法院根据梁某树的病情，认定病情严 重，属特殊疾病，应当享受 24 个月的医疗期，符合原劳动部劳部发 〔1995〕236 号《关于贯彻〈企业职工患病或非因工负伤医疗期规定〉的 通知》的内容。梁某树患病尚在规定的医疗期内，劳动合同的期限应自动 延续至医疗期届满为止。乐府餐饮公司于 2011 年 3 月 7 日通知梁某树劳动 合同终止，违反《中华人民共和国劳动合同法》第四十五条的规定。

综上，上诉人乐府餐饮公司的上诉请求缺乏事实和法律依据，不予支 持。原审判决认定事实清楚，处理并无不当。据此，南京市中级人民法院 依照《中华人民共和国民事诉讼法》第一百五十三条第一款第一项之规 定，于 2012 年 2 月 20 日判决：驳回上诉，维持原判。

本判决为终审判决。

7．北京泛太物流有限公司诉单某晶劳动争议纠纷案*

► 用人单位与劳动者未订立书面劳动合同，但双方签署的其他有效书面文件的内容已经具备了劳动合同的各项要件，应视为书面劳动合同

【裁判摘要】

《中华人民共和国劳动合同法》第八十二条关于用人单位未与劳动者订立书面劳动合同的，应当向劳动者每月支付二倍工资的规定，是对用人单位违反法律规定的惩戒。如用人单位与劳动者未订立书面劳动合同，但双方之间签署的其他有效书面文件的内容已经具备了劳动合同的各项要件，明确了双方的劳动关系和权利义务，具有了书面劳动合同的性质，则该文件应视为双方的书面劳动合同，对于劳动者提出因未订立书面劳动合同而要求二倍工资的诉讼请求不应予以支持。

原告：北京泛太物流有限公司。住所地：北京市海淀区首体南路。

被告：单某晶，女，31岁，汉族，无业，住北京市顺义区仁和地区临河村。

原告北京泛太物流有限公司（以下简称泛太物流公司）因与被告单某晶发生劳动争议纠纷，向北京市海淀

---

* 摘自《最高人民法院公报》2013年第12期。

区人民法院提起诉讼。

原告泛太物流公司诉称：被告单某晶于 2011 年 6 月 30 日入职我公司，负责员工档案管理工作。其自 2011 年 7 月 29 日下班后，就未再到公司上班，原告多次与其电话联系，其始终没有上班，且未办理请假或离职手续，直到 2011 年 8 月 17 日其给原告相关领导发了一封电子邮件，内容为："因我个人不认同公司的文化，特向各位领导提出辞职。"单某晶的行为属于擅自离职。原告认为：第一，双方劳动关系截止日期应为 2011 年 7 月 29 日。第二，单某晶擅自离职后，向原告以电子邮件的形式提交了辞职报告，原告无须支付解除劳动关系经济补偿金。第三，单某晶入职当日，原告即与其签订了为期 3 年的劳动合同，该《劳动合同》与《员工录用审批表》《公司物品申请表》一起放在了单某晶的人事档案袋中。单某晶利用保管员工档案的便利在离职时将包括《劳动合同》在内的相关资料带走，但在仲裁庭审质证时出具了与《劳动合同》一起存放在档案袋中的《员工录用审批表》《公司物品申请表》的原件，这一事实佐证了单某晶离职时带走了包括劳动合同在内的相关资料，原告不应支付其未签劳动合同的双倍工资差额。另外，双方劳动关系截止日期为 2011 年 7 月 29 日，即使我公司无法提交双方签订的劳动合同，因自用工之日起未超过一个月，也不应支付单某晶未签劳动合同二倍工资差额。第四，单某晶自 2011 年 7 月 29 日后未到我公司上班，其 8 月工资不应支付。第五，单某晶的档案转移应由其自行处理，原告可以协助。综上，诉至法院，请求判令：（1）确认双方劳动关系为 2011 年 6 月 30 日至 2011 年 7 月 29 日；（2）原告无须支付单某晶解除劳动关系经济补偿金 2000 元；（3）原告无须支付单某晶 2011 年 7 月 30 日至 2011 年 8 月 30 日未签劳动合同二倍工资差额 3652.94 元；（4）原告无须支付单某晶 2011 年 8 月工资 4000 元；（5）判令原告无须为单某晶办理档案转移手续。

被告单某晶辩称：不同意被告泛太物流公司的诉讼请求，同意仲裁裁决结果。

北京市海淀区人民法院一审查明：被告单某晶于 2011 年 6 月 30 日入职原告泛太物流公司，担任人力行政部员工，其月工资标准为税前 4000

元，税后实发金额 3652.94 元，泛太物流公司支付单某晶工资至 2011 年 7 月 31 日。

被告单某晶主张原告泛太物流公司未与其签订书面劳动合同，泛太物流公司提出单某晶入职后该公司与其签订了 3 年期的劳动合同，因单某晶负责保管员工档案，其离职时擅自将劳动合同等材料带走。对此泛太物流公司提供了单某晶的《工作职责》为证，上述材料载明："2011 年 7 月 7 日经理分配给我的工作如下：员工投诉……员工档案管理：档案转我处后，审表格、审手续……"上述内容下方有单某晶签字，并写明 2011 年 7 月 7 日；单某晶否认自己负责员工档案管理，亦否认《工作职责》中的签字系自己书写，经法院释明，单某晶不申请对上述签名是否为自己书写进行司法鉴定。另查，本案审理中，单某晶提交了《员工录用审批表》以及《公司物品申请表》的原件，其中《员工录用审批表》载明：姓名单某晶、性别女、部门人力行政部、工作地点北京……聘用期限自 2011 年 7 月 1 日起至 2014 年 7 月 1 日止共 3 年，试用期自 2011 年 7 月 1 日起至 2011 年 9 月 30 日止，共叁月；试用期待遇：基本工资 1500 元、岗位工资 1500 元、各项补贴 500 元、加班工资 500 元，合计 4000 元；转正后待遇：……合计 5000 元；审批表下方"人力资源部意见"以及"总经理批示"栏分别有相关负责人及法定代表人苏某平的签字。其中《公司物品申请表》载明单某晶 2011 年 7 月开始社保增加，邮箱地址为 shanjingjing@tps-logistics.com，并由总部行政负责人、办事处人事负责人以及信息部门经办人签字确认，其中信息一栏注明"域账号、邮件登录后请修改密码"。泛太物流公司提出上述审批表及申请表与劳动合同同时存放于单某晶的员工档案中，上述材料原件在单某晶手中的事实本身即说明了单某晶负责保管档案并带走劳动合同的事实。单某晶提出上述两份材料系泛太物流公司的杨某清为让自己了解工作职能而交给自己的，事后未要回，故原件由自己保管。

被告单某晶与原告泛太物流公司均认可双方已经解除劳动关系，但就最后工作时间、解除劳动关系时间及经过存在争议。单某晶提出其最后工作至 2011 年 8 月 30 日，当日泛太物流公司无故口头告知与其解除劳动关系，对此单某晶未提供证据佐证。泛太物流公司主张单某晶最后工作至2011年7月29日，并于2011年8月17日向该公司负责人发送邮件申请辞职，故双方劳动关系于2011年8月17日因单某晶辞职而解除。泛太物流公司对上述主张提供2011年6月、7月的考勤汇总表以及该公司相关负责人于2011年8月17日收取的单某晶通过电子邮箱（shanjingjing@tps-logistics.com）发送的邮件为证，上述考勤汇总表无单某晶签字确认，且未显示2011年7月底以后的出勤情况；上述邮件内容为"各位泛太公司领导：我于2011年6月30日入职泛太公司。约定试用期3个月。现因我个人不认同公司的企业文化，特向各位提出辞职。单某晶2011年8月17日"。单某晶否认考勤汇总表的真实性，其认可发送上述电子邮件的电子邮箱系自己入职时注册的邮箱，但否认该邮件系由其本人发送，其提出泛太物流公司的网管人员掌握自己的邮箱地址及密码，上述邮件内容完全有可能系泛太物流公司自己发送的。

另查，被告单某晶的档案现仍存放于原告泛太物流公司集体存档户内。

再查，被告单某晶曾以要求确认与原告泛太物流公司于2011年6月30日至2011年8月30日期间存在劳动关系，并要求该公司支付解除劳动关系经济补偿金、2011年7月30日至2011年8月30日期间未签订劳动合同的二倍工资差额、2011年8月1日至2011年8月30日工资、延迟转移档案损失以及要求泛太物流公司办理档案转移手续等为由，向北京市海淀区劳动争议仲裁委员会提出申诉，仲裁委员会作出裁决如下：一、确认2011年6月30日至2011年8月30日期间单某晶与泛太物流公司存在事实劳动关系；二、自本裁决书生效之日起7日内，泛太物流公司向单某晶一次性支付解除劳动关系经济补偿金2000元；三、自本裁决书生效之日起7日内，泛太物流公司向单某晶一次性支付2011年7月30日至2011年8月30日期间未签订劳动合同二倍工资差额3652.94元；四、自本裁决书生效之日起7日内，泛太物流公司向单某晶一次性支付2011年8月1日至2011年8月30日拖欠工资税前4000元；五、自本裁决书生效之日起7日内，泛太物流公司为单某晶办理档案转移手续；六、驳回单某晶的其他申请请求。泛太物流公司不服上述裁决第一项至第五项内容，于法定期限内提起诉讼；单某晶同意仲裁结果。

海淀区人民法院一审认为：被告单某晶于2011年6月30日入职原告泛太物流公司，双方建立劳动关系。

1. 关于被告单某晶最后工作时间及双方解除劳动关系的时间及原因。双方各执一词，法院认为，原告泛太物流公司提出单某晶于2011年8月17日通过电子邮件提出辞职，单某晶虽否认上述邮件系其本人发送，但其认可发送该邮件的电子邮箱系其本人申请注册的，其虽提出泛太物流公司掌握该邮箱地址及密码，但未提供证据佐证其上述主张；同时，单某晶作为具备完全行为能力的自然人应当对其个人邮箱密码负有安全保密义务，依据常理该密码不应由第三人知悉，且单某晶持有的《公司物品申请表》中亦已注明要求其邮件登录修改初始密码，故法院对单某晶的抗辩不予采信，确认该邮件的证明力，进而采纳泛太物流公司的主张即双方劳动合同于2011年8月17日因单某晶提出辞职而解除。鉴于此，法院认定单某晶与泛太物流公司之间于2011年6月30日至2011年8月17日期间存在劳动关系，该公司无须向其支付解除劳动关系的经济补偿金2000元。

被告单某晶虽提出其最后工作至2011年8月30日，同日原告泛太物流公司口头与其解除劳动合同，但未提供证据佐证；且如上文所述，法院确认其于2011年8月17日通过电子邮件提出了辞职，其未能举证证明提出辞职后继续为泛太物流公司提供劳动，故对其上述主张法院不予采信。同时，泛太物流公司虽称单某晶最后工作至2011年7月29日，但其提供的考勤汇总表未经单某晶签字确认，且不能显示2011年7月底以后的出勤情况，故对其该主张法院亦不予采信，鉴于泛太物流公司作为用人单位对员工的出勤情况负有举证责任，综合单某晶于2011年8月17日申请辞职的情况，法院确认单某晶最后工作至2011年8月17日。据此，泛太物流公司应向单某晶支付2011年8月1日至2011年8月17日期间的税前工资2390.8元（计算方式4000÷21.75×13），无须继续支付2011年8月18日至2011年8月30日的工资。

2. 关于未签订劳动合同的二倍工资差额。原告泛太物流公司提出曾与

被告单某晶订立书面劳动合同，单某晶负责保管员工档案并借此将所签订的劳动合同取走。对此法院认为，依据泛太物流公司提供的《工作职责》的内容，单某晶负责公司员工的档案管理工作，其虽否认负责上述工作，且否认《工作职责》中自己签字的真实性，但经法院释明，其未申请对上述签字的真伪进行鉴定，应当承担上述事实不能查明的不利法律后果，即法院对《工作职责》的证明力予以确认，采信泛太物流公司关于单某晶负责员工档案管理的主张，但仅凭借单某晶负责保管档案以及其持有部分泛太物流公司文件的事实并不足以证实泛太物流公司曾与单某晶签订有书面劳动合同书。反而，单某晶持有的《员工录用审批表》中明确约定了其工作部门、工作地点、聘用期限、试用期、工资待遇等，并附有泛太物流公司法定代表人苏某平的签字，上述审批表内容已经具备劳动合同的要件，特别是上述《员工录用审批表》现由单某晶持有并由其作为证据提供，即其认可上述审批表的内容，因此，法院认为该审批表具有劳动合同的性质。故单某晶要求泛太物流公司支付 2011 年 7 月 30 日至 2011 年 8 月 30 日期间未签订劳动合同的二倍工资差额，其中 2011 年 7 月 30 日至 2011 年 8 月 17 日期间系包含在上述审批表所载明的合同期限内，其中 2011 年 8 月 17 日后双方已经解除劳动合同关系，故泛太物流公司无须支付上述期间二倍工资差额。综上，对泛太物流公司提出的无须支付未签订劳动合同的二倍工资差额的主张，法院予以支持。

鉴于双方劳动关系已经解除，而被告单某晶档案现仍存放于原告泛太物流公司集体存档户内，依据相关法律规定，泛太物流公司有义务为单某晶办理档案转移手续，其要求由单某晶自行办理档案转移手续没有法律依据，法院不予支持。

综上，海淀区人民法院依据《中华人民共和国劳动合同法》第三十条第一款、第五十条第一款之规定，于 2012 年 3 月 5 日判决如下：一、确认被告单某晶与原告泛太物流公司于 2011 年 6 月 30 日至 2011 年 8 月 17 日期间存在劳动关系；二、原告泛太物流公司于本判决生效后 7 日内给付被告单某晶 2011 年 8 月 1 日至 2011 年 8 月 17 日期间工资 2390.80 元；三、原告泛太物流公司于本判决生效后 7 日内为被告单某晶办理档案转移手续；

四、原告泛太物流公司无须向被告单某晶支付解除劳动关系经济补偿金2000元；五、原告泛太物流公司无须向被告单某晶支付2011年7月30日至2011年8月30日未签订劳动合同二倍工资差额3652.94元。

单某晶不服，向北京市第一中级人民法院提起上诉，其上诉理由同一审辩称。

被上诉人泛太物流公司辩称：同意一审判决，不同意上诉人单某晶的上诉请求。

北京市第一中级人民法院经二审，确认了一审查明的事实。

本案二审的争议焦点是：上诉人单某晶的离职时间以及双方是否签订有劳动合同或录用审批表能否作为劳动合同。

北京市第一中级人民法院二审认为：关于上诉人单某晶离职时间问题，单某晶坚持原审理由，主张其工作至2011年8月30日，同日被上诉人泛太物流公司口头与其解除劳动合同，但其在一审、二审中均未提供证据予以佐证。泛太物流公司主张单某晶于2011年8月17日通过电子邮件提出辞职并提交了该电子邮件，依据举证规则，泛太物流公司完成了以电子邮件形式证明系单某晶提出辞职主张的举证责任；单某晶对此予以否认，即对泛太物流公司的该项主张予以反驳，其应提举证据予以证明，否则将承担不利的法律后果。本案中，单某晶认可发送该邮件的电子邮箱系其本人申请注册，其提出泛太物流公司掌握该邮箱地址及密码意图推翻泛太物流公司的上述主张，但其未提供证据佐证其上述主张；加之，单某晶作为具备完全行为能力人应当对其个人邮箱密码负有安全保密义务，依据常理该密码不应为第三人所知悉，且单某晶持有的《公司物品申请表》中亦已注明要求其邮件登录修改初始密码，故原审法院对单某晶的抗辩不予采信、确认该邮件的证明力，进而采纳泛太物流公司的主张即双方劳动合同于2011年8月17日因单某晶提出辞职而解除的认定正确，法院予以确认。单某晶的该项上诉请求没有事实和法律依据，法院不予支持。

关于双方是否签有劳动合同一节，双方各执一词，该节争议的核心即是否能对被上诉人泛太物流公司予以双倍工资惩罚。由于双方均认可填有《员工录用审批表》且该表为上诉人单某晶持有和提举，所以，该节争议的实质就演化为该《员工录用审批表》能否视为是双方的书面劳动合同。对此，法院认为应结合《中华人民共和国劳动合同法》未签订书面劳动合同予以双倍工资惩罚的立法目的予以分析。首先，《中华人民共和国劳动合同法》第八十二条针对实践中劳动合同签订率低以及《中华人民共和国劳动法》第十六条仅规定"建立劳动关系应当订立劳动合同"而没有规定违法后果的立法缺陷，增设了二倍工资的惩罚，该第二倍差额的性质并非劳动者的劳动所得而是对用人单位违反法律规定的一种惩戒。二倍工资的立法目的在于提高书面劳动合同签订率、明晰劳动关系中的权利义务而非劳动者可以从中谋取超出劳动报酬的额外利益。其次，结合单某晶持有的《员工录用审批表》分析，该表已基本实现了书面劳动合同的功能。表中明确约定了单某晶工作部门、工作地点、聘用期限、试用期、工资待遇等，并附有泛太物流公司法定代表人苏某平的签字，该审批表内容已经具备劳动合同的要件，能够既明确双方的劳动关系，又固定了双方的权利义务，实现了书面劳动合同的功能。一审法院认定该审批表具有劳动合同的性质、驳回单某晶要求泛太物流公司支付二倍工资差额的诉讼请求正确，法院予以确认。单某晶该节上诉请求没有事实和法律依据，不予支持。

综上，上诉人单某晶上诉理由不能成立，原判认定事实清楚，适用法律正确，应予维持。北京市第一中级人民法院依照《中华人民共和国民事诉讼法》第一百五十三条第一款第一项之规定，于2012年6月1日作出判决：驳回上诉，维持原判。

本判决为终审判决。

8．候某军诉上海隆茂建筑装潢有限公司劳动合同纠纷案[*]

当用人单位解除劳动合同时，用人单位仍有义务向工伤职工支付一次性伤残就业补助金

【裁判摘要】

> 　　一次性伤残就业补助金是在终止或解除劳动合同时，工伤职工应当享受的由用人单位支付的费用。在用人单位解除劳动合同的情形下，用人单位仍有义务向工伤职工支付一次性伤残就业补助金。

　　原告：候某军，男，45 岁，汉族。户籍地：江苏省盱眙县穆店乡。现住上海市虹梅南路。

　　被告：上海隆茂建筑装潢有限公司。住所地：上海市长宁区华阳路。

　　法定代表人：张某武，该公司经理。

　　原告候某军因与被告上海隆茂建筑装潢有限公司（以下简称隆茂公司）发生劳动合同纠纷，向上海市闵行区人民法院提起诉讼。

　　原告候某军诉称：其与被告隆茂公司签订了期限自 2011 年 3 月 1 日起至 2012 年 2 月 28 日止的劳动合同，被告将其安排至原上海澳联有限公司（以下简称澳联公司）工作，后该公司改名为欧文斯（上海）玻璃容器有

---

　　* 摘自《最高人民法院公报》2015 年第 11 期。

限公司（以下简称欧文斯公司）。其于2012年3月21日受了工伤，但被告未依法支付其工伤保险待遇。为此其申请劳动仲裁，现不服仲裁裁决，故诉至法院请求判令：（1）被告支付原告十级伤残一次性工伤医疗补助金14076元（人民币，币种下同）；（2）被告支付原告十级伤残一次性就业补助金14076元；（3）被告支付原告解除劳动合同经济补偿金4332元。

被告隆茂公司辩称：其与欧文斯公司签订过期限为2009年10月17日至2010年10月16日的劳务派遣协议，到期后未续签。原告候某军系其派遣至欧文斯公司工作，但其与原告签订的劳动合同至2012年2月底到期，原告于同年3月21日受伤，此时已超过劳动合同期限。原告伤愈后于同年7月16日恢复上班，同年7月27日即因严重违反劳动纪律而被欧文斯公司开除。同年8月15日其接到了欧文斯公司的开除通知，故于同年8月24日为原告办理了退工。其认为，因原告严重违反规章制度，欧文斯公司将之合法退回，被告据此解除与原告劳动关系的行为合法，第1项、第2项诉请也由于原告系被合法解除而不符合支付条件，故不同意原告全部诉请。另，按照其与欧文斯公司的约定，即使应支付原告费用，付款义务也应当由欧文斯公司承担。

上海市闵行区人民法院一审查明：2011年3月1日，原、被告签订了期限自当日起至2012年2月28日止的劳务合同。合同约定，被告隆茂公司将原告候某军安排至澳联公司工作，月工资1140元，若原告因严重违反用工单位依法制定的各项规章制度而被用工单位退回的，被告可以解除本合同。2012年3月21日，原告在储运车间修理木托盘时被机器压伤左手食指，经医院诊治结论为左食指挫裂伤，左食指末端粉碎性骨折。同年4月17日，被告作为申请人向上海市长宁区人力资源和社会保障局申请工伤认定。同年4月27日，该局作出长宁人社认结字（2012）第0295号认定工伤决定书，确认原告上述所受伤害属于工伤。同年8月31日，上海市长宁区劳动能力鉴定委员会出具劳鉴（长）字1207-0051号鉴定结论书，结论为原告上述工伤构成因工致残程度十级。同年7月19日，澳联公司向原告出具员工违纪处罚单，主要内容为原告于当日擅自离岗回家睡觉，根据员工手册之规定，对该蓄意怠工之违纪行为予以三类违纪处罚，处罚内容为最后书面警告并罚款 200 元。原告拒绝签收此员工违纪处罚单。同年 7 月 26 日，澳联公司再次向原告出具员工违纪处罚单，主要内容为原告于当日拒绝服从上司工作安排，根据员工手册之规定，该违纪事实属于不服从公司管理人员调动及其他命令，作三类违纪处罚，因原告已于 1 个月内连续两次触犯三类违纪规则，故根据员工手册规定予以开除处分。原告拒绝签收此员工违纪处罚单。次日，澳联公司以电子邮件形式告知被告，因原告多次违反其处管理制度，故予以开除处分，并附其于 2012 年 7 月 26 日作出的员工违纪处罚单。同年 8 月 15 日，澳联公司以电子邮件形式通知被告，主要内容为原告于同年 7 月 26 日离职，原告的社会保险费缴纳至同年 7 月止。

被告隆茂公司为原告候某军办理了 2011 年 7 月至 2012 年 7 月期间的上海市城镇社会保险费，并于 2012 年 8 月 24 日办理了原告的社会保险个人账户转出手续。

2013 年 2 月，澳联公司经工商行政部门核准更名为欧文斯公司。

2012 年 4 月 11 日，原告候某军以被告隆茂公司及欧文斯公司（为行文统一，以下统一表述为欧文斯公司）为被申请人向上海市闵行区劳动人事争议仲裁委员会申请仲裁，要求两公司支付其加班工资及赔偿金、未签订劳动合同双倍工资差额等多项费用。后该会作出闵劳人仲（2012）办字第 2373 号仲裁裁决书，对原告的仲裁请求不予支持，并于裁决中确认原告于 2011 年 3 月 1 日与被告建立劳动关系，与欧文斯公司间为劳务用工关系。原、被告及欧文斯公司收到裁决书后均未起诉，该裁决已生效。

2012 年 10 月 8 日，原告候某军向上海市闵行区劳动人事争议仲裁委员会申请仲裁，要求恢复与被告隆茂公司的劳动关系，并要求被告支付其 2012 年 7 月 27 日至恢复劳动关系之日期间的工资、停工留薪期工资差额等各项费用。同年 11 月 30 日，该会作出闵劳人仲（2012）办字第 7706 号裁决，由被告支付原告 2012 年 3 月 21 日至同年 7 月 15 日期间的停工留薪期工资差额 3148.40 元、2012 年 3 月 21 日至同年 7 月 26 日期间的就医交通费 148 元、2012 年 7 月 27 日至同年 11 月 30 日期间的工资 5933.30 元，欧文斯公司对前述停工留薪期工资差额及就医交通费承担连带责任，对原告的其余仲裁请求不予支持（不包括不予处理的部分）。原、被告均不服该裁决而分别提起诉讼。原告要求判令欧文斯公司和被告恢复与其的劳动关系，并支付其工资、停工留薪期工资及差额、未签劳动合同双倍工资差额、未休年休假工资、交通费等各项费用，以及为其缴纳社会保险，归还工作服等物品。被告则要求判令无须按照仲裁裁决支付原告停工留薪期工资差额、交通费及工资。法院以（2013）闵民一（民）初字第 2363 号案立案受理该案后，于 2013 年 7 月 19 日依法作出判决，在认定原告与被告间存在劳动关系，欧文斯公司则为实际用工单位，而原告停工留薪期结束后只打考勤卡未实际提供劳动的工作表现有违劳动纪律，被告据此解除与原告劳动关系的做法并无不当等事实的基础上，判决被告支付原告 2012 年 7 月 27 日至同年 8 月 24 日期间的工资 1332.45 元、被告无须支付原告停工留薪期工资差额 3148.40 元，欧文斯公司支付原告停工留薪期工资差额 3148.40 元，被告支付原告交通费 124 元，欧文斯公司对此 124 元交通费承担连带责任并另行支付原告交通费 24 元，驳回原告包括要求恢复劳动关系在内的其余诉讼请求。原告及欧文斯公司均不服该判决而提起上诉，上海市第一中级人民法院以（2013）沪一中民三（民）终字第 1438 号案立案受理。经审理，该院于 2013 年 11 月 18 日对该案依法作出判决，查明包括如下事实：欧文斯公司与被告签订的劳务派遣协议于 2010 年 10 月 16 日到期后未再续签，但此后双方仍在按照原协议履行，欧文斯公司定期将包括原告在内的劳务工工资及管理费付至被告处，被告亦在开具发票并为原告缴纳社会保险费，且被告在其与原告签订的劳动合同到期后的 2012 年 4 月 17 日作为用人单位申请为原告认定工伤，故确认自 2012 年 3 月起，原、被告之间存在劳动关系，欧文斯公司为实际用工单位，故对原告要求与不存在劳动关系的欧文斯公司恢复劳动关系的要求难予支持；原告对于其所称的欧文斯公司同意其停工留薪期满后只需上下班打卡无需实际提供劳动，及其因伤势情况而在上班时间内需回家休息的主张均未能举证予以证明，原告在停工留薪期结束后的表现明显违反劳动纪律，被告据此于 2012 年 8 月 24 日解除与原告劳动关系的做法并无不当，故对原告要求恢复与被告间劳动关系的上诉请求难以支持。在所查明事实的基础上，作出了欧文斯公司无需支付原告停工留薪期工资差额 3148.40 元，欧文斯公司无需对被告应付交通费 124 元承担连带责任，维持其余原审判决内容的终审判决。

2013 年 12 月 4 日，原告候某军就本案系争事项向上海市闵行区劳动人事争议仲裁委员会申请仲裁。同年 12 月 6 日，该会作出闵劳人仲 (2013) 通字第 289 号不予受理通知书，以原告的请求事项已超过仲裁申请时效为由决定不予受理。原告不服此决定而提起本案诉讼。

上海市闵行区人民法院一审认为：被告隆茂公司因原告候某军违反劳动纪律而解除了双方的劳动关系，而被告解除与原告劳动关系之行为已经生效判决书确认属合法解除，且此不属《中华人民共和国劳动合同法》规定的用人单位应当支付劳动者解除劳动合同经济补偿金的情形，故原告要求被告支付其解除劳动合同经济补偿金之诉请缺乏依据，不予支持。

关于原告候某军要求被告隆茂公司支付其十级伤残一次性工伤医疗补助金及一次性伤残就业补助金的诉请，按照《上海市工伤保险实施办法》第四十一条之规定，因工致残被鉴定为七级至十级伤残的工伤人员，在劳动合同期满终止或工伤人员本人提出解除劳动合同的情况下，可享受由工伤保险基金支付一次性工伤医疗补助金，用人单位支付一次性伤残就业补助金的工伤待遇。故原告要求被告作为用人单位支付一次性工伤医疗补助金无依据。至于一次性伤残就业补助金，与前述同理，原、被告的劳动关系由被告合法解除，不属于上述法规规定的用人单位应支付该一次性待遇的情形，原告该部分诉请无依据，不予支持。

综上，上海市闵行区人民法院依照《中华人民共和国劳动合同法》第二条第一款之规定，于 2014 年 3 月 17 日判决：驳回原告候某军的诉讼请求。

候某军不服一审判决，向上海市第一中级人民法院提起上诉称：被上诉人隆茂公司违法解除与候某军的劳动关系，候某军有大华医院、上海市第六人民医院、盱眙县中医院疾病诊断书病情证明单，2012 年 7 月 19 日及 26 日均在病假期间。隆茂公司人事考虑到候某军伤情，同意候某军只需上下班打卡无需实际提供劳动。所以澳联公司开除决定中的两次违纪均不能成立。综上所述，候某军请求二审法院撤销原审判决，改判隆茂公司支付：（1）十级伤残一次性工伤医疗补助金 14076 元；（2）十级伤残一次性就业补助金 14076 元；（3）违法解除劳动合同赔偿金 8664 元；（4）不能恢复劳动关系补偿金 3 个月 6498 元；（5）强行违纪罚款 200 元；（6）工伤医药费 500.40 元；（7）年休假 882 元；（8）确认隆茂公司的开除决定无效，并撤销该开除决定。

被上诉人隆茂公司答辩称：原审判决认定事实清楚，适用法律正确，请求二审法院予以维持。

上海市第一中级人民法院经二审，确认了一审查明的事实。

上海市第一中级人民法院二审认为：本案的争议焦点是，当用人单位解除劳动合同时，用人单位是否应当向工伤职工支付一次性工伤医疗补助金与一次性伤残就业补助金。

关于上诉人候某军主张的一次性工伤医疗补助金，根据《工伤保险条例》第三十七条第二款的规定，因工致残被鉴定为七级至十级伤残的工伤人员，在劳动合同期满终止或工伤人员本人提出解除劳动合同的情况下，可享受由工伤保险基金支付一次性工伤医疗补助金。本案中，被上诉人隆茂公司为候某军办理了 2011 年 7 月至 2012 年 7 月期间的上海市城镇社会保险费，隆茂公司并非支付一次性工伤医疗补助金的责任主体，故候某军要求隆茂公司支付一次性工伤医疗补助金的上诉请求缺乏法律依据，不予支持。

关于上诉人候某军主张的一次性伤残就业补助金，一次性伤残就业补助金等工伤保险待遇是对职工因工作原因受到伤害而给予的补救和补偿，它不应受劳动关系解除原因等因素的影响。首先，《中华人民共和国社会保险法》第三十九条第三项明确规定，终止或者解除劳动合同时，工伤职工应当享受的一次性伤残就业补助金，按照国家规定由用人单位支付。该规定仅将终止或解除劳动合同作为工伤职工享受一次性伤残就业补助金的前提条件，并未将合同解除方式与原因作为支付一次性伤残就业补助金的前提条件。其次，根据《工伤保险条例》第四十二条的规定，工伤职工仅在丧失享受待遇条件、拒不接受劳动能力鉴定、拒绝治疗的情况下，停止享受工伤保险待遇，用人单位解除劳动合同并不属于工伤职工停止享受工伤保险待遇的情形。最后,举轻以明重,《工伤保险条例》第三十七条第二款规定在工伤职工主动提出解除劳动合同及劳动合同期限终止时,用人单位尚需支付一次性伤残就业补助金,那么用人单位在主动解除劳动合同时支付一次性伤残就业补助金,更是理所当然的。故被上诉人隆茂公司应支付候某军一次性伤残就业补助金,候某军的相关上诉请求,予以支持。至于候某军提出的其余上诉请求,因均未经仲裁前置程序,故在本案中均不予处理。

综上,上海市第一中级人民法院依照《中华人民共和国民事诉讼法》第一百七十条第一款第二项,于2014年7月15日判决:一、撤销(2014)闵民一(民)初字第2198号民事判决;二、上海隆茂建筑装潢有限公司应于本判决生效之日起10日内支付候某军一次性伤残就业补助金14076元;三、驳回候某军的其余诉讼请求(不包含本院不予处理部分)。

本判决为终审判决。

9. 包某英诉上海申美饮料食品有限公司劳动合同纠纷案*

劳动者非因本人原因引起的工作单位的变动，工作年限连续计算

【裁判摘要】

　　劳动者仍在原工作场所、工作岗位工作，劳动合同主体由原用人单位变更为新用人单位的，应当认定属于"劳动者非因本人原因从原用人单位被安排到新用人单位工作"，工作年限应当连续计算。劳动者用人单位发生变动，对于如何界定是否因劳动者本人原因，不应将举证责任简单地归于新用人单位，而应从该变动的原因着手，查清是哪一方主动引起了此次变动。劳务派遣公司亦不应成为工作年限连续计算的阻却因素。

　　原告：包某英，女，49 岁，汉族，住上海市浦东新区。

　　被告：上海市申美饮料食品有限公司。住所地：上海市浦东新区金桥出口加工区桂桥路。

　　法定代表人：JOHAN WILLEM MAARTEN JANSEN，该公司董事长。

　　原告包某英因与被告上海申美饮料食品有限公司

---

* 摘自《最高人民法院公报》2016 年第 12 期。

(以下简称申美公司)发生劳动合同纠纷,向上海市浦东新区人民法院提起诉讼。

原告包某英诉称:其经被告申美公司营业部经理面试通过后,于2006年4月4日进入被告处工作。2006年4月4日至2010年1月31日期间,原告根据被告的要求和安排先后与案外人上海人力资源有限公司(以下简称人资公司)、上海支点人力资源有限公司(以下简称支点公司)、安德普瀚人力资源有限公司(以下简称安普公司)签订劳动合同,由上述公司将原告安排至被告处工作。2010年2月1日起,原、被告直接签订了期限至2013年3月31日止的劳动合同。原告入职后,一直在被告的川沙合庆镇营业部担任业务员工作,工作地点和岗位均无变化,故应自2006年4月4日起计算在被告处的工作年限。2013年3月25日起,原告因病休病假,至今仍在病假中,但被告不仅未足额支付原告病假工资,反而于2013年9月13日向原告寄送通知书,违法终止了双方的劳动关系。原告为维护自身权益申请仲裁,因对裁决部分不服,故提起诉讼,要求判令:(1)原、被告自2013年9月1日起恢复劳动关系;(2)被告支付原告2013年9月3日至2013年9月24日的病假工资人民币1991.97元,并以1327.98元/月的标准支付原告2013年9月25日至判决生效之日的疾病救济费;(3)被告支付原告2013年4月1日至2013年8月31日病假期间的工资差额4416.20元。

被告申美公司辩称:2006年4月4日至2010年1月31日期间,原告包某英先后由多家劳务派遣公司派遣至被告处工作,担任助销员。2010年2月1日起,原、被告建立劳动关系,原告担任RTM业务代表,亦属于销售岗位,但相较于助销员,后者的辅助性质更强一些。被告认为,原告的工作年限应自2010年2月1日起算。2013年3月25日起,原告开始休病假。2013年9月3日,原告的医疗期届满,被告依法终止了双方的劳动合同,故不同意原告的诉请1和2。原告病假期间,被告已足额支付其病假工资,不存在拖欠,故不同意其第三项诉请。

上海市浦东新区人民法院一审查明:原告包某英于2006年4月4日进入被告申美公司工作,担任助销员。根据原告的求职登记卡显示,2006年

4月4日至2007年3月31日期间，原告系由案外人人资公司派遣进入被告处工作；2007年4月1日至2007年12月31日，原告的劳务派遣公司改为支点公司；2008年1月1日至2010年1月29日，原告的劳务派遣公司又改为安普公司（原名上海华业人力资源服务有限公司，后于2009年2月17日经工商行政管理部门核准更名为安普公司）。2010年2月，原、被告签订劳动合同，约定：劳动合同期限为2010年2月1日至2013年3月31日；原告在市场执行部门的RTM业务代表岗位任职。2006年4月4日至2010年3月期间，原告实际在被告公司的浦东办事处（位于本市浦东新区金桥开发区桂桥路539号）从事销售工作；2010年4月起，原告被安排至被告公司的川沙办事处（位于本市浦东新区龙东大道5385号龙东大厦2104室），仍从事销售工作。2012年8月起，原告的基本工资为2259元/月，此外另有金额不定的月度奖金。2013年3月25日起，原告因患病开始休病假，未再上班。2013年4月1日至2013年6月30日期间，被告支付原告工资6153.79元；2013年7月1日至2013年8月31日期间，被告每月各支付原告工资2027元。

2013年9月2日，被告申美公司向原告包某英住址邮寄通知一份："您与公司签署的劳动合同已于2013年3月31日到期，且公司基于您的病假申请，依法将您的劳动合同顺延至医疗期结束。我们特此通知您，您的医疗期将于2013年9月3日结束，故届时劳动合同终止。上述劳动合同终止日为您的最后工作日……月基本工资结算至2013年9月3日……"2013年9月4日，该份邮件被退回。2013年9月12日，被告再次向原告寄送终止劳动合同的通知，原告签收了该份通知。2013年9月3日，被告为原告开具了上海市单位退工证明。2013年9月13日至2013年12月25日期间，原告仍继续休病假，并将对应期间的病假单邮寄给了被告。

2013年9月25日，原告包某英提起仲裁申请，要求裁令被告申美公司：（1）恢复劳动关系；（2）支付2013年9月3日至2013年9月30日疾病救济费1991.97元，按照1327.98元/月的标准支付2013年10月1日至恢复劳动关系之日的疾病救济费；（3）支付2013年4月1日至2013年8月31日病假工资差额3420.88元。上海市浦东新区劳动人事争议仲裁委员

会于 2013 年 11 月 19 日作出裁决，裁令被告支付原告 2013 年 4 月 1 日至
2013 年 8 月 31 日病假工资差额 1367.53 元，对原告的其余请求未予支持。
原告不服该裁决，遂诉至法院。

本案一审的争议焦点是：原告包某英在被告申美公司处的工作年限应
自何时起算。

上海市浦东新区人民法院一审认为：根据《中华人民共和国劳动合同
法实施条例》第十条之规定，劳动者非因本人原因从原用人单位被安排到
新用人单位工作的，劳动者在原用人单位的工作年限合并计算为新用人单
位的工作年限。《最高人民法院关于审理劳动争议案件适用法律若干问题
的解释（四）》第五条第二款第一项①则规定：劳动者仍在原工作场所、
工作岗位工作，劳动合同主体由原用人单位变更为新用人单位的，应当认
定属于"劳动者非因本人原因从原用人单位被安排到新用人单位工作"。
原告包某英于 2006 年 4 月 4 日起，一直在被告申美公司处从事销售相关工
作，其用人单位虽先后从人资公司、支点公司变更为安普公司，后又自
2010 年 2 月 1 日起变更为申美公司，但 2006 年 4 月 4 日至 2010 年 3 月期
间，包某英的工作场所并无变化，故依照上述法律及司法解释之规定，包
某英在申美公司处的工作年限应自 2006 年 4 月 4 日起计算。

参照《上海市人民政府关于本市劳动者在履行劳动合同期间患病或者
非因工负伤的医疗期标准的规定》第一条、第二条之规定：医疗期是指劳
动者患病或者非因工负伤停止工作治病休息，而用人单位不得因此解除劳
动合同的期限；医疗期按劳动者在本用人单位的工作年限设置，劳动者在
本单位工作第 1 年，医疗期为 3 个月，以后工作每满 1 年，医疗期增加 1
个月，但不超过 24 个月。据此，至 2013 年 3 月 24 日，原告包某英在被告
申美公司处的工作年限已满 6 年，可享受的医疗期为 9 个月。包某英、申
美公司双方签订的劳动合同虽约定届满期限为 2013 年 3 月 31 日，但应顺
延至 2013 年 12 月 24 日包某英医疗期满方可终止。故此，法院确认，申美

---

① 该司法解释已于 2021 年 1 月 1 日废止，根据 2020 年 12 月 29 日公布的《最高人民法
院关于审理劳动争议案件适用法律问题的解释（一）》，本条被修改为第四十六条，内容未作
变动。下同。

公司于 2013 年 9 月 3 日在包某英医疗期未满的情况下通知终止双方劳动合同的行为系属违法。然而，鉴于包某英的医疗期已于 2013 年 12 月 24 日届满，双方的劳动合同亦应延续至该日终止，故现已无恢复劳动合同的必要，法院对包某英的诉请 1 不予支持。

原告包某英 2013 年 3 月病假前的工资标准为 2259 元/月，因包某英、申美公司未明确约定病假工资的计算基数，故法院参照《上海市企业工资支付办法》第九条第一款第三项的规定，以包某英所在岗位正常出勤月工资 2259 元的 70% 确定病假工资的计算基数，即 1581.30 元/月。因包某英在申美公司处工作已满 6 年不满 8 年，故其病假工资标准应为 1581.30 元的 90% 即 1423.17 元。据此计算，申美公司应支付包某英 2013 年 4 月 1 日至 2013 年 8 月 31 日期间的病假工资 7115.85 元。根据本案已查明的事实，申美公司已支付包某英上述期间的工资金额并未低于 7115.85 元，故包某英的诉请 3 缺乏事实依据。然而，因申美公司未就本案仲裁裁决提起诉讼，应视为已接受该裁决，故其仍应向包某英支付 2013 年 4 月 1 日至 2013 年 8 月 31 日期间的病假工资差额 1367.53 元。

如前所述，原告包某英、被告申美公司间的劳动合同应延续至 2013 年 12 月 24 日终止，故包某英要求申美公司支付 2013 年 9 月 3 日至 2013 年 9 月 24 日的病假工资于法有据，根据 1423.17 元/月的标准计算，申美公司应支付包某英上述期间的病假工资 1084.32 元。2013 年 9 月 25 日起，包某英病假已超过 6 个月，故申美公司应向其支付疾病救济费，因包某英在申美公司处的工作年限在 3 年以上，故疾病救济费的标准应以 1581.30 元/月的 60% 即 948.78 元/月计算，但因该标准已低于本市 2013 年最低工资标准 1620 元/月的 80% 即 1296 元/月，故申美公司应以 1296 元/月的标准支付包某英 2013 年 9 月 25 日至 2013 年 12 月 24 日期间的疾病救济费 3840.31 元。

综上所述，上海市浦东新区人民法院依照《中华人民共和国劳动合同法》第四十二条第一款第三项、第四十四条第一款第一项、第四十五条，《中华人民共和国劳动合同法实施条例》第十条，《最高人民法院关于审理劳动争议案件适用法律若干问题的解释（四）》第五条第二款第一项的规定，于 2014 年 6 月 19 日作出判决：一、上海申美饮料食品有限公司于判决生效之日起 10 日内支付包某英 2013 年 9 月 3 日至 2013 年 9 月 24 日的病假工资 1084.32 元；二、上海申美饮料食品有限公司于判决生效之日起 10 日内支付包某英 2013 年 9 月 25 日至 2013 年 12 月 24 日期间的疾病救济费 3840.31 元；三、上海申美饮料食品有限公司于判决生效之日起 10 日内支付包某英 2013 年 4 月 1 日至 2013 年 8 月 31 日期间的病假工资差额 1367.53 元；四、驳回包某英的其余诉讼请求。

包某英、申美公司不服一审判决，分别向上海市第一中级人民法院提起上诉。

包某英提起上诉称：要求撤销原判主文第二项、第三项、第四项，依法改判：（1）双方劳动关系恢复至判决生效之日；（2）申美公司以 1991.97 元/月支付 2013 年 9 月的疾病救济费，以 1327.98 元/月的标准支付包某英 2013 年 10 月的疾病救济费至判决生效之日 17433.91 元；（3）申美公司支付包某英 2013 年 4 月 1 日至 2013 年 8 月 31 日病假期间的工资差额（以 2179.24 元/月计算，扣除已经支付的 4416.2 元）。包某英的主要理由为：申美公司违法终止劳动关系，要求恢复至判决生效之日的劳动关系并要求支付劳动关系存续期间的工资。正常出勤工资应当包括绩效工资部分，疾病救济费是指劳动者的应得工资，包某英的病假工资经计算应为 2179.24 元/月，应按此标准计算病假工资差额。申美公司则不接受包某英的上诉主张，双方劳动关系顺延至医疗期届满，申美公司只有在劳动关系存续期间支付病假工资等的义务。病假工资基数认同原审认定数额。

申美公司提起上诉称：要求撤销原判主文第一项、第二项，依法改判其不支付 2013 年 9 月 3 日至 2013 年 9 月 24 日的病假工资 1084.32 元、2013 年 9 月 25 日至 2013 年 12 月 24 日期间的疾病救济费 3840.31 元。申美公司的主要理由为：包某英于 2006 年 4 月 4 日至 2010 年 1 月 29 日期间由劳务派遣公司派遣至申美公司处工作，包某英、申美公司于 2010 年 2 月签订劳动合同，双方基于合意，并非"被安排"，不适用《中华人民共和国劳动合同法实施条例》第十条的规定。包某英、申美公司建立劳动关系后，工作场所和工作岗位实际都有变动，劳务派遣用工不应适用《最高人民法院关于审理劳动争议案件适用法律若干问题的解释（四）》第五条的规定。双方于 2010 年签订劳动合同，医疗期应该在 2013 年 8 月 24 日结束，所以不同意支付 2013 年 9 月之后的病假工资、疾病救济费。包某英则认为申美公司没有权利解除劳动关系，按照法律规定应支付病假工资及疾病救济费。

上海市第一中级人民法院经二审，确认了一审查明的事实。

另查明，上诉人申美公司在上海市浦东新区劳动人事争议仲裁委员会 2013 年 10 月 16 日的庭审笔录中陈述，上诉人包某英自 2006 年 4 月 4 日起通过多家劳务派遣公司以派遣形式进入申美公司处工作。后由于公司人员需要，申美公司从 2010 年 2 月 1 日起与包某英建立劳动关系，同时按照公司规章进行考核并变化工作内容。

本案二审的争议焦点为：上诉人包某英的工作年限是否连续计算。

上海市第一中级人民法院二审认为：根据本案查明的事实，上诉人包某英于 2006 年 4 月 4 日起，一直在上诉人申美公司处从事销售相关工作，其用人单位先后从人资公司、支点公司变更为安普公司，2010 年 2 月 1 日起变更为申美公司，2006 年 4 月 4 日至 2010 年 3 月期间，包某英的工作场所并无变化，且从事的工作内容也没有变化。申美公司主张用人单位主体的变更系包某英本人原因造成，但申美公司未提供充分证据予以证明。从上述事实分析可以得知，包某英的劳动合同主体虽然由人资公司变为支点公司，再变为安普公司，但是包某英的工作场所没有变化，包某英一直在从事销售相关工作，申美公司亦承认由于公司人员需要，申美公司从 2010 年 2 月 1 日起与包某英建立劳动关系。根据《最高人民法院关于审理劳动争议案件适用法律若干问题的解释（四）》第五条第二款第一项之规定，可以认定本案的情形属于"劳动者非因本人原因从原用人单位被安排到新用人单位工作"。因此，依照《中华人民共和国劳动合同法实施条例》第十条的规定，可以确认包某英在申美公司处的工作年限应自 2006 年 4 月 4 日起计算。

依照上诉人包某英在上诉人申美公司处的工作年限，计算包某英可以享受的医疗期，一审法院认定双方劳动关系顺延至 2013 年 12 月 24 日医疗期届满终止，并无不当。现包某英要求恢复劳动关系至判决生效之日的上诉请求，不予支持。

关于病假工资的请求，依照《上海市企业工资支付办法》第九条第一款第三项的规定，并参照上诉人包某英在上诉人申美公司处的工作年限，一审法院确定包某英 2013 年 4 月 1 日至 2013 年 8 月 31 日期间的病假工资，并无不妥。包某英主张以 2179.24 元/月作为计算病假工资的标准，法院难以采纳。包某英据此标准要求申美公司支付 2013 年 4 月 1 日至 2013 年 8 月 31 日病假期间工资差额的上诉请求，不予支持。鉴于包某英、申美公司间的劳动合同延续至 2013 年 12 月 24 日终止，故申美公司应支付包某英 2013 年 9 月 3 日至 2013 年 9 月 24 日的病假工资。申美公司要求不支付 2013 年 9 月 3 日至 2013 年 9 月 24 日病假工资的上诉请求，亦不予支持。

关于疾病救济费的请求，鉴于双方劳动关系顺延至 2013 年 12 月 24 日医疗期届满终止，因此，上诉人包某英要求上诉人申美公司支付疾病救济费至判决生效之日的上诉请求，不予支持。根据包某英在申美公司处的工作年限以及病假超过 6 个月的情况，一审法院确定包某英 2013 年 9 月 25 日至 2013 年 12 月 24 日期间的疾病救济费为 3840.31 元，亦无不妥。包某英主张以 1991.97 元/月的标准计算 2013 年 9 月的疾病救济费，以 1327.98 元/月的标准计算 2013 年 10 月以后的疾病救济费，不予采纳。申美公司要求不支付 2013 年 9 月 25 日至 2013 年 12 月 24 日期间疾病救济费的上诉请求，亦不予支持。

综上，一审法院根据查明的事实所作判决正确，应予维持。上诉人包某英、申美公司的上诉请求，理由不成立，均不予支持。

据此，上海市第一中级人民法院依照《中华人民共和国民事诉讼法》第一百七十条第一款第一项之规定，于 2015 年 1 月 30 日判决如下：驳回上诉，维持原判。

本判决为终审判决。

10．张某杰诉上海敬豪劳务服务有限公司等劳动合同纠纷案[*]

从事接触职
业病危害作
业的劳动者
未进行离岗
职业健康检
查的，不得
解除劳动
合同

【裁判摘要】

> 从事接触职业病危害的作业的劳动者未进行离岗前职业健康检查的，用人单位不得解除或终止与其订立的劳动合同。即使用人单位与劳动者已协商一致解除劳动合同，解除协议也应认定无效。

原告：张某杰，男，47 岁，汉族，住安徽省阜南县。

被告：上海敬豪劳务服务有限公司。住所地：上海市浦东新区川沙新镇。

法定代表人：王某清，该公司经理。

被告：中海工业（上海长兴）有限公司。住所地：上海市崇明县^①长兴岛。

法定代表人：张某兵，该公司董事长。

原告张某杰因与被告上海敬豪劳务服务有限公司（以下简称敬豪公司）、中海工业（上海长兴）有限公司（以下简称中海公司）发生劳务派遣合同纠纷，向上海市崇明县人民法院提起诉讼。

＊ 摘自《最高人民法院公报》2017 年第 5 期。
① 现为上海市崇明区。

原告张某杰诉称：2007 年 10 月，原告与上海兴旭劳务服务有限公司签订劳动合同，公司法定代表人是王某清。2010 年 1 月，原告被转入同为王某清担任法定代表人的被告敬豪公司。自 2007 年 10 月起，原告被派往被告中海公司担任电焊工。2014 年 1 月 13 日，敬豪公司与原告签订协商解除劳动合同协议书，原告要求进行离职前职业健康检查，敬豪公司承诺签订协议后安排原告体检，但第二天即反悔。原告经向有关部门投诉后，敬豪公司才安排原告进行体检。原告认为与敬豪公司签订的协商解除劳动合同协议书系敬豪公司提供的格式合同，协议书虽称系原告提出解除劳动关系，实则是敬豪公司提出解除劳动关系。原告提起仲裁、诉讼，要求原告与敬豪公司自 2014 年 1 月 13 日起恢复劳动关系。

被告敬豪公司、中海公司辩称：原告张某杰与敬豪公司于 2014 年 1 月 13 日已经达成解除劳动关系的协议，并支付补偿金。现原告已离开被告处一年多，故不同意恢复劳动关系。

上海市崇明县人民法院一审查明：2010 年 1 月，原告张某杰与被告敬豪公司建立劳动关系后被派遣至被告中海公司担任电焊工，双方签订最后一期的劳动合同的期限为 2010 年 1 月 1 日至 2014 年 6 月 30 日。2014 年 1 月 13 日，敬豪公司（甲方）与原告（乙方）签订协商解除劳动合同协议书，协议中载明甲、乙双方一致同意劳动关系于 2014 年 1 月 13 日解除，双方的劳动权利义务终止；甲方向乙方一次性支付人民币 48160 元，以上款项包括解除劳动合同的经济补偿、其他应得劳动报酬及福利待遇等。敬豪公司于 2014 年 1 月 21 日向原告支付人民币 48160 元。

2014 年 4 月，原告张某杰经上海市肺科医院诊断为电焊工尘肺壹期。2014 年 12 月 10 日，原告经上海市劳动能力鉴定委员会鉴定为职业病致残程度柒级。2014 年 11 月 27 日，原告向上海市崇明县劳动人事争议仲裁委员会申请仲裁，要求自 2014 年 1 月 13 日起恢复与敬豪公司的劳动关系。该委裁决对于原告的请求事项不予支持。

上海市崇明县人民法院一审认为：从事接触职业病危害作业的劳动者未进行离岗前职业健康检查，或者疑似职业病病人在诊断或者医学观察期间的，用人单位不得依照《中华人民共和国劳动合同法》第四十条、第四十一条的规定解除劳动合同。现原、被告协商一致解除劳动关系，不属该法第四十条、第四十一条规定的情形，且双方的解除行为系真实意思的表示。原告张某杰为职业病致残程度柒级，且原、被告的劳动合同也已到期，现被告敬豪公司不同意恢复劳动关系，原告要求自2014年1月13日起恢复与敬豪公司的劳动关系，于法无据，不予支持。

据此，上海市崇明县人民法院依照《中华人民共和国劳动合同法》第三十六条、第四十一条、第四十二条之规定，于2015年6月24日作出判决：原告张某杰要求与被告上海敬豪劳务服务有限公司自2014年1月13日起恢复劳动关系的诉讼请求不予支持。

张某杰不服，向上海市第二中级人民法院提起上诉称：张某杰与敬豪公司虽于2014年1月13日签订了《协商解除劳动合同协议书》，但由于敬豪公司的缘故，直到2014年12月张某杰才被鉴定为"职业病致残程度柒级"。敬豪公司未安排其在离职前体检，违反了《中华人民共和国职业病防治法》的相关规定，故之前不能解除劳动合同。因此，请求法院判令自2014年1月13日起恢复张某杰与敬豪公司的劳动关系。

被上诉人敬豪公司、中海公司共同辩称：双方系经协商一致解除劳动合同，上诉人张某杰经鉴定为"职业病致残程度柒级"，与其解除劳动关系不违反《中华人民共和国劳动合同法》的相关规定，故不同意与张某杰恢复劳动关系。综上，请求驳回张某杰的上诉请求。

上海市第二中级人民法院经二审，确认了一审查明的事实。

本案的争议焦点为：从事接触职业病危害作业的劳动者未进行离岗前职业健康检查的，用人单位与劳动者协商一致解除劳动合同是否当然有效。

上海市第二中级人民法院二审认为：根据《中华人民共和国劳动合同法》第四十二条第一款的规定，从事解除职业病危害作业的劳动者未进行离岗前职业健康检查的，用人单位不得依照该法第四十条、第四十一条的规定解除劳动合同。此款规定虽然没有排除用人单位与劳动者协商一致解除劳动合同的情形，但根据《中华人民共和国职业病防治法》第三十六条①的规定，"对从事接触职业病危害的作业的劳动者，用人单位应当按照国务院安全生产监督管理部门、卫生行政部门的规定组织上岗前、在岗期间和离岗时的职业健康检查，并将检查结果书面告知劳动者……对未进行离岗前职业健康检查的劳动者不得解除或者终止与其订立的劳动合同。"因此，用人单位安排从事接触职业病危害的作业的劳动者进行离岗职业健康检查是其法定义务，该项义务并不因劳动者与用人单位协商一致解除劳动合同而当然免除。

本案中，双方于2014年1月13日签订的《协商解除劳动合同协议书》并未明确上诉人张某杰已经知晓并放弃了进行离岗前职业健康检查的权利，且张某杰于事后亦通过各种途径积极要求被上诉人敬豪公司为其安排离岗职业健康检查。因此，张某杰并未放弃对该项权利的主张，敬豪公司应当为其安排离岗职业健康检查。在张某杰的职业病鉴定结论未出之前，双方的劳动关系不能当然解除。

2014年12月10日，上诉人张某杰被鉴定为"职业病致残程度柒级"。根据《工伤保险条例》第三十七条规定，职工因工致残被鉴定为七级至十级伤残的，劳动、聘用合同期满终止，或者职工本人提出解除劳动、聘用合同的，由工伤保险基金支付一次性工伤医疗补助金，由用人单位支付一次性伤残就业补助金。因此，鉴于双方签订的劳动合同原应于2014年6月30日到期，而张某杰2014年12月10日被鉴定为"职业病致残程度柒级"，依据《工伤保险条例》的规定，用人单位可以终止到期合同，故张某杰与被上诉人敬豪公司的劳动关系应于2014年12月10日终止。

综上，上海市第二中级人民法院依照《中华人民共和国职业病防治

---

① 该法已于2018年12月29日修正，本条被修改为第三十五条，第三十五条第一款、第二款规定："对从事接触职业病危害的作业的劳动者，用人单位应当按照国务院卫生行政部门的规定组织上岗前、在岗期间和离岗时的职业健康检查，并将检查结果书面告知劳动者。职业健康检查费用由用人单位承担。用人单位不得安排未经上岗前职业健康检查的劳动者从事接触职业病危害的作业；不得安排有职业禁忌的劳动者从事其所禁忌的作业；对在职业健康检查中发现有与所从事的职业相关的健康损害的劳动者，应当调离原工作岗位，并妥善安置；对未进行离岗前职业健康检查的劳动者不得解除或者终止与其订立的劳动合同。"

法》第三十六条、《工伤保险条例》第三十七条、《中华人民共和国民事诉讼法》第一百七十条第一款第二项之规定，于2015年11月12日作出判决：一、撤销上海市崇明县人民法院（2015）崇民一（民）初字第1021号民事判决；二、上诉人张某杰与被上诉人上海敬豪劳务服务有限公司自2014年1月13日起恢复劳动关系至2014年12月10日止。

本判决为终审判决。

11．刘某萍与南京仁创物资有限公司劳动争议纠纷案[*]

人事主管有
义务提示用
人单位与其
订立书面劳
动合同，其
不能举证证
明曾提示
的，法院不
支持其二倍
工资赔偿
请求

【裁判摘要】

用人单位未与人事主管订立书面劳动合同，人事主管诉请用人单位支付因未订立书面劳动合同的二倍工资赔偿，因订立书面劳动合同系当事人主管的工作职责，人事主管有义务提示用人单位与其订立书面劳动合同，人事主管如不能举证证明其曾提示用人单位与其订立书面劳动合同，则不应支持其诉讼请求。

原告：刘某萍，女，26岁，住江苏省金坛市。

被告：南京仁创物资有限公司，住所地：江苏省南京市江宁区东山街道上坊集镇新润路。

法定代表人：田某，该公司总经理。

原告刘某萍因与被告南京仁创物资有限公司（以下简称仁创公司）发生劳动争议，向江苏省南京市江宁区人民法院提起诉讼。

原告刘某萍诉称：其于2015年3月10日进入被告仁创公司工作。其间因其尚在法律规定的哺乳期内，仁创公司未正常批准其每天1小时的哺乳时间，且加班加

---

* 摘自《最高人民法院公报》2018年第7期。

点延长其工作时间。仁创公司在其入职后直至 2015 年 7 月一直未与其签订劳动合同，同时恶意扣留其本人工资，其在主动沟通要求公司按约足额发放工资时遭到仁创公司法定代表人田某拒绝并且恶语相向。仁创公司的行为已严重侵犯其合法权益，其迫于无奈依据上述事由提出解除双方劳动关系并要求仁创公司给予补偿，但双方未达成一致意见。请求法院依法判令：（1）仁创公司足额发放 2015 年 3 月至 7 月预留工资 4165 元；（2）仁创公司支付其自入职之日起未签订劳动合同的二倍工资 11666 元以及经济补偿金 2917 元。

被告仁创公司辩称：（1）其对于原告刘某萍主张的预留工资不认可，工资表中并没有给其单位所有员工预留工资，其也不知情；（2）对于双倍工资，因刘某萍系其单位人事经理，其基本工作职责就是给员工签订劳动合同等相关人事工作，其认为系刘某萍故意不签订劳动合同，其不予认可；（3）其没有拖欠刘某萍工资，故对经济补偿金亦不予认可。综上，要求驳回刘某萍的诉讼请求。

江苏省南京市江宁区人民法院一审查明：原告刘某萍于 2015 年 3 月 10 日进入被告仁创公司工作，担任人事主管，主要负责人员招聘、培训及薪酬管理工作。2015 年 7 月 23 日刘某萍离开仁创公司，并于同日以仁创公司未与其签订劳动合同，未依法给予其哺乳期内每天 1 小时的哺乳时间，且未足额支付其月度工资严重侵害其合法权益为由，向仁创公司寄送《关于与南京仁创物资有限公司解除劳动关系的通知函》（以下简称《解除通知函》），通知仁创公司自 2015 年 7 月 24 日起解除双方的劳动关系，并要求仁创公司给予补偿。

另查明：原告刘某萍于 2015 年 7 月 24 日向南京市江宁区劳动人事争议仲裁委员会（以下简称江宁区劳动仲裁委）申请仲裁，要求被告仁创公司足额发放 2015 年 3 月至 7 月预留工资 4165 元、自入职之日起未签订劳动合同的双倍工资 11666 元及哺乳时间工资 3385 元以及经济补偿金 2917 元，合计 22133 元。后因自仲裁申请受理之日起 45 日内未结束，刘某萍提出向人民法院起诉，江宁区劳动仲裁委于 2015 年 10 月 8 日出具宁宁劳人仲案定字（2015）第 2056 号仲裁决定书，终结审理刘某萍与仁创公司劳动报酬争议案。后刘某萍于 2015 年 10 月 9 日向法院提起诉讼，要求仁创公司足额发放其 2015 年 3 月至 7 月的工资 4165 元，双倍工资 11666 元以及经济补偿金 2917 元。刘某萍并提交有仲裁申请书复印件 1 份、《解除通知函》原件 1 张、EMS 快递面单原件 1 张、应聘人员登记表原件 1 份、参保缴费证明打印件 1 份，以证明其主张。仁创公司对上述证据的真实性均无异议，但对刘某萍主张的上述费用均不予认可。其认为其公司已足额发放刘某萍工资，不存在预留刘某萍的工资。关于双倍工资，其认为之所以未与刘某萍签订劳动合同，是因为刘某萍作为其单位人事经理故意不签订劳动合同，故其对双倍工资不予认可，其没有拖欠刘某萍工资，故不同意支付经济补偿金。仁创公司并提交有劳动合同书原件 1 份、2015 年 3 月至 6 月工资表及考勤表复印件各 4 份，证明其与刘某萍有签订书面劳动合同，并且足额发放了刘某萍的工资。刘某萍对工资表和考勤表的真实性无异议，但指出 2015 年 5 月工资表明确载明预留 833 元工资未予发放，刘某萍并陈述其在入职时与仁创公司法定代表人田某协商一致，其年收入为 7 万元，平均到每月为 5833 元，实际每月发放 5000 元，预留 833 元，故要求仁创公司足额发放 2015 年 3 月至 7 月的预留工资 4165 元（833 元/月×5 个月）。仁创公司陈述 2015 年 5 月工资表系刘某萍制作，其他月份均没有预留工资，其认为是刘某萍恶意制作 2015 年 5 月工资表。刘某萍陈述 2015 年 4 月及 5 月工资表系均由其制作，且 2015 年 5 月预留工资 833 元系经过仁创公司法定代表人及副总经理和财务经理签字确认。刘某萍对劳动合同书的真实性有异议，其认为劳动合同书落款处"刘某萍"的签名是复印形成的而非其手写，并申请法院进行鉴定。法院依法委托南京师范大学司法鉴定中心进行鉴定。2015 年 12 月 30 日，南京师范大学司法鉴定中心出具南师大司鉴中心［2015］文鉴字第 642 号司法鉴定意见书，鉴定意见为署期为"2015 年 3 月 10 日"《南京市劳动合同书》落款处"刘某萍"三字是激光打印或复印形成，非手写形成。刘某萍支付鉴定费 2240 元。刘某萍陈述其在入职后，曾要求仁创公司签订劳动合同，但仁创公司拒绝与其签订劳动合同，刘某萍未提交证据证明其该主张。

江苏省南京市江宁区人民法院一审认为：劳动者以及用人单位的合法

权益受法律保护。建立劳动关系，应当订立书面劳动合同。已建立劳动关系，未同时订立劳动合同的，应当自用工之日起一个月内订立书面劳动合同。用人单位自用工之日起超过一个月不满一年未与劳动者订立书面劳动合同的，应当向劳动者每月支付二倍的工资。用人单位应当按照劳动合同约定和国家规定，按时足额支付劳动报酬。当事人对自己提出的诉讼请求所依据的事实或者反驳对方诉讼请求所依据的事实有责任提供证据加以证明。没有证据证明或者证据不足以证明当事人主张的，由负有举证责任的当事人承担不利后果。本案中，双方之间存在劳动关系，被告仁创公司提交的工资表足以确认仁创公司预留原告刘某萍2015年5月工资833元，仁创公司应当按照合同约定和国家规定按时足额支付。仁创公司辩称2015年5月工资表系刘某萍恶意制作，但未提交证据证明，故法院不予采信。故对刘某萍要求仁创公司支付其2015年3月至7月的预留工资，法院予以部分支持。

关于原告刘某萍主张的经济补偿金2917元，被告仁创公司虽未足额支付刘某萍2015年5月工资，但庭审中刘某萍亦陈述仁创公司预留其工资也经过其同意，仁创公司预留其2015年5月工资有正当理由，刘某萍主张经济补偿金缺乏事实和法律依据，故法院不予支持。

关于原告刘某萍主张的二倍工资11666元，本案中，被告仁创公司确实未与刘某萍签订劳动合同，但是，一般而言，劳动合同签订事项属于人力资源负责的事项，刘某萍作为仁创公司的人事主管，其工作职责范围应该包括代表单位依照法律法规处理与劳动者之间劳动合同履行方面的相关事宜，避免单位因违反法律法规被追究法律责任，也应当知晓订立书面劳动合同的相关规定及不订立书面劳动合同的法律后果，因此，刘某萍有义务主动向仁创公司要求订立书面劳动合同。但刘某萍并未提交证据证明其曾主动要求仁创公司与其签订劳动合同。故综合刘某萍的岗位职务因素等考量后，法院对刘某萍主张的未签订书面劳动合同的二倍工资的诉讼请求不予支持。

据此，江苏省南京市江宁区人民法院依照《中华人民共和国劳动合同法》第十条、第三十条第一款、第三十八条第一款第二项、第四十六条第一项、第八十二条第一款,《中华人民共和国民事诉讼法》第六十四条第一款之规定,于 2016 年 3 月 4 日作出判决:一、被告南京仁创物资有限公司于本判决发生法律效力之日起 10 日内支付原告刘某萍 2015 年 5 月工资833 元。二、驳回原告刘某萍的其他诉讼请求。

一审判决后,双方当事人均未上诉,该判决已发生法律效力。

12．蔡某龙诉南京金中建幕墙装饰有限公司劳动合同纠纷案 *

▶

用人单位应在解除劳动合同后出具相关证明并办理档案、社保、专业证件的转移手续，未在合理期限办理造成劳动者损失的应承担赔偿责任

【裁判摘要】

用人单位应依据《中华人民共和国劳动合同法》的规定，在解除或终止劳动合同时出具解除或终止劳动合同的证明，在十五日内为劳动者办理档案和社会保险关系转移手续，并且在合理期限内为劳动者办理专业证件的转移手续。用人单位不及时办理上述事项，致使劳动者在再次就业时无法办理相关入职手续，或者无法出示相关证件，严重影响新用人单位对劳动者工作态度和职业能力的判断，从而导致劳动者不能顺利就业，损害劳动者再就业权益的，应对劳动者的未就业损失进行赔偿。

原告：蔡某龙，男，43岁，汉族，住江苏省南京市秦淮区。

被告：南京金中建幕墙装饰有限公司，住所地：江苏省南京市江宁经济技术开发区双龙大道。

法定代表人：崔某荣，该公司董事长。

原告蔡某龙因与被告南京金中建幕墙装饰有限公司

---

* 摘自《最高人民法院公报》2020年第4期。

（以下简称金中建公司）发生劳动合同纠纷，向江苏省南京市江宁区人民法院提起诉讼。

原告蔡某龙诉称：其入职被告金中建公司后，按金中建公司的要求提交了一级建造师执业证书和注册证书及印章、国家注册安全工程师执业证书和注册证书、安全B证、高工证等，其从金中建公司离职后，因金中建公司未及时将上述证书归还，未及时出具离职证明，未及时办理建造师转出、社会保险及公积金转移等离职手续，导致其不能重新就业。现诉至法院，请求判令：（1）金中建公司归还其一级建造师执业证书和注册证书及印章、国家注册安全工程师执业证书和注册证书、安全B证、高工证等，金中建公司出具离职证明，协助办理建造师转出、社会保险及公积金转移等离职手续；（2）金中建公司支付因拖延归还证件、不办理离职手续，致其无法再就业的损失82500元（按15000元/月的标准计算，自2015年5月13日起至10月28日止）。

被告金中建公司辩称：原告蔡某龙主动向其公司申请辞职，其未扣押蔡某龙建造师执业证书和注册证书，蔡某龙要求其公司赔偿损失的请求不能成立，请求驳回蔡某龙的诉讼请求。

南京市江宁区人民法院一审审理查明：原告蔡某龙于2014年2月24日入职被告金中建公司，双方于当日签订劳动合同一份，合同期限自2014年2月24日起至2019年2月23日止。2015年1月20日，金中建公司根据建筑行业的相关规定，将蔡某龙的一级建造师证暂押在南京市装饰行业管理办公室。2015年3月28日，蔡某龙"因个人事业发展机会的需要"，向金中建公司提出书面辞职申请。2015年4月28日，双方签订解除劳动关系协议。离职前12个月，蔡某龙的月平均工资为13975元。

原告蔡某龙主张其将自己的档案、就业证、一级建造师证及印章、一级建造师注册证书、高工证和注册安全工程师证及资格证、安全B证交给被告金中建公司，提交：（1）收条两份，收条载明于2014年2月15日、5月29日，蔡某龙分别将其档案、就业证、一级建造师证、一级建造师注册证书、高工证和注册安全工程师执业证及执业资格证交给金中建公司人力资源部王某、张某丽；（2）离职工作登记表复印件，蔡某龙在庭审中陈述，一级建造师印章在打收条之后交给金中建公司，安全B证是在金中建公司报考，2015年5月7日其将安全B证交给了陈某。

2015年11月30日，被告金中建公司将原告蔡某龙的高工证（任职资格证书）、一级建造师证书执业证书、一级建造师注册证书、注册安全工程师执业资格证书、注册安全工程师执业证当庭归还蔡某龙，但不认可蔡某龙将安全B证、一级建造师印章交其保管。

关于被告金中建公司是否拖延归还证件并不办理原告蔡某龙离职手续致蔡某龙无法顺利就业问题，蔡某龙称其未找到工作，因为所有应聘单位均要求其提供岗位相关证书，其中南京倍利达新材料有限公司要求其提供一级建造师证书、离职证明、社保转移手续等。金中建公司主张蔡某龙自行离职，且离职后至其他单位就职，故不应支付蔡某龙无法找到工作的损失，并提交"太阳宫改造及周边环境综合整治工程外立面改造工程"专家论证会纪要及签到表，证明蔡某龙代表江苏天茂建设工程有限公司参加会议，当时已经在该公司任职。蔡某龙对证据真实性无异议，但其在会议签到表上填写的是在金中建公司之前任职的单位"北京嘉寓"，2015年8月其应江苏天茂建设工程有限公司邀请参加该专家论证会，并提交江苏天茂建设工程有限公司出具的证明，载明蔡某龙与该公司并不存在劳动合同关系及工作关系。

审理中，被告金中建公司申请调查令至南京市人力资源和社会保障局、南京市江宁地方税务局调查原告蔡某龙2015年5月后的入职情况，但未提交调查结果。因金中建公司申请，法院依法调取了2015年5月以后蔡某龙个人所得税完税证明，蔡某龙在2015年5月至11月期间在南京市未发生个人所得税完税记录。

南京市江宁区人民法院一审审理认为：关于原告蔡某龙主张的返还证件问题，蔡某龙提交收条和离职人员交接手续清单复印件，不足以证明其将安全B证、一级建造师印章交给被告金中建公司保管，故对其要求金中建公司交付上述两种材料的诉请，法院不予支持。蔡某龙主张的其他证件，金中建公司已经当庭归还，予以确认。

关于原告蔡某龙主张的离职手续问题。用人单位应依据《中华人民共和国劳动合同法》规定在解除或终止劳动合同时出具解除或终止劳动合同的证明，并在 15 日内为劳动者办理档案和社会保险关系转移手续。用人单位亦应为劳动者办理工作岗位涉及证件的相关转移手续，以便于劳动者再次就业。本案中，原被告双方劳动关系于 2015 年 4 月 28 日解除，被告金中建公司应依照法律规定和合同约定为蔡某龙办理上述手续，故对蔡某龙要求金中建公司出具离职证明，协助办理建造师转出、社会保险和公积金转移等离职手续的诉讼请求，予以支持。

关于原告蔡某龙主张的被告金中建公司应赔偿其未就业损失问题。用人单位不及时为劳动者办理离职手续，未向劳动者出具解除或者终止劳动合同的书面证明，导致劳动者在再次就业时无法办理相关入职手续，或者无法出示相关证件，而不能顺利就业的，损害了劳动者再就业权益，应依照法律规定给予赔偿。本案中，原被告双方劳动关系于 2015 年 4 月 28 日解除后，金中建公司未在法律规定的期限内为蔡某龙办理离职手续，一方面，《中华人民共和国劳动合同法》规定，用人单位招用与其他用人单位尚未解除或终止劳动合同的劳动者，给其他用人单位造成损失的，应当承担连带赔偿责任。因此，用人单位在招用劳动者时通常要求劳动者提供离职证明、档案和社保转移等手续，因金中建公司拖延办理，蔡某龙无法向新单位出具，可能影响蔡某龙再次就业。另一方面，由于蔡某龙取得的建筑行业相关证书为其再次就业的必要条件，双方劳动关系于 4 月 28 日解除，金中建公司于 11 月 30 日才归还相关证件，目前证件转出手续仍未办理，远超合理期限，蔡某龙在证件未归还和证件手续未转出时无法向新用人单位出示，严重影响新用人单位对其职业能力的判断，必然影响其再次就业。综上，金中建公司未及时为蔡某龙办理离职手续，已经影响蔡某龙再次就业的权益，应给予蔡某龙赔偿。

关于赔偿标准，原告蔡某龙在被告金中建公司的工资标准是其工资能力和工作业绩的真实反映，其损失以该工资作为计算依据较为客观合理，因此赔偿标准认定为蔡某龙在金中建公司离职前 12 个月平均工资 13975 元，计算期间酌定为 4 个月。

据此，南京市江宁区人民法院依照《中华人民共和国劳动合同法》第五十条、第八十九条,《中华人民共和国民事诉讼法》第六十四条之规定,于2015年12月9日作出判决:一、被告金中建公司支付原告蔡某龙未办理离职手续而造成的损失55900元。二、被告金中建公司于本判决发生法律效力之日起15日内协助原告蔡某龙出具离职证明、办理建造师转出手续、社会保险和公积金转移手续等离职手续。

一审宣判后,蔡某龙与金中建公司均不服一审判决,向江苏省南京市中级人民法院提出上诉。

上诉人蔡某龙上诉称:(1)金中建公司应支付蔡某龙2015年5月13日至2015年12月19日期间,计6个月的误工损失83850元。一审法院酌定金中建公司支付4个月的赔偿费与事实有出入。(2)金中建公司至今未归还蔡某龙在其公司报考取得的安全B证和一级建造师印章。蔡某龙一审中提交的麒麟科创园工作移交登记表可证明安全B证和一级建造师证在办理离职手续时交给金中建公司的资料员陈某保管,陈某签字后此表被人事部收回,金中建公司一审归还了一级建造师证书,说明安全B证也在金中建公司。金中建公司未能提供麒麟科创园工作移交登记表原件,应承担不利后果。综上,请求二审法院撤销一审判决,依法改判。

金中建公司辩称:(1)关于扣押的证件导致的6个月误工损失83850元,上诉人蔡某龙突然提出辞职,按照行业惯例,蔡某龙负责的在建项目没有完成,证件要存放在行业协会。金中建公司经办调到2015年11月30日一审诉讼时才拿到证件,并非金中建公司的原因导致的扣押证件。金中建公司已办理好社保关系转移单并放在档案中。档案在南京市人才市场。(2)关于一级建造师印章和安全B证。金中建公司已把所有有收条的证件都还给蔡某龙。安全B证和印章没有收条,蔡某龙也不能证明在金中建公司。

上诉人金中建公司上诉称:上诉人蔡某龙作为紫金(麒麟)科技创业社区首期启动区A区5号楼、6号楼幕墙工程的项目经理,金中建公司按照规定将其一级建造师执业证和注册证到南京市建工局备案并交南京市装饰管理办公室保管。蔡某龙突然提出辞职,金中建公司需与工程发包方协商并办理工程项目负责人变更手续。金中建公司在2015年4月底与蔡某龙办理了工作交接手续,并出具了解除劳动合同证明,停止缴纳社保和公积金的相关手续。2015 年 5 月 21 日,蔡某龙申请劳动仲裁时,变更项目负责人的审批正在进行。证书在行业协会保管,金中建公司没有扣押。蔡某龙离职后代表其他公司工作,一审认定的蔡某龙没有重新就业不符合事实。一审法院酌定金中建公司支付蔡某龙误工损失无事实依据。综上,请求二审法院改判金中建公司无须支付蔡某龙未办理离职手续的损失补偿 55900 元。

蔡某龙辩称:2015 年 3 月 28 日蔡某龙向金中建公司提出辞职,到 4 月 28 日经过领导批准办理完成交接手续,系提前 30 天提出辞职的,不是突然离职。金中建公司一直不出具解聘证明和社保关系转移手续,并扣押各种证书和印章,造成蔡某龙无法入职新单位。之后蔡某龙去其他单位应聘,也要求有证件和印章才能入职。目前金中建公司仍未出具解聘证明和社保转移证明。金中建公司未归还安全 B 证和一级建造师印章,经查安全证仍在金中建公司未注销。金中建公司称行业协会保管这些证书,但行业协会只是保存其中一本证书,其他都由金中建公司掌握,故金中建公司的上诉理由不成立。

江苏省南京市中级人民法院经二审,确认了一审查明的事实。

江苏省南京市中级人民法院二审认为:关于上诉人蔡某龙主张的归还安全 B 证及一级建造师印章的问题。因蔡某龙未提供证据证明其将安全 B 证及一级建造师印章交给了上诉人金中建公司,故对该上诉请求不予支持。

关于未及时退还证件导致的损失问题。上诉人蔡某龙于 2015 年 4 月 28 日离职,上诉人金中建公司应当在合理期限内积极为蔡某龙办理相关证件的转出手续,金中建公司至 2015 年 11 月 30 日才将相关证件退还给蔡某龙,超出了合理期限。一审按照蔡某龙离职前平均工资 13975 元的标准酌定金中建公司支付蔡某龙 4 个月工资损失,并无不当。故对蔡某龙主张 6 个月工资损失、金中建公司不同意支付此期间工资损失的上诉请求,均不予支持。

综上,一审判决认定事实清楚,处理并无不当。江苏省南京市中级人民法院依照《中华人民共和国民事诉讼法》第一百七十一条第一款第一项之规定,于 2016 年 4 月 14 日判决如下:驳回上诉,维持原判。

本判决为终审判决。

13．吴某威诉南京搏峰电动工具有限公司劳动合同纠纷案[*]

用人单位已经采取适当措施降低了搬迁对劳动者的不利影响，搬迁行为不足以导致劳动合同无法履行的，劳动者不得以此为由拒绝提供劳动

【裁判摘要】

因用人单位整体搬迁导致劳动者工作地点变更、通勤时间延长的，是否属于《中华人民共和国劳动合同法》第四十条第三项规定的"劳动合同订立时所依据的客观情况发生重大变化，致使劳动合同无法履行"的情形，需要考量搬迁距离远近、通勤便利程度，结合用人单位是否提供交通工具、是否调整出勤时间、是否增加交通补贴等因素，综合评判工作地点的变更是否给劳动者的工作和生活带来严重不便并足以影响劳动合同的履行。如果用人单位已经采取适当措施降低了搬迁对劳动者的不利影响，搬迁行为不足以导致劳动合同无法履行的，劳动者不得以此为由拒绝提供劳动。

原告：吴某威，男，1990 年 10 月 6 日生，汉族，住安徽省明光市。

被告：南京搏峰电动工具有限公司，住所地：江苏省南京市江宁经济技术开发区。

＊ 摘自《最高人民法院公报》2020 年第 9 期。

法定代表人：LennartdeVet，该公司董事长。

原告吴某威因与被告南京博峰电动工具有限公司（以下简称博峰公司）发生劳动合同纠纷，向江苏省江宁经济技术开发区人民法院提起诉讼。

原告吴某威诉称：其原系被告博峰公司员工。2019年3月9日，博峰公司在未提前通知的情况下单方搬迁，后于3月18日直接发出解除劳动合同通知书。现要求博峰公司支付赔偿金57192元。

被告博峰公司辩称：其因生产经营和改善环境需要，定于2019年4月从将军大道159号搬迁至529号。2019年3月9日，其在组织员工拆除一条无任务的生产线时，包含原告吴某威在内的100余名员工集体停工。其邀请政府部门进行了法律答疑，并宣告承诺福利待遇不变且每月增发50元交通补贴，要求员工回岗，但员工仍然停工。其之后多次通知员工回岗，否则将根据规章制度予以解雇，均遭到拒绝。吴某威严重违反规章制度和最基本的劳动纪律，其解除劳动合同行为合法。

江宁经济技术开发区人民法院一审查明：2013年9月23日，原告吴某威入职被告博峰公司从事生产工作。双方签订的最后一期劳动合同期限至2019年9月30日，约定工作地点在将军大道159号博峰公司，涉及劳动者切身利益的条款内容或重大事项变更时，应协商一致。

2017年5月4日，被告博峰公司召开职工代表大会，审议修订员工手册。其中规定，连续旷工3个工作日，或连续12个月内累计旷工5个工作日，给予解除合同处分。原告吴某威签收了员工手册。

2019年3月，被告博峰公司因经营需要决定由原办公地点将军大道159号整体搬迁至将军大道529号。包括原告吴某威在内的员工得知后，以距离太远为由拒绝到新厂址上班。2019年3月9日，博峰公司组织人员拆除生产线时，包括吴某威在内的员工大面积停工，自此每日到原厂址打卡后，不再提供劳动。2019年3月11日，博峰公司发布《关于厂区搬迁的通知》，声明自2019年4月1日起，厂区将从将军大道159号（14000平方米）整体搬迁至距离约4.5千米的将军大道529号（17000平方米），全程骑行约20分钟，均在地铁S1号线沿线，有864路、874路公交可乘，生产车间提供中央空调，食宿更加便利，博峰公司将安排车辆携全员前往新厂区参观，给予每人500元搬迁奖励，交通补贴在每月100元基础上增加 50 元，要求员工通过合理渠道沟通，必须于 2019 年 3 月 12 日 8：30 回岗正常劳动。员工拒绝返岗。2019 年 3 月 13 日，博峰公司再次发布公告，重申员工的岗位、工作内容和福利待遇不变，增发 50 元交通补助。员工仍然拒绝返岗。2019 年 3 月 15 日，博峰公司向吴某威发出《督促回岗通知》，告知吴某威其行为已严重违反规章制度，扰乱破坏生产秩序，要求吴某威于 2019 年 3 月 18 日 8：30 到生产主管处报到，逾期未报到将解除劳动合同。吴某威未按要求报到。2019 年 3 月 18 日，博峰公司在通知工会后，以严重违反规章制度为由决定与吴某威解除劳动合同。

2019 年 3 月 25 日，原告吴某威向南京市江宁区劳动人事争议仲裁委员会申诉，仲裁请求与本案诉讼请求一致。2019 年 5 月 6 日，仲裁委员会作出裁决，驳回了吴某威的仲裁请求。被告博峰公司服从裁决。吴某威不服裁决，提起诉讼。

江宁经济技术开发区人民法院一审认为：被告博峰公司拟将厂区整体迁移，是基于生产运作情况作出的经营决策，不改变劳动者的岗位和待遇，并非滥用用工权利刻意为难劳动者的行为。厂区迁移后，确实可能对劳动者产生一定的通勤压力，但搬迁距离并不遥远，也在公共交通、共享单车可达之处，将军大道本身具备较好的通行条件，博峰公司也承诺增发交通补助，总体而言，迁移对劳动者的影响是有限的，不构成双方继续履行劳动合同的根本障碍。同时，争议发生后，双方均应当采取正当手段维护自身权利。原告吴某威不愿意调整工作地点，可以提出相关诉求，但其自身仍然负有继续遵守规章制度、继续履行劳动合同的义务。吴某威在博峰公司的再三催告下，仍然拒绝返回原岗位工作，已经构成旷工，违反基本的劳动纪律，并且达到员工手册中规定的可被解除劳动合同的严重程度，故博峰公司在通知工会后作出的解除劳动合同决定，并无违法之处，故对吴某威要求博峰公司支付违法解除劳动合同赔偿金的请求不予支持。

综上，江宁经济技术开发区人民法院依照《中华人民共和国劳动合同法》第三十九条第二项规定，于 2019 年 10 月 8 日判决：驳回原告吴某威的诉讼请求。

一审宣判后，双方当事人均未提起上诉，一审判决已发生法律效力。

14．李某霞诉重庆漫咖文化传播有限公司劳动合同纠纷案*

▶
网络主播与
合作公司签
订艺人独家
合作协议,
通过合作公
司包装推
荐,自行在
第三方直播
平台上注
册,从事网
络直播活
动,并按合
作协议获取
直播收入
的,双方不
具有劳动
关系

【裁判摘要】

网络主播与合作公司签订艺人独家合作协议,通过合作公司包装推荐,自行在第三方直播平台上注册,从事网络直播活动,并按合作协议获取直播收入。因合作公司没有对网络主播实施具有人身隶属性的劳动管理行为,网络主播从事的直播活动并非合作公司的业务组成部分,其基于合作协议获得的直播收入亦不是劳动法意义上的具有经济从属性的劳动报酬。因此,二者不符合劳动关系的法律特征,网络主播基于劳动关系提出的各项诉讼请求,不应予以支持。

原告:李某霞,女,1989 年 9 月 6 日出生,住重庆市忠县。

被告:重庆漫咖文化传播有限公司,住所地:重庆市沙坪坝区大学城南二路。

法定代表人:姜某龙,该公司总经理。

原告李某霞因与被告重庆漫咖文化传播有限公司

---

* 摘自《最高人民法院公报》2020 年第 10 期。

（以下简称漫咖公司）发生劳动争议纠纷，向重庆市江北区人民法院提起诉讼。

原告李某霞诉称：其于2017年11月2日进入被告漫咖公司工作，工作岗位为平台主播，工资组成为基本工资、提成、奖励，工作地点为重庆市江北区九街万汇中心4楼。劳动关系存续期间，漫咖公司未与其签订劳动合同，未为其购买社会保险，至今仍拖欠工资。为维护合法权益，其于2018年4月27日向重庆市江北区劳动人事争议仲裁委员会申请仲裁，该委逾期未作出受理决定，故诉至法院，请求确认双方在2017年11月2日至2018年3月31日期间存在劳动关系，由漫咖公司向其支付二倍工资差额27168.39元、欠付工资7500元及经济补偿金3712.5元，并确认双方劳动关系自李某霞口头解除之日即2018年3月29日解除。

被告漫咖公司辩称：双方签订的是合作协议，其为原告李某霞提供直播资源和政策。李某霞直播收入是网友的打赏、礼物，平台从收入中提成50%，漫咖公司收到平台的钱后按比例与李某霞分配，并不向李某霞发放工资；李某霞的工作内容不是其经营范围；李某霞的直播行为不受其管理，直播时长不由其控制，直播内容是李某霞自己策划，直播地点由其自己选择；李某霞自己注册平台账号，自己管理账号，漫咖公司仅作备案。因此，双方不存在劳动关系，其诉讼请求依法应予驳回。

重庆市江北区人民法院一审查明：被告漫咖公司于2016年6月27日注册成立，经营范围包括承办经批准的文化艺术交流活动；企业营销策划；企业管理咨询；经济信息咨询；舞台造型策划；企业形象策划；图文设计；会议会展服务；展览展示服务；庆典礼仪服务；摄影摄像服务；商务信息咨询服务；计算机软件资讯服务；互联网信息技术服务；网页设计；设计、制作、发布国内广告；演出策划服务；直播策划服务；演出经纪服务（须取得相关行政许可或审批后方可从事经营）。

被告漫咖公司在重庆市江北区九街万汇中心4楼招募李某霞从事网络直播，其招募海报中载明寻找下一个百万网红主播，福利待遇为3000元至1万元保底，高额提成，定期组织才艺培训指导推广宣传包装，优秀主播月薪9万元上不封顶，无需经验，漫咖公司提供主播定期培训、主播形象打造。

2017 年 11 月 29 日，原告李某霞与被告漫咖公司签订《艺人独家合作协议》，主要约定，漫咖公司作为经纪公司为李某霞提供才艺演艺互动平台、提供优质推荐资源，李某霞在漫咖公司的合作互动平台上进行才艺演艺从而获得相关演艺收入，并获得漫咖公司优质资源包装推荐机会；李某霞成为漫咖公司的独家签约艺人，漫咖公司为李某霞提供独家演艺内容及相关事务，合作期间，李某霞保证全面服从漫咖公司安排，漫咖公司同意给予李某霞相应的推荐资源，帮助李某霞提升人气和收益；漫咖公司有权自主组织、协调和安排本协议上述的活动及事务，漫咖公司有义务根据本协议项下约定的方式向李某霞支付应获得收入；对于李某霞通过漫咖公司推荐所进行的才艺演艺成果，漫咖公司依法拥有独家权利；李某霞承诺并保证在协议有效期内只能在漫咖公司指定的场所从事本协议所述的才艺演艺以及本协议内容构成相同或类似的合作；李某霞有义务在本协议有效期内接受漫咖公司及其他合作伙伴安排的工作；李某霞自协议生效后 20 日内于漫咖公司平台以实名认证方式应当且仅申请注册一个主播账户，并告知漫咖公司账户号码和名称，向漫咖公司提供个人身份证明备案；结算收入包括李某霞获得的提成收入及漫咖公司支付的保底收入，独家签约艺人可享有经漫咖公司事先审核并确定的保底收入，保底收入由漫咖公司指派的平台待遇而定，双方按月结算，漫咖公司核算备案登记全部主播艺人的提成收入和保底收入；李某霞在漫咖公司指派直播平台总和每月直播有效天数不低于 25 天且总有效时长不低于 150 小时，每天直播时长 6 小时为一个有效天，每次直播 1 个小时为有效时长，满足有效天和有效时长前提下，漫咖公司每月支付李某霞 2000 元保底工资，不满足时长当月保底取消，只有提成，如违反平台相关条例取消当月保底及奖励。双方还对权利义务、权利归属、保密条款、违约责任等进行了约定，附件 2 为 NOW 直播平台管理条例。

原告李某霞通过被告漫咖公司在第三方直播平台上进行注册，从事网络直播活动，李某霞从事主播的过程中，其直播地点、直播内容、直播时长、直播时间段并不固定，收入主要是通过网络直播吸引网络粉丝在网络上购买虚拟礼物后的赠与，直播平台根据与李某霞、漫咖公司的约定将收益扣除部分后转账给漫咖公司，漫咖公司根据与李某霞的约定将收益扣除部分后转账给李某霞，转账时间和金额均不固定，有些转账名目上载明为工资。

重庆市江北区人民法院一审认为：原劳动和社会保障部公布的《关于确立劳动关系有关事项的通知》第一条规定，用人单位招用劳动者未订立书面劳动合同，但同时具备下列情形的，劳动关系成立。（1）用人单位和劳动者符合法律、法规规定的主体资格；（2）用人单位依法制定的各项劳动规章制度适用于劳动者，劳动者受用人单位的劳动管理，从事用人单位安排的有报酬的劳动；（3）劳动者提供的劳动是用人单位业务的组成部分。本案中，原告李某霞基于双方之间存在劳动关系提起本案诉讼，其应当对双方存在劳动关系负有举证义务。从双方签订的艺人独家合作协议来看，该协议约定的目的和背景、合作内容、收入及结算均不具有劳动合同必备条款的性质，不应视为双方之间具有劳动关系。从人身依附性上来看，李某霞的直播地点、直播内容、直播时长、直播时间段并不固定，其直播行为也无法看出系履行漫咖公司的职务行为，被告漫咖公司基于合作关系而衍生的对李某霞作出的管理规定不应视为双方之间具有人身隶属关系的规章制度。从经济收入来看，李某霞的直播收入主要通过网络直播吸引粉丝获得的打赏，漫咖公司并未参与李某霞的直播行为且无法掌控李某霞直播收入的多少，仅是依据其与李某霞、直播平台之间约定的比例进行收益分配，双方约定的保底收入也仅是双方合作方式的一种保障和激励措施，并不是其收入的主要来源。从工作内容上看，李某霞通过漫咖公司在第三方直播平台上进行注册，其从事的网络直播平台系第三方所有和提供，直播内容不是漫咖公司的经营范围，漫咖公司的经营范围仅为直播策划服务，并不包括信息网络传播视听节目等从事直播的内容。综上，李某霞并未举证证明双方具有建立劳动关系的合意，并未举证证明双方之间具有劳动关系性质的经济、人身依附性，其基于劳动关系提起的诉讼请求，法院不予支持。

据此，重庆市江北区人民法院根据《中华人民共和国劳动合同法》第七条、《中华人民共和国民事诉讼法》第六十四条之规定，于 2018 年 12 月 7 日作出判决：驳回原告李某霞的诉讼请求。

李某霞不服一审判决，向重庆市第一中级人民法院提起上诉称：双方签订的艺人独家合作协议具备劳动合同必备条款，一审法院没有结合行业特征认定双方法律关系的性质；合作协议明确约定李某霞直播期间形成的作品著作权归属于漫咖公司，侧面印证了双方系劳动关系的事实；漫咖公司对李某霞的直播内容进行管理、直播时间进行考勤，且就直播间卫生、休息时间就餐地点、工作牌遗失损毁等问题对李某霞进行处罚，这些管理行为不是基于合作关系，具有人身隶属性；李某霞的直播提成是漫咖公司收入的主要来源，漫咖公司为保证自己盈利对李某霞进行管理，并提供保底收入，双方符合劳动关系的基本特征。因此，一审法院对本案事实认定不清，适用法律错误。李某霞请求：撤销一审判决，依法改判支持李某霞的一审诉讼请求。

重庆市第一中级人民法院经二审，确认了一审查明的事实。

重庆市第一中级人民法院二审认为：本案的上诉焦点仍然在于，上诉人李某霞与被上诉人漫咖公司之间是否存在劳动关系。

首先，从管理方式上看，被上诉人漫咖公司没有对上诉人李某霞进行劳动管理。虽然李某霞通过漫咖公司在第三方直播平台上注册并从事网络直播活动，但李某霞的直播地点、直播内容、直播时长、直播时间段并不固定，李某霞亦无需遵守漫咖公司的各项劳动规章制度。尽管双方合作协议对李某霞的月直播天数及直播时长作出了约定，且漫咖公司可能就直播间卫生、休息时间就餐地点、工作牌遗失损毁等问题对李某霞进行处罚，但这些均应理解为李某霞基于双方直播合作关系应当履行的合同义务以及应当遵守的行业管理规定，并非漫咖公司对李某霞实施了劳动法意义上的管理行为。

其次，从收入分配上看，被上诉人漫咖公司没有向上诉人李某霞支付劳动报酬。李某霞的直播收入虽由漫咖公司支付，但主要是李某霞通过网络直播吸引粉丝获得打赏所得，漫咖公司仅是按照其与直播平台和李某霞之间的约定比例进行收益分配，漫咖公司无法掌控和决定李某霞的收入金额，双方在合作协议中约定的保底收入应属于漫咖公司给予直播合作伙伴的保障和激励费用，并非李某霞收入的主要来源，故漫咖公司基于合作协议向李某霞支付的直播收入不是用人单位向劳动者支付的劳动报酬。

最后，从工作内容上看，上诉人李某霞从事的网络直播活动并非被上诉人漫咖公司业务的组成部分。李某霞从事网络直播的平台由第三方所有和提供，网络直播本身不属于漫咖公司的经营范围，漫咖公司的经营范围仅包括直播策划服务，并不包括信息网络传播视听节目等内容，虽然双方合作协议约定漫咖公司享有李某霞直播作品的著作权，但不能据此推论李某霞从事直播活动系履行职务行为，故李某霞从事的网络直播活动不是漫咖公司业务的组成部分。

因此，上诉人李某霞与被上诉人漫咖公司之间不符合劳动关系的法律特征，一审法院对李某霞基于劳动关系提出的各项诉讼请求未予支持并无不当。

综上，重庆市第一中级人民法院依照《中华人民共和国民事诉讼法》第一百七十条第一款第一项之规定，于2019年3月28日判决：驳回上诉，维持原判。

本判决为终审判决。

15．上海安盛物业有限公司诉王某某劳动合同纠纷案[*]

劳动者因直系亲属病危提交请假手续，在用人单位审批期间，该直系亲属病故，劳动者径行返家处理后事，用人单位以旷工为由主张解除劳动合同的，属于违法解除劳动合同

【裁判摘要】

用人单位行使管理权亦当合理且善意。劳动者因直系亲属病危提交请假手续，在用人单位审批期间，该直系亲属病故，劳动者径行返家处理后事，用人单位以旷工为由主张解除劳动合同的，属于违法解除劳动合同，亦不符合社会伦理。劳动者因用人单位违法解除劳动合同要求赔偿的，人民法院应予支持。

原告：上海安盛物业有限公司，住所地：上海市沪青平公路。

法定代表人：梅某静，该公司执行董事。

被告：王某某，男，1969 年 9 月 18 日出生，汉族，住安徽省泾县。

原告上海安盛物业有限公司（以下简称安盛公司）因与被告王某某发生劳动合同纠纷，向上海市青浦区人民法院提起诉讼。

原告安盛公司诉称：安盛公司与被告王某某自 2008 年 4 月 7 日起建立劳动关系，王某某在安盛公司从事保

---

* 摘自《最高人民法院公报》2023 年第 4 期。

安工作。2020年1月6日早7点左右，王某某以父亲病危为由，临时提出1月6日至13日请事假，并将请假申请单交给保安队长李某，要求李某转交，并称会自行联系小区经理吴某，随后即乘车回老家。当天中午，王某某电话通知物业管理处此次请假事宜，吴某将请假单拍照上传至公司微信群，但未获审批通过。王某某得知请假未获批准后，原本1月7日已经在赶回单位的路上，因途中接到父亲去世电话又返回老家，于1月14日下午回到上海，15日开始上班。公司考勤等规章制度依法制定并已向王某某公示，组织王某某学习，王某某已签字确认，知晓并应当严格遵守。根据公司考勤管理细则，员工请假连续3天以上（含3天）需由集团公司总裁（总经理）审批。累计旷工3天以上（含3天）者，视为严重违反公司规章制度和劳动纪律，公司有权辞退，提前解除劳动合同并依法不予支付经济补偿。2020年1月6日至14日期间，王某某未经批准擅自请假，共缺勤6个工作日，即使给足3天丧假，累计旷工也达到3个工作日，符合辞退条件。安盛公司对仲裁裁决不服，人情不能大于法，用人单位的合法权益也需要得到保障。王某某在明知单位考勤审批制度，明知此次请事假在事先和事后均未按规定获得审批同意的情况下，仍故意旷工，其情节已达到被辞退的标准，安盛公司解除劳动合同于法有据，不属于违法解除，无需支付赔偿金。王某某2019年度年休假已休完，安盛公司无需支付年休假工资差额。故请求判令：安盛公司不支付王某某违法解除劳动合同赔偿金75269.04元、2019年未休年休假工资差额856.1元。

被告王某某辩称：不同意原告安盛公司的诉讼请求，认可仲裁裁决结果。

上海市青浦区人民法院一审查明：被告王某某于2008年4月7日进入原告安盛公司工作，岗位为保安，王某某作息为做二休一。安盛公司员工请事假或公休需填写请假申请单，写明假别、时间、事由等，申请单落款签字栏分别为"申请人""职务代理人""主管部门""部门主任""人事"及"经理"。安盛公司考勤管理细则规定，员工请事假1天由主管领导审批，连续2天由行政事务部（办公室）审批，连续3天以上（含3天）由公司总裁（总经理）审批；累计旷工3天以上（含3天）者，视为严重违反公司规章制度和劳动纪律，公司有权辞退，提前解除劳动合同并依法不予支付经济补偿。王某某签名确认并学习了上述文件。2020 年 1 月 6 日，王某某因父亲生病向其主管李某提交请假单后回老家，请假时间为 2020 年 1 月 6 日至 1 月 13 日。次日，王某某因安盛公司未准假而返回，途中得知其父亲去世便再次回家处理丧事。后，王某某于 2020 年 1 月 14 日返回上海，并于次日起开始上班。2020 年 1 月 6 日至 1 月 14 日期间，王某某应出勤日期分别为 6 日、8 日、9 日、11 日、12 日、14 日，共计 6 天。2020 年 1 月 31 日，安盛公司向王某某出具《解除劳动合同通知书》，以旷工天数累计 3 天以上（含 3 天）为由解除劳动关系。

另查明，被告王某某 2019 年应享受 10 天年休假，已休 7 天。原告安盛公司保安岗位在 2019 年 8 月 1 日至 2020 年 7 月 31 日期间实行以季为周期的综合计算工时工作制。

又查明，被告王某某于 2020 年 3 月 27 日申请仲裁，要求原告安盛公司支付 2020 年 1 月 1 日至 2 月 29 日工资 11190.53 元、违法解除劳动合同赔偿金 104069.06 元及 2019 年未休年休假工资差额 2464.38 元。仲裁裁决安盛公司支付王某某 2020 年 1 月工资 3419.3 元、违法解除劳动合同赔偿金 75269.04 元及 2019 年未休年休假工资差额 865.16 元，对王某某的其余请求不予支持。安盛公司不服该裁决，诉至法院。

审理中，被告王某某向法院提供：（1）村委会出具的证明，证明其父亲于 2020 年 1 月 7 日因病去世，于 1 月 12 日火化。死亡证明已交给殡仪馆，注销户口时又将火化证明交给了公安机关，故现在无死亡证明和火化证明。原告安盛公司对真实性不予认可，认为死亡证明应该由公安局出具，火化证明应该由殡仪馆出具。村委会证明即使为真，王某某父亲 1 月 7 日去世，12 日才火化也不符合常理。（2）王某某和保安队长李某的微信聊天记录，李某在微信中表述"安心回去给老父亲办后事，这里我明天给吴经理和上面沟通"，时间为 2020 年 1 月 7 日晚上 9 点 57 分左右，证明其请假得到了主管的同意。安盛公司对真实性无异议。但认为该证据恰好证明王某某知晓此次请假没有获得批准，李某也明确表示其没有批准的权力。

上海市青浦区人民法院一审认为：用人单位行使管理权应遵循合理、限度和善意的原则。解除劳动合同系最严厉的惩戒措施，用人单位应审慎用之。被告王某某因父去世回老家操办丧事，既是处理突发的家庭事务，亦属尽人子孝道，符合中华民族传统的人伦道德和善良风俗。原告安盛公司作为用人单位，应给予充分的尊重、理解和宽容。王某某提供了村委会出具的证明，安盛公司虽不予认可，但并无相反证据予以推翻。王某某所请1月6日至1月13日的事假在1月7日后性质发生改变，转化为事假丧假并存。扣除3天丧假，王某某实际只请了2天事假。考虑到王某某老家在外地，路途时间亦耗费较多，王某某请事假2天，属合理期间范围。安盛公司不予批准，显然不近人情，亦有违事假制度设立之目的。安盛公司解除劳动合同，属罔顾事件背景缘由，机械适用规章制度，严苛施行用工管理，显然不当。故安盛公司应支付王某某违法解除劳动合同赔偿金75269.04元。关于2019年年休假工资，王某某尚余3天年休假未休，安盛公司应支付王某某未休年休假工资差额865.16元。关于2020年1月工资，仲裁裁决安盛公司支付王某某2020年1月工资3419.3元，双方均未提起诉讼，应视为认可，法院予以确认。

据此，上海市青浦区人民法院依照《中华人民共和国劳动合同法》第四十七条第一款、第三款、第八十七条，《职工带薪年休假条例》第三条第一款、第五条第三款的规定，于2020年10月10日作出判决：

一、原告上海安盛物业有限公司应于本判决生效之日起10日内支付被告王某某违法解除劳动合同赔偿金75269.04元；二、原告上海安盛物业有限公司应于本判决生效之日起10日内支付被告王某某2019年未休年休假工资差额865.16元；三、原告上海安盛物业有限公司应于本判决生效之日起10日内支付被告王某某2020年1月工资3419.3元。

安盛公司不服一审判决，向上海市第二中级人民法院提起上诉称：（1）被上诉人王某某不等单位审批即乘车返乡，说明其已单方决定离岗，主观上有旷工故意。王某某离岗后，扣除法定丧假也已旷工3天，符合辞退条件。王某某提供的其父死亡及火化下葬的证明系由村委会出具，真实性无法确认，公司存有合理质疑。（2）鉴于保安工作特殊性，若不对其进行辞退处理，会导致其他保安效仿，公司无法再进行有效管理。超出法定丧假期间的，用人单位完全有权根据实际情况和工作需要，作出批准或不批准的决定。王某某已达被辞退标准，安盛公司在充分考虑实际情况后审慎作出决定，并未违反合理、限度和善意原则。（3）王某某2019年年休假已使用完毕，安盛公司无需支付工资差额。

被上诉人王某某辩称：王某某请假系因父亲去世，事出有因，请假时间也在合理范围内，不能定性为旷工。

上海市第二中级人民法院经二审，确认了一审查明的事实。

上海市第二中级人民法院二审认为：

劳动合同履行期间，用人单位及劳动者均负有切实、充分、妥善履行合同的义务。劳动者有自觉维护用人单位劳动秩序，遵守用人单位的规章制度的义务；用人单位管理权的边界和行使方式亦应善意、宽容及合理。上诉人安盛公司以被上诉人王某某旷工天数累计达到3天以上（含3天）为由解除双方劳动合同，安盛公司是否系违法解除，应审视王某某是否存在公司主张的违纪事实。王某某工作为做二休一，2020年1月6日至14日期间，其请假日期为1月6日至13日，其应出勤日期分别为6日、8日、9日、11日、12日、14日。

首先，关于2020年1月6日至13日。被上诉人王某某于1月6日早上提交了请假手续，其上级主管李某和吴某予以签字同意，但其领导迟至下午才报集团公司审批，次日才告知王某某未获批准，故王某某1月6日缺勤系因上诉人安盛公司未及时行使审批权所致，不应认定为旷工。1月7日王某某因公司未准假，返回上海途中得知父亲去世便再次回家办理丧事，至此，事假性质发生改变，转化为丧假事假并存，扣除3天丧假，王某某实际事假天数为2天，至于此2天事假是否应获批准，纵观本案，王某某请假，事出有因，其回老家为父亲操办丧事，符合中华民族传统人伦道德和善良风俗。安盛公司作为用人单位行使管理权应遵循合理、限度和善意的原则。至于安盛公司对王某某父亲去世及火化下葬时间存在异议一节，包括王某某老家安徽在内的中国广大农村仍有停灵的丧葬习俗，而相关村委会证明显示的王某某父亲从去世到火化下葬所耗时间尚在合理范围内，尊重民俗，体恤员工的具体困难与不幸亦是用人单位应有之义，故法院对安盛公司之主张不予采纳。其次，关于 2020 年 1 月 14 日。该日不在王某某请假期间范围内，安盛公司认定该日为旷工，并无不当。

综上，被上诉人王某某旷工未达 3 天，未达到上诉人安盛公司规章制度规定的可解除劳动合同的条件，安盛公司系违法解除，应支付违法解除劳动合同赔偿金 75269.04 元。关于 2019 年未休年休假工资差额之诉请，一审认定正确，二审予以维持。

综上，上诉人安盛公司构成违法解除劳动合同，一审判决认定事实清楚，适用法律正确，裁判结果并无不当。据此，上海市第二中级人民法院依照《中华人民共和国民事诉讼法》第一百七十条第一款第一项之规定，于 2020 年 12 月 15 日判决如下：驳回上诉，维持原判。

16．孔某与北京某物业管理公司劳动争议纠纷案[*]

【裁判摘要】

> 一级智力残疾人不具备对签订劳动合同、签署离职申请等涉及个人重大利益的行为的判断能力和理解能力，重大民事行为应由其法定代理人代理或者征得法定代理人的同意。其代理人对其签署离职申请的行为不予认可的，其签署离职申请的行为应属无效，劳动合同应继续履行至合同期限终止。

一、典型意义：依法切实保障残疾人劳动的权利

《中华人民共和国残疾人保障法》第三十条规定，国家保障残疾人劳动的权利。第三十八条规定，在职工的招用、转正、晋级、职称评定、劳动报酬、生活福利、休息休假、社会保险等方面，不得歧视残疾人。残疾人群体自强不息、自尊自立，参加适合其自身能力的劳动，应当予以支持。本案判决表明，司法审判必须依法切实保障残疾人劳动的权利，让其能通过自身劳动创

---

* 摘自 2016 年 5 月 14 日最高人民法院公布的 10 起残疾人权益保障典型案例之一。

造幸福生活，切实维护残疾人合法权益。

二、基本案情

孔某系一级智力残疾人，2011 年 12 月孔某与北京某物业管理公司签订劳动合同，合同期限为 2 年，至 2013 年 11 月 30 日终止。2013 年 7 月，孔某个人在不理解签署的文件性质的情况下签署了离职申请。孔某起诉至人民法院要求北京某物业管理公司支付解除劳动合同经济补偿金。人民法院认为，因孔某不具备对签订劳动合同、签署离职申请等涉及个人重大利益的行为的判断能力和理解能力，且不能预见其行为后果，重大民事行为应由其法定代理人代理或者征得法定代理人的同意。孔某代理人对孔某签署离职申请的行为不予认可，孔某签署离职申请的行为应属无效，双方的劳动合同应继续履行至合同期限终止。北京某物业管理公司应当依照《中华人民共和国劳动合同法》对孔某支付终止劳动合同经济补偿金。

17. 伊春某旅游酒店有限公司诉张某某劳动争议纠纷案[*]

企业停薪留职、未达到法定退休年龄的内退人员因与新用人单位发生用工争议提起诉讼的,应按劳动关系处理

【裁判摘要】

企业停薪留职、未达到法定退休年龄的内退人员,因与新的用人单位发生用工争议,依法向人民法院提起诉讼,人民法院按劳动关系处理;用人单位自用工之日起超过一个月不满一年未与劳动者签订书面劳动合同,按照法律规定向劳动者支付二倍的工资。

一、基本案情

2014 年 5 月 28 日,被告张某某受聘于原告黑龙江省伊春市某旅游酒店有限公司,从事工程员工作。至 2015 年 9 月 10 日,被告以原告公司未与其签订书面劳动合同及未给其缴纳社会保险为由,离开原告公司。后于 2015 年 9 月 14 日向带岭区劳动人事争议仲裁委员会申请仲裁,要求解除与原告公司的劳动合同关系,并要求原告公司支付其各项损失费用 66136 元。带岭区劳动人事争议仲裁委员会于 2015 年 11 月 6 日作出带劳人仲字(2015)第 4 号仲裁裁决书,裁决如下:一、由被申

---

[*] 摘自 2016 年 8 月 22 日最高人民法院发布的 10 起关于弘扬社会主义核心价值观典型案例之一。

请人（伊春某旅游酒店有限公司）支付申请人（张某某）未签订劳动合同的双倍工资 27958.26 元（2541.66 元×11）；二、被申请人支付申请人解除劳动关系的经济补偿金 3812.49 元（2541.66 元×1.5）；三、驳回申请人请求被申请人支付其加班加点工资的仲裁请求；四、驳回申请人请求被申请人支付其应当订立无固定期限劳动合同之日至工作截止日二倍工资的仲裁请求；五、被申请人应该到社会保险经办机构为申请人办理 2014 年 5 月到 2015 年 9 月的社会保险，在办理过程中，申请人应积极配合被申请人履行相关手续；六、被申请人应支付申请人离职前半个月未支付工资 1300 元。原告伊春某旅游酒店有限公司对该仲裁裁决不服，在法定期限内向本院提起诉讼，要求确认原告无需支付被告各项经济损失。被告当庭明确表示放弃在仲裁机构所提出的其他请求，要求原告方按仲裁裁决书所确认的内容支付被告各项损失。另查明，被告张某某系带岭林业实验局明月林场在职职工，自 1999 年起因单位经济环境不景气、生产任务少等原因允许被告等大部分职工自谋生路，其间停发工资，但仍由原单位及被告个人按法律规定的数额分别缴纳社会保险费。2014 年 6 月至 2015 年 9 月被告在原告公司工作期间，双方未签订书面劳动合同。

二、裁判结果

黑龙江省伊春市带岭区人民法院生效裁判认为：原、被告之间形成了事实上的劳动合同关系，但原告公司自用工之日起超过一个月不满一年未与被告签订书面劳动合同，应当按照法律规定向被告支付二倍的工资。原告方认为被告是明月林场在职职工，与原告之间只能形成劳务关系而不能形成劳动合同关系，但按照《最高人民法院关于审理劳动争议案件适用法律若干问题的解释（三）》第八条①的规定："企业停薪留职、未达到法

---

① 该司法解释已于 2021 年 1 月 1 日废止，根据 2020 年 12 月 29 日公布的《最高人民法院关于审理劳动争议案件适用法律问题的解释（一）》，本条已被修改为第三十二条第二款："企业停薪留职人员、未达到法定退休年龄的内退人员、下岗待岗人员以及企业经营性停产放长假人员，因与新的用人单位发生用工争议而提起诉讼的，人民法院应当按劳动关系处理。"下同。

定退休年龄的内退人员、下岗待岗人员以及企业经营性停产放长假人员，因与新的用人单位发生用工争议，依法向人民法院提起诉讼的，人民法院应当按劳动关系处理。"因此，对原告的此项辩解理由不予支持。被告主张按照仲裁裁决所确定的数额由原告公司支付双倍工资的请求并未超过其一年内的平均工资，因此该项主张应予支持。被告所主张的 2015 年 9 月尚有半个月工资 1300 元而原告公司未予发放的请求原告方予以承认，因此应予认定。但被告社会保险费企业应当承担部分仍由其原单位明月林场进行缴纳，其不具备再就业企业再行缴纳社会保险费的待遇，因此，对被告要求原告公司再行为其缴纳社会保险费的请求不予支持。同时，因原告企业无法为其缴纳社会保险费用，不存在《中华人民共和国劳动合同法》第三十八条所规定的情形，被告自行提出要求与原告公司解除劳动合同关系且未履行告知义务，原告公司无需支付被告经济补偿金。因此判决如下：一、解除原、被告之间的劳动合同关系；二、由原告支付给被告因未签订书面劳动合同而产生的赔偿金 27958.26 元；三、由原告支付被告 2015 年 9 月剩余工资 1300 元。

三、典型意义：诚实守规

本案争议焦点是被告张某某系林业局在职职工，其能否另行与另一企业形成劳动合同关系。按照法律规定，企业停薪留职、未达到法定退休年龄的内退人员、下岗待岗人员以及企业经营性停产放长假人员，因与新的用人单位发生用工争议，依法向人民法院提起诉讼的，人民法院应当按劳动关系处理。因此，法院依照《最高人民法院关于审理劳动争议案件适用法律若干问题的解释（三）》第八条，《中华人民共和国劳动合同法》第三十七条、第八十二条，《中华人民共和国劳动合同法实施条例》第七条的规定，作出上述判决。

18. 赵某与某网络公司劳动合同纠纷案*

劳动者提供
虚假学历证
书的，劳动
合同无效

【裁判摘要】

《中华人民共和国劳动合同法》第八条既规定了用人单位的告知义务，也规定了劳动者的告知义务。如果劳动者违反诚实信用原则，隐瞒或者虚构与劳动合同直接相关的基本情况，根据《中华人民共和国劳动合同法》第二十六条第一款规定属于劳动合同无效或部分无效的情形。用人单位可以根据《中华人民共和国劳动合同法》第三十九条规定解除劳动合同并不支付经济补偿。

一、基本案情

2018年6月，某网络公司发布招聘启事，招聘计算机工程专业大学本科以上学历的网络技术人员1名。赵某为销售专业大专学历，但其向该网络公司提交了计算机工程专业大学本科学历的学历证书、个人履历等材料。后赵某与网络公司签订了劳动合同，进入网络公司从事网络技术工作。2018年9月初，网络公司偶然获悉

---

*　摘自《人力资源社会保障部、最高人民法院关于联合发布第一批劳动人事争议典型案例的通知》（人社部函〔2020〕62号）。

赵某的实际学历为大专，并向赵某询问。赵某承认自己为应聘而提供虚假学历证书、个人履历的事实。网络公司认为，赵某提供虚假学历证书、个人履历属欺诈行为，严重违背诚实信用原则，根据《中华人民共和国劳动合同法》第二十六条、第三十九条规定解除了与赵某的劳动合同。赵某不服，向劳动人事争议仲裁委员会（以下简称仲裁委员会）申请仲裁。

二、申请人请求

裁决网络公司继续履行劳动合同。

三、处理结果

仲裁委员会裁决驳回赵某的仲裁请求。

四、案例分析

本案的争议焦点是赵某提供虚假学历证书、个人履历是否导致劳动合同无效。

《中华人民共和国劳动合同法》第八条规定："用人单位招用劳动者时，应当如实告知劳动者工作内容、工作条件、工作地点、职业危害、安全生产状况、劳动报酬，以及劳动者要求了解的其他情况；用人单位有权了解劳动者与劳动合同直接相关的基本情况，劳动者应当如实说明。"第二十六条第一款规定："下列劳动合同无效或者部分无效：（一）以欺诈、胁迫的手段或者乘人之危，使对方在违背真实意思的情况下订立或者变更劳动合同的……"第三十九条规定："劳动者有下列情形之一的，用人单位可以解除劳动合同：……（五）因本法第二十六条第一款第一项规定的情形致使劳动合同无效的……"从上述条款可知，劳动合同是用人单位与劳动者双方协商一致达成的协议，相关信息对于是否签订劳动合同、建立劳动关系的真实意思表示具有重要影响。《中华人民共和国劳动合同法》第八条既规定了用人单位的告知义务，也规定了劳动者的告知义务。如果劳动者违反诚实信用原则，隐瞒或者虚构与劳动合同直接相关的基本情况，根据《中华人民共和国劳动合同法》第二十六条第一款规定属于劳动合同无效或部分无效的情形。用人单位可以根据《中华人民共和国劳动合同法》第三十九条规定解除劳动合同并不支付经济补偿。此外，应当注意的是，《中华人民共和国劳动合同法》第八条"劳动者应当如实说明"应仅限于"与劳动合同直接相关的基本情况"，如履行劳动合同所必需的知识技能、学历、学位、职业资格、工作经历等，用人单位无权要求劳动者提供婚姻状况、生育情况等涉及个人隐私的信息，也即不能任意扩大用人单位知情权及劳动者告知义务的外延。

本案中，"计算机工程专业""大学本科学历"等情况与网络公司招聘的网络技术人员岗位职责、工作完成效果有密切关联性，属于"与劳动合同直接相关的基本情况"。赵某在应聘时故意提供虚假学历证书、个人履历，致使网络公司在违背真实意思的情况下与其签订了劳动合同。因此，根据《中华人民共和国劳动合同法》第二十六条第一款规定，双方签订的劳动合同无效。网络公司根据《中华人民共和国劳动合同法》第三十九条第五项规定，解除与赵某的劳动合同符合法律规定，故依法驳回赵某的仲裁请求。

五、典型意义

《中华人民共和国劳动合同法》第三条规定："订立劳动合同，应当遵循合法、公平、平等自愿、协商一致、诚实信用的原则。"第二十六条规定以欺诈、胁迫的手段或者乘人之危，使对方在违背真实意思的情况下订立或者变更劳动合同的劳动合同无效或部分无效；第三十九条有关以欺诈手段订立的劳动合同无效、可以单方解除的规定，进一步体现了诚实信用原则。诚实信用既是《中华人民共和国劳动合同法》的基本原则之一，也是社会基本道德之一。用人单位与劳动者订立劳动合同时都必须遵循诚实信用原则，建立合法、诚信、和谐的劳动关系。

19．万某与某食品公司劳动合同纠纷案*

▶

视为订立无
固定期限劳
动合同后用
人单位仍未
与劳动者签
订劳动合同
的不需支付
二倍工资

【裁判摘要】

> 未依法签订劳动合同所应承担的二倍工资责任在法律性质上是惩罚性赔偿，该责任设定与拟制无固定期限劳动合同的签订相结合，既保障了劳动者合法权益又限制了用人单位赔偿责任的无限扩大，有效地平衡了各方利益。

一、基本案情

2016 年 8 月 1 日，万某入职某食品公司，从事检验工作，双方口头约定万某月工资为 3000 元。万某入职时，公司负责人告知其 3 个月试用期后签订书面劳动合同，但是双方一直未签订书面劳动合同。2018 年 7 月 31 日，万某与食品公司解除劳动关系。万某要求食品公司支付 2017 年 8 月至 2018 年 7 月期间未与其签订无固定期限劳动合同的二倍工资，该公司拒绝支付。万某遂向劳动人事争议仲裁委员会（以下简称仲裁委员会）申请仲裁。

---

* 摘自《人力资源社会保障部、最高人民法院关于联合发布第一批劳动人事争议典型案例的通知》（人社部函〔2020〕62 号）。

二、申请人请求

裁决食品公司支付 2017 年 8 月至 2018 年 7 月期间未签订无固定期限劳动合同的二倍工资 36000 元。

三、处理结果

仲裁委员会裁决驳回万某的仲裁请求。

四、案例分析

本案的争议焦点是 2017 年 8 月至 2018 年 7 月期间，万某与食品公司之间未签订书面劳动合同的情形是否属于《中华人民共和国劳动合同法》第八十二条规定情形。

《中华人民共和国劳动合同法》第八十二条规定："用人单位自用工之日起超过一个月不满一年未与劳动者订立书面劳动合同的，应当向劳动者每月支付二倍的工资。用人单位违反本法规定不与劳动者订立无固定期限劳动合同的，自应当订立无固定期限劳动合同之日起向劳动者每月支付二倍的工资。"从上述条款可知，用人单位支付未依法签订劳动合同二倍工资的情形包括两种：第一种是用人单位自用工之日起超过一个月不满一年未与劳动者订立书面劳动合同的；第二种是用人单位应当与劳动者订立无固定期限劳动合同，但违反本法规定不与劳动者订立无固定期限劳动合同的。第二种情形中的"本法规定"，是指《中华人民共和国劳动合同法》第十四条第二款规定的"除劳动者提出订立固定期限劳动合同外，应当订立无固定期限劳动合同"的三种情形，即"（一）劳动者在该用人单位连续工作满十年的；（二）用人单位初次实行劳动合同制度或者国有企业改制重新订立劳动合同时，劳动者在该用人单位连续工作满十年且距法定退休年龄不足十年的；（三）连续订立二次固定期限劳动合同，且劳动者没有本法第三十九条和第四十条第一项、第二项规定的情形，续订劳动合同的"。而《中华人民共和国劳动合同法》第十四条第三款规定的"用人单位自用工之日起满一年不与劳动者订立书面劳动合同的，视为用人单位与劳动者已订立无固定期限劳动合同"是对用人单位不签订书面劳动合同满一年的法律后果的拟制规定,并非有关应当订立无固定期限劳动合同的情形规定。《中华人民共和国劳动合同法实施条例》第七条对于此种情形的法律后果也作了相同的分类规定。

本案中,万某于2016年8月1日入职,食品公司一直未与其签订书面劳动合同,自2017年8月1日起,根据上述法律法规的规定,双方之间视为已订立了无固定期限劳动合同,而非《中华人民共和国劳动合同法》第八十二条规定的用人单位违反本法规定不与劳动者订立无固定期限劳动合同的情形。因此,食品公司无须向万某支付未依法签订无固定期限劳动合同的二倍工资,故依法驳回万某的仲裁请求。

五、典型意义

无固定期限劳动合同是指用人单位与劳动者约定无确定终止时间的劳动合同。为了保障劳动关系稳定性,《中华人民共和国劳动合同法》第十四条规定了"可以""应当""视为"三类订立无固定期限劳动合同的情形,其中"视为"签订无固定期限劳动合同的规定,主要目的是解决一些用人单位不愿与劳动者签订劳动合同,造成劳动者合法权益无法得到保障的问题。未依法签订劳动合同所应承担的二倍工资责任在法律性质上是惩罚性赔偿,该责任设定与拟制无固定期限劳动合同的签订相结合,既保障了劳动者合法权益又限制了用人单位赔偿责任的无限扩大,有效地平衡了各方利益。

20．张某与某物业公司劳动合同纠纷案*

用人单位与
劳动者自行
约定实行不
定时工作制
无效

【裁判摘要】

> 不定时工作制是针对因生产特点、工作特殊需要或职责范围的关系，无法按标准工作时间衡量或需要机动作业的劳动者所采用的一种工时制度。法律规定不定时工作制必须经审批方可实行。

一、基本案情

2017 年 11 月 1 日，张某与某物业公司签订 3 年期劳动合同，约定张某担任安全员，月工资为 3500 元，所在岗位实行不定时工作制。物业公司于 2018 年 4 月向当地人力资源社会保障部门就安全员岗位申请不定时工作制，获批期间为 2018 年 5 月 1 日至 2019 年 4 月 30 日。2018 年 9 月 30 日，张某与物业公司经协商解除了劳动合同。双方认可 2017 年 11 月至 2018 年 4 月、2018 年 5 月至 2018 年 9 月期间，张某分别在休息日工作 15 天、10 天，物业公司既未安排调休也未支付休息日加班工资。张某要求物业公司支付上述期间休息日加班工

---

* 摘自《人力资源社会保障部、最高人民法院关于联合发布第一批劳动人事争议典型案例的通知》（人社部函〔2020〕62 号）。

资,物业公司以张某实行不定时工作制为由未予支付。2018 年 10 月,张某向劳动人事争议仲裁委员会(以下简称仲裁委员会)申请仲裁。

二、申请人请求

裁决物业公司支付 2017 年 11 月至 2018 年 9 月的休息日加班工资共计 8046 元(3500 元÷21.75 天×25 天×200%)。

三、处理结果

仲裁委员会裁决物业公司支付张某 2017 年 11 月至 2018 年 4 月的休息日加班工资 4828 元(3500 元÷21.75 天×15 天×200%),张某不服仲裁裁决起诉,一审法院判决与仲裁裁决一致,后不服一审判决向上一级人民法院提起上诉,二审判决维持原判。

四、案例分析

本案的争议焦点是未经审批,物业公司能否仅凭与张某的约定实行不定时工作制。

《中华人民共和国劳动法》第三十九条规定:"企业因生产特点不能实行本法第三十六条、第三十八条规定的,经劳动行政部门批准,可以实行其他工作和休息办法。"《关于企业实行不定时工作制和综合计算工时工作制的审批办法》(劳部发〔1994〕503 号)第四条规定:"企业对符合下列条件之一的职工,可以实行不定时工作制。(一)企业中的高级管理人员、外勤人员、推销人员、部分值班人员和其他因工作无法按标准工作时间衡量的职工……"从上述条款可知,用人单位对劳动者实行不定时工作制,有严格的适用主体和适用程序要求。只有符合国家规定的特殊岗位劳动者,并经过人力资源社会保障部门审批,用人单位才能实行不定时工作制,否则不能实行。

本案中,张某所在的安全员岗位经审批实行不定时工作制的期间为 2018 年 5 月 1 日至 2019 年 4 月 30 日,此期间内根据《工资支付暂行规定》(劳部发〔1994〕489 号)第十三条规定,物业公司依法可以不支付张某休息日加班工资。2017年11月至2018年4月期间，物业公司未经人力资源社会保障部门审批，对张某所在岗位实行不定时工作制，违反相关法律规定。因此，应当认定此期间张某实行标准工时制，物业公司应当按照《中华人民共和国劳动法》第四十四条规定"休息日安排劳动者工作又不能安排补休的，支付不低于工资的百分之二百的工资报酬"支付张某休息日加班工资。

五、典型意义

不定时工作制是针对因生产特点、工作特殊需要或职责范围的关系，无法按标准工作时间衡量或需要机动作业的劳动者所采用的一种工时制度。法律规定不定时工作制必须经审批方可实行。一方面，用人单位不能仅凭与劳动者约定就实行不定时工作制，而应当及时报人力资源和社会保障部门批准后实行。对实行不定时工作制劳动者，也应当根据有关规定，采用集中工作、集中休息、轮休调休、弹性工作时间等方式，确保劳动者休息休假权利。另一方面，人力资源社会保障部门不断完善特殊工时工作制的审批机制，及时满足用人单位经营管理需要。比如，规定批复时效在疫情防控期间到期且无法通过邮寄、网络等方式办理的，经原审批部门同意并备案后，原批复有效期可顺延至疫情防控措施结束。

21．孙某与某模具公司劳动合同纠纷案*

用人单位应
合理行使用
工自主权合
法调整劳动
者的工作岗
位和地点

【裁判摘要】

法律允许用人单位根据自身生产经营需要，合理调整劳动者的工作岗位及工作地点，不仅有利于维护用人单位发展，也有利于劳动关系稳定。需要注意的是，如果支持用人单位对岗位或工作地点进行不合理调整必然侵害劳动者合法权益，劳动者可依法请求继续履行劳动合同或补偿工资差额等。

一、基本案情

孙某于 2017 年 8 月入职某模具公司，双方订立了无固定期限劳动合同，约定孙某的工作地点为某直辖市，岗位为"后勤辅助岗"，具体工作内容为"财务、预算管理和其他行政性工作"。双方还约定："模具公司可以根据生产经营的需要，对孙某工作岗位、工作内容及工作地点进行调整。"入职后，孙某被安排在模具公司位于某城区的开发中心从事财务人事等辅助性工作。2019 年 7 月 1 日，基于公司生产经营和管理需要，为减轻各

---

* 摘自《人力资源社会保障部、最高人民法院关于联合发布第一批劳动人事争议典型案例的通知》（人社部函〔2020〕62 号）。

中心的工作负担，模具公司将各中心的财务工作统一转回公司总部的财务处统一管理。为此，孙某办理了开发中心全部财务凭证的交接。模具公司与孙某沟通协商，提出安排其到开发中心其他岗位工作，但均被孙某拒绝。后模具公司安排孙某到位于相邻城区的公司总部从事人事相关工作。7月底，孙某要求模具公司将其调回原工作地点原岗位工作，双方由此发生争议。孙某向劳动人事争议仲裁委员会（以下简称仲裁委员会）申请仲裁。

二、申请人请求

要求模具公司按原工作地点及原工作岗位继续履行劳动合同。

三、处理结果

仲裁委员会裁决驳回孙某的仲裁请求。

四、案例分析

本案的争议焦点是模具公司对孙某调整工作岗位和工作地点是否属于合法行使用工自主权。

《中华人民共和国就业促进法》第八条规定："用人单位依法享有自主用人的权利。"用人单位作为市场主体，根据自身生产经营需要而对劳动者的工作岗位、工作地点进行适当调整，是行使用工自主权的重要内容，对其正常生产经营不可或缺。但同时，用人单位用工自主权的行使也必须在相关法律和政策的框架内，符合一定条件和范围，如用人单位须对岗位或工作地点的调整作出合理说明，防止用人单位借此打击报复或变相逼迫劳动者主动离职，也即防止其权利的滥用。仲裁和司法实务中，岗位或工作地点调整的合理性一般考虑以下因素：（1）是否基于用人单位生产经营需要；（2）是否属于对劳动合同约定的较大变更；（3）是否对劳动者有歧视性、侮辱性；（4）是否对劳动报酬及其他劳动条件产生较大影响；（5）劳动者是否能够胜任调整的岗位；（6）工作地点作出不便调整后，用人单位是否提供必要协助或补偿措施等。

本案中，双方在劳动合同中约定孙某的工作岗位为"后勤辅助岗"，该岗位不属固定或专业岗位；模具公司根据生产经营需要，适当调整孙某的工作岗位、工作内容及工作地点是基于财务统一管理的需要，对孙某并无针对性；同时，该工作地点和工作内容的调整模具公司亦与孙某进行了沟通协商，给出了包括在原工作地点适当调整岗位等多种选择方案，体现了对孙某劳动权益的尊重；且调整后的人事岗位与孙某的原先岗位性质相近，孙某也完全能够胜任；最后，孙某调整后的工作地点也处于交通便利的城区，上下班时间虽有所增加，但该地点变更不足以认定对其产生较大不利影响，对其劳动权益也构不成侵害，故依法驳回孙某的仲裁请求。

五、典型意义

在市场经济条件下，用人单位因生产经营需要而调整变化属正常现象。法律允许用人单位根据自身生产经营需要，合理调整劳动者的工作岗位及工作地点，不仅有利于维护用人单位发展，也有利于劳动关系稳定。需要注意的是，如果支持用人单位对岗位或工作地点进行不合理调整必然侵害劳动者合法权益，劳动者可依法请求继续履行劳动合同或补偿工资差额等。《中华人民共和国劳动合同法》第三十五条第一款规定："用人单位与劳动者协商一致，可以变更劳动合同约定的内容。变更劳动合同，应当采用书面形式。"对于用人单位来说，在生产经营或管理调整时，首先应当选择与劳动者充分协商，尽量通过变更或补充签订劳动合同方式完成调整；若未能协商一致，在基于用工自主权调整劳动者工作岗位或地点时，也要充分考虑劳动者的权益保障问题。作为劳动者，也应理解用人单位发展，在发生调整时，充分了解对自己权益的影响，积极与用人单位开展协商，共同寻求调整变化中的和谐。

22．王某等 142 名农民工与某汽车配件公司劳动争议纠纷案*

拖欠农民工
工资集体劳
动争议可通
过协商、调
解、劳动仲
裁 等 快 速
化解

【裁判摘要】

　　发生拖欠农民工工资集体劳动争议时，要根据国家有关保障工资支付法律和政策规定，先行引导当事人到专业性劳动争议调解组织进行调解；调解不成的，则需及时引导进入仲裁程序，要充分发挥协商、调解在争议处理中的基础性作用和仲裁准司法的优势，发挥人社部门、工会和企业代表组织等有关部门合力及与司法的联动效能共同解决好拖欠农民工工资集体劳动争议，实现政治效果、法律效果与社会效果的统一。

一、基本案情

　　2018 年，王某等 142 名农民工与某汽车配件公司签订劳动合同，从事汽车配件制作、销售等工作。2019 年 4 月，该公司全面停工停产，并开始拖欠工资。2019 年 9 月 3 日以后，该公司陆续邮寄了书面解除劳动合同通知，但未涉及拖欠工资事项。2019 年 9 月 15 日，王某

------

　　* 摘自《人力资源社会保障部、最高人民法院关于联合发布第一批劳动人事争议典型案例的通知》（人社部函〔2020〕62 号）。

等 142 名农民工向劳动人事争议仲裁委员会（以下简称仲裁委员会）申请仲裁。

二、申请人请求

裁决汽车配件公司支付拖欠的工资等。

三、处理结果

经仲裁委员会调解，王某等 142 名农民工与汽车配件公司当庭达成调解协议，由该公司于调解书生效后 10 日内支付工资等共计 145 万元。

四、案例分析

本案中，仲裁委员会采取的快速处理拖欠农民工工资集体劳动争议方法值得借鉴。

1. 建立拖欠农民工工资争议快速处理机制

人力资源和社会保障部、最高人民法院等五部门联合下发的《关于实施"护薪"行动全力做好拖欠农民工工资争议处理工作的通知》（人社部发〔2019〕80 号，以下简称《"护薪"行动通知》）提出："仲裁委员会要对拖欠农民工工资争议实行全程优先处理。"《劳动人事争议仲裁办案规则》第五十八条规定："简易处理的案件，经与被申请人协商同意，仲裁庭可以缩短或者取消答辩期。"本案中，仲裁委员会为王某等 142 名农民工开通"绿色通道"，于收到仲裁申请当日立案，通过简化优化仲裁程序，对能合并送达的开庭、举证通知等仲裁文书一并送达。此外，在征询双方当事人同意后，对本案取消了答辩期，于立案后两个工作日即开庭审理，并对当庭达成调解协议的，当庭制作、送达调解书。

2. 运用要素式办案方式

要素式办案，是指围绕案件争议要素加强案前引导、优化庭审程序、简化裁决文书的仲裁处理方式，对于创新仲裁办案方式，优化仲裁程序，提升办案效能，满足当事人快速解决争议的需要具有重要意义。《中华人民共和国劳动法》第五十条规定："工资应当以货币形式按月支付给劳动者本人。不得克扣或者无故拖欠劳动者的工资。"本案中，仲裁庭以仲裁申请书为基础，提炼案件要素并梳理总结争议焦点，考虑到案件同质性强且涉及劳动者人数较多的实际情况，在开庭前对农民工代表及委托代理人制作要素式谈话笔录，明确入职时间、工资标准、拖欠工资数额、劳动合同解除时间等要素，并在开庭前安排汽车配件公司代理人逐一核对王某等农民工请求事项，对于无争议要素由代理人签字确认，对于有争议要素由代理人当场写明理由及依据。

3. 发挥工会、企业代表组织协商作用

根据要素谈话笔录反映的信息，仲裁委员会理清了案情脉络，并及时引入社会力量，会同当地工会、工商联等，启动集体劳动争议应急预案，由工会、工商联派人与农民工代表、汽车配件公司反复沟通协商，充分解答双方咨询法律问题、释明法律风险，为仲裁调解奠定了良好基础。

4. 通过调解化解争议

《劳动人事争议仲裁办案规则》第六十六条规定："仲裁庭处理集体劳动人事争议，开庭前应当引导当事人自行协商，或者先行调解。"2019 年 9 月 18 日仲裁庭审中，仲裁庭分别进行了"面对面"和"背对背"调解，对涉及停工停产后劳动报酬的支付问题、劳动争议的"一裁两审"程序等进行了解释说明，从经济成本、时间成本、社会诚信以及和谐劳动关系等角度引导双方当事人协商，最终双方就工资支付数额、期限和方式达成一致，并当庭制作 142 份调解书送达了双方当事人。

五、典型意义

依法及时有效保障农民工工资权益，关系到人民群众的切身利益，关系到社会和谐稳定，是实现社会公平正义的必然要求，是践行立党为公、执政为民的具体体现。人力资源和社会保障部、最高人民法院等下发的《"护薪"行动通知》，要求完善协商、调解、仲裁、诉讼相互协调、有序衔接的多元处理机制。发生拖欠农民工工资集体劳动争议时，要根据国家有关保障工资支付法律和政策规定，先行引导当事人到专业性劳动争议调解组织进行调解；调解不成的，则需及时引导进入仲裁程序，要充分发挥协商、调解在争议处理中的基础性作用和仲裁准司法的优势，发挥人社部门、工会和企业代表组织等有关部门合力及与司法的联动效能共同解决好拖欠农民工工资集体劳动争议，实现政治效果、法律效果与社会效果的统一。

23．张某与某体检公司劳动合同纠纷案[*]

培训期间工
资不属于专
项培训费用

【裁判摘要】

　　用人单位在与劳动者订立劳动合同时，应当注意依法对服务期限、违约金等事项进行明确约定。服务期协议约定的违约金不得超过用人单位提供的专项培训费用，实际要求劳动者支付的违约金数额不得超过服务期尚未履行部分所应分摊的培训费用。劳动者参加了用人单位提供的专业技术培训，并签订服务期协议的，应当尊重并依法履行该约定，一旦违反，应当依法承担违约责任。

一、基本案情

　　2013 年 6 月 1 日，张某与某体检公司签订无固定期限劳动合同，到体检公司工作。2014 年 7 月 3 日，张某与体检公司签订培训协议，该公司安排张某到外地参加一年专业技术培训。培训协议约定：由体检公司支付培训费、差旅费，并按照劳动合同约定正常支付张某培训期间工资；张某培训完成后在体检公司至少服务 5 年；若张某未满服务期解除劳动合同，应当按照体检公司在

---

　　[*] 摘自《人力资源社会保障部、最高人民法院关于联合发布第一批劳动人事争议典型案例的通知》（人社部函〔2020〕62 号）。

培训期间所支出的所有费用支付违约金。培训期间，体检公司实际支付培训费 47000 元、差旅费 5600 元，同时支付张某工资 33000 元。培训结束后，张某于 2015 年 7 月 3 日回体检公司上班。2018 年 3 月 1 日，张某向体检公司递交书面通知，提出于 2018 年 4 月 2 日解除劳动合同。体检公司要求张某支付违约金 85600 元（47000 元＋5600 元＋33000 元），否则拒绝出具解除劳动合同的证明。为顺利入职新用人单位，张某支付了违约金，但认为违约金数额违法，遂向劳动人事争议仲裁委员会（以下简称仲裁委员会）申请仲裁。

二、申请人请求

裁决体检公司返还违法收取的违约金 85600 元。

三、处理结果

仲裁委员会裁决体检公司返还张某 61930 元（85600 元－23670 元）。

四、案例分析

本案的争议焦点是体检公司支付给张某培训期间的工资是否属于专项培训费用。

《中华人民共和国劳动合同法》第二十二条规定："用人单位为劳动者提供专项培训费用，对其进行专业技术培训的，可以与该劳动者订立协议，约定服务期。劳动者违反服务期约定的，应当按照约定向用人单位支付违约金。违约金的数额不得超过用人单位提供的培训费用。用人单位要求劳动者支付的违约金不得超过服务期尚未履行部分所应分摊的培训费用。"《中华人民共和国劳动合同法实施条例》第十六条规定："劳动合同法第二十二条第二款规定的培训费用，包括用人单位为了对劳动者进行专业技术培训而支付的有凭证的培训费用、培训期间的差旅费用以及因培训产生的用于该劳动者的其他直接费用。"《中华人民共和国劳动法》第五十条规定："工资应当以货币形式按月支付给劳动者本人。不得克扣或者无故拖欠劳动者的工资。"《劳动部关于贯彻执行〈中华人民共和国劳动法〉若干问题的意见》（劳部发〔1995〕309 号）第 53 条规定："劳动法中的

'工资'是指用人单位依据国家有关规定或劳动合同的约定，以货币形式直接支付给本单位劳动者的劳动报酬……"从上述条款可知，专项培训费用与工资存在明显区别：（1）从性质看，专项培训费用是用于培训的直接费用，工资是劳动合同履行期间用人单位支付给劳动者的劳动报酬；（2）从产生依据看，专项培训费用是因用人单位安排劳动者参加培训产生，工资是依据国家有关规定或劳动合同约定产生；（3）从给付对象看，专项培训费用由用人单位支付给培训服务单位等，工资由用人单位支付给劳动者本人。

本案中，张某脱产参加培训是在劳动合同履行期间，由体检公司安排，目的是提升其个人技能，使其能够创造更大的经营效益，张某参加培训的行为，应当视为履行对体检公司的劳动义务。综合前述法律规定，体检公司支付给张某培训期间的33000元工资不属于专项培训费用。仲裁委员会结合案情依法计算得出：培训期间体检公司支付的专项培训费用为52600元（47000元+5600元）；培训协议约定张某培训结束后的服务期为5年（即60个月），张某已实际服务33个月，服务期尚未履行部分为27个月。因此，张某依法应当支付的违约金为23670元（52600元÷60个月×27个月），体检公司应当返还张某61930元（85600元-23670元）。

五、典型意义

《中共中央、国务院关于构建和谐劳动关系的意见》（中发〔2015〕10号）提出，要统筹处理好促进企业发展和维护职工权益的关系。用人单位可以与劳动者约定专业技术培训服务期，保障用人单位对劳动者技能培训投入的相应收益，这既有利于劳动者人力资源的开发，也有利于用人单位提升市场竞争力，对增强劳动关系的稳定性具有积极意义。实践中，用人单位在与劳动者订立服务期协议时，应当注意依法对服务期限、违约金等事项进行明确约定。特别要注意的是，协议约定的违约金不得超过用人单位提供的专项培训费用、实际要求劳动者支付的违约金数额不得超过服务期尚未履行部分所应分摊的培训费用等问题。劳动者参加了用人单位提供的专业技术培训，并签订服务期协议的，应当尊重并依法履行该约定，一旦违反，应当依法承担违约责任。

24．张某与某快递公司劳动合同纠纷案*

劳动者拒绝
违法超时加
班安排，用
人单位解除
劳动合同
的，属于违
法解除劳动
合同，应予
赔偿

【裁判摘要】

> 劳动者拒绝违法超时加班安排，用人单位解除劳动合同的，属于违法解除劳动合同的情形，应向劳动者支付违法解除劳动合同赔偿金。

一、基本案情

张某于 2020 年 6 月入职某快递公司，双方订立的劳动合同约定试用期为 3 个月，试用期月工资为 8000 元，工作时间执行某快递公司规章制度相关规定。某快递公司规章制度规定，工作时间为早 9 时至晚 9 时，每周工作 6 天。2 个月后，张某以工作时间严重超过法律规定上限为由拒绝超时加班安排，某快递公司即以张某在试用期间被证明不符合录用条件为由与其解除劳动合同。张某向劳动人事争议仲裁委员会（简称仲裁委员会）申请仲裁。

二、申请人请求

请求裁决某快递公司支付违法解除劳动合同赔偿金

---

* 摘自《人力资源社会保障部、最高人民法院关于联合发布第二批劳动人事争议典型案例的通知》（人社部函〔2021〕90 号）。

8000 元。

三、处理结果

仲裁委员会裁决某快递公司支付张某违法解除劳动合同赔偿金 8000 元（裁决为终局裁决）。仲裁委员会将案件情况通报劳动保障监察机构，劳动保障监察机构对某快递公司规章制度违反法律、法规规定的情形责令其改正，给予警告。

四、案例分析

本案的争议焦点是张某拒绝违法超时加班安排，某快递公司能否与其解除劳动合同。

《中华人民共和国劳动法》第四十一条规定："用人单位由于生产经营需要，经与工会和劳动者协商后可以延长工作时间，一般每日不得超过一小时；因特殊原因需要延长工作时间的，在保障劳动者身体健康的条件下延长工作时间每日不得超过三小时，但是每月不得超过三十六小时。"第四十三条规定："用人单位不得违反本法规定延长劳动者的工作时间。"《中华人民共和国劳动合同法》第二十六条规定："下列劳动合同无效或者部分无效：……（三）违反法律、行政法规强制性规定的。"为确保劳动者休息权的实现，我国法律对延长工作时间的上限予以明确规定。用人单位制定违反法律规定的加班制度，在劳动合同中与劳动者约定违反法律规定的加班条款，均应认定为无效。

本案中，某快递公司规章制度中"工作时间为早 9 时至晚 9 时，每周工作 6 天"的内容，严重违反法律关于延长工作时间上限的规定，应认定为无效。张某拒绝违法超时加班安排，系维护自己合法权益，不能据此认定其在试用期间被证明不符合录用条件。故仲裁委员会依法裁决某快递公司支付张某违法解除劳动合同赔偿金。

五、典型意义

《中华人民共和国劳动法》第四条规定："用人单位应当依法建立和完

善规章制度,保障劳动者享有劳动权利和履行劳动义务。"法律在支持用人单位依法行使管理职权的同时,也明确其必须履行保障劳动者权利的义务。用人单位的规章制度以及相应工作安排必须符合法律、行政法规的规定,否则既要承担违法后果,也不利于构建和谐稳定的劳动关系、促进自身健康发展。

25. 张某与某报刊公司劳动合同纠纷案*

用人单位未与劳动者协商一致增加工作任务，劳动者有权拒绝，用人单位不得以此解除劳动合同

【裁判摘要】

> 用人单位未与劳动者协商一致增加工作任务，劳动者有权拒绝，用人单位以此解除劳动合同的，系违法解除。

一、基本案情

张某于 2018 年 9 月入职某报刊公司从事投递员工作，每天工作 6 小时，每周工作 6 天，月工资 3500 元。2020 年 6 月，因同区域另外一名投递员离职，某报刊公司在未与张某协商的情况下，安排其在第三季度承担该投递员的工作任务。张某认为，要完成加倍的工作量，其每天工作时间至少需延长 4 小时以上，故拒绝上述安排。某报刊公司依据员工奖惩制度，以张某不服从工作安排为由与其解除劳动合同。张某向劳动人事争议仲裁委员会（简称仲裁委员会）申请仲裁。

二、申请人请求

请求裁决某报刊公司支付违法解除劳动合同赔偿金

---

* 摘自《人力资源社会保障部、最高人民法院关于联合发布第二批劳动人事争议典型案例的通知》（人社部函〔2021〕90 号）。

14000 元。

三、处理结果

仲裁委员会裁决某报刊公司支付张某违法解除劳动合同赔偿金 14000 元（裁决为终局裁决）。

四、案例分析

本案的争议焦点是某报刊公司未与张某协商一致增加其工作任务，张某是否有权拒绝。

《中华人民共和国劳动合同法》第三十一条规定："用人单位应当严格执行劳动定额标准，不得强迫或者变相强迫劳动者加班。"第三十五条规定："用人单位与劳动者协商一致，可以变更劳动合同约定的内容。"劳动合同是明确用人单位和劳动者权利义务的书面协议，未经变更，双方均应严格按照约定履行，特别是涉及工作时间等劳动定额标准的内容。

本案中，某报刊公司超出合理限度大幅增加张某的工作任务，应视为变更劳动合同约定的内容，违反了关于"协商一致"变更劳动合同的法律规定，已构成变相强迫劳动者加班。因此，张某有权依法拒绝上述安排。某报刊公司以张某不服从工作安排为由与其解除劳动合同不符合法律规定。故仲裁委员会依法裁决某报刊公司支付张某违法解除劳动合同赔偿金。

五、典型意义

允许用人单位与劳动者协商一致变更劳动合同，有利于保障用人单位根据生产经营需要合理调整用工安排的权利。但要注意的是，变更劳动合同要遵循合法、公平、平等自愿、协商一致、诚实信用的原则。工作量、工作时间的变更直接影响劳动者休息权的实现，用人单位对此进行大幅调整，应与劳动者充分协商，而不应采取强迫或者变相强迫的方式，更不得违反相关法律规定。

26．牛某某诉某物流公司劳动合同纠纷案*

▶

用人单位以
入职时体检
合格的劳动
者隐瞒其具
有残疾证为
由解除劳动
合同的，系
违法解除劳
动合同，应
予赔偿

【裁判摘要】

　　用人单位可以对劳动者进行管理，有权了解劳动者的基本情况，但该知情权应当是基于劳动合同能否履行的考量，与此无关的事项，用人单位不应享有过于宽泛的知情权。用人单位以入职时体检合格的劳动者隐瞒其具有残疾证为由解除劳动合同的，系违法解除劳动合同，应向劳动者支付违法解除劳动合同赔偿金。

一、基本案情

　　牛某某为左手大拇指缺失残疾。其2019年10月10日到某物流公司工作，担任叉车工。入职时提交了在有效期内的叉车证，入职体检合格。公司要求填写员工登记表，登记表上列明有无大病病史、家族病史、工伤史、传染病史，并列了"其他"栏。牛某某均勾选"无"。2020年7月4日，某物流公司以牛某某隐瞒持有残疾人证，不接受公司安排的工作为由解除劳动合同。

---

　　* 摘自2021年12月2日最高人民法院、中国残疾人联合会发布的残疾人权益保护十大典型案例。

2020年7月10日，牛某某申请仲裁，要求某物流公司支付违法解除劳动合同赔偿金3万元。2020年10月13日，劳动人事争议仲裁委员会裁决某物流公司支付牛某某违法解除劳动合同赔偿金5860元。牛某某起诉请求某物流公司支付其违法解除劳动合同赔偿金3万元。

二、裁判结果

上海市浦东新区人民法院经审理认为，某物流公司招聘的系叉车工，牛某某已提供有效期内的叉车证，入职时体检合格，从工作情况来看，牛某某是否持有残疾人证并不影响其从事叉车工的工作。故某物流公司以牛某某隐瞒残疾人证为由解除合同，理由不能成立，其解除劳动合同违法。遂判决某物流公司支付牛某某违法解除劳动合同赔偿金5860元。上海市第一中级人民法院维持一审判决。

三、典型意义

用人单位可以对劳动者进行管理，有权了解劳动者的基本情况，但该知情权应当是基于劳动合同能否履行的考量，与此无关的事项，用人单位不应享有过于宽泛的知情权。而且，劳动者身体残疾的原因不一而足，对工作的影响也不可一概而论。随着社会越来越重视对个人隐私的保护，在残疾不影响工作的情况下，劳动者可以不主动向用人单位披露其身有残疾的事实，而是作为一名普通人付出劳动，获得劳动报酬，这是现代社会应有的价值理念。用人单位本身承担着吸纳就业的社会责任，对残疾劳动者应当有必要的包容而不是歧视，更不能以此为由解除劳动合同。本案判决对维护残疾人劳动权益，保障残疾人平等参与社会生活起到了重要示范引领作用。

27．沈某某诉胡某、邓某劳动争议案*

用人单位不
得以虚拟货
币支付工
资，应当以
法定货币
支付

【裁判摘要】

> 工资应当以法定货币支付，不得以实物及有价证券替代货币支付。以虚拟货币作为工资支付给劳动者违反法律规定，应认定为无效。劳动者可以请求用法定货币支付工资。

一、基本案情

2019 年 5 月 20 日，沈某某入职某公司并签订劳动合同，约定月工资 5 万元。沈某某的月工资实际以 2574 元人民币加一定数额某虚拟货币的方式支付。2020 年 10 月 17 日，沈某某因个人原因辞职。2020 年 11 月 27 日，某公司注销，胡某、邓某系公司股东。后沈某某向人民法院起诉请求胡某、邓某支付工资等人民币 53 万余元。

二、裁判结果

审理法院认为，用人单位应当按照劳动合同约定和国家规定，向劳动者及时足额支付劳动报酬。《中华人

---

* 摘自 2023 年 3 月 1 日最高人民法院发布的第三批人民法院大力弘扬社会主义核心价值观典型民事案例。

民共和国中国人民银行法》第十六条规定，中华人民共和国的法定货币是人民币。《工资支付暂行规定》第五条规定："工资应当以法定货币支付。不得以实物及有价证券替代货币支付。"以虚拟货币作为工资支付给劳动者违反法律规定，应认定为无效。胡某称应以虚拟货币支付工资的主张于法无据，沈某某要求以人民币支付工资符合法律规定，应予以支持。胡某、邓某办理公司注销时承诺的公司不存在未结清工资事宜与事实不符，应对某公司的债务承担责任。故判决胡某、邓某支付沈某某工资等合计人民币 278199.74 元。

三、典型意义

根据相关规定，工资应当以法定货币支付，以虚拟货币支付劳动报酬明显违反法律规定。本案旗帜鲜明地否定了以虚拟货币支付工资行为的合法性，有利于规范企业用工，维护劳动者合法权益，增强劳动者和用人单位双方的风险防范意识和法律意识，对于构建和谐劳动关系、彰显诚信价值、优化营商环境、维护经济金融秩序和社会稳定具有积极意义，弘扬了法治、诚信的社会主义核心价值观。

28．张某某诉祁阳县某清洁有限公司 劳动争议纠纷案[*]

用人单位之间的劳务派遣合同法律关系不改变用人单位的法定义务，劳务派遣单位应当为劳动者承担社会保险费

【裁判摘要】

用人单位未为劳动者缴纳社会保险，劳动者自行缴纳后请求用人单位返还的，依法属于人民法院应当受理的案件范围。用人单位之间的劳务派遣合同法律关系不改变用人单位的法定义务，劳务派遣单位应当为劳动者承担社会保险费。

一、基本案情

原告张某某于 2006 年 4 月应聘至被告单位祁阳县某清洁有限公司，在合同期间被安排在祁阳县政府机关事务局从事保洁工作，但被告未为其缴纳社会保险费。2018 年 9 月 28 日，祁阳县劳动社会保障中心通知被告祁阳县某清洁有限公司补缴 2006 年 4 月至 2012 年 12 月包括原告在内的十余名保洁员的职工基本养老保险断档补缴及滞纳金。被告在员工微信群里发消息称，自己可以买或等政府批了再买。原告于是从被告处拿《职工基本养老保险断档补缴（含滞纳金）通知单》到祁阳县劳

---

* 摘自最高人民法院 2023 年 8 月 2 日发布的人民法院抓实公正与效率践行社会主义核心价值观典型案例。

动社会保险中心缴纳了应补缴的社会保险费。之后，原告要求被告返还其补缴的社会保险费，双方协商未果。原告向祁阳县劳动仲裁委员会申请仲裁，祁阳县劳动仲裁委员会以不属于仲裁受理范围为由，决定不予受理。原告与其他十余名保洁员遂向湖南省祁阳县人民法院提起诉讼。

二、裁判结果

湖南省祁阳县人民法院认为，用人单位未为劳动者缴纳社会保险，劳动者自行缴纳后请求用人单位返还的，依法属于人民法院应当受理的案件范围。用人单位之间的劳务派遣合同法律关系不改变用人单位的法定义务，被告某清洁有限公司系劳务派遣单位，应当为原告张某某承担社会保险费，判决被告祁阳县某清洁有限公司返还原告张某某垫付的社会养老保险断档补缴及滞纳金共计5万余元。湖南省永州市中级人民法院二审维持原判。

三、典型意义

社会保险作为社会保障制度的核心内容之一，在维护社会稳定、促进社会公平、保障经济平稳健康运行方面发挥着重要作用。为劳动者及时足额缴纳社会保险费是用人单位的法定义务。劳务派遣单位作为劳动者的用人单位，无论用工单位是否按照约定及时、足额支付社会保险费，都应当依法及时为劳动者向社会保险经办机构缴纳社会保险费。用人单位因与用工单位之间的劳务派遣协议约定不明导致某一时间段未为劳动者缴纳社会保险，用人单位不能以此为由将风险转嫁给劳动者。本案中，用人单位未依法为劳动者缴纳社会保险，劳动者自行缴纳后请求用人单位返还垫付的社会保险费用的，不属于一般的社会保险纠纷。本案原告虽然以劳动争议案由起诉，但一审法院根据查明的法律关系，按照不当得利纠纷予以审理，没有要求原告另行提起诉讼，极大地减轻了当事人诉累。本案从维护劳动者合法权益角度出发，依法判决被告祁阳县某清洁有限公司返还原告张某某垫付的社会养老保险断档补缴及滞纳金，兼顾事理、法理与情理，妥善地化解了矛盾纠纷，实现了法律效果与社会效果的有机统一。

29．李某平诉苏州市东方客运有限公司等劳动合同纠纷案[*]

▶

用人单位与
劳动者不得
自行协商缴
纳社会保险
金的义务

【裁判摘要】

> 　　根据社会保险的性质，用人单位与劳动者自行约定的减轻或者免除用人单位缴纳社会保险费义务的条款因违反了我国法律法规的强制性规定，应认定为无效。劳动合同部分无效的，不影响其他部分效力的，其他部分仍然有效。

一、案例索引

　　一审：江苏省苏州市金阊区人民法院（2010）金民初字第 0291 号民事判决书（2010 年 5 月 12 日）。

二、案情

　　原告：李某平。

　　被告：苏州市东方客运有限公司（以下简称东方客运公司）。

　　被告：苏州不二精机有限公司（以下简称不二精机公司）。

---

　　* 摘自《民事审判指导与参考》2011 年第 2 辑（总第 46 辑），人民法院出版社 2011 年版，第 200~204 页。

苏州市金阊区人民法院经审理查明：2003年10月，原告李某平进入不二精机公司，从事驾驶员工作，签订了劳动合同，期限自2003年10月14日至2006年9月30日，合同到期后，双方办理了终止劳动关系手续。2006年9月8日，东方客运公司与不二精机公司之间签订班车租赁合同，不二精机公司向东方客运公司租用客车，租赁期间为2006年9月15日至2009年9月14日止，并约定租车期间"甲方（不二精机公司）除支付租车费用外，其余费用一律由乙方（东方客运公司）承担"，东方客运公司安排原告为不二精机公司开车。2006年9月15日，原告与东方客运公司签订了驾驶员聘用协议，期限自2006年9月15日至2009年9月14日。关于工资待遇及工作时间，该协议第十四条约定为"工资待遇3100元（含五金）包括加班费，工作时间按本公司规定"。东方客运公司每月按照约定支付了李某平工资人民币3100元。2006年12月7日，李某平支付汽车驾驶培训费用共计620元。

2009年9月14日，原告李某平与被告东方客运公司之间的劳动合同到期后，原告李某平遂向苏州市劳动争议仲裁委员会提起仲裁，苏州市劳动争议仲裁委员会于2010年2月3日作出裁决如下：东方客运公司与李某平之间签订的驾驶员聘用协议的第十四条约定的"含五金"部分内容无效，该条款其余部分真实有效；自裁决书生效之日起10日内，东方客运公司一次性支付李某平未休年休假工资2566元；自裁决书生效之日起10日内，东方客运公司为李某平报销培训费用620元；自裁决书生效之日起10日内，东方客运公司一次性支付李某平终止劳动合同经济补偿金6200元；驳回李某平的其他仲裁请求。

李某平不服该份仲裁裁决，于2010年3月18日向法院提起诉讼，认为自己和东方客运公司之间关于"工资待遇3100（含五金）包括加班费，工作时间按本公司规定"的约定违反公平、平等自愿原则，是公司在乘人之危的情况下自己不情愿签字的，故认为该条款无效，其工资待遇应当按照不二精机公司财务管理部负责人周某学承诺的条款执行。

东方客运公司辩称：双方的约定合法有效，应当依照约定执行。因周某学不是东方客运公司的负责人也不是合同的当事人，故无权对东方客运公司与李某平签订的劳动合同进行干涉。

被告不二精机公司辩称：李某平已经与公司终止了劳动合同，李某平与东方客运公司的劳动合同与不二精机公司无关。

三、审判

苏州市金阊区人民法院经审理认为：

1. 关于李某平与东方客运公司之间的驾驶员聘用协议第十四条的效力问题。用人单位定期为劳动者缴纳社会保险金是法律规定的用人单位和劳动者依法向国家履行的强制性义务，具有强制保险性质，用人单位和劳动者之间不能就是否缴费以及缴费的金额和比例问题自行协商来规避法律的明文规定。故东方客运公司与李某平之间约定的工资待遇包含"五金"是无效的。但是劳动合同条款中的其他条款并不必然无效。考察其他约定比如3100元包括加班工资的约定，并不违反法律、行政法规的强制性规定，并不无效。原告主张这是在乘人之危的情况下签订的，但是并没有提供充分有效的证据加以证明，同时，认为被告不二精机公司的管理人员周某学的承诺应当予以兑现，但是不二精机公司对公司管理人员的承诺不予认可。并且，在2006年10月之后，不二精机公司与原告已经不存在劳动关系，原告与被告东方客运公司之间建立了劳动关系，被告不二精机公司管理人员的承诺也未得到东方客运公司的追认，故不二精机公司的管理人员的承诺对东方客运公司与李某平之间的劳动关系并不产生影响，李某平与东方客运公司之间的劳动关系应当按照双方的约定来履行。

2. 关于加班工资。李某平与东方客运公司之间约定的每月工资3100元包括加班工资，据此可以认定用人单位支付的工资已经包括加班工资，但是如果折算后的正常工作时间工资低于当地最低工资标准的除外。经过计算，原告实得的工资收入不少于按照当地最低工资标准计算应得的工资收入。原告主张的加班工资无事实依据，法院不予支持。

3. 关于经济补偿金。李某平与不二精机公司之间的劳动合同于2006年9月30日终止，根据《中华人民共和国劳动法》和《中华人民共和国劳动合同法》第九十七条第三款的规定，劳动合同到期终止的，用人单位无需支付经济补偿金。2009 年 9 月 14 日，李某平与东方客运的劳动合同期限届满，用人单位东方客运公司未能提供证据证实在不降低约定条件的情况下李某平拒绝续签劳动合同的事实，依据《中华人民共和国劳动合同法》第四十六条的规定，东方客运公司应当支付李某平终止劳动合同的经济补偿金。而依据《中华人民共和国劳动合同法》第九十七条第三款和第四十七条的规定，东方客运公司应当支付给李某平经济补偿金人民币 6200 元。

4. 关于培训费用。因该费用合计人民币 620 元产生于李某平与东方客运公司劳动关系存续期间，用人单位应当建立劳动职业劳动培训，根据单位实际，有计划地对劳动者进行职业培训，故东方客运公司应当为李某平报销培训费用人民币 620 元。据此判决：一、东方客运公司与李某平之间于 2006 年 9 月 15 日签订的驾驶员聘用协议第十四条约定的关于工资待遇"含五金"的内容无效，该条款的其余部分（工资待遇人民币 3100 元包括加班费、工作时间按公司规定）合法有效；二、东方客运公司支付李某平职业培训费用人民币 620 元，于本判决生效之日起 10 日内履行；三、东方客运公司支付给李某平经济补偿金人民币 6200 元，于本判决生效之日起 10 日内履行；四、驳回李某平的其他诉讼请求。

一审判决后，各方当事人均没有上诉，该判决书现已发生法律效力。

四、评析

本案属于典型的劳动合同争议，主要涉及用人单位与劳动者在劳动合同中约定的关于社会保险缴纳条款的效力问题。

（一）社会保险费征缴的强制性

在现实生活中，由于用人单位出于自身经济利益的考虑，往往在缔结劳动合同的时候，加入一些对自己有利而对劳动者明显不利的不公平、不平等条款，在当前劳动者就业比较困难、处于劣势的情况下，劳动者为了能够得到一份维系生计的工作岗位又不得不忍气吞声，无奈之下"要么走开、要么接受"。立法者在设计具体法律制度之时已经预料到这一点并在立法条文中有所反映。

《中华人民共和国劳动法》规定，社会保险基金按照保险类型确定资金来源，逐步实行社会统筹。用人单位和劳动者必须依法参加社会保险，缴纳社会保险费。社会保险是国家通过立法强制建立社会保险基金，用人单位对劳动者在年老、疾病、工伤、死亡、失业、生育等情况发生时给予必要的补偿和救助的社会保障制度。目前，我国的社会保险类型主要包括：养老、医疗、工伤、失业和生育五种类型。作为社会保险制度，由国家立法强制实行，保险的项目、收费标准、待遇水平等内容，不由投保人和被保险人自主选择。在《中华人民共和国社会保险法》正式实施之前，《社会保险费征缴暂行条例》依然是立法层面上调整社会保险活动的唯一法规。我国《社会保险费征缴暂行条例》明确规定了用人单位必须为劳动者依法办理社会保险，故社会保险费的缴纳属于行政法规规定的强制缴纳的范畴。现代社会保险体现为国家、用人单位与职工个人三者分担保险责任。社会保险的强制性特征要求职工必须履行缴纳社会保险费的义务，该义务的履行是通过委托用人单位来实现的，即通过用人单位代扣代缴的方式来完成的。由此，用人单位定期为劳动者缴纳社会保险金是法律规定的用人单位和劳动者依法向国家履行的强制性义务，具有强制保险性质，用人单位和劳动者之间不能就是否缴费以及缴费的金额和比例问题自行协商来规避法律的明文规定。《中华人民共和国劳动合同法》第二十六条第三款明确规定，违反法律、行政法规强制性规定的，劳动合同无效或者部分无效。同时，根据《中华人民共和国劳动合同法》第二十七条的规定，劳动合同部分无效的，不影响其他部分效力的，其他部分仍然有效。故用人单位与劳动者自行约定的减轻或者免除用人单位缴纳社会保险费责任的条款因违反了我国法律法规的强制性规定，应认定为无效，该条款中关于社会保险费的约定无效不影响劳动合同其他部分的效力。

（二）我国社会保险制度的未来展望

2011年7月1日起施行的《中华人民共和国社会保险法》是我国社会保障制度的一部基本法，对于加快发展我国的社会保障事业具有里程碑意义。它提升了我国社会保障制度的法律位阶，进一步丰富完善了我国社会保障法律法规体系，是我国社会保险权利救济制度的重大发展，确保我国社会保障有法可依、执法必严、违法必究。社会保险法律制度功能和效用的发挥需要有强有力的法律责任制度和权利救济措施做后盾。《中华人民共和国社会保险法》的核心就是调整利益关系，是以调整劳资利益关系为基础，同时，涉及政府、劳动者、资方三方利益关系的协调与调整，是在政府、劳动者、资方三方之间进行合理的分摊。因此，社会保险比较特殊，与社会救助、社会福利不一样。社会保险既会对初次分配产生影响，也会对再分配产生影响。故社会保险法需要加强法律规范本身的强制性，建立相关的法律责任制度，对拒绝缴纳法定的社会保险费，拒不履行社会保险费支付义务，挪用、侵占、贪污社会保险基金等行为，应依法追究行为人的民事责任、行政责任和刑事责任。同时，《中华人民共和国社会保险法》的实施对加快推进覆盖城乡居民的社会保障体系建设、促进劳资关系的健康发展、维护社会和谐稳定和全面建设小康社会具有重要作用。

（执笔人：付国华）

30．任某、任某棠诉刘某劳动合同纠纷案*

> 在劳动争议案件中，对于违反保密义务而造成损失的索赔，应当先由用人单位举证证明因劳动者违约而遭受的实际损失

【裁判摘要】

在劳动争议案件中，客户名单、信息是否构成商业秘密，应当根据《中华人民共和国反不正当竞争法》对商业秘密的定义来认定；对于违反保密义务而造成损失的索赔，应当先由用人单位举证证明因劳动者违约而遭受的实际损失，不宜按《中华人民共和国反不正当竞争法》的相关规定酌情赔偿，如不能举证证明的，由用人单位自行承担举证不能的后果。

一、案情

原告：任某、任某棠。

被告：刘某。

上海博智信企业形象策划有限公司（以下简称上海博智信公司）设立于 2003 年 3 月 12 日，股东为本案原告任某、任某棠父子，法定代表人为任某，经营范围为企业形象设计、策划，展览展示服务，电脑图文设计制作，市场调研，会务服务，舞台艺术设计、策划。2009

---

* 摘自《民事审判指导与参考》2011 年第 3 辑（总第 47 辑），人民法院出版社 2011 年版，第 209~216 页。

年 6 月 26 日，原告任某、任某棠作出解散上海博智信公司的决定，同年 8 月 20 日，任某、任某棠在清算报告上签字确认，公司债务已清偿完毕，若有未了事宜，股东愿意承担责任。次日，上海博智信公司被上海市工商行政管理局嘉定分局依法注销。北京博立信广告有限责任公司（以下简称北京博立信公司）设立于 1999 年 7 月 22 日，股东为原告任某、任某棠，法定代表人为任某。

2005 年 2 月 13 日，上海博智信公司与被告刘某签订劳动合同，约定劳动合同期限自 2005 年 2 月 13 日起至 2006 年 2 月 13 日止，被告从事媒体部助理兼客户主任的岗位工作。2005 年 3 月 4 日，上海博智信公司与被告刘某签订《员工保密条款》（劳动合同附件），其中约定，在乙方（刘某）受聘于甲方（上海博智信公司）期间及之后的五年内，在未经甲方书面同意的情况下，乙方必须恪守为甲方保密的义务，包括但不限于：公司内的任何商业机密，客户网络和信息，促销手段，供货商信息，价格政策，财务信息，财产信息，管理信息，员工信息，制作信息，计算机及数据库信息，经营状况及今后的规划和意向，管理规划及其实施情况等；乙方同意，其将对任何违反这些义务所产生的全部法律责任承担责任，包括就公司遭受的任何经济损失支付全部费用。被告刘某在上海博智信公司工作期间使用的英文名为 STELA，负责客户订单的执行和结算。2009 年 8 月 19 日，被告刘某通过电子邮件提出辞职，称 2009 年 8 月底将正式离职。同年 9 月 17 日，被告在电子邮件中告诉原先的负责人其继续与 ABB 公司开展业务。次年 8 月 20 日，原告通过快递向上海市黄浦区劳动争议仲裁委员会递交仲裁申请材料，8 月 24 日原告委托代理人前往该委办理仲裁申请手续。2010 年 8 月 26 日，上海市黄浦区劳动人事争议仲裁委员会出具《不予受理通知书》，认定申请人任某、任某棠于 2010 年 8 月 24 日向本会递交申请书申请仲裁，申请人不具有劳动争议仲裁主体资格，决定不予受理。原告不服，诉至本院。

上海博翔广告有限公司（以下简称博翔公司）设立于 2009 年 6 月 22 日，股东为案外人刘某龙（刘某之父）、被告刘某，法定代表人为被告刘某。经营范围为设计、制作、发布、代理各类广告，图文设计制作，建筑装饰设计、多媒体设计制作，公共关系咨询，企业形象策划。

上海博智信公司与 ABB（中国）有限公司、上海外语教育出版社、锦江麦德龙现购自运有限公司等公司建立过业务关系，并获得经济利益。博翔公司在 2009 年 8 月 1 日起与上海外语教育出版社有限责任公司、中远关西涂料化工（上海）有限公司、锦江麦德龙现购自运有限公司等公司有过业务款项往来。其中 2009 年 8 月 1 日上海外语教育出版社责任有限公司共打入博翔公司账户的业务款为 52575 元，同年 9 月 1 日起至 2010 年 8 月 27 日止上海外语教育出版社有限责任公司、中远关西涂料化工（上海）有限公司、锦江麦德龙现购自运有限公司、珂蔚寇贸易（上海）有限公司共打入博翔公司业务款共计 40 万元左右。在博立信网站上除了介绍北京、上海及南京等公司外，还有 ABB、麦德龙等客户的字号简称和企业标识。

二原告认为，被告刘某于 2009 年 6 月即注册了博翔公司，利用其掌握的客户和供货商信息开展相同的业务。被告刘某的上述行为侵害了上海博智信公司的商业秘密，故原告诉请被告赔偿经济损失人民币 70 万元。

被告刘某辩称，上海博智信公司于 2009 年 8 月 21 日被批准注销，其用人单位的资格已经消灭，二原告不具有劳动争议的诉讼主体资格。被告与上海博智信公司的劳动关系终止于 2009 年 6 月 26 日，二原告于 2010 年 8 月 24 日申请劳动仲裁，已超过了一年的仲裁时效期间。上海博智信公司所有的客户信息在公司网站上可以查到，系对外公开的，二原告未采取任何保密措施，公司客户信息不构成商业秘密。上海博智信公司于 2009 年 6 月 26 日解散，博翔公司成立于 2009 年 6 月 22 日，其正常的经营行为不会对上海博智信公司带来任何损失，原、被告之间未有竞业禁止的约定，被告的投资行为没有侵害原告的利益，故不同意原告的诉讼请求。

二、审判

上海市黄浦区人民法院经审理后认为：用人单位与劳动者履行劳动合同，均应诚实守信，用人单位对劳动者实行管理和监督，支付和实行相应劳动报酬和福利待遇，劳动者应当遵守劳动纪律、单位规章制度和职业道德。本案争议焦点有四：（1）原告是否具备本案诉讼主体资格；（2）原告申请仲裁是否超过仲裁时效期间；（3）被告刘某是否存在违反保密协议的行为；（4）原告主张 70 万元经济损失是否有依据。

对于争议焦点（1），劳动合同关系是以劳动给付为目的的受雇人与雇佣人之间权利义务关系，除了身份上的隶属关系，还有债的经济要素。二原告系上海博智信公司的股东，该公司申请注销时，二原告在清算报告上签字确认，公司债务已清偿完毕，若有未了事宜，股东愿意承担责任。现本案二原告要求被告赔偿经济损失的诉请仅涉及财产关系，根据权利义务相一致的原则，本案二原告为适格主体，有权向被告主张相关权利。

对于争议焦点（2），劳动争议仲裁的时效期间为一年，仲裁时效期间从当事人知道或应当知道其权利被侵害之日起计算。2009 年 9 月 17 日被告刘某在邮件中表明，将继续为 ABB 公司服务，此时应视为当事人知道其权利可能被侵害，劳动争议仲裁的时效于此时开始起算。故原告于 2010 年 8 月 24 日申请仲裁并未超过劳动争议仲裁的时效期间。

对于争议焦点（3），上海博智信公司在其网站上公布了与其合作的客户信息，这些信息仅是部分客户的简称及公司标识，在网上可以随意浏览，并不构成商业秘密。但是对于与上海博智信公司建立业务往来的客户的具体业务需求、偏好、可接受的价格等内容未在网站上公布，而这些客户信息才是一般公众无法知悉，且能为权利人带来经济利益的经营信息。该公司与掌握商业秘密的员工签有保密协议，对客户名单等经营信息采取了相应的保密措施。多年来，这些经营信息给上海博智信公司带来一定的经济效益，使该公司对外具有较强的竞争优势。被告刘某在上海博智信公司工作期间担任媒体部助理兼客户主任，不可避免地会接触到相关未公开的经营信息。为此，原告与被告签订了《员工保密条款》（劳动合同附件），具体约定了保密期限、保密范围等，应视为权利人采取了保密措施。而被告在自己开办公司后不久，即与上海博智信公司的原客户迅速展开业务往来，并在短时间内获取了经济利益，系利用了其在博智信公司掌握的未公开的经营信息，被告的行为显然违反了保密协议的约定。

对于争议焦点（4），劳动者违反劳动合同中约定的保密义务给用人单位造成损失的，应当承担赔偿责任。本案系劳动争议案件，涉及商业秘密，但此类违约纠纷与反不正当竞争侵权纠纷，在诉讼主体、举证责任的承担、法律责任等方面有所区别，现原告主张的是被告违约行为所导致的经济损失，赔偿额不能以反不正当竞争侵权纠纷中规定的"侵权人在侵权期间因侵权所获得的利润"为依据。因 2009 年 6 月 26 日起上海博智信公司已处于解散状态，原告认为博翔公司的营业收入本应是上海博智信公司的营业收入，缺乏事实依据。故依据《中华人民共和国劳动合同法》第三条、第九十条之规定，判决如下：原告任某、任某棠要求被告刘某赔偿经济损失人民币 70 万元之诉，不予支持。

判决后，各方当事人表示服判，均未提出上诉，本案已生效。

三、评析

本案虽系劳动争议案件，但双方约定的保守商业秘密的条款却属于知识产权领域。被告违反合同条款理应承担相应的法律责任，但《中华人民共和国劳动合同法》明确规定，只有劳动者违反服务期的约定和违反竞业禁止的约定，才承担向用人单位支付违约金的责任。本案处理的难点是对于该类横跨两类领域的案件，如何认定相关信息是否构成商业秘密、双方约定的违约责任及经济损失的数额如何确定。

（一）本案所涉"客户名单、信息"是否构成商业秘密

《中华人民共和国反不正当竞争法》第十条第三款①规定，本条所称的商业秘密，是指不为公众所知悉、能为权利人带来经济利益、具有实用性并经权利人采取保密措施的技术信息和经营信息。《上海市反不正当竞争条例》第十五条第三款规定，本条所称商业秘密，是指不为公众所知悉、能为权利人带来经济利益、具有实用性并经权利人采取保密措施的技术信息和经营信息，包括原料配方、工艺流程、技术诀窍、设计资料、管理方法、营销策略、客户名单、货源情报等。《上海市反不正当竞争条例》以

---

① 该法已于 2019 年 4 月 23 日修正，本条款被修改为第九条第四款："本法所称的商业秘密，是指不为公众所知悉、具有商业价值并经权利人采取相应保密措施的技术信息、经营信息等商业信息。"下同。

举例的方式将《中华人民共和国反不正当竞争法》中的商业秘密予以细化，其中明确列举"客户名单"为商业秘密。本案中，二原告认为，被告利用原告的客户信息经营与原告相同的业务，获取利益，侵犯了原告的商业秘密；被告认为，原告所谓的客户名单、信息可在原告开设公司的网站上随意浏览，并不构成商业秘密。

我们认为，客户名单、信息是否构成商业秘密，不能一概而论，而仍应符合《中华人民共和国反不正当竞争法》对商业秘密的定义：

第一，该信息不为公众所知悉。不为公众所知悉，主要包含着新颖性和秘密性两层含义。前者是"技术水准上的要求，即构成商业秘密的信息应与公知的或平常的技术信息或经营信息存在着差异，从而使权利人的该项信息与普遍知悉的信息区别开来"。后者指该信息不为相关行业的人普遍知悉，通过公开的途径无法获得。当然，不为公众所知悉的这两层含义并不是截然分离的，正因为相关信息具有新颖性所以才具有秘密性，对新颖性的考察和界定更有利于对秘密性的认定。从这点上分析，本案中，若原告开办公司的经营业务内容与客户对象有密切关系或获取主要利润的对象、渠道需要保密，则相应的客户名单可以构成商业秘密。但从本案相关事实来看，在原告开办公司的网站上已将部分客户名称及公司标识公之于众，任何人均可从网站上获取客户名单、信息。故在这种情况下，这些客户名单、信息能够为公众所知悉，不构成商业秘密。当然，知悉这些客户信息并不能带来经济利益，能给原告带来经济利益的是这些客户的具体业务需求、可接受的价格范围、市场业务偏好等。原告未将这些经营信息放置于网上，社会公众也不能从一般的渠道获取该信息，所以，这些信息才不为公众所知悉。

第二，该信息具有一定的价值，能给权利人带来经济利益。各个国家对价值性的理解不尽相同，比如，在日本，该信息要构成商业秘密，须将其应用于生产之中并产生了经济效益。而在美国，《美国统一商业秘密法》则将"价值性"规定为，由于不为他人广泛所知，他人用正当手段不能轻易获得，因而具有实际的或潜在的独立经济价值，并且他人因其披露或适用也能获得经济价值。可见，"价值性"体现在一种经济利益或潜在的竞争优势。从《中华人民共和国反不正当竞争法》及《最高人民法院关于审理不正当竞争民事案件应用法律若干问题的解释》等内容来看，价值性包含现实的经济利益及潜在的竞争优势。本案中，原告开设的公司利用客户的具体需求、业务偏好、可接受的价格范围等信息开展经营，取得了一定的经济效益，故其所拥有的相关客户信息具有"价值性"。

第三，该信息具备"管理性"，即权利人对该信息采取了保密措施。这一保密措施需要具备合理性，可以从两方面理解：一是权利人在主观上有采取保密措施的意愿；二是权利人在客观上采取了相对合理的方式、方法。也就是说，"商业秘密的保密措施在法律上有很严格的要求，首先是有效的，并且也能够实现保密的目的，否则就可以认为信息拥有者已经允许其信息进入公共领域；其次采取的措施也应当是适当的，起码可以防止一般人通过正当手段知悉，不要求达到万无一失的苛刻程度，因为这样一来权利人的成本势必会增加，也损害他的经营能力，人们探求更优的技术和经营信息的积极性就会受到大大的打击，整个社会的利益也最终会遭到损害。"[①]《最高人民法院关于审理不正当竞争民事案件应用法律若干问题的解释》（以下简称《解释》）以列举的方式来认定权利人是否采取了保密措施，即（1）限定涉密信息的知悉范围，只对必须知悉的相关人员告知其内容；（2）对于涉密信息载体采取加锁等防范措施；（3）在涉密信息的载体上标有保密标志；（4）对于涉密信息采用密码或者代码等；（5）签订保密协议；（6）对于涉密的机器、厂房、车间等场所限制来访者或者提出保密要求；（7）确保信息秘密的其他合理措施。

本案中，被告与原告开设的公司签订了《员工保密条款》，约定了相应的保密范围和期限，故权利人主观上有保密的意愿，客观上以签订保密协议的方式采取了保密措施。综合以上要求，本案中，原告公司的客户名单、信息不构成商业秘密，但客户的业务需求、偏好、可接受的价格范围等经营信息构成原告公司的商业秘密。

---

① 张耕等：《商业秘密法》，厦门大学出版社 2006 年版，第 7~20 页。

（二）"违反保密协议"造成损失的赔偿原则在反不正当竞争案件与劳动争议案件中的处理方式辨析

对于不正当竞争行为所造成损害的赔偿范围应包括直接损失、间接损失以及特定损失三方面。直接损失就是因侵权行为给权利人造成的直接财产损失，包括直接利润的减少及制止侵权行为必要费用的支出。间接损失是权利人因侵权行为而减少的预期收入，也就是权利人在不存在侵权行为的情况下，通常必然会得到的利益。这部分损失可以引入《中华人民共和国合同法》① 中可预见性的规则来具体确定。特定损失主要是在直接损失与间接损失之外的，因侵权行为引起的损失。比如，权利人调查不正当竞争所支出的合理费用；与不正当竞争诉讼支出的有关诉讼费用等等。

在赔偿额的计算上，《中华人民共和国反不正当竞争法》第二十条②第一款规定，经营者违反本法规定，给被侵害的经营者造成损害的，应当承担损害赔偿责任，被侵害的经营者的损失难以计算的，赔偿额为侵权人在侵权期间因侵权所获得的利润，并应当承担被侵害的经营者因调查该经营者侵害其合法权益的不正当竞争行为所支付的合理费用。《解释》第十七条规定，确定《中华人民共和国反不正当竞争法》第十条规定的侵犯商业秘密行为的损害赔偿额，可以参照确定侵犯专利权的损害赔偿额的方法进行。由此可见，在不正当竞争案件中，损害赔偿应按以下原则进行：第一，经营者遭受的损失可以计算时，按照实际损失，由侵权人全额赔偿。第二，经营者的损失无法计算时，赔偿额为侵权人在侵权期间因侵权所获得的利润。第三，无法确定经营者的损失或侵权人的得利时，赔偿额参照

---

① 对应《中华人民共和国民法典》合同编。

② 该法已于 2019 年 4 月 23 日修正，本条被修改为第十七条："经营者违反本法规定，给他人造成损害的，应当依法承担民事责任。经营者的合法权益受到不正当竞争行为损害的，可以向人民法院提起诉讼。因不正当竞争行为受到损害的经营者的赔偿数额，按照其因被侵权所受到的实际损失确定；实际损失难以计算的，按照侵权人因侵权所获得的利益确定。经营者恶意实施侵犯商业秘密行为，情节严重的，可以在按照上述方法确定数额的一倍以上五倍以下确定赔偿数额。赔偿数额还应当包括经营者为制止侵权行为所支付的合理开支。经营者违反本法第六条、第九条规定，权利人因被侵权所受到的实际损失、侵权人因侵权所获得的利益难以确定的，由人民法院根据侵权行为的情节判决给予权利人五百万元以下的赔偿。"

《中华人民共和国专利法》的规定，以许可商业秘密使用应支付费用的倍数合理确定。

劳动争议案件不同于反不正当竞争案件。劳动争议纠纷虽包含一定的债的经济要素，但更为重要的是人身依附关系。根据《中华人民共和国劳动合同法》第二十二条、第二十三条的规定，劳动者只有在两种情况下才承担向用人单位支付违约金的责任，即劳动者违反服务期的约定及违反竞业限制的约定。本案一方面不涉及服务期的约定，另一方面在双方签订的保密协议中，只约定了保密的义务，没有约定竞业禁止的内容。对此如何确定劳动者的责任，有不同的观点。第一种观点认为，应严格按照《中华人民共和国劳动合同法》的规定，只有在违反服务期或竞业限制约定时，劳动者才承担支付违约金的义务。第二种观点认为，劳动合同就保密义务的违约金标准有明确约定的，法院应予确认；对于笼统约定承担违约责任，而无具体标准的，可根据《中华人民共和国反不正当竞争法》的相关规定予以酌定。第三种观点认为，劳动争议案件中对违约金标准无具体约定的，不可按《中华人民共和国反不正当竞争法》的相关规定予以酌定，对于原告的违约金诉请应不予支持。

我们认为，劳动争议案件中涉及违反保密义务所需承担的责任不能简单类推适用反不正当竞争侵权案件中的赔偿规则。在劳动纠纷案件中，原告主张被告违约导致经济损失，但没有提供其直接经济损失的证据，合同中也未约定具体的违约造成的赔偿数额；原告主张以被告在侵权期间的营业收入作为赔偿其经济损失的基数又没有法律依据。此外，从本案事实上看，原告开设的公司于 2009 年 6 月 26 日已处于解散状态。被告开设的博翔公司设立于 2009 年 6 月 22 日，从 8 月 1 日起与原告公司原客户建立业务关系，开始营利。由于原告公司处于解散状态在前，被告公司开始营利在后，故原告主张被告公司的营业收入本是原告公司的营业收入，缺乏事实依据。

侵犯商业秘密（违反保密义务）在《中华人民共和国反不正当竞争法》和《中华人民共和国劳动合同法》中有不同的处理规则，两者在构成要件、举证责任、承担责任范围等方面存在不同。在构成要件方面，前者要求商业秘密符合法定条件、被告的信息与原告的信息相同或者实质相同、被告采用了不正当手段；后者要求双方存在竞业限制约定并且被告违反该约定。在举证责任方面，前者要求较重，需要对构成要件一一举证；后者要求较轻，只需证明被告违反了合同约定。在责任范围方面，前者为，赔偿侵权损失，损失难以计算的，赔偿额为侵权人在侵权期间因侵权获得的利润，并承担被侵权人为调查所支付的合理费用；均无法确定时，法院可酌情确定 50 万元以下的损害赔偿额。侵犯商业秘密造成重大损失，构成犯罪。后者为按照约定向违约者索取违约金。

在劳动争议案件中对违反保密义务而造成损失的索赔，应当先由用人单位举证证明因劳动者违约而遭受的实际损失，不宜按《中华人民共和国反不正当竞争法》的相关规定酌情赔偿。如不能举证证明的，由用人单位自行承担举证不能的后果。

（执笔人：华苏芳、张弢）

31．喜某诉公汽公司劳动合同纠纷案*

▶ 认定劳动者严重违反用人单位规章制度时，除考虑劳动者的主观过错、重复频率、造成损失大小等外，还应综合考量规章制度的制定程序、合法性和劳动合同的约定

【裁判摘要】

> 认定劳动者严重违反用人单位规章制度时，应考虑劳动者实施违纪行为的主观过错程度、劳动者实施违纪行为的重复频率、劳动者违纪行为给用人单位造成损失的大小等因素。此外还应综合考量用人单位解除与劳动者劳动合同所依据的规章制度制定程序、规定内容是否违反现行法律法规、政策、司法解释和双方签订的劳动合同约定。

一、案情简介

2008 年 7 月 26 日，公汽公司与喜某签订为期一年的《劳动合同》。约定喜某所在专线车队的营运时间为每天早上 6 点至晚上 9 点。在此期间，由两名乘务员实行轮班制在同一辆公共汽车上售票。喜某每月的工资由基本工资 600 元和提成奖两部分构成，提成奖按其所售车票票面总额的 3% 计算。

2008 年 7 月 28 日，公汽公司与喜某签订《公汽乘务员承诺书》。该承诺书第三条规定："乘务员收款不给

---

* 摘自《民事审判指导与参考》2012 年第 1 辑（总第 49 辑），人民法院出版社 2012 年版，第 123～130 页。

票，少给票或给废旧票及其他公司车票，均属贪污票款行为；扣除当月文明服务奖300元，以及按额扣发当月奖金100倍并解除劳动合同。"该第三条规定内容，后被写入公汽公司《乘务员工作要求与违章处理》乘B27条。

2009年6月29日晚上8点半，喜某所值班公交车在某公交站点停靠时，喜某将在上一个行程中已售出的价值6元的车票在下一个行程中再次出售给乘客。该重复售票行为被公汽公司稽查员暗访时现场查获后，稽查人员当场在《纠正员工违章记录表》和行车记录上对该重复售票行为作出记载并要求喜某签名予以了确认。

2009年6月30日，公汽公司以喜某违反《乘务员工作要求与违章处理》乘B27条的规定为由，根据劳动合同法及劳动法的相关规定，对喜某作出扣罚600元、扣除300元文明服务奖，共扣款900元，并予以辞退的处理。

2009年7月2日，喜某在表示不满后，领取了2009年6月的工资538元（注：公汽公司以罚款名义扣了喜某工资900元）并办理了离职手续。

2009年7月12日，喜某向某市劳动争议仲裁委员会提起劳动仲裁，认为公汽公司解除其劳动合同和扣发其工资行为没有法律依据，要求公汽公司支付加班费、赔偿金和返还罚款等合计9020元。

2009年8月17日，某市劳动争议仲裁委员会作出仲裁裁决如下：一、确认公汽公司与喜某之间的劳动合同解除；二、公汽公司支付喜某加班费、退还罚款等共计4078.99元；三、驳回喜某提出的其他申诉请求。

2009年9月15日，喜某不服该仲裁裁决，向某市某区法院提起诉讼称，某市劳动争议仲裁委员会对其违纪行为存在定性错误，不能以此认定公汽公司解除其劳动合同合法有效。其之所以会出现上述票款差错，主要是因为当时上车乘客较多且忙碌一天劳累过度，一时忘记才将车票重复出售。该行为是无心之失，不存在主观故意。而且，退一步而言，即便认定票款差错是其过失导致，但毕竟票款总共才6元，数额非常小，不构成对公汽公司重大损害，不能认定该行为严重违反规章制度。另外，虽然《纠正员工违章记录表》、行车记录上有其本人签名，但根据公汽公司的规定，稽查员中途上车，无论发现的情况是否违法，均可要求员工先签名，然后回公司再作处理。故喜某当时没有辩解的机会，是在被胁迫的情形下签署了自己名字。综上，公汽公司以严重违反单位规章制度为由，单方解除其劳动合同缺乏依据，已构成违法解除劳动合同，应按《中华人民共和国劳动合同法》第八十七条之规定，向其支付经济补偿标准二倍的赔偿金。故提出诉讼请求如下：（1）公汽公司向喜某支付赔偿金 3746 元；（2）公汽公司承担相应诉讼费用。

一审庭审中，被告公汽公司口头答辩称：经喜某签名确认的《纠正员工违章记录表》、行车记录可以证明喜某在 2009 年 6 月 29 日将在上一个行程中已售出的价值 6 元的车票在下一个行程中再次出售给乘客。喜某该行为属于《公汽乘务员承诺书》及《乘务员工作要求与违章处理》乘 B27 条所规定的严重违反规章制度的行为，公汽公司根据《乘务员工作要求与违章处理》乘 B27 条中"乘务员收款不给票，少给票或给废旧票及其他公司车票，均属贪污票款行为；扣除当月文明服务奖 300 元，以及按额扣发当月奖金 100 倍并解除劳动合同"。及《中华人民共和国劳动合同法》第三十九条第二项"劳动者有下列情形之一的，用人单位可以解除劳动合同：……（二）严重违反用人单位的规章制度的"之规定，解除与喜某之间的劳动合同符合法律规定。另外，喜某虽声称在签名时遭到胁迫没有辩解机会，但对其所谓被迫签名的主张并没有提供相应的证据。综上，请求某区法院依法驳回喜某诉讼请求。

二、法院裁判情况

一审法院认为：双方争议的主要焦点是公汽公司以喜某行为严重违反该公司规章制度为由，解除案涉劳动合同是否合法。关于公汽公司解除与喜某间劳动合同是否合法的问题，综合公汽公司所提供的《纠正员工违章记录表》、行车记录和双方当事人的陈述，应认定喜某确实存在将上一个行程中已售出的车票在下一个行程中再次出售给乘客的行为。喜某认为根据公汽公司的规定，稽查员中途上车，无论发现的情况是否违法，均要求员工先签名，然后回公司再作处理，喜某没有辩解的机会，证据不足，应不予采纳。喜某在公汽公司的上述稽查行动中，虽被稽查出侵占票款的面值只有 6 元，数额很小，但由于公共交通行业的职业特点决定了，售票和收取票款的行为均由乘务员一人在用人单位的经营场所以外的公共汽车上独自完成。用人单位在客观上无法对乘务员的收取票款行为进行有效的监管。因此，就公共交通行业而言，乘务员的诚信尤为重要。喜某的行为主观上具有利用工作之便谋取不当利益的故意，已经违背了其在《公汽乘务员承诺书》中所作出的有关承诺并严重违反了公交公司规章制度的规定。在此情况下，公汽公司将喜某予以辞退，并没有违反我国劳动法律法规的规定。喜某以违法解除劳动合同为由，要求公汽公司支付赔偿金的诉讼请求缺乏依据，不予支持。综上，一审法院依照《中华人民共和国民事诉讼法》第六十四条、第一百二十八条，《中华人民共和国劳动法》第二十五条、第二十八条、第四十四条、第四十八条和《中华人民共和国劳动合同法》第三十九条之规定，作出（2009）安民一初字第 3795 号民事判决如下：驳回喜某的诉讼请求。两案诉讼费用共 20 元，由公汽公司、喜某各负担 10 元。

一审宣判后，喜某不服，向某市中级人民法院提起上诉称：2009 年 6 月 30 日，喜某被公汽公司以贪污款项为由违法解除劳动合同，并拒绝支付相应的赔偿金。涉案的票号"00224718"与"00224720"相差为一个号码，该违章记录原件在公汽公司处保存，该表在喜某签名时无任何记录。因此，表中内容不排除由公汽公司事后添加。故该证据不能作为证明喜某有侵吞 6 元票款行为的证据。《公汽乘务员承诺书》第三项规定的双方权利义务失衡，明显不利于喜某。公汽公司当时曾将签订《公汽乘务员承诺书》与能不能上班结合，喜某当时之所以承诺，完全是为保住工作机会。因此，喜某应属被胁迫签订该《公汽乘务员承诺书》，应当无效。另外，即便喜某有违章行为，也仅有一次，不符合《中华人民共和国劳动法》第二十五条的规定，故其应有权获得赔偿金。综上，请求：（1）撤销（2009）安民一初字第 3795 号民事判决；（2）判令公汽公司支付喜某赔偿金 3746 元。

被上诉人公汽公司未提交书面答辩。

二审法院在确认一审法院查明的基本事实的基础上，另查明：（1）2009年6月29日有喜某签名的《行车记录》记载当日的6元车票三次行车区间号码分别为：4697-4698；4699-4719；4720-4793；（2）《乘务员工作要求与违章处理》乘B27条与喜某签名的《公汽乘务员承诺书》第三项规定内容基本一致且该规章是在公司职工代表大会讨论基础上，与职工代表大会平等协商确定；（3）喜某签名的《纠正员工违章记录表》上记载"00224718"票应为上一个单卖过的票，属于重复卖票。

以上事实，有相关书面证据等及一审庭审笔录附卷为证。

二审法院认为，双方当事人上诉争议的主要焦点为：（1）案涉的《纠正员工违章记录表》记载内容是否属实；（2）喜某的违章行为是否符合解除合同的条件。

针对焦点一，喜某主张其在《纠正员工违章记录表》上签名时无任何记录内容，该《纠正员工违章记录表》一直由公汽公司保存，表中内容不排除为公汽公司事后添加。也即喜某对该表记载内容的真实性提出了怀疑。就此，喜某理应提出相反证据对该证据进行反驳。但从查明案情来看，喜某的反驳仅仅有其单方陈述。根据《最高人民法院关于民事诉讼证据的若干规定》（以下简称《规定》）第七十六条①"当事人对自己的主张，只有本人陈述而不能提供其他相关证据的，其主张不予支持，但对方当事人认可的除外"之规定，对其反驳证据的证明力不予认可。又根据该《规定》第七十二条②第一款"一方当事人提出的证据，另一方当事人认可或者提出的相反证据不足以反驳的，人民法院可以确认其证明力"之规定，并结合喜某签名的2007年6月29日《行车记录》上有关车票的记录可采信公汽公司有关喜某有重复卖票行为的主张。也即案涉的《纠正员工违章记录表》记载内容属实。

针对焦点二，喜某虽主张其仅有一次违章行为，不足以达到被解除劳动合同的标准。对其主张亦不予支持。其理由在于：（1）《公汽乘务员承

---

① 该司法解释已于2019年12月25日修正，新司法解释中已无对应条文。
② 该司法解释已于2019年12月25日修正，新司法解释中已无对应条文。

诺书》第三项规定："乘务员收款不给票，少给票或给废旧票及其他公司车票，均属贪污票款行为；扣除当月文明服务奖 300 元，以及按额扣发当月奖金 100 倍并解除劳动合同。"对此，喜某并无异议，并在该《公汽乘务员承诺书》上签名确认。事后，公汽公司又将《公汽乘务员承诺书》第三项转化为《乘务员工作要求与违章处理》乘 B27 条并且该条规定已经公汽公司职工代表大会表决通过。该规章制度对喜某具有约束力。本案中，喜某有违反《公汽乘务员承诺书》第三项及《乘务员工作要求与违章处理》乘 B27 条规定的行为，公汽公司可主张依据该条款解除与喜某的劳动合同。（2）从其工作性质而言，喜某作为公汽公司的售票员负责保管公司的票款收入，与公司财务人员职能类似，应对公司承担更高程度的注意义务和忠实义务。特别是其代收车票款的行为多发生在公共汽车行进过程中，很难被公汽公司实时监管。故喜某的特定职权要求其在车票款代收事项上不能有任何过错行为。而本案中，喜某将车票重复销售，造成公司收入的不当减少，严重违反公汽公司的规章制度并很明显违反了其对公汽公司基本的忠实义务，足以构成公汽公司合法解除其劳动合同。由上，喜某要求公汽公司支付赔偿金的请求，不予支持。一审判决认定事实清楚，适用法律正确，应予维持。依照《中华人民共和国民事诉讼法》的规定，径行判决如下：驳回上诉，维持原判。本案一审案件受理费 10 元，二审案件受理费 10 元，由喜某负担。

三、主要观点和理由

在二审法院审理本案的过程中，关于公汽公司解除与喜某劳动合同是否合法的问题，合议庭内部曾有两种不同处理意见：

一种意见认为，喜某的行为不构成严重违反公汽公司规章制度，公汽公司以严重违反规章制度为由解除与喜某劳动合同的行为属于违法解除劳动合同，应当向喜某支付赔偿金。其主要理由在于：（1）《公汽乘务员承诺书》第三项中规定内容明显不利于劳动者喜某，该承诺书属于被胁迫签订，应当无效。从本案查明事实来看，《公汽乘务员承诺书》是对喜某与公汽公司劳动关系内容的补充，属于劳动合同组成部分。根据《中华人民共和国劳动合同法》第二十六条第一款"下列劳动合同无效或者部分无效：（一）以欺诈、胁迫的手段或者乘人之危，使对方在违背真实意思的情况下订立或者变更劳动合同的"之规定，该《公汽乘务员承诺书》第三项属于无效内容，不能约束喜某。（2）虽然公汽公司规章制度将乘务员收款不给票，少给票或给废旧票及其他公司车票等侵吞票款行为作为解除劳动合同的依据，但该规定没有区分侵吞票款数额的多少和主观恶性大小。喜某重复售票所得仅6元，给公汽公司造成的损失微乎其微。可见，该行为的性质并不恶劣。在公汽公司损失十分轻微的情形下，公汽公司以严重违反规章制度为由解除喜某劳动合同缺乏合理性。这种不区分损失大小，一律解除劳动合同的做法与《中华人民共和国劳动合同法》第三十九条明确规定的只有在劳动者严重违反规章制度情形下才可解除劳动合同的强制性规定明显违背，应当属于无效条款。相应地，公汽公司依据该规章解除与喜某的劳动合同行为应属无效。

另一种意见则认为，公汽公司以喜某侵吞公司财产为由解除与其的劳动合同并不违法。主要理由是，喜某重复售票侵占公司财产的数额虽然不多，但其售票员的特定工作岗位与公司财务人员工作岗位性质类似，应当在涉及公司财产的问题上尽到更高的注意义务和忠诚义务。故喜某侵吞票款的行为已与其基本工作职责根本违背。公汽公司在该公司规章制度中将喜某上述行为规定为严重违反规章制度可以解除劳动合同的行为具有合理性，且该规章制度的制定程序和内容均不违反法律法规及其司法解释的规定，可以作为认定公汽公司依法解除与喜某劳动合同的依据。退一步而言，即便公汽公司规章制度中未将该行为认定为严重违反规章制度的行为，也有权解除与喜某之间的劳动合同。

我们赞同上述第二种观点。对劳动者违章行为是否达到严重程度的判断不能单纯依据用人单位在规章制度中规定的严重标准，还要考虑规章制度制定程序及其内容是否合法合理。这是因为，现实中，不少用人单位为加强对劳动者的劳动用工管理，在规章制度有关处罚的部分中将劳动者劳动过程中的大量行为表现都列入可以解除劳动合同的范畴并规定一旦劳动者实施规章制度中列明的上述行为，可单方解除与劳动者的劳动合同，并不用支付经济补偿金。对此，应一分为二看待。一方面，当劳动者行为严重破坏正常生产经营秩序时，用人单位基于生产经营自主权，可以对劳动者作出解除劳动合同的处罚，这也为《中华人民共和国劳动合同法》第三十九条所确认；另一方面，究竟劳动者哪些行为对生产经营秩序会造成严重影响，不应由用人单位单方认定，以防止用人单位借制定规章制度之机，恶意扩大单方解除合同的范围，损害劳动者合法权益。虽然《中华人民共和国劳动合同法》第四条规定用人单位在制定、修改或者决定有关劳动报酬、工作时间、休息休假、劳动安全卫生、保险福利、职工培训、劳动纪律以及劳动定额管理等直接涉及劳动者切身利益的规章制度或者重大事项时，应当经职工代表大会或者全体职工讨论，提出方案和意见，与工会或者职工代表平等协商确定，但劳资谈判地位实质不对等的现实决定了部分对劳动者切身利益不利的规章条款可能成为漏网之鱼，蒙混过关。此时，如果机械地以规章制度已通过平等协商确定为由，直接依据规章中认定严重违反规章制度行为的标准，一律解除劳动者劳动合同未免失之草率，也不符合劳动法优先保护劳动者利益的理念。

本案中，二审法院并未拘泥于公汽公司规章制度的规定来认定喜某的重复售票行为是否构成严重违反规章制度，而是结合喜某的售票员工作岗位职责要求以及对售票员侵占公司财产行为的监控难度等诸多因素，得出喜某应对公汽公司尽到更高的忠诚义务和注意义务。进而，公汽公司与喜某签订的《公汽乘务员承诺书》及制定的《乘务员工作要求与违章处理》中对乘务员有收款不给票，少给票或给废旧票及其他公司车票的行为一律解除劳动合同的规定均与售票员这一工作岗位所要求的对公汽公司更高的注意义务及忠诚义务保持一致，不违反法律法规及其司法解释的规定。故喜某违反规章制度规定给公司造成损失虽小，但其行为已经根本违反了对公汽公司应尽的义务。公汽公司以严重违反规章制度为由解除合同并无不当。

从上述案例可知，用人单位根据《中华人民共和国劳动合同法》第三十九条之规定，以严重违反用人单位规章制度为由解除与劳动者的劳动合同应当具备以下条件：（1）该用人单位规章制度的制定程序不违反法律法规和司法解释的规定。根据最高人民法院颁布的《最高人民法院关于审理劳动争议案件适用法律若干问题的解释》第十九条①规定，用人单位通过民主程序制定的规章制度，只要不违反国家法律、行政法规及政策规定，并已向劳动者公示的，可以作为人民法院审理劳动争议案件的依据。这说明用人单位规章制度制定程序必须民主协商确定，还应向劳动者公示。如果未经公示一般不能作为用人单位解除劳动者劳动合同的依据。（2）该用人单位规章制度的内容不得违反法律法规和司法解释的规定。规章制度要对劳动者产生约束力必须内容合法，违反法律法规、司法解释可能损害劳动者合法权益的条款一律无效，即便劳动者行为违反了这些条款，用人单位也不得依据这些无效条款解除与劳动者的劳动合同。例如，用人单位在其规章制度中规定劳动者一旦结婚或生育即解除劳动合同的条款因违反了婚姻法的规定而无效，用人单位无权以劳动者严重违反该条款为由解除其劳动合同。（3）对劳动者行为的认定，劳动合同约定达不到解除标准，而用人单位规章制度规定达到解除条件时，应以劳动合同约定作为判断是否达成严重违反规章制度的标准。对此，《最高人民法院关于审理劳动争议案件适用法律若干问题的解释（二）》第十六条②规定用人单位制定的内部规章制度与集体合同或者劳动合同约定的内容不一致，劳动者请求优先适用合同约定的，人民法院应予支持。要注意的是，劳动者要主张优先适用合同约定，其劳动合同签订的时间应在规章制度颁布后。这说明双方已作了例外约定，以替代原有规章制度的规定。但如果劳动合同签订于规章制度颁布之前，就不能简单适用劳动合同约定优先。因为用人单位后出台的规章制度从制定程序到规定内容只要不违反法律法规、司法解释，一般就对已在职劳动者产生约束力。此时，如果劳动者在劳动过程中实施了某

---

① 该司法解释已于 2021 年 1 月 1 日废止，根据 2020 年 12 月 29 日公布的《最高人民法院关于审理劳动争议案件适用法律问题的解释（一）》，本条已被修改为第五十条第一款："用人单位根据劳动合同法第四条规定，通过民主程序制定的规章制度，不违反国家法律、行政法规及政策规定，并已向劳动者公示的，可以作为确定双方权利义务的依据。"

② 该司法解释已于 2021 年 1 月 1 日废止，根据 2020 年 12 月 29 日公布的《最高人民法院关于审理劳动争议案件适用法律问题的解释（一）》，本条已被修改为第五十条第二款，内容未作变动。

种违纪行为，在该行为是否构成严重违纪上，即便该规章制度的规定与劳动者之前签订劳动合同所约定内容评判标准不一致，一般也不能仅以劳动合同优先为由，认为该行为不构成严重违反用人单位规章制度。

除了规章制度本身合法性要求之外，人民法院在具体审理相关劳动争议案件时，如果劳资双方对违纪行为是否达到严重程度产生分歧，还可在个案中综合考量下列因素：（1）劳动者实施违纪行为的主观过错程度；（2）劳动者实施违纪行为的重复频率；（3）劳动者违纪行为给用人单位造成损失的大小。

四、最高人民法院民一庭倾向性意见

用人单位以严重违反用人单位规章制度为由解除与劳动者的劳动合同是否合法，不能单纯依据规章制度对该行为是否达到严重程度的认定，而应综合考量用人单位解除与劳动者劳动合同所依据的规章制度制定程序、规定内容是否违反现行法律法规、政策、司法解释和双方签订的劳动合同约定。

（执笔人：肖峰）

32．刘某祥与武汉秉信纸业有限公司劳动争议纠纷再审案

能否根据销售提成计算经济补偿金及额外经济补偿金，须结合经济补偿金的性质、用人单位的支付能力及公平原则来处理

【裁判摘要】

销售提成确属劳动者工资报酬的一部分，但是销售提成能否计算至劳动者的月平均工资之中，从而计算经济补偿金及额外经济补偿金，法律法规对此并无明确规定，在此情况下，须结合经济补偿金的性质、用人单位的支付能力以及公平合理的原则来进行处理。

申请再审人（一审原告，二审上诉人）：刘某祥。

申请再审人（一审被告，二审被上诉人）：武汉秉信纸业有限公司。

法定代表人：江某勋，该公司经理。

委托代理人：陈某，湖北勤宇律师事务所律师。

委托代理人：杜某峰，湖北勤宇律师事务所实习律师。

申请再审人刘某祥与申请再审人武汉秉信纸业有限公司（以下简称秉信公司）劳动争议纠纷一案，刘某祥与秉信公司均不服湖北省武汉市中级人民法院（2009）

---

* 摘自《审判监督指导》2014 年第 1 辑（总第 47 辑），人民法院出版社 2014 年版，第 199~214 页。

武民商再终字第 49 号民事判决，向本院申请再审。本院分别于 2010 年 7 月 26 日和 2010 年 10 月 27 日作出（2010）鄂民再申字第 00061 号民事裁定和（2010）鄂民再申字第 00297 号民事裁定，提审本案。本院依法组成合议庭，公开开庭审理了本案。刘某祥及秉信公司的委托代理人陈某、杜某峰到庭参加诉讼。本案现已审理终结。

2006 年 4 月 13 日，一审原告刘某祥起诉至武汉经济技术开发区人民法院称，1996 年 9 月 9 日，刘某祥应聘至秉信公司工作，与秉信公司建立劳动合同关系。2004 年 9 月，按照秉信公司安排，刘某祥开始拓展对美的集团武汉制冷设备有限公司（以下简称美的公司）业务，负责秉信公司对美的公司纸品供应业务的全部工作。刘某祥积极开展工作，经常为美的公司业务加班加点。自 2005 年 2 月起，秉信公司与美的公司建立了纸品供应关系，秉信公司持续对美的公司供货至今。根据秉信公司的规定，秉信公司应对刘某祥发放业务奖金。截至 2005 年 8 月 31 日，秉信公司共应发放刘某祥奖金 393076 元（人民币，下同）。秉信公司不但不如实发放奖金，还以刘某祥利用工作时间谈私人业务、私自答应交易对方回扣等为借口，于 2005 年 8 月 31 日对刘某祥作出除名决定。秉信公司拒绝发放刘某祥业务奖金的行为，违反了劳动法律法规的规定。同时，秉信公司对刘某祥作出的除名决定，也无事实和法律依据，依法应予撤销。请求判令：（1）秉信公司向刘某祥支付业务奖金 393076 元，支付 25% 的经济补偿金 98269 元，合计 491345 元；（2）撤销秉信公司对刘某祥作出的除名决定；（3）解除秉信公司与刘某祥之间的劳动合同关系；（4）判令秉信公司向刘某祥支付解除劳动合同经济补偿金 346861.6 元，支付 50% 的额外经济补偿金 173430.8 元；（5）本案的诉讼费用由秉信公司负担。

秉信公司辩称：关于刘某祥的业务奖金问题，秉信公司依据奖金发放办法已足额向刘某祥支付，刘某祥要求巨额奖金及赔偿费用无事实和法律依据；关于对刘某祥予以除名的问题，因刘某祥严重违反秉信公司相关的纪律和制度，秉信公司对刘某祥作出的除名决定是合法的。请求人民法院依法驳回刘某祥对秉信公司的诉讼请求。

武汉经济技术开发区人民法院一审查明：刘某祥于 1996 年 9 月 9 日至

武汉顶益食品有限公司工作，劳动合同最后期限至 2003 年 9 月 30 日。2003 年 5 月 7 日，刘某祥与秉信公司签订劳动合同，在秉信公司处从事采购工作，合同期限从 2003 年 1 月 1 日至 2003 年 12 月 31 日止。后双方每年续订劳动合同，劳动合同最后期限至 2005 年 12 月 31 日。2005 年 2 月 1 日，刘某祥代表秉信公司与美的公司签订了合作协议，由秉信公司向该公司提供包装纸箱、包装纸等产品。为提升业务士气，利于优胜劣汰，以公平竞争为原则，将个人收入与业绩挂钩，秉信公司制定了《业务奖金发放作业办法》，规定当月奖金构成为客户认可之合同签订价与成本价差额的 1/3，在货款收回后的次月发放；并按奖金同等金额计算事故保留金，在回款满一年后次月发放；对货款逾期收回的，按期限递减奖金额；成品库存逾期超过 30 天的，按其金额每超期一天扣成品总价的 1%，逐月扣至出货为止。该办法还规定了标准加工费及损耗等内容。2005 年 5 月 20 日，刘某祥因工作问题提出辞职，同年 5 月 23 日，刘某祥与秉信公司完成了包括本案所涉美的公司项目在内的部分业务交接工作，后因业务奖金结算等问题发生争议，双方未办理解除劳动合同的手续。2005 年 8 月 10 日，秉信公司以刘某祥严重违反公司制度为由，对刘某祥作出除名的处理决定。2005 年 8 月 31 日，秉信公司解除了与刘某祥的劳动合同。秉信公司所称刘某祥严重违反公司制度的事实有两项：（1）利用主办美的公司业务之机，在工作时间内利用公司提供的机会，参加美的公司的辅料招标、供货，谋取个人利益；（2）在与美的公司业务接洽过程中，未通过主管私自答应对方回扣要求，并拒绝陈述事情缘由及经过。2005 年 9 月 30 日，刘某祥向武汉市劳动争议仲裁委员会提出书面仲裁申请，请求撤销秉信公司对其作出的除名决定、解除双方劳动合同；裁令秉信公司支付业务奖金 393076 元、解除劳动合同的经济补偿金 346861.6 元及相应的额外经济补偿金和赔偿费用。2006 年 4 月 6 日，武汉市劳动争议仲裁委员会作出武劳仲裁字〔2006〕第 45 号仲裁裁决书，裁决秉信公司支付刘某祥解除劳动合同的经济补偿金 16514.82 元、额外经济补偿金 8257.41 元、业务奖金 9601.1 元、事故保留金 12882.97 元；驳回刘某祥其他仲裁请求。刘某祥不服该仲裁裁决，遂诉至一审法院。

另查明，刘某祥在秉信公司工作期间，其 2005 年 8 月前 12 个月的月平均工资为 1834.98 元。秉信公司认可双方解除劳动合同时尚未支付刘某祥的业务奖金为 8607.21 元、事故保留金为 11880.08 元。因材料价格调整，致使刘某祥 2005 年 2 月业务奖金减少 1002.89 元。

武汉经济技术开发区人民法院一审认为：秉信公司提交的证据不能证实刘某祥存在严重违反用人单位规章制度的行为，其对刘某祥作出的除名决定及结束劳动合同没有法律依据，应予撤销。刘某祥虽系 2003 年 1 月 1 日到秉信公司工作，但从续签劳动合同名册及员工奖惩审批表上记载的到职日均为 1996 年 9 月 9 日，应视为秉信公司认可刘某祥的工作年限从 1996 年 9 月 9 日起算。因秉信公司的原因致双方劳动合同不能继续履行，双方劳动合同应予解除，秉信公司应按规定支付经济补偿金。秉信公司未按规定支付经济补偿金，还应支付额外经济补偿金。秉信公司支付给刘某祥的业务奖金实为销售提成，属于经营性收益，计发经济补偿金时不应计入工资范围。秉信公司制定的业务奖金发放规定作为对销售人员分享销售收益的承诺，应予以履行。秉信公司依据生产材料进价调整成本价格、依据销售回款期限调整提成比例，以及将加工费、材料加工费、材料损耗计入成本等做法符合行业惯例，并无不当。刘某祥自 2005 年 6 月起移交美的公司项目业务，此后该项目的业务奖金归他人所有，刘某祥主张此后业务奖金的请求没有法律依据，不予支持。双方劳动合同解除后，秉信公司应及时支付刘某祥的业务奖金，并返还事故保留金。武汉经济技术开发区人民法院于 2007 年 11 月 20 日作出（2006）武开法民初字第 249 号民事判决：一、撤销 2005 年 8 月 10 日秉信公司对刘某祥作出的除名决定；二、刘某祥与秉信公司的劳动合同关系于 2005 年 8 月 31 日解除；三、秉信公司于判决生效之日起 10 日内支付刘某祥解除劳动合同的经济补偿金 16514.82 元、额外经济补偿金 8257.41 元、业务奖金 9610.1 元、事故保留金 12882.97 元；四、驳回刘某祥的其他诉讼请求。如果未按照判决指定的期间履行给付金钱义务，应当依照《中华人民共和国民事诉讼法》第二百三十二条之规定，加倍支付延迟履行期间的债务利息。案件受理费 100 元，由秉信公司负担。

刘某祥不服一审判决，向湖北省武汉市中级人民法院提起上诉。

湖北省武汉市中级人民法院二审中，经秉信公司与刘某祥双方确认，刘某祥于 2005 年 2 月至 2005 年 5 月共计销售美的公司纸箱 2279946.86 元。依据刘某祥提供的《成本卡片》载明的成本价格计算，应发刘某祥 2005 年 2~5 月当月奖金为 137724.94 元，应发刘某祥 2004 年 9 月事故保留金 2538.55 元，2005 年 2~5 月事故保留金 137724.94 元，共计应发刘某祥奖金 277988.42 元（未扣除刘某祥 2005 年 2 月销售款 155863.82 元逾期 30 天内未回款的奖金一半 5633.6 元及事故保留金一半 5633.6 元）。刘某祥 2005 年 4~5 月的销售，秉信公司发票的开具时间均为 2005 年 6 月之后。其他查明事实与一审查明事实一致。

湖北省武汉市中级人民法院二审认为：本案的争议焦点在于如何计算刘某祥的销售提成奖金的纸箱成本问题。刘某祥认为，根据秉信公司《业务奖金发放作业办法》的规定，秉信公司应依据向全体业务员发放的《成本卡片》上载明的成本价格与销售给客户的价格差来计算应发奖金。而秉信公司不认可刘某祥提供的《成本卡片》，认为该证据不是秉信公司《业务奖金发放作业办法》中提到的"纸箱的成本价详见附后表 1、表 2"[①]，应依据其向一审法院提供的纸箱成本价来计算刘某祥应发奖金。对此，二审法院作出评判如下：

秉信公司的《业务奖金发放作业办法》规定，依据销售纸箱的成本价格（纸箱的成本价详见附后表 1、表 2）与销售给客户的价格差来计算应发奖金。该《业务奖金发放作业办法》规定的奖金发放提成制度是用人单位秉信公司制定的有关提成款的内部规章制度。提成制度应该纳入劳动合同的范畴。劳动合同系劳动者和用人单位签订的明确劳动权利和劳动义务的协议。企业的内部规章制度虽不是双方自愿达成的协议，但一经合法程序产生，即具有约束力，劳动者和用人单位均应当遵照执行。刘某祥认为其提供的《成本卡片》就是《业务奖金发放作业办法》中提到的"附后表 1、表 2"，秉信公司对此不予认可，认为"附后表 1、表 2"并不存在。

---

① 本书略。

二审法院认为，刘某祥提供的《成本卡片》即为《业务奖金发放作业办法》中的"附后表1、表2"。首先，秉信公司的《业务奖金发放作业办法》中规定了纸箱的成本价格是计算奖金的基本数据，没有这个基本数据，业务员销售纸箱时，就没有确定销售纸箱价格的依据，业务员将无法开展销售活动，故秉信公司以"附后表1、表2"并不存在为由，拒不提供《业务奖金发放作业办法》中的纸箱成本价格的证据，应承担举证不能的法律后果。其次，在秉信公司向一审法院提供的《武汉秉信业务员奖金发放明细表》中，秉信公司向其他业务员发放奖金和向刘某祥发放除美的公司业务外的奖金中显示的成本价格与刘某祥提供的《成本卡片》中的成本价格相符。故刘某祥提供的《成本卡片》即为《业务奖金发放作业办法》中的"附后表1、表2"。因此，秉信公司应依据该成本价格，按照《业务奖金发放作业办法》中的规定向刘某祥发放业务奖金。因为提成制度是用人单位对其业务员的一种管理办法，其目的在于占有市场和扩大销路，鼓励业务员推销更多产品，业务员推销更多产品不仅有利于企业的发展、也使自己从中获利，采用这种方法既符合劳动法及有关政策的规定精神，也符合用人单位与劳动者双方当事人的共同利益，故该制度应当成为劳动合同的补充。经秉信公司与刘某祥核对，按照《成本卡片》上的成本价计算，秉信公司应向刘某祥发放 2004 年 9 月至 2005 年 5 月奖金 277988.42 元（未扣除刘某祥 2005 年 2 月销售款 155863.82 元，逾期 30 天内未回款的当月奖金一半 5633.6 元及事故保留金一半 5633.6 元）。因刘某祥 2005 年 2 月的销售款 155863.82 元，逾期 30 天内未回款，应予扣除当月应发该笔销售奖金一半 5633.6 元及事故保留金一半 5633.6 元。其后刘某祥 4~5 月的销售，由于秉信公司发票的开具时间均为 2005 年 6 月之后，且刘某祥于 2005 年 5 月 23 日即应秉信公司的要求将美的公司业务移交秉信公司，因此，4~5 月逾期回款的责任不应由刘某祥承担。因此，秉信公司应支付给刘某祥当月奖金及事故保留金共计 266721 元。秉信公司主张 4~5 月的销售也应扣除逾期回款奖金的请求，该院不予支持。

同时，秉信公司提交的证据不能证实刘某祥存在严重违反用人单位规章制度的行为，其对刘某祥作出的除名处理决定及解除劳动合同没有法律依据，应予以撤销。刘某祥虽系 2003 年 1 月 1 日到秉信公司工作，但从续签劳动合同名册及员工奖惩审批表上记载的到职日均为 1996 年 9 月 9 日，应视为秉信公司认可刘某祥的工作年限从 1996 年 9 月 9 日起算。因秉信公司的原因致劳动合同不能继续履行，双方劳动合同应予解除，秉信公司应按规定支付经济补偿金。秉信公司未按规定支付经济补偿金，还应支付额外经济补偿金。秉信公司支付给刘某祥的业务奖金实为销售提成，计发经济补偿金时不应计入月平均工资范围。但秉信公司未及时发放的当月奖金及事故保留金共计 266721 元应予支付，依据劳动部《违反和解除劳动合同的经济补偿办法》第三条规定，还应加付 25% 的经济补偿金 66680 元。综上，原审认定事实不清，适用法律不当，实体处理欠妥，予以纠正。湖北省武汉市中级人民法院于 2008 年 6 月 23 日作出（2008）武民商终字第 422 号民事判决：一、维持武汉经济技术开发区人民法院（2006）武开法民初字第 249 号民事判决主文第一项、第二项，即撤销 2005 年 8 月 10 日秉信公司对刘某祥作出的除名决定、刘某祥与秉信公司的劳动合同关系于 2005 年 8 月 31 日解除；二、撤销武汉经济技术开发区人民法院（2006）武开法民初字第 249 号民事判决主文第三项、第四项，即秉信公司于判决生效之日起 10 日内支付刘某祥解除劳动合同经济补偿金 16514.82 元，额外经济补偿金 8257.41 元，业务奖金 9610.1 元，事故保留金 12882.97 元，驳回刘某祥的其他诉讼请求；三、秉信公司支付刘某祥解除劳动合同的经济补偿金 16514.82 元、额外经济补偿金 8257.41 元；四、秉信公司支付刘某祥 2004 年 9 月至 2005 年 5 月奖金及事故保留金共计 266721 元（已扣除逾期回款奖金）、经济补偿金 66680 元；五、驳回刘某祥的其他诉讼请求。本案一审案件受理费 50 元，二审案件受理费 10 元，均由秉信公司负担。

判决发生法律效力后，秉信公司不服，向本院申请再审。本院于 2009 年 2 月 12 日作出（2008）鄂民申字第 847 号民事裁定，以秉信公司提出的原审对于 2005 年 3 月逾期回款的认定不当以及判决秉信公司支付刘某祥经济补偿金 66680 元不当的申请再审理由成立为由，将本案指令湖北省武汉市中级人民法院再审。

秉信公司在湖北省武汉市中级人民法院再审庭审中提出：（1）为尽早

结束诉讼,秉信公司认可原二审判决计算的 26 万余元奖金总数,也认可奖金的计算方法;(2)刘某祥应当承担 2005 年 3~5 月的逾期回款责任,其数额有秉信公司提供的清单和所作的辅助说明;(3)秉信公司不存在克扣工资及无故拖欠刘某祥奖金及工资的问题,不能适用加罚经济补偿金的规定。综上,秉信公司认为原二审判决认定的基本事实缺乏证据证明,适用法律确有错误,故请求:(1)撤销原二审判决第四项,依法改判;(2)本案诉讼费用由刘某祥全部承担。

刘某祥辩称:(1)原二审判决认定的事实清楚,所适用的奖金计算方法也是秉信公司所确认的,秉信公司也认可这种计算方法,原二审判决对奖金计算的方法是合理及有依据的;(2)刘某祥对部分款项的延迟没有过错,过错在秉信公司;(3)奖金、销售提成应当纳入工资范畴,有相关法律文件予以规定;(4)秉信公司克扣刘某祥工资奖金的行为客观存在,应当加罚 25% 的经济补偿金;(5)刘某祥在四年后才得到经济补偿金,应由秉信公司支付相应的利息。综上,请求再审法院维持原二审判决,遗漏的部分刘某祥另行主张权利。

湖北省武汉市中级人民法院再审查明,二审查明事实属实。

湖北省武汉市中级人民法院再审认为,本案的诉争焦点为:(1)刘某祥对美的公司 3 月的销售业务是否存在逾期回款的问题;(2)2005 年 4~5 月逾期回款的责任由谁承担及秉信公司是否应支付经济补偿金的问题。

1. 秉信公司提出,刘某祥对美的公司 3 月的销售业务存在逾期回款,并当庭出示两张发票作为新证据,以证明有两笔业务发生在 2005 年 3 月,但秉信公司开票时间为 2005 年 4 月 1 日和 15 日,这两笔销售款逾期未结,刘某祥应承担逾期回款的责任。

刘某祥质证认为,这两张发票不是新证据,在原二审庭审中已经质证过。二审中,为确定对美的公司销售数量与价格,秉信公司应法庭要求提供了其对美的公司销售开出的发票及清单。上述证据显示,在 2005 年 3 月,秉信公司对美的公司销售共有三份正式发票。第 1 份:发票号 00744795,含税金额 290827.34 元,发票时间 2005 年 4 月 1 日,美的公司 2005 年 4 月 13 日签收;第 2 份:发票号 00744801,含税金额 261505.61

元，发票时间 2005 年 4 月 15 日，美的公司签收时间为 2005 年 4 月 21 日；第 3 份：发票号 00879271，含税金额 92877.84 元，发票时间 2005 年 6 月 30 日，因所有资料被移交给秉信公司行销科长汤炜东，美的公司签收时间未知。

上述证据表明，秉信公司与美的公司签订的《美的制冷事业本部合作协议》在 2005 年 4 月 16 日签署生效，按协议中"符合需方规定的发票" 5 项要求，发票签收，最早日期也就是 2005 年 4 月 16 日，才能开始计算回款时间，15 天后才算逾期；而证据表明秉信公司 2005 年 4 月 30 日收到美的公司货款 55 万元，正是上述第 1 份发票 29 万元、第 2 份发票 26 万元的货款，故无逾期之说。第 3 份发票逾期时间则因开票时已是 6 月 30 日，此时美的公司资料已被移交秉信公司。

湖北省武汉市中级人民法院再审认为，对比以上双方对逾期回款问题举证的证据和意见，刘某祥明显有理有据，具有证据的逻辑性，应予采信；而秉信公司提出的刘某祥对美的公司 3 月的销售业务存在逾期回款的问题，缺乏证据支持，不予采信。因此，刘某祥也不存在应承担 2005 年 3 月逾期回款责任的问题。

2. 关于 2005 年 4~5 月的逾期回款的责任由谁承担及秉信公司是否应支付 66680 元经济补偿金？

（1）经再审理查明，由于刘某祥 2005 年 4~5 月的销售，秉信公司发票的开具时间均为 2005 年 6 月之后。且在此之前，双方因奖金结算等问题发生争议，同年 5 月 23 日，双方完成了包括本案所涉美的公司项目在内的部分业务交接工作，故对于 2005 年 4~5 月期间逾期回款的责任不应由刘某祥承担。

（2）关于秉信公司是否应支付 66680 元经济补偿金的问题。

第一，销售提成是否属于工资范畴？从相关规章规定看，根据国家统计局 1990 年 1 号令《关于工资总额组成的规定》第四条规定，工资总额由下列六个部分组成：（1）计时工资；（2）计件工资；（3）奖金；（4）津贴和补贴；（5）加班加点工资；（6）特殊情况下支付的工资。第六条规定：计件工资是指对已做工作按计件单价支付的劳动报酬。包括：其中第三项为（三）按营业额提成或利润提成办法支付给个人的工资。《〈中华人民共和国企业劳动争议处理条例〉若干问题解释》（劳部发〔1993〕244号）"三、《条例》第二条第二项中的'工资、保险、福利、培训、劳动保护'分别包括哪些内容？答：这里的'工资'是指按照国家统计局规定应统计在职工工资总额中的各种劳动报酬，包括标准工资、有规定标准的各种奖金、津贴和补贴"。根据上述规定，销售提成明显属于工资。从企业章程和劳动合同的情况看，秉信公司与刘某祥签订的企业劳动合同载明："乙方试用期及转正后薪资待遇原则上按甲方公司相关薪资管理制度执行"，同时根据秉信公司《业务奖金发放作业办法》的规定，"薪金构成内容：集团规定底薪+奖金"，因此，本案所涉销售提成明显属于工资范畴。第二，秉信公司是否存在克扣工资及无故拖欠刘某祥奖金及工资的问题。从以上查明的事实情况看，刘某祥2005年3月不存在逾期回款的问题，4月、5月逾期回款的原因也是由于秉信公司延迟开票导致的，应确认秉信公司存在克扣工资及无故拖欠刘某祥奖金及工资的问题。

综上所述，湖北省武汉市中级人民法院再审认为原二审判决认定事实清楚，证据确实、充分，适用法律正确，审判程序合法，并无不当。秉信公司申请再审改判的理由与事实和法规规定不符，不予采信。湖北省武汉市中级人民法院于2009年12月1日作出（2009）武民商再终字第49号民事判决：维持湖北省武汉市中级人民法院（2008）武民商终字第422号民事判决。

上述判决发生法律效力后，刘某祥和秉信公司均不服，向本院申请再审。

刘某祥申请再审称：（1）原再审判决遗漏了秉信公司应支付给刘某祥的工资奖金119489.45元及25%的经济补偿金29872.36元。主要是2005年3月销售款92877.84元未计入销售额计算奖金、2005年2月销售款155863.82元未逾期，刘某祥不应承担逾期回款责任，以及2005年6~7月的销售款831441.98元未计算刘某祥的奖金；（2）原再审判决在计算解除劳动合同经济补偿金时，未将秉信公司应发的奖金266721元包含在工资之内计算月平均工资，与法律法规不符，此项少计算解除劳动合同经济补偿金 289657.84 元，少计算 50% 的额外经济补偿金 144828.92 元；（3）秉信公司无故拖欠刘某祥的工资及各项补偿长达四年，应按同期银行贷款利率向刘某祥支付利息损失；（4）由于秉信公司严重违反劳动法规定，引起本案诉讼，其应承担刘某祥支付的律师代理费。请求在原再审判决的基础上，增加判令秉信公司支付刘某祥工资奖金 119489.45 元及 25% 的经济补偿金 29872.36 元；增加支付刘某祥解除劳动合同经济补偿金 289657.84 元及 50% 的额外经济补偿金 144828.92 元；秉信公司支付刘某祥经济补偿金及延迟给付工资的同期银行贷款利息 258334.42 元；秉信公司承担刘某祥的律师诉讼费用 164299.2 元。

秉信公司申请再审称：（1）原再审判决对产品成本价的认定有误，未将产品的原材料成本、加工费、材料损耗等计入产品成本，依据刘某祥提供的奖金计算方法计算秉信公司支付刘某祥奖金 266721 元没有事实依据；（2）2005 年 2 月至 5 月刘某祥有几笔款项逾期回款，刘某祥应承担逾期回款的责任；（3）原再审判决将 2005 年 4~5 月的销售按正常销售款计算刘某祥的奖金不当，上述回款均在 2005 年 6 月之后，而刘某祥在 2005 年 5 月 23 日已经移交了美的公司的有关业务，因此不应计算刘某祥的奖金；（4）原再审判决认定秉信公司克扣和无故拖欠刘某祥工资，判令秉信公司支付 25% 经济补偿金缺乏事实依据；（5）原再审判决秉信公司承担 50% 的额外经济补偿金，适用法律不当。请求撤销湖北省武汉市中级人民法院再审判决，驳回刘某祥的全部诉讼请求。

本院再审中，刘某祥为支持其再审请求，在法定期限内向本院提交了两份新证据：（1）秉信公司《用印申请单》原件一份，证明刘某祥任职期间，用印均需填写此申请单，从而证明秉信公司与美的公司所签合作协议是 2005 年 4 月 16 日盖章才生效。（2）蒙特利乳业纸箱成本评估单，证明秉信公司《业务奖金发放作业办法》中提到的"纸箱成本价详见附后表 1、表 2"是存在的。

秉信公司为支持其再审请求，在法定期限内向本院提交了六份新证据：（1）秉信公司与广东美的集团制冷事业本部 2005 年 1 月 28 日签订的《商标印制委托协议》，证明秉信公司与美的公司于 2005 年 2 月开始有业务往来，秉信公司开始向美的公司供货，该合同已经生效，从而说明刘某祥对 2005 年 2~5 月销售款应承担逾期回款的责任；（2）成本价明细表和客户纸箱成本评估单，证明成本价明细表只是业务员对外报价的参考，实际销售价格应由厂长根据该客户纸箱的配纸和订单数量最后确定；（3）秉信公司 2010 年重新核算的成本明细表，证明秉信公司 2005 年实行的《业务奖金发放作业办法》中的核算方法是错的，多算了刘某祥的奖金；（4）秉信公司与美的公司 2008 年签订的结算协议及支付凭证，证明 2005 年 3 月的一笔销售款 928778.47 元直到 2008 年才收回，且只收回了 65000 元，证明刘某祥应承担该笔销售款逾期回款的责任；（5）刘某祥业务期间与客户欧文斯公司签订的订单及结算协议，证明刘某祥销售的产品有库存现象，刘某祥应承担产品库存的责任，秉信公司有权扣减刘某祥销售款 1/6 的收入；（6）秉信公司全部业务员 2005 年 1~12 月的薪资册，证明秉信公司没有拖欠刘某祥的工资。同时，经合议庭评议准许，秉信公司申请证人汤某东出庭作证，证明成本价明细表只是报价的参考，最终销售价应由厂长根据客户纸箱配纸及数量等进行核定。

对于刘某祥提供的证据 1 的真实性，秉信公司有异议，且认为该证据无法证明刘某祥的主张；对于证据 2 的真实性，秉信公司无异议，但认为该证据不能证明刘某祥的主张，因该证据与本案中刘某祥的业务无关。

对于秉信公司提供的证据 1 的真实性，刘某祥无异议，其认可与美的公司业务是从 2005 年 1 月开始的，但认为这与逾期回款无关；证据 2 的真实性无法认定，因与刘某祥提交的不一样；证据 3 的真实性有异议，认为该证据是秉信公司单方核算的，并未经刘某祥签字认可；证据 4 的真实性无法确认，因该证据是刘某祥被除名后发生的；证据 5 的真实性无异议，但认为刘某祥在 2005 年 5 月 23 日已将美的公司业务移交，其后的出货及结款责任与刘某祥无关；证据 6 的真实性无异议，但认为此证据只能证明秉信公司发放了克扣后的工资，不能证明秉信公司无克扣工资的行为。

本院审查认为，对双方均无异议的刘某祥提供的证据 2，秉信公司提供的证据 1、证据 5 及证据 6，予以认定。对于刘某祥提供的证据 1，因刘某祥提供了申请单的原件，秉信公司虽否认，但并未提供相反证据予以反驳，本院予以认定；对秉信公司提供的证据 2，因刘正详不予认可，且该证据与原审中秉信公司称"附后表 1、表 2 不存在"的陈述矛盾，对该证据不予认定；证据 3，因该证据反映的是 2010 年秉信公司重新核算的成本价，未经刘某祥认可，且与本案双方争议的 2005 年产品成本核算问题无关，故不予认定；证据 4，秉信公司提供了与美的公司 2008 年所签协议原件，刘某祥虽不认可，但没有提交相反证据予以反驳，应予认定。

本院再审查明，原二审查明基本事实属实，本院依法予以确认。另查明，刘某祥在秉信公司工作期间，秉信公司用印均需填写《用印申请单》。还查明，2005 年 1 月 28 日，秉信公司作为供方，广东美的集团制冷事业本部作为需方签订了一份《商标印制委托协议》，协议内容为：广东美的集团股份有限公司已在 11 类商品上注册"美的+MIDEA+图形"商标，注册号为 1523735，并与需方签订《商标使用许可合同》，许可需方在空调商品上使用美的商标以及指定美的商标的制作单位。供方秉信公司必须按照需方采购订单规定的品种、数量、交货期为需方或需方指定的商标使用供方配套生产物料，不得擅自加大品种规格、数量进行生产等。2008 年，美的公司与秉信公司签订了一份《关于结算武汉秉信纸业 2005 年纸箱货款协议》，约定对于 2005 年 3 月的货款 92877.84 元按 7 折结算，由秉信公司向美的公司提供相应增值税发票，即 65000 元（含税）。另根据再审中秉信公司向本院提交的《员工薪资册》，2005 年 1 月至 8 月，秉信公司实际向刘某祥发放工资 13501.91 元，其中未包括业务奖金。

本院再审认为，根据本案双方当事人的申请再审理由，归纳本案争议的焦点问题主要有五：一是原再审判决对秉信公司产品成本价的认定以及对刘某祥应发奖金的计算方法是否正确的问题；二是原再审判决认定刘某祥 2005 年 2~5 月的销售额为 2279946.86 元是否正确的问题；三是 2005 年 2~5 月是否存在逾期回款以及逾期回款责任应由谁承担的问题；四是秉信公司是否存在克扣刘某祥工资行为以及原再审判令秉信公司支付 25% 的经济补偿金是否正确的问题；五是原再审判决计算秉信公司应支付刘某祥的经济补偿金及额外经济补偿金是否正确的问题。

关于争议焦点一，本院再审中，秉信公司提出，刘某祥提供的《成本卡片》上的价格只是业务员对外报价的参考，最终销售价格应以经公司核定的价格为准。原再审判决以刘某祥提供的《成本卡片》上的价格作为产品成本价，计算刘某祥应得的业务奖金有误。本院认为，原再审判决对秉信公司产品成本价的认定是正确的。首先，根据秉信公司《业务奖金发放作业办法》的规定，业务奖金的计算方法为客户认可之合同签订价与成本价差额的1/3，该办法同时明确规定纸箱成本价详见附后表1、表2，可见，附后表1、表2客观存在。纸箱的成本价是业务员确定销售纸箱价格的依据，没有成本价格，业务员将无法开展销售活动，因此成本价格也应是确定的，不存在秉信公司所称的只是报价参考，最终价格还应由公司最后审核确定的问题。其次，在秉信公司向一审法院提供的《武汉秉信业务员奖金发放明细表》中，秉信公司向其他业务员发放奖金和向刘某祥发放除美的公司业务外的奖金中显示的成本价格与刘某祥提供的《成本卡片》中的成本价格相符。因此，本院认为，刘某祥提供的《成本卡片》上的价格就是秉信公司产品的成本价。现秉信公司称该价格只是对外报价的参考，既与其原审中所称的"附后表1、表2"不存在相矛盾，同时也无相关证据证实，本院不予支持。

关于原再审判决对刘某祥的业务奖金计算方法是否正确的问题。二审中，经刘某祥与秉信公司确认，刘某祥于2005年2月至2005年5月共计销售美的公司纸箱2279946.86元。在此基础上，二审法院依据刘某祥提供的《成本卡片》载明的成本价格，以及秉信公司奖金发放办法中规定的：（销售价-成本价）×1/3计算，认定秉信公司应发刘某祥2005年2~5月当月奖金为137724.94元，应发刘某祥2004年9月事故保留金2538.55元，2005年2~5月事故保留金137724.94元，秉信公司共计应发刘某祥奖金277988.42元，上述计算方法有充分的依据。原再审庭审中，秉信公司也明确表示认可该计算方法及奖金数额。现秉信公司在本院再审中又对成本价的认定及奖金计算方法提出异议，违反了诉讼中禁反言的规则，本院不予支持。

关于争议焦点二，本院认为，经刘某祥和秉信公司双方在二审时确认，刘某祥2005年2~5月的销售额为2279946.86元，不包含秉信公司提出的材料损耗问题，对此，双方均签字予以认可。现刘某祥称其中遗漏了2005 年 3 月的一笔销售款 92877.84 元，因该笔销售款实际回款时间在2008 年，且二审时刘某祥也未主张将此笔销售款作为计算奖金的基数，因此其现在以漏列为由要求增加此笔销售款，不应支持。刘某祥还称 2005 年6~7 月其还有销售款 831441.98 元，也应作为计算奖金的基数。由于 2005年 5 月 23 日以后刘某祥已将美的公司业务交由秉信公司处理，故之后的业务奖金不应由刘某祥所有。原二审及再审未将 6~7 月销售额作为计算其奖金的基数是正确的。

秉信公司提出 2005 年 4~5 月有三笔销售款共计 114 万余元不应作为计算刘某祥奖金的基数。如前所述，由于二审中双方已经确认了 2005 年2~5 月刘某祥的销售额为 2279946.86 元，其中已经包括秉信公司提出的此三笔销售款，现秉信公司申请再审要求扣除，其理由不能成立，本院亦不予支持。

关于争议焦点三，秉信公司本次申请再审主要提出刘某祥有四笔销售款逾期，即 2005 年 2 月销售款 155863.82 元，2005 年 3 月销售款92877.84 元，2005 年 3 月销售款 290827.34 元，2005 年 3 月销售款261505.61 元。秉信公司认为上述四笔销售款从美的公司签收发票之日起15 日内未回款，就应认定是逾期回款。按《业务奖金发放作业办法》，逾期回款 30 日内的，应扣除一半的奖金及事故保留金。刘某祥则认为，计算逾期回款的时间应从 2005 年 4 月 16 日开始计算，因秉信公司与美的公司之间的合作协议此时才生效，美的公司以银行承兑汇票支付货款，没有双方签订的合法有效的合同美的公司就无法申请承兑汇票。双方当事人关于逾期回款问题的分歧在于应从何时开始计算回款时间。

本院认为，根据秉信公司与美的公司之间签订的合作协议，美的公司付款方式是：供方开出符合需方规定的发票后 15 天，需方付给供方 6 个月内到期的承兑汇票。从美的公司实际付款看，也均是采取承兑汇票方式，而合法有效的协议是申请承兑汇票必备的条件。基于此，本院认为，刘某祥主张应从与美的公司合作协议生效之日即 2005 年 4 月 16 日开始计算逾期回款的时间，理由更为充分，应予支持。本院再审中，秉信公司虽提供了与广东美的集团制冷事业本部签订的《商标印制委托协议》，但此证据只能证明其与美的公司的业务自 2005 年 1 月开始，不能证明回款时间的起算时间。刘某祥的上述四笔款项从 2005 年 4 月 16 日起开始计算，回款均未超过 15 天，故均不存在逾期回款问题。原二审判决认定 2005 年 2 月的销售款 155863.82 元逾期，判令刘某祥承担逾期回款的责任，即扣发刘某祥奖金一半 5633.6 元，扣发刘某祥事故保留金一半 5633.6 元，无事实依据，本院予以纠正。刘某祥关于其不应承担此笔销售款逾期回款责任的理由成立，本院予以支持。

关于争议焦点四，本院认为，按照秉信公司制定的《业务奖金发放作业办法》，业务员的奖金应在款到后次月发放。根据本案查明的事实，刘某祥 2005 年 2 月、3 月、4 月的奖金秉信公司均未如期发放，因此秉信公司客观上有克扣工资行为，其以与刘某祥因奖金问题产生争议故未发放奖金，因而不存在克扣工资行为的理由不能成立。依照劳动部制定的《违反和解除劳动合同的经济补偿办法》第三条的规定，用人单位克扣或者无故拖欠劳动者工资的，除全额支付劳动者报酬外，还需加发相当于工资报酬 25% 的经济补偿金。原再审据此判决秉信公司向刘某祥支付 25% 的经济补偿金正确。本院再审中秉信公司虽提交了《员工薪资册》，但该证据只能证明 2005 年 8 月前秉信公司向刘某祥发放了除业务奖金外的工资，不能证明其没有克扣刘某祥工资的行为，故其称不应支付刘某祥 25% 的经济补偿金的理由不能成立，本院不予支持。

关于争议焦点五，本院认为，此问题的关键就在于秉信公司应发给刘某祥的销售提成即奖金 27 万余元是否应计算入刘某祥的月平均工资，从而计算经济补偿金和额外经济补偿金。刘某祥认为，秉信公司应发的 27 万余元销售提成即奖金是其工资的一部分，应算入工资总额计算月平均工资，从而计算经济补偿金和额外经济补偿金。原二审及再审判决认定秉信公司未发此 27 万余元奖金是克扣工资，也说明 27 万余元奖金是工资的一部分。秉信公司则认为，刘某祥主张将销售提成计入月平均工资计算经济补偿金和额外经济补偿金没有法律依据。

本院认为，销售提成确属劳动者工资报酬的一部分，但是销售提成能否计算至劳动者的月平均工资之中，从而计算经济补偿金及额外经济补偿金，法律法规对此并无明确规定，在此情况下，须结合经济补偿金的性质、用人单位的支付能力以及公平合理的原则来进行处理。从本案纠纷发生时实施的《中华人民共和国劳动法》和劳动部《违反和解除劳动合同的经济补偿办法》中规定的经济补偿金的适用范围来看，经济补偿金主要适用于以下几种情况：（1）经双方协商一致，用人单位解除劳动合同的；（2）劳动者患病或非因工负伤，经劳动鉴定委员会确认不能从事原工作，也不能从事用人单位另行安排的工作而解除劳动合同的；（3）劳动者不能胜任工作，经过培训或者调整工作岗位仍不能胜任工作，由用人单位解除劳动合同的；（4）劳动者订立合同时所依据的客观情况发生重大变化，致使原劳动合同无法履行，经当事人协商不能就变更劳动合同达成协议，由用人单位解除劳动合同的；（5）单位濒临破产进行法定整顿期间或生产经营状况发生严重困难，必须裁减人员的。从上述经济补偿金的适用范围来看，经济补偿金主要用于劳动者被迫离职的情况，劳动者一般处于需要帮助的地位，因此，经济补偿金的性质和作用主要是对劳动者的一种社会保障，对于经济补偿金的计算既要考虑保护劳动者的合法权益，也要考虑用人单位的支付能力和公平合理的原则。基于此，本院认为，本案中刘某祥要求将其销售提成即奖金27万余元计算至月平均工资之中，从而计算经济补偿金和额外经济补偿金，显然与经济补偿金的性质不符，也远远超出了当年的社会平均工资，对用人单位秉信公司而言，也有失公平，因此，对于刘某祥申请再审提出的此项请求，本院不予支持。

此外，关于刘某祥申请再审提出的利息及律师费问题。因刘某祥一审中未就利息及律师费提出主张，此两项请求超出了一审诉讼请求范围，故本院不予审查。

综上，本院认为，原再审判决除认定刘某祥承担2005年2月销售款155863.82元的逾期回款责任不当外，其他事实认定清楚，实体处理并无不当。依照《中华人民共和国民事诉讼法》第一百八十六条第一款、第一百五十三条第一款第三项的规定，判决如下：

一、撤销湖北省武汉市中级人民法院（2009）武民商再终字第49号民事判决；

二、维持湖北省武汉市中级人民法院（2008）武民商终字第 422 号民事判决主文第一项、第二项、第三项、第五项，即撤销 2005 年 8 月 10 日武汉秉信纸业有限公司对刘某祥作出的除名决定、刘某祥与武汉秉信纸业有限公司劳动合同关系于 2005 年 8 月 31 日解除、武汉秉信纸业有限公司于判决生效之日起 10 日内支付刘某祥解除劳动合同的经济补偿金 16514.82 元、额外经济补偿金 8257.41 元、驳回刘某祥的其他诉讼请求；

三、变更湖北省武汉市中级人民法院（2008）武民商终字第 422 号民事判决主文第四项为：武汉秉信纸业有限公司于判决生效之日起 10 日内支付刘某祥 2004 年 9 月至 2005 年 5 月奖金及事故保留金 277988.42 元及经济补偿金 69497 元。

如果未按本判决指定的期间履行给付金钱义务，应当依照《中华人民共和国民事诉讼法》第二百二十九条之规定，加倍支付延迟履行期间的债务利息。

原一审案件受理费 50 元，二审案件受理费 10 元，共计 60 元，由武汉秉信纸业有限公司负担。

本判决为终审判决。

33．谢某诉广州欧科信息技术股份有限公司、广东启慧城市信息有限公司劳动争议纠纷案*

劳动者在职期间，基于忠诚义务，未经用人单位许可不得从事与用人单位有竞争性的同类工作或类似工作

【裁判摘要】

劳动者在劳动过程中应秉持诚实、善意的动机为正当行为，忠实维护用人单位的合法权益。此为劳动者之忠诚义务，是劳动关系中诚实信用原则的体现和要求，亦是劳动关系的附随义务，系劳动者理应遵守的基本职业道德。因此，劳动者在职期间，基于忠诚义务，未经用人单位许可不得从事与用人单位有竞争性的同类工作或类似工作，这种竞业限制义务无需约定即存在。

劳动者作为用人单位主要业务部门的核心技术人员，在劳动关系存续期间自己开业经营与用人单位有竞争性的同类业务，显然严重违背劳动者的基本忠诚义务，损害了用人单位的合法权益，导致双方诚信关系根本破裂，劳动关系赖以存续的基础丧失。用人单位据此解除劳动合同合法。

---

* 摘自《民事审判指导与参考》2019年第3辑（总79辑），人民法院出版社2020年版。

一、相关法条

《中华人民共和国劳动法》第三条　劳动者应当完成劳动任务，提高职业技能，执行劳动安全卫生规程，遵守劳动纪律和职业道德。

《中华人民共和国劳动合同法》第三条　订立劳动合同，应当遵循合法、公平、平等自愿、协商一致、诚实信用的原则。

二、案件索引

1. 广东省广州市黄埔区人民法院（2017）粤 0112 民初 588 号（2017年 7 月 14 日）；

2. 广东省广州市中级人民法院（2017）粤 01 民终 16714 号（2017 年11 月 28 日）。

三、基本案情

谢某于 2012 年 3 月 26 日入职广州市欧科地理信息技术服务有限公司（以下简称欧科公司），任职项目经理，双方签订了两份劳动合同，第一份期限为 2012 年 3 月 26 日至 2015 年 6 月 30 日，第二份期限为 2015 年 7 月1 日至 2018 年 7 月 1 日。上述两份劳动合同均约定谢某已知悉并同意欧科公司的各项规定，并予以遵守，欧科公司遵照各项规定对谢某进行管理，相关规定为合同附件，与合同具有同等法律效力。2016 年 2 月 16 日，欧科公司更名为广州欧科信息技术股份有限公司。

谢某的银行流水明细显示，从 2015 年 1 月起，谢某的工资由启慧公司支付，之前由欧科公司支付。打印日期为 2016 年 11 月 14 日的《缴费历史明细表》载明，欧科公司为谢某缴纳了 2012 年 6 月至 2014 年 12 月的社会保险，启慧公司为谢某缴纳了 2015 年 1 月至 2016 年 9 月的社会保险。

2016 年 10 月 19 日，欧科公司向谢某发出《劳动关系解除通知书》，上面载明："我公司自 2012 年 3 月 26 日与你签订劳动合同，双方开始建立劳动关系；在劳动合同履行过程中，我公司发现你于 2015 年 6 月 10 日入股了广州铭图信息科技有限公司（以下简称铭图公司），并且经营范围涉及地理信息加工处理，信息系统集成等与我公司相同的经营项目，严重违反了我公司的规章制度。根据《劳动合同法》第三十九条的规定，公司决定与你解除劳动合同，终止与你的劳动关系。"谢某于 2016 年 10 月 20 日签收该通知书。双方确认谢某离职前 12 个月的月平均工资为 8777.70 元。

欧科公司另提交了铭图公司于 2016 年 10 月 27 日与中山大学签订的《技术服务合同》，该合同涉及的是"中山大学校园高清影像数据服务项目"，铭图公司签约的联系人为瞿某俊。欧科公司据此认为谢某已经把主要精力放在了自己的公司，并利用欧科公司的人力、物力和财力为自己的公司服务。

欧科公司成立于 2002 年 10 月 16 日，经营范围为"测绘服务；软件开发；信息系统集成服务；数据处理和存储服务；计算机、软件及辅助设备零售"。启慧公司成立于 2014 年 1 月 2 日，经营范围为"数据处理和存储服务；数字内容服务；地理信息加工处理；软件开发；信息系统集成服务；信息技术咨询服务；测绘服务；工程技术咨询服务；规划管理"，股东为刘某林和欧科公司。铭图公司成立于 2014 年 3 月 31 日，经营范围为"农业病虫害防治服务；农业机械批发；农业机械租赁；农业机械服务；农业技术咨询、交流服务；软件开发；信息系统集成服务；信息技术咨询服务；地理信息加工处理；软件服务；数字动漫制作；工程勘察设计；数据处理和存储服务；商品批发贸易（许可审批类商品除外）；航空技术咨询服务；警用装备器材的技术研究、技术开发；测绘服务；电子、通信与自动控制技术研发、开发"。铭图公司设立时的股东为舒某波、瞿某俊，两人原为欧科公司的员工。谢某于 2015 年 6 月 10 日入股铭图公司，并于 2016 年 10 月 21 日担任铭图公司的监事。

谢某于 2016 年 10 月 31 日向广州开发区劳动人事争议仲裁委员会申请仲裁。2017 年 1 月 16 日，广州开发区劳动人事争议仲裁委员会作出穗开劳人仲案字［2016］1358 号《裁决书》，裁决欧科公司支付谢某 2016 年 9 月、10 月工资 7487.45 元，驳回谢某的其他仲裁请求。谢某不服该裁决，于 2017 年 1 月 24 日向原审法院提起诉讼。另查，谢某在原审庭审中表示，对于 2016 年 9 月、10 月工资 7487.45 元没有异议。

四、裁判结果

广东省广州市黄埔区人民法院于 2017 年 7 月 14 日作出（2017）粤 0112 民初 588 号民事判决：一、欧科公司和启慧公司于判决发生法律效力之日起 7 日内一次性向谢某支付 2016 年 9 月、10 月工资 7487.45 元；二、驳回谢某的其他诉讼请求。

广东省广州市中级人民法院于 2017 年 11 月 28 日作出（2017）粤 01 民终 16714 号民事判决：驳回上诉，维持原判。

五、裁判理由

一审判决认为，关于解除劳动关系的经济补偿金和赔偿金问题。首先，谢某虽然否认欧科公司《员工手册》的真实性，但承认其入职时曾签收过员工手册，只是签收的版本并非欧科公司提供的版本。谢某未就上述主张提供证据予以证明，应承担举证不能的不利后果，一审法院认定欧科公司的《员工手册》已经向谢某公示或告知，根据《最高人民法院关于审理劳动争议案件适用法律若干问题的解释》第十九条①的规定，欧科公司的《员工手册》可以作为审理本案的依据。其次，从欧科公司和铭图公司的工商登记信息来看，两公司的经营范围在信息系统集成服务、测绘服务等方面存在较多项目的重合，可以认为两公司具有竞争关系。再次，谢某于 2015 年 6 月 10 日入股铭图公司，现有证据均未能反映谢某已经向欧科公司或启慧公司告知上述事实。最后，虽然欧科公司《员工手册》规定的是员工任职期间未经公司书面同意不得兼职从事其他工作，违反的可以给予解除劳动关系处理，但举重明轻，员工任职期间在与用人单位有竞争关系的企业担任股东的行为比上述兼职行为情节更为恶劣。综上，欧科公司与谢某解除劳动关系，有事实和法律依据，应属合法解除。

---

① 该司法解释已于 2021 年 1 月 1 日废止，根据 2020 年 12 月 29 日公布的《最高人民法院关于审理劳动争议案件适用法律问题的解释（一）》，本条被修改为第五十条第一款："用人单位根据劳动合同法第四条规定，通过民主程序制定的规章制度，不违反国家法律、行政法规及政策规定，并已向劳动者公示的，可以作为确定双方权利义务的依据。"

二审判决认为，关于解除劳动关系是否合法的问题。《中华人民共和国劳动法》第三条第二款规定："劳动者应当完成劳动任务，提高职业技能，执行劳动安全卫生规程，遵守劳动纪律和职业道德。"《中华人民共和国劳动合同法》第三条规定："订立劳动合同，应当遵循合法、公平、平等自愿、协商一致、诚实信用的原则。"可见，劳动者在劳动过程中应秉持诚实、善意的动机为正当行为，忠实维护用人单位的合法权益。此为劳动者之忠诚义务，是劳动关系中诚实信用原则的体现和要求，亦是劳动关系的附随义务，系劳动者理应遵守的基本职业道德。因此，劳动者在职期间，基于忠诚义务，未经用人单位许可不得从事与用人单位有竞争性的同类工作或类似工作，这种竞业限制义务无需约定即存在。本案中，欧科公司和铭图公司的工商登记信息均包含信息系统集成服务、测绘服务等方面，原审法院认为两公司的经营范围存在较多项目的重合，据此认定两公司具有竞争关系，并无不当。谢某系欧科公司地理信息事业部项目经理，从其专业和职位来看，并非技术含量不高、可替代性强的普通劳动者，而是用人单位主要业务部门的核心技术人员。但谢某在与欧科公司劳动关系存续期间，于2015年6月10日入股铭图公司，系自己开业经营与欧科公司有竞争性的同类业务，显然严重违背劳动者的基本忠诚义务，损害了用人单位的合法权益，导致双方诚信关系根本破裂，劳动关系赖以存续的基础丧失。原审法院据此认定欧科公司解除与谢某的劳动关系合法，并无不当。

退一步说，欧科公司依据《员工手册》的相关规定解除与谢某的劳动关系亦属合法。本案仲裁及一审期间，谢某均陈述其入职时曾签收过员工手册，只是签收的版本并非欧科公司提供的版本，但二审期间谢某则辩称其只是签名，并未收到员工手册。《最高人民法院关于民事诉讼证据的若干规定》第七十四条①规定："诉讼过程中，当事人在起诉状、答辩状、陈

---

① 该司法解释已于2019年12月25日修改，本条被修改为第三条："在诉讼过程中，一方当事人陈述的于己不利的事实，或者对于己不利的事实明确表示承认的，另一方当事人无需举证证明。在证据交换、询问、调查过程中，或者在起诉状、答辩状、代理词等书面材料中，当事人明确承认于己不利的事实的，适用前款规定。"

述及其委托代理人的代理词中承认的对己方不利的事实和认可的证据，人民法院应当予以确认，但当事人反悔并有相反证据足以推翻的除外。"因谢某未能提供相反证据推翻其自认的签收员工手册之事实，故本院对此项事实予以确认。原审法院认定欧科公司的《员工手册》已经向谢某公示或告知，并将《员工手册》作为审理本案的依据，并无不当。上述《员工手册》明确规定，员工任职期间未经公司的书面同意不得兼职从事其他工作，违反的可以给予解除劳动关系处理。故举轻以明重，员工任职期间自己开办与用人单位有竞争关系的企业，情节显然更为严重。故欧科公司据此解除与谢某的劳动关系，属合法解除。

综上，谢某的上述行为违反了劳动者的基本忠诚义务以及欧科公司的规章制度，原审法院认定欧科公司解除与谢某的劳动关系合法，无需向谢某支付经济补偿金或赔偿金，并无不当，应予维持。

六、案例注解

（一）两种不同的观点

第一种观点认为，《中华人民共和国劳动合同法》第二十三条仅规定了劳动者离职后的竞业限制义务，但是对于劳动者在职期间的竞业限制义务没有规定。此外，《中华人民共和国公司法》第一百四十七条规定高级管理人员对公司负有忠实义务和勤勉义务；第一百四十八条规定高级管理人员负有在职期间的竞业限制义务。但是，《中华人民共和国公司法》第二百一十六条同时对于"高级管理人员"进行了明确界定，即指公司的经理、副经理、财务负责人，上市公司董事会秘书和公司章程规定的其他人员。本案中的劳动者谢某显然不属于此类高级管理人员。因此，一审法院遵循《中华人民共和国劳动合同法》第三十九条关于严重违反用人单位规章制度的审理思路，是唯一的适当途径。

第二种观点认为，离职后竞业限制义务非产生于法律规定，而是基于双方约定；非有约定，不产生离职后竞业限制义务。但是，与离职后竞业限制义务不同的是，劳动者在职期间，基于忠诚义务，未经用人单位许可不得到其他用人单位兼职，更不能从事与用人单位有竞争性的同类工作或类似工作，这种竞业限制义务无需约定即存在。根据本案的证据和相关事实，不仅可以遵循一审的思路认定劳动者谢某严重违反规章制度，也可以直接认定其违反劳动者的忠诚义务导致双方劳动关系赖以存续的诚信关系根本破裂，用人单位据此解除劳动关系合法。

二审法院持第二种观点。

（二）劳动者忠诚义务的基本理论问题

关于忠诚义务，发达国家均已形成了一套较为成熟的规范制度，如英国、瑞典、新西兰、加拿大等国基本上都通过判例法的形式确认了劳动者的忠诚义务（employee duty of loyalty），并就劳动者违反忠诚义务的法律后果作了相应的规定。① 反观我国之现实状况，一方面，我国在立法上并未就劳动者之忠诚义务作出具体规定；另一方面，与离职后的忠诚义务（主要为竞业限制义务）的丰硕研究成果相较，劳动法学界对劳动者在职期间的忠诚义务亦关注甚少，导致司法实践中处理此类纠纷存在诸多困惑。

1. 关于劳动者忠诚义务的立法现状

纵观《中华人民共和国劳动法》与《中华人民共和国劳动合同法》，并未明确劳动者忠诚义务，但部分条款有所涉及：一是《中华人民共和国劳动法》第三条规定，"劳动者应当完成劳动任务，提高职业技能，执行劳动安全卫生规程，遵守劳动纪律和职业道德"；《中华人民共和国劳动合同法》第三条规定："订立劳动合同，应当遵循合法、公平、平等自愿、协商一致、诚实信用的原则。"此外，《中华人民共和国劳动合同法》第三十九条规定了用人单位单方解除的条件，其中的两种情形"严重失职，营私舞弊，给用人单位造成重大损害""劳动者同时与其他用人单位建立劳动关系，对完成本单位的工作任务造成严重影响，或者经用人单位提出，拒不改正"，从侧面体现了劳动者的注意义务和在职期间的兼职限制义务。

---

① 贾文婷：《劳动者忠诚义务研究》，苏州大学 2012 年硕士学位论文。

2. 劳动者忠诚义务的由来

在国际仲裁协会召开的一次国际研讨会上，曾就劳动者忠诚义务的相关问题对澳大利亚、英国、加拿大、新西兰、美国、意大利、德国、法国、瑞典、日本等国家进行了专题调查。各国家对于雇员忠实义务基本原则的认识是一致的，即在雇佣关系存续期间，雇员应当积极增进而不能损害、妨碍雇主利益。[①] 也有国内学者认为，劳动者忠诚义务即要求劳动者负有广泛的不作为义务，凡对用人单位可能发生损害之一切行为均不得作为，同时亦应积极维护用人单位合法权益。[②] 此外，还可以从劳动者的主观心理状态和客观行为两方面去阐释：一方面，要求劳动者在劳动过程中秉持着诚实、善意的动机，尽谨慎的注意义务；另一方面，要求劳动者正当行为，忠实维护用人单位合法权益而不得损害其利益。对于劳动者忠诚义务的论证，源于劳动契约的从属性和继续性。（1）劳动契约的从属性。劳动者对用人单位的身份从属性以及与之相应的用人单位对劳动者相关行为的期待，使得作为一种道德准则的忠诚要求上升为法律上的义务。正如我国台湾地区"劳动法"学者黄越钦先生所言："之所以在劳动关系中需强调忠诚义务，是因为劳动关系并不仅仅为财产价值之交换而已，其间之人格信用关系亦极为重要。"[③]（2）劳动契约的继续性。劳动关系是一种典型的继续性契约，对安定性极为重视。继续性契约之宗旨在于保持契约的持续状态，因而其特别强调契约双方的信赖基础。劳动者与用人单位之间的相互信任成为劳动关系赖以存续并融洽顺畅的基础。倘若信赖基础丧失，劳动关系将受到严重损害，最终难以维系。因此，维护一段良好稳定的劳动关系需要劳动关系双方的共同努力，就劳动者而言，则需要履行相应的忠诚义务。

3. 劳动者忠诚义务的内涵

忠诚义务主要包含以下几项基本内容：（1）告知义务；（2）服从义

[①] See Benjamin Aaron, Employees′Duty Of Loyalty: Introduction And Overview, In Winter (1999) Comparative Labor Law And Policy Journal, p. 144.

[②] 黄越钦:《劳动法新论》，中国政法大学出版社 2003 年版，第 175 页。

[③] 黄越钦:《劳动法新论》，中国政法大学出版社 2003 年版，第 175 页。

务；（3）保密义务；（4）合理注意义务；（5）竞业限制义务；（6）不得贬损用人单位之义务。本案涉及的忠诚义务即为竞业限制义务，顾名思义乃从事竞争性行为之限制。因劳动者与用人单位之间的竞争明显违反了维护雇主合法利益的要求，雇主有正当理由失去对劳动者的信任。

4. 界定劳动者忠诚义务之考量因素

基本考量因素在于区分不同层次劳动者。从整体上而言，劳动关系具有"强资本、弱劳动"的特点，劳动者的弱势性也是以倾斜保护为特征的劳动法产生与存在的基础。但在具体的劳动关系中，劳动者的弱势性是有差异的。当今社会的经济条件和生产方式已与劳动法诞生的早期完全不同，劳动者早已不都是只能纺织和采矿的低技术体力劳动者。在知识经济蓬勃发展的时代背景下，劳动者由于其竞争力和稀缺性的差异已经分为不同的层次①：首先，高级管理人员。具体见《中华人民共和国公司法》第一百四十七条、第一百四十八条、第二百六十一条的规定，因对高级管理人员有明确界定，故具有一定的可操作性。其次，优势地位劳动者。对这部分劳动者可以根据劳动关系的具体情势，综合考虑以下一些因素进行判定：（1）劳动者所处职位及其可替代程度；（2）用人单位对劳动者给予特殊的信任，使得劳动者享有一定的裁量权；（3）基于工作而与用人单位的客户建立联系；（4）接触用人单位商业秘密的机会。最后，普通劳动者。此类劳动者，一般属于低技术含量、可替代性较强、为获取基本生存利益的劳动者，因其最缺乏与用人单位抗衡的力量，故最需要劳动法给予倾斜保护，可以不承担竞业限制义务。

5. 劳动者违反忠诚义务的法律后果

劳动者违反忠诚义务应遵循相当性原则采取相应的处罚措施，以解除劳动合同为最后手段。（1）相当性原则。基于公平原则，惩罚的种类和程度必须与违反的情节、轻重程度相适应。违反竞业限制义务的，一般可以直接认定为严重违反忠诚义务，适用惩戒性解雇（过错性解除劳动合同）。

---

① 王天玉：《"和谐"与"稳定"之辨——劳动者辞职权制度的反思与重构》，载《时代法学》2009年第2期。

（2）解雇最后手段性原则。在所有的惩戒措施中，最严厉的便是惩戒性解雇。解雇必须作为最后手段来使用。一些国家或地区通过判例树立了这项原则。如我国台湾地区相关判例认为，"因劳工面临失业之冲击，涉及'台湾地区宪制性规定'所保障的人民工作权之范围，故采取惩戒解雇之手段，须劳工违背忠实义务，足认劳动关系受严重之干扰而难期继续，而有立即终结之必要，且雇主采取其他惩戒方法均无法达惩戒之目的，始得为之。"①

（三）本案的审理思路

首先，劳动者在职期间忠诚义务的法律依据和法理依据。从法律上来看，《中华人民共和国劳动法》第三条规定的"遵守职业道德"义务带有一定的宣誓性色彩，是对雇员道德义务的法律约束。《中华人民共和国劳动合同法》第三条规定的"诚实信用原则"，应扩大理解为劳动关系双方当事人履行劳动权利义务应遵循的基本原则。从法理上来看，劳动关系的从属性和继续性均要求劳动者在劳动过程中应秉持诚实、善意的动机为正当行为，忠实维护用人单位的合法权益。此乃劳动者之忠诚义务。它既是劳动关系中诚实信用原则的体现和要求，亦是劳动关系的附随义务，系劳动者理应遵守的基本职业道德。

其次，优势劳动者竞业限制义务之考量。竞业限制义务系劳动者在职期间应遵守的忠诚义务。但这一义务的履行需区别不同层次的劳动者。高级管理人员和优势劳动者需承担这一竞业限制义务。谢某系欧科公司地理信息事业部项目经理，从其专业和职位来看，并非技术含量不高、可替代性强的普通劳动者，而是用人单位主要业务部门的核心技术人员，掌握公司的相关商业秘密和技术信息，属于优势劳动者，理应履行在职期间的竞业限制义务。但谢某在与欧科公司劳动关系存续期间入股铭图公司，系自己开业经营与欧科公司有竞争性的同类业务，构成对忠诚义务的违反。

最后，适用解除劳动合同之最后手段之衡量。惩戒性解雇（过错性解

---

① 参见我国台湾地区台中地方法院 2002 年度劳诉字第 39 号判决。

除劳动合同）具有惩戒与解除劳动合同的双重性质，因惩戒性解雇剥夺劳动者工作权且劳动者无法得到经济补偿，因而是对劳动者最有效却也是最苛酷之制裁。根据前述相当性原则，劳动者在职期间自营与公司有竞争性的同类业务，不履行竞业限制义务，明显违反了维护用人单位合法权益的要求，用人单位有正当理由失去对劳动者的信任。正如欧科公司诉讼中的答辩称："铭图公司为谢某出资并实际经营，其业务范围又几乎与欧科公司一致，从人趋利避害的秉性而言，自铭图公司成立之日起，谢某就已经不可能再为欧科公司积极创造价值，只会隐蔽地利用欧科公司的平台及其人力、物力和财力为自己的公司的成长而努力。"因此，可以据此认定谢某严重违反忠诚义务，以致劳资双方诚信关系根本破裂，劳动关系赖以形成的基础已经丧失。欧科公司实施惩戒性解雇，解除与谢某的劳动合同，属于合法解除，无需支付任何经济补偿。

34．朱某某与重庆某某股份有限公司经济补偿金纠纷申请再审案*

▶

劳动者解除
劳动合同时
提出的事由
会影响用人
单位是否支
付 经 济 补
偿金

【裁判摘要】

依照《中华人民共和国劳动合同法》第三十八条、第四十六条的规定，劳动者因用人单位未及时足额支付劳动报酬而解除劳动合同的，用人单位应当向劳动者支付经济补偿。但实践中，部分劳动者单方解除劳动合同的理由并不明确、具体，或者不符合法律规定的上述情形，但其在仲裁、诉讼阶段提出了符合应获得经济补偿金的具体理由。即使劳动者在后提出的解除劳动合同情形客观存在，但若对劳动者任意补充、解释或更改后的解除劳动合同的理由予以支持，有违诚实信用原则，既不利于准确认定劳动者真实的辞职原因，也容易使用人单位陷入不确定的法律风险之中，损害用人单位的合法权益，司法的权威性和稳定性亦有可能受到损害。从长远来看，也会造成劳动者与用人单位之间权益保护的过度失衡，并不利于劳动关系与社会经济的和谐健康发展，故不应对此鼓励和支持。

---

* 摘自《立案工作指导》（总第58、59辑），人民法院出版社2022年版，第330~339页。

一、基本案情

朱某某于 2007 年 3 月进入重庆某某股份有限公司（以下简称某某公司）工作，离职前从事返修工工作。2017 年 1 月 19 日，某某公司与朱某某签订了《劳动合同书》，约定合同期限自 2016 年 12 月 29 日至 2019 年 12 月 28 日止。2019 年 1 月 9 日，朱某某向某某公司发出《解除劳动关系通知书》，载明："由于你公司存在未依法休年休假，未按劳动合同约定提供劳动条件等违法行为，我特依据劳动合同法第三十八条之规定，提出与你解除劳动关系。"某某公司于 2019 年 1 月 10 日收到上述通知书。

2019 年 4 月 1 日，朱某某以某某公司为被申请人，向重庆市九龙坡区劳动人事争议仲裁委员会申请仲裁，请求裁决某某公司向其支付：解除劳动关系经济补偿金 58332 元以及 2017 年、2018 年未休年休假工资报酬 4470 元。该委于 2019 年 5 月 17 日作出渝劳人仲案字（2019）第 112 号仲裁裁决书，裁决：某某公司向朱某某支付未休年休假工资报酬 4470 元；某某公司向朱某某支付解除劳动关系经济补偿金 55901.5 元。某某公司不服上述裁决事项，遂起诉至法院，请求判决某某公司不支付朱某某解除劳动关系经济补偿金 55901.5 元。

二、原审法院审理情况

重庆市九龙坡区人民法院一审认为，朱某某向原告某某公司发出的《解除劳动关系通知书》中载明了劳动关系解除原因，一是未依法休年休假，二是未按劳动合同约定提供劳动条件。关于未休年休假，未安排休年休假不属于《中华人民共和国劳动合同法》规定的用人单位应支付经济补偿金的情形，故朱某某以未休年休假为由主张原告支付经济补偿金缺乏法律依据，对此理由一审法院不予支持。关于未按劳动合同约定提供劳动条件，朱某某在庭审中明确该情形是指原告某某公司未按约定为其提供免费工作餐。双方签订的《劳动合同书》并未对此项进行约定，同时劳动条件是指劳动者借以实现其劳动的物质条件，即生产过程中有关劳动者的安全、生产和劳动程度等所必需的物质设备条件，如厂房的安全卫生状况、车间气温条件等，一般与劳动者的工作环境、劳动强度及工作时间有关。工作餐从其性质本身来说，是用人单位为协调劳动关系，逐步提高劳动者的生活水平所创设的福利性待遇，并非实现劳动不可或缺的物质设备条件，因此工作餐并不属于劳动条件的范围，故被告朱某某以未提供免费工作餐为由，主张原告某某公司未提供劳动条件，应支付经济补偿金的理由亦不成立。综上，原告某某公司主张不支付经济补偿金理由成立，一审法院对其诉讼请求予以支持。据此，依照《中华人民共和国劳动合同法》第四十六条、2017年修正的《中华人民共和国民事诉讼法》第六十四条第一款之规定，判决如下：原告某某公司于本判决生效之日起5日内向被告朱某某支付未休年休假工资4470元；原告某某公司不支付被告朱某某解除劳动关系的经济补偿金55901.5元。

朱某某未提起上诉。

三、当事人申请再审及答辩理由

朱某某申请再审称：第一，其解除劳动合同是依据《中华人民共和国劳动合同法》第三十八条的规定，理由是未依法休年休假和用人单位未按劳动合同提供劳动条件等违法行为，其在劳动仲裁及一审开庭时均提出未依法休年休假既包含用人单位未安排其休年休假，也包含用人单位未向其支付未休年休假待遇的意思，二者属于同一违法行为，符合《中华人民共和国劳动合同法》第三十八条规定的用人单位未及时足额支付劳动报酬之情形，一审判决认为"未依法休年休假"不符合用人单位应支付经济补偿金的情形属认定事实和适用法律错误。第二，劳动条件既包括工作环境、劳动强度、工作时间等方面的物质设备条件，同时也包括经济待遇、生活条件等与劳动者利益密切相关的事项。提供免费工作餐系双方在劳动合同中约定的一项待遇，用人单位未按合同约定提供，符合《中华人民共和国劳动合同法》第三十八条规定的未提供劳动合同约定的劳动条件之情形，劳动者据此解除劳动合同的，用人单位亦应支付经济补偿金，一审判决对其请求不予支持错误。朱某某依据2017年修正的《中华人民共和国民事诉讼法》第二百条第二项、第六项的规定申请再审。

某某公司提交意见称：第一，申请人向被申请人提出解除劳动合同时的理由与其申请仲裁、法院庭审时陈述的理由并不一致，不同的解除理由将导致不同的法律后果，在此情况下应以申请人首次明确的理由为准；第二，申请人未休年休假不能扩大解释为被申请人未支付年休假工资，否则将导致结论错误；第三，被申请人与申请人并未在劳动合同中约定提供免费工作餐，且免费工作餐属于福利性待遇，不属于《中华人民共和国劳动合同法》第三十八条规定的劳动条件范围。申请人的申请再审理由不能成立，请求予以驳回。

四、法院再审审查意见

重庆市第五中级人民法院审查认为，本案的主要争议焦点为某某公司是否应向朱某某支付经济补偿金。本案中，朱某某原系某某公司员工，其于2019年1月9日向某某公司发出《解除劳动关系通知书》，载明："由于你公司存在未依法休年休假，未按劳动合同约定提供劳动条件等违法行为，我特依据劳动合同法第三十八条之规定，提出与你解除劳动关系。"围绕本案争议焦点，针对朱某某前述单方解除劳动合同所依据的理由是否属于用人单位应向劳动者支付经济补偿金的法定情形，法院评述如下。

第一，关于未依法休年休假是否属于用人单位向劳动者支付经济补偿金的法定情形问题。首先，《中华人民共和国劳动合同法》第四十六条规定了劳动者依照该法第三十八条规定解除劳动合同等用人单位应当向劳动者支付经济补偿的情形，其中并不包括用人单位未安排劳动者休年休假。其次，劳动者认为用人单位未安排年休假不能当然等同于劳动者要求用人单位支付相应劳动报酬。带薪年休假制度的目的在于保障劳动者的休息权利，用人单位应充分尊重和保障劳动者这一权利。虽然用人单位未安排年休假应加倍支付相应的劳动报酬，但劳动者要求休息权与要求支付相应经济报酬的目的及后果有所不同，用人单位未安排年休假与拖欠劳动报酬也存在区别。若劳动者以用人单位未及时足额支付劳动报酬为由解除劳动合同的，属于用人单位应当支付经济补偿的情形，但朱某某在向某某公司发出的《解除劳动关系通知书》中并未明确提出该公司未及时足额支付劳动报酬这一理由。最后，劳动者单方解除劳动合同的理由应明确、具体，且判断用人单位是否应向劳动者支付经济补偿金应以劳动者解除劳动合同当时提出的理由为准，不应以劳动者事后补充或变更的理由判断。虽然对处于弱势地位的劳动者利益应给予适当倾斜的保护，但是用人单位的合法利益也应得到应有的保障。从长远来看，劳动者与用人单位之间权益保护的过度失衡，并不利于劳动关系与社会经济的和谐健康发展。本案中，朱某某解除劳动合同时明确提出的解除理由为未依法休年休假和未按劳动合同约定提供劳动条件，并无"用人单位未及时足额支付劳动报酬"这一情形，若按照其在劳动仲裁、诉讼时补充、增加或变更的解除理由判断用人单位是否应予支付经济补偿金，既不利于准确认定劳动者真实的辞职原因，有违诚实信用原则，也容易使用人单位陷入不确定的法律风险之中，损害用人单位的合法权益。综上，一审判决认为未安排休年休假不属于《中华人民共和国劳动合同法》规定的用人单位应支付经济补偿金的情形，对朱某某以此为由请求支付经济补偿金的主张不予支持并无不当。

第二，关于未提供免费工作餐是否属于劳动合同约定的劳动条件问题。首先，双方于2017年1月19日签订的自2016年12月29日起至2019年12月28日止的固定期限《劳动合同书》中并未约定"用人单位在工作期间提供一餐免费工作餐"之内容。其次，劳动条件是指劳动者借以实现其劳动的物质条件，即生产过程中有关劳动者的安全保护、生产等所必需的物质设备条件，如厂房的安全卫生状况、车间气温条件等，一般与劳动者的工作环境、劳动强度及工作时间有关，若用人单位不提供该条件，将导致劳动者无法正常工作。从免费工作餐的性质上讲，其是用人单位为协调劳动关系，提高劳动者积极性或生活水平所创设的福利性待遇，并非实现劳动不可或缺的物质设备条件，因此免费工作餐并不属于劳动条件范畴。一审判决认为朱某某以此主张某某公司未提供劳动条件，应支付经济补偿金的理由不能成立亦无不当。综上，朱某某的再审申请不符合2017年修正的《中华人民共和国民事诉讼法》第二百条①规定的再审情形。故法

---

① 对应《中华人民共和国民事诉讼法》（2021年修正）第二百零七条。

院依照《中华人民共和国民事诉讼法》第二百零四条第一款①、《最高人民法院关于适用〈中华人民共和国民事诉讼法〉的解释》（法释〔2015〕5号）第三百九十五条第二款②的规定，裁定驳回朱某某的再审申请。

五、评析意见

（一）经济补偿金制度是对劳动者权利倾斜保护的重要体现

经济补偿金是我国劳动法律制度中的一项重要内容，无论该制度是出于对劳动者劳动贡献或可得利益的一种补偿，还是出于保障劳动合同解除后的劳动者生活，抑或是对用人单位违法解除劳动合同的一种惩罚，都不会影响其在维持劳动者失业阶段的基本生活，缓解劳动者的生活困难，保护劳动者合法权益方面所发挥的积极作用，充分体现了劳动法对劳动者倾斜保护的原则和目的，是劳动关系解除或终止后保障劳动者权益的重要机制之一。

我国于1994年颁布的劳动法首次在法律层面规定了经济补偿制度，2007年的《中华人民共和国劳动合同法》在《中华人民共和国劳动法》的基础上对该制度作了更为详尽的规定，除规定用人单位解除合同应支付经济补偿金的几种情形外，还增加了终止劳动合同、劳动者解除劳动合同等应支付经济补偿金的情形，进一步扩大了经济补偿金的适用范围。

（二）劳资利益保护的倾斜与平衡

经济补偿金制度对提高劳动成本、稳定劳动关系，保障劳动者权益发挥了积极作用。但该制度在设立之初也存在一定的争议，随着我国社会保障制度的不断健全，完善甚至取消该制度的呼声不时出现，这些观点主要是认为，经济补偿金的制度功能已被不断健全的社会保障制度替代，再让企业支付经济补偿，无疑会给企业增加经济负担，不利于企业的长久发

---

① 对应《中华人民共和国民事诉讼法》（2021年修正）第二百一十一条。
② 对应《最高人民法院关于适用〈中华人民共和国民事诉讼法〉的解释》（2022年修正）第三百九十三条第二款。

展。一般来讲，劳动者与用人单位相比处于弱势地位，故我国的劳动法律规范给予劳动者一定的倾斜保护，在劳动合同的订立、变更、解除以及劳动者休假等方面，均作了详细的规定。但同时用人单位的相应成本也不断提高，造成用人单位经营压力加大。本案并不涉及经济补偿金制度的存废问题，但在法律规定不明确的情况下如何有效发挥该制度的作用，既能充分保护劳动者权益，又能平衡用人单位的合法利益，发挥构建和谐劳资关系，维护社会稳定的作用，不至于因为对劳动者的过度保护，导致用人单位经营困难、劳动者福利待遇下降甚至失业的反效果，值得我们探索思考。

针对本案，首先，在劳动者主动解除劳动合同的情况下，劳动者在解除合同理由、搜集保存相应证据方面具有一定的主动权，劳动者以用人单位存在《中华人民共和国劳动合同法》第三十八条所规定的情形为由请求经济补偿并得到支持的可能性很大。同时，劳动者能够在解除劳动合同时向用人单位书面通知解除理由并援引相应的法律依据，说明其对相应法律规范比较熟悉，在认识上不存在明显的劣势。其次，劳动者提出的解除合同的理由之一为"未依法休年休假"，既不属于《中华人民共和国劳动合同法》第四十六条规定的用人单位应支付经济补偿的情形，又存在多种情形、多种理解：如劳动者主动不休年休假、劳动者要求休年休假但用人单位不予批准或未能及时安排等；劳动者提出该解除理由也可以理解为其向用人单位提出休年休假的权利要求未得到满足，该要求属于休息权，与要求支付相应经济报酬的目的及后果有所不同。用人单位未安排年休假与未及时足额支付劳动报酬也存在区别，无法当然将未依法休年休假等同于劳动者补充的用人单位未及时足额发放未休假报酬。

（三）未休年休假报酬性质争议及价值导向

对于未休年休假所应得的报酬是否属于《中华人民共和国劳动合同法》第三十八条中的劳动报酬，也存在不小争议。

劳动报酬说认为，未休年休假报酬属于《中华人民共和国劳动合同法》第三十八条所指的"劳动报酬"。主要理由有：从法律规定上看，年休假对应的是工资报酬；从含义上看，劳动报酬即工资，指职工为用人单位提供劳动后，用人单位支付的对价。未休年休假工资报酬，是因职工在应休而未休的假日期间提供了劳动，用人单位应支付的报酬，只是报酬计算的标准较平时高。由此，未休年休假工资报酬应属于劳动报酬范畴。从会计制度和统计制度上看，年休假工资报酬（含已休和未休）均纳入工资口径。综上，未休年休假工资报酬是职工在法定的休假日中提供了劳动，用人单位应当支付的劳动报酬。① 还有理由认为，《职工带薪年休假条例》及《企业职工带薪年休假实施办法》使用了"年休假工资报酬"字样，该报酬与《中华人民共和国劳动合同法》中的"劳动报酬"能够统一。

福利待遇说认为，未休年休假工资属于福利待遇。主要理由有：在薪酬管理体系中，未休带薪年休假工资报酬作为通过福利和服务获得的报酬有别于直接以现金方式支付的工资，并结合《工资支付暂行规定》《国家统计局关于工资总额组成的规定》等相关法规对于工资的规定，可以得出未休年休假工资报酬虽然表述为"工资报酬"，但是并非工资总额的组成部分，而且其产生归因于职工福利，所以其性质应为福利待遇。②

但笔者认为，《职工带薪年休假条例》及《企业职工带薪年休假实施办法》中的"工资报酬"与《中华人民共和国劳动合同法》中的"劳动报酬"内涵与外延并不完全相同，而且赋予劳动者以未付未休年休假工资报酬为由解除劳动合同的权利并不符合立法本意。年休假制度保障的是劳动者的休息权，其与劳动报酬权保护的方式、目标、内容均有所不同，带薪年休假制度的主要目的在于保障劳动者休息权，而不是让劳动者通过牺牲休息时间获得额外报酬，但在目前情况下，我国对劳动报酬权的保护力度更大，若将未休假工资也视为劳动报酬，很可能导致劳动者在利益驱动下选择尽可能不休假从而获得劳动报酬，从而不利于休息权保护目的之实现。

---

① 参见熊刚：《未休年休假待遇属于劳动报酬还是福利待遇》，载重庆人力资源和社会保障网。

② 参见贾迪、赵磊：《带薪年休假工资报酬性质研究》，载《中国人力资源开发》2017年第1期。

（四）劳动者行使解除权应如何履行告知义务

首先，劳动者解除劳动合同应反映其真实意思表示。不同的解除理由会产生不同的法律后果，如会影响用人单位是否支付经济补偿金（劳动者依照《中华人民共和国劳动合同法》第三十八条的规定解除劳动合同的，用人单位应支付经济补偿金），或者会影响劳动者辞职时是否具有预先通知义务，如因个人原因辞职的，需要履行书面提前通知的义务，但若以"用人单位以暴力、威胁或者非法限制人身自由的手段强迫劳动者劳动的，或者用人单位违章指挥、强令冒险作业危及劳动者人身安全"为由解除劳动合同的，劳动者可以立即解除劳动合同，不需事先告知用人单位。《中华人民共和国劳动合同法》第三十八条所规定的系劳动者的特别解除权，即劳动者无条件单方解除劳动合同的权利，劳动者以该条规定的事由解除劳动合同的，可以得到用人单位的经济补偿，但若劳动者辞职时出于碍于情面等原因，隐瞒了真实原因未行使特别解除权，即使用人单位存在上述过错，劳动者关于支付经济补偿金的请求亦不大可能得到支持。

其次，劳动者单方解除劳动合同的理由应明确、具体。实践中，劳动者单方解除劳动合同情形十分常见，解除理由也各种各样，有以个人原因解除的，也有以用人单位存在过错解除的，也有未说明任何原因而"不辞而别"的，但如前所述，劳动者不同的解除理由会影响其提出的用人单位支付经济补偿金的请求是否能够得到支持。语义不明、模糊不清的解除合同理由难以使仲裁机构或人民法院判断，最终可能影响其自身合法权益的实现。如广东省高级人民法院印发的《关于审理劳动争议案件疑难问题的解答》第八条在回答"劳动者以用人单位存在《中华人民共和国劳动合同法》第三十八条第一款情形为由主张被迫解除劳动合同是否应在离职时明确提出"这一问题时明确：劳动者以用人单位存在《中华人民共和国劳动合同法》第三十八条第一款情形为由主张被迫解除劳动合同的，应当在离职时明确提出。劳动者在离职时未以用人单位存在《中华人民共和国劳动合同法》第三十八条第一款情形为由主张被迫解除劳动合同，其之后又以用人单位存在《中华人民共和国劳动合同法》第三十八条第一款情形为由主张被迫解除劳动合同请求支付经济补偿金的，一般不予支持。

最后，劳动者解除劳动合同的理由不应在事后进行任意补充或变更。尽管劳动者处于弱势地位，对其利益应给予适当倾斜的保护，但也应在程序上对其解除权进行一定的限制，防止其滥用解除权，以保障用人单位的合法权利，防止利益保护的失衡。如《中华人民共和国劳动合同法》第三十七条就规定了劳动者解除劳动合同时的预先告知的义务，以减小因劳动者的随时离职对用人单位生产经营的影响。不少地方也出台相关文件对此作出一定的限制。例如，《广东省高级人民法院、广东省劳动人事争议仲裁委员会关于审理劳动人事争议案件若干问题的座谈会纪要》第二十八条规定：劳动者以其他理由提出辞职，后又以用人单位存在《中华人民共和国劳动合同法》第三十八条规定情形迫使其辞职为由，请求用人单位支付经济补偿的，不予支持。《北京市高级人民法院、北京市劳动争议仲裁委员会关于劳动争议案件法律适用问题研讨会会议纪要（二）》第三十九条也有类似规定：对于劳动者提出解除劳动合同的，应以劳动者当时实际解除劳动合同时提出的理由作为认定案件事实的依据，劳动者以《中华人民共和国劳动合同法》第三十八条规定之外的情形为由提出解除劳动合同，在仲裁或诉讼阶段又主张用人单位存在前述法定情形迫使其解除劳动合同，请求用人单位支付经济补偿金或赔偿金的，不予支持，但劳动者证明在解除劳动合同时，存在欺诈、胁迫、重大误解等违背其真实意思表示的情形的除外。

就本案来看，若允许劳动者对其辞职理由进行任意补充、解释或更改，有违诚实信用原则，既不利于准确认定劳动者真实的辞职原因，也容易使用人单位陷入不确定的法律风险之中，损害用人单位的合法权益，司法的权威性和稳定性亦有可能受到损害。从长远来看，也会造成劳动者与用人单位之间权益保护的过度失衡，并不利于劳动关系与社会经济的和谐健康发展。

（执笔人：李春伟）

35．聂某兰诉北京林氏兄弟文化有限公司确认劳动关系案[*]

▶

劳动关系适
格主体以
"合作经营"
等为名订立
符合劳动关
系认定标准
的协议，其
与用人单位
存在劳动
关系

（最高人民法院审判委员会讨论通过　2022年7月4日
发布）

【关键词】

民事　确认劳动关系　合作经营　书面劳动合同

【裁判要点】

1. 劳动关系适格主体以"合作经营"等为名订
立协议，但协议约定的双方权利义务内容、实际履行
情况等符合劳动关系认定标准，劳动者主张与用人单
位存在劳动关系的，人民法院应予支持。

2. 用人单位与劳动者签订的书面协议中包含工作
内容、劳动报酬、劳动合同期限等符合《中华人民共
和国劳动合同法》第十七条规定的劳动合同条款，劳
动者以用人单位未订立书面劳动合同为由要求支付第
二倍工资的，人民法院不予支持。

_* 摘自2022年7月4日最高人民法院发布的第32批指导案例（指导案例179号）。

【相关法条】

《中华人民共和国劳动合同法》第十条、第十七条、第八十二条

【基本案情】

2016年4月8日，聂某兰与北京林氏兄弟文化有限公司（以下简称林氏兄弟公司）签订了《合作设立茶叶经营项目的协议》，内容为："第一条：双方约定，甲方出资进行茶叶项目投资，聘任乙方为茶叶经营项目经理，乙方负责公司的管理与经营。第二条：待项目启动后，双方相机共同设立公司，乙方可享有管理股份。第三条：利益分配：在公司设立之前，乙方按基本工资加业绩方式取酬。公司设立之后，按双方的持股比例进行分配。乙方负责管理和经营，取酬方式：基本工资+业绩、奖励+股份分红。第四条：双方在运营过程中，未尽事宜由双方友好协商解决。第五条：本合同正本一式两份，公司股东各执一份。"

协议签订后，聂某兰到该项目上工作，工作内容为负责"中国书画"艺术茶社的经营管理，主要负责接待、茶叶销售等工作。林氏兄弟公司的法定代表人林某汤按照每月基本工资1万元的标准，每月15日通过银行转账向聂某兰发放上一自然月工资。聂某兰请假需经林某汤批准，且实际出勤天数影响工资的实发数额。2017年5月6日林氏兄弟公司通知聂某兰终止合作协议。聂某兰实际工作至2017年5月8日。

聂某兰申请劳动仲裁，认为双方系劳动关系并要求林氏兄弟公司支付未签订书面劳动合同二倍工资差额，林氏兄弟公司主张双方系合作关系。北京市海淀区劳动人事争议仲裁委员会作出京海劳人仲字（2017）第9691号裁决：驳回聂某兰的全部仲裁请求。聂某兰不服仲裁裁决，于法定期限内向北京市海淀区人民法院提起诉讼。

【裁判结果】

北京市海淀区人民法院于2018年4月17日作出（2017）京0108民初45496号民事判决：一、确认林氏兄弟公司与聂某兰于2016年4月8日至

2017 年 5 月 8 日期间存在劳动关系；二、林氏兄弟公司于判决生效后 7 日内支付聂某兰 2017 年 3 月 1 日至 2017 年 5 月 8 日期间工资 22758.62 元；三、林氏兄弟公司于判决生效后 7 日内支付聂某兰 2016 年 5 月 8 日至 2017 年 4 月 7 日期间未签订劳动合同二倍工资差额 103144.9 元；四、林氏兄弟公司于判决生效后 7 日内支付聂某兰违法解除劳动关系赔偿金 27711.51 元；五、驳回聂某兰的其他诉讼请求。林氏兄弟公司不服一审判决，提出上诉。北京市第一中级人民法院于 2018 年 9 月 26 日作出（2018）京 01 民终 5911 号民事判决：一、维持北京市海淀区人民法院（2017）京 0108 民初 45496 号民事判决第一项、第二项、第四项；二、撤销北京市海淀区人民法院（2017）京 0108 民初 45496 号民事判决第三项、第五项；三、驳回聂某兰的其他诉讼请求。林氏兄弟公司不服二审判决，向北京市高级人民法院申请再审。北京市高级人民法院于 2019 年 4 月 30 日作出（2019）京民申 986 号民事裁定：驳回林氏兄弟公司的再审申请。

【裁判理由】

法院生效裁判认为：申请人林氏兄弟公司与被申请人聂某兰签订的《合作设立茶叶经营项目的协议》系自愿签订，不违反强制性法律法规规定，属有效合同。对于合同性质的认定，应当根据合同内容所涉及的法律关系，即合同双方所设立的权利义务来进行认定。双方签订的协议第一条明确约定聘任聂某兰为茶叶经营项目经理，"聘任"一词一般表明当事人有雇佣劳动者为其提供劳动之意；协议第三条约定了聂某兰的取酬方式，无论在双方设定的目标公司成立之前还是之后，聂某兰均可获得"基本工资""业绩"等报酬，与合作经营中的收益分配明显不符。合作经营合同的典型特征是共同出资，共担风险，本案合同中既未约定聂某兰出资比例，也未约定共担风险，与合作经营合同不符。从本案相关证据上看，聂某兰接受林氏兄弟公司的管理，按月汇报员工的考勤、款项分配、开支、销售、工作计划、备用金的申请等情况，且所发工资与出勤天数密切相关。双方在履行合同过程中形成的关系，符合劳动合同中人格从属性和经济从属性的双重特征。故原判认定申请人与被申请人之间存在劳动关系并无不当。双方签订的合作协议还可视为书面劳动合同，虽缺少一些必备条款，但并不影响已约定的条款及效力，仍可起到固定双方劳动关系、权利义务的作用，二审法院据此依法改判是正确的。林氏兄弟公司于 2017 年 5 月 6 日向聂某兰出具了《终止合作协议通知》，告知聂某兰终止双方的合作，具有解除双方之间劳动关系的意思表示，根据《最高人民法院关于民事诉讼证据的若干规定》第六条，在劳动争议纠纷案件中，因用人单位作出的开除、除名、辞退、解除劳动合同等决定而发生的劳动争议，由用人单位负举证责任，林氏兄弟公司未能提供解除劳动关系原因的相关证据，应当承担不利后果。二审法院根据本案具体情况和相关证据所作的判决，并无不当。

（生效裁判审判人员：陈伟红、符忠良、彭红运）

理解与参照

《聂某兰诉北京林氏兄弟文化有限公司确认劳动关系案》的理解与参照[*]
——名为合作经营实为劳动关系的认定标准

2022 年 7 月 4 日，最高人民法院发布了第 32 批指导性案例，包括第 179 号至第 185 号共 7 个指导性案例。为了正确理解和准确参照适用第 179 号指导性案例，现对该指导性案例的基本案情、裁判要点、参照适用等有关情况予以解释、论证和说明。

---

[*] 摘自《人民司法·案例》2023 年第 23 期。

一、本案例的相关情况

(一)基本案情

2016年4月8日,聂某兰与北京林氏兄弟文化有限公司(以下简称林氏兄弟公司)签订了合作设立茶叶经营项目的协议,内容为:"第一条:双方约定,甲方出资进行茶叶项目投资,聘任乙方为茶叶经营项目经理,乙方负责公司的管理与经营。第二条:待项目启动后,双方相机共同设立公司,乙方可享有管理股份。第三条:利益分配:在公司设立之前,乙方按基本工资加业绩方式取酬。公司设立之后,按双方的持股比例进行分配。乙方负责管理和经营,取酬方式:基本工资+业绩、奖励+股份分红。第四条:双方在运营过程中,未尽事宜由双方友好协商解决。第五条:本合同正本一式两份,公司股东各执一份。"

协议签订后,聂某兰到该项目上工作,工作内容为负责"中国书画"艺术茶社的经营管理,主要负责接待、茶叶销售等工作。林氏兄弟公司的法定代表人林某汤按照每月基本工资1万元的标准,每月15日通过银行转账方式向聂某兰发放上一自然月工资。聂某兰请假需经林某汤批准,且实际出勤天数影响工资的实发数额。2017年5月6日林氏兄弟公司通知聂某兰终止合作协议,聂某兰实际工作至2017年5月8日。

聂某兰申请劳动仲裁,认为双方系劳动关系,并要求林氏兄弟公司支付未签订书面劳动合同二倍工资差额;林氏兄弟公司主张双方系合作关系。北京市海淀区劳动人事争议仲裁委员会作出京海劳人仲字(2017)第9691号裁决,驳回聂某兰的全部仲裁请求。聂某兰不服仲裁裁决,于法定期限内向北京市海淀区人民法院提起诉讼。

案件争议焦点为聂某兰与林氏兄弟公司之间法律关系的性质及法律后果。经审理,海淀区人民法院于2018年4月17日作出(2017)京0108民初45496号民事判决:一、确认林氏兄弟公司与聂某兰于2016年4月8日至2017年5月8日期间存在劳动关系;二、林氏兄弟公司于判决生效后7日内支付聂某兰2017年3月1日至2017年5月8日期间工资22758.62元;

三、林氏兄弟公司于判决生效后 7 日内支付聂某兰 2016 年 5 月 8 日至 2017 年 4 月 7 日期间未签订劳动合同二倍工资差额 103144.9 元；四、林氏兄弟公司于判决生效后 7 日内支付聂某兰违法解除劳动关系赔偿金 27711.51 元；五、驳回聂某兰的其他诉讼请求。林氏兄弟公司不服一审判决，提起上诉。北京市第一中级人民法院于 2018 年 9 月 26 日作出（2018）京 01 民终 5911 号民事判决：一、维持一审判决第一项、第二项、第四项；二、撤销判决第三项、第五项；三、驳回聂某兰的其他诉讼请求。

（二）案例所涉问题的认识与分歧

本案争议的焦点是当事人之间签订了合作经营合同，而劳动者主张双方实为劳动关系，双方之间的法律关系如何界定。第一种观点认为，作为有完全行为能力的成年人，有意思表示能力，可以自行处分其权利义务。双方自愿签订的合同，不违反法律法规的禁止性规定，应属有效。根据双方所签合同，无法体现出双方有建立劳动关系的合意，故不应认定双方构成劳动关系。第二种观点认为，劳动关系既可以通过订立书面劳动合同形成，亦可以通过事实用工形成，不能仅凭有无劳动合同来认定有无劳动关系。因此，在判断劳动关系成立与否问题上，应采取实质要件判断标准，如合同内容及实际履行过程中体现的权利义务关系符合劳动关系的标准，则应认定为劳动关系。

本案的另一争议焦点在于如法院认定双方构成劳动关系，双方所签其他名义合同能否视为双方签订了书面劳动合同。第一种观点认为，《中华人民共和国劳动合同法》第八十二条规定，用人单位自用工之日起超过 1 个月不满 1 年未与劳动者订立书面劳动合同的，应当向劳动者每月支付二倍的工资。该规定非常明确地确定了不签订书面劳动合同的法律责任，因此，只要用人单位未与劳动者签订书面劳动合同，则用人单位即应按照法律规定向劳动者支付第二倍工资。第二种观点认为，如果双方之间存在载明工作内容、工作地点、劳动报酬等劳动合同必备条款内容的书面文件，且双方按此实际履行，则可以将这些书面文件视为书面劳动合同，用人单位无需向劳动者支付二倍工资。

（三） 此案例的意义

近年来，随着我国劳动法实践的不断深入，很多企业开始另辟蹊径，试图以各种合同名目掩盖劳动关系、逃避劳动法规制，发生争议后，用人单位常以双方之间并非劳动关系为由，规避法律责任。本案紧紧抓住劳动关系从属性本质，借个案事实逐层解析假合作经营与真劳动关系之间的分辨难点，形成名实不符合同下认定劳动关系的裁判规则。该案例对其他各种伪装型劳动关系案件的审理有重要借鉴意义，有力维护了劳动者的法律地位、保护了劳动者的合法权益。

二、裁判要点的理解与说明

该指导性案例的裁判要点确认：（1）劳动关系适格主体以合作经营等为名订立协议，但协议约定的双方权利义务内容、实际履行情况等符合劳动关系认定标准，劳动者主张与用人单位存在劳动关系的，人民法院应予支持。（2）用人单位与劳动者签订的书面协议中包含工作内容、劳动报酬、劳动合同期限等符合《中华人民共和国劳动合同法》第十七条规定的劳动合同条款，劳动者以用人单位未订立书面劳动合同为由要求支付二倍工资的，人民法院不予支持。

现围绕与该裁判要点相关的问题逐一释明如下：

1. 刺破伪装合同时要尊重当事人的真实意思合意。关于是用工建立劳动关系还是合意建立劳动关系历来存在争议。比如，德国在20世纪20年代至60年代就该问题产生了激烈的争论，比较典型的有合同理论与加入理论。其中加入理论认为，劳动者和雇主之间紧密的人身约束使我们可以将其称为共同体。通过将劳动者接纳入工厂或者雇主的私人领地，该共同体得以产生，共同体的信赖和照顾义务根植于劳动者归属于雇主。劳动合同本身尚不足以建立共同体关系，只有劳动者加入工厂，劳动关系才可以具有共同体特征。后经争论，加入理论基本上被摒弃。争论的结果承认了劳动合同足以建立劳动关系。同时，合同理论的代表者也考虑了事实劳动关系学说，以使得劳动关系在有瑕疵的合同基础上得以恰当处理。合意建立劳动关系在域外其他国家也有体现。例如，法国劳动法规定，劳动合同适用一般规范，可以通过合同双方决定采纳的形式制定。再如，瑞典劳动法院在 1981 年第 131 号莫斯科自行车手案中认为，对于订立一项有效的雇佣合同而言，双方没有必要遵循特定的标准合同，通过口头协议约定雇员开始在公司上班的具体时间的方式来建立雇佣关系是很平常的。在一些特殊情况下，这样的口头协议甚至不需要明示出来，只要能从双方的行为中推断出来即可，即建立于雇佣的潜在意图上也可以。

关于劳动关系的建立，我国劳动法方面的立法既承认劳动合同建立劳动关系，又承认用工建立劳动关系。《中华人民共和国劳动合同法》第十条规定，建立劳动关系应当订立劳动合同。第三条规定，订立劳动合同，应当遵循合法、公平、平等自愿、协商一致、诚实信用的原则。第二十六条规定，以欺诈、胁迫的手段或者乘人之危，使对方在违背真实意思的情况下订立的劳动合同无效。上述规定明显可见我国劳动法重视当事人意思表示，无合意则无劳动合同。按照劳动合同法要求，建立劳动关系应当订立劳动合同。在本案的审理中，一、二审法院虽最终都认定构成劳动关系，但审理思路却并不相同。一审法院按照事实用工建立劳动关系的理念，直接围绕《劳动和社会保障部关于确立劳动关系有关事项的通知》规定的要素来认定双方存在劳动关系。二审法院则有一个去伪存真的过程：首先，法律关系的认定不能仅凭合同名称而要看实质，双方合同的性质不能仅凭合同名称而定，而应当根据双方约定的合同内容及合同实际履行过程中体现的权利义务关系来认定；其次，双方当事人作为完全民事行为能力主体，有权按照自己的意志来建立某种法律关系，现代法治社会应当尊重这种自由。本案中，双方当事人签订了合作经营合同，双方是真实的合作经营还是其他法律关系，需要裁判者探究双方达成的真实意思合致是什么（即关注约定内容）。在尊重当事人合意的基础上，再去考察双方在履行合同中的权利与义务符合哪种法律关系特征。二审法院在确认双方存在聘用合意的情形下，通过考察双方约定的合同内容及合同实际履行过程中体现的权利义务关系，最终认定双方构成劳动关系。

2. 劳动法律关系的认定标准。劳动关系于债的经济要素之外，实含有身份的社会的要素，与民法上单纯的债之关系及纯经济的雇佣关系不同。劳动关系是一种以雇佣关系为基础的社会经济关系，从属劳动是雇佣关系的基本特征。一般认为，劳动法律关系是劳动法上适格的主体在实现社会劳动过程中形成的职责职权和权利义务关系，与其他平等民商事法律关系相比，劳动法律关系的特征在于劳动者与用人单位之间具有从属性。我国学界把劳动关系的从属性解构为人格从属、组织从属、经济从属。① 人格从属性与组织从属性都强调劳动者对于用人单位的依附难以区别，因此，关于劳动关系的从属性，笔者认为，主要体现在人格上的从属性及财产上的从属性两个方面。劳动关系既可以通过订立书面劳动合同形成，亦可以通过事实用工形成。劳动合同源于传统的民事雇佣合同，即允许用人单位与劳动者按照自己的意愿订立合同、约定双方的权利义务。后随着人类社会经济与文明的发展，为纠正和防止资方滥用权利，侵害劳动者权利，在允许劳动者与用人单位平等订立劳动合同的同时，各国法律又对劳动者权利保护作了强制性规定。

3. 劳动合同书面形式的认定标准。2007 年我国制定出台《中华人民共和国劳动合同法》，其中明确规定建立劳动关系应当订立书面劳动合同，并对未签订书面劳动合同的法律后果予以明确。该法实施后，对于未签订书面劳动合同，用人单位应向劳动者支付二倍工资的规定，实践中一直存在争议，其中一种观点持严格的后果法定主义，即只要用人单位未与劳动者签订书面劳动合同，则用人单位即应按照法律规定向劳动者支付二倍工资；而另一种观点则相对宽松，认为如果双方之间存在载明工作内容、工作地点、劳动报酬等劳动合同必备条款内容的书面文件，且双方按此实际履行，则可以将这些书面文件视为书面劳动合同，用人单位无需向劳动者支付二倍工资。本案中，笔者同意第二种观点，主要原因在于：一是从立法目的看，《中华人民共和国劳动合同法》制定出台的目的在于纠正以往实践中出现的用人单位轻易否认劳动关系问题，通过订立书面劳动合同固定劳动权利与义务，更好地保护劳动者权益。二是从劳动合同的效力看，

---

① 栗瑜：《从属性劳动概念的法律化、解释与启示》，载《东南学术》2022 年第 3 期。

虽然《中华人民共和国劳动合同法》第十七条对劳动合同的必备条款作了规定，但并未明确规定缺少劳动合同必备条款属于无效合同。实际上，劳动合同缺少必备条款可以通过补充协议或法定途径予以弥补，如缺少社会保险条款，可以通过相关行政管理机关予以解决。因此，法律对于书面劳动合同在形式上应具备的内容持比较开放与包容的态度，并未禁止当事人订立条款不完备的书面劳动合同。

（执笔人：北京市第一中级人民法院　张建清

编审人：最高人民法院案例指导工作办公室　陈现杰　李予霞）

▶

与其他单位
存在人事关
系的劳动者
按用人单位
岗位要求提
供劳动，受
用人单位管
理，以自己
的劳动获取
劳动报酬，
符合劳动法
律关系的特
征，应当认
定双方存在
劳动关系

36．江苏澳吉尔生态农业科技股份有限公司与曾某峰确认劳动关系纠纷案[*]

【裁判摘要】

> 劳动者按用人单位岗位要求提供劳动，受用人单位管理，以自己的劳动获取劳动报酬，符合劳动法律关系的特征，应当认定劳动者与用人单位之间存在劳动关系。即使劳动者与其他单位存在人事关系，但在非因劳动者自身原因导致该人事关系未正常履行且劳动者从其他单位取得的报酬不足以维持基本生活的情况下，用人单位以劳动者与其他单位存在人事关系为由，否认用人单位与劳动者之间存在劳动关系的，人民法院不予支持。

原告：江苏澳吉尔生态农业科技股份有限公司，住所地：江苏省盱眙县明祖陵镇龙飞大道澳吉尔绿博园基地。

法定代表人：田某芝，该公司董事长。

被告：曾某峰，男，43岁，汉族，住江苏省盱眙县官滩镇。

原告江苏澳吉尔生态农业科技股份有限公司因与被

---

[*] 摘自《最高人民法院公报》2019年第12期。

告曾某峰发生确认劳动关系纠纷,向江苏省盱眙县人民法院提起诉讼。

原告江苏澳吉尔生态农业科技股份有限公司(以下简称澳吉尔公司)起诉称:2015年9月1日,被告曾某峰到原告处上班。经原告了解,被告系盱眙县水务局职工,双方存在劳动关系,且养老、医疗保险均在该单位缴纳,故原告与被告之间签订《劳务雇佣合同书》,对双方的权利义务予以约定。后被告在工作中遭受事故伤害,向盱眙县劳动人事争议仲裁委员会申请仲裁,要求确认原被告之间存在劳动关系。该委作出的仲裁裁决书认为双方存在劳动关系。对此,原告认为:(1)原被告之间是雇佣关系还是劳动关系应当以当事人签订的合同以及签订合同时的背景作为依据,鉴于被告与盱眙县水务局之间存在的劳动关系并未解除,原告才与被告签订雇佣合同。因此,双方之间的法律关系是明确的,即是雇佣关系而非劳动关系。(2)雇佣关系与劳动关系有许多相同之处,作为劳动者或者雇员均与雇主或用人单位存在人身依附关系,雇员或劳动者均要遵守规章制度、接受工作安排、获取劳动报酬等权利义务,而仲裁裁决书以合同书的内容推定双方之间系劳动关系而不是雇佣关系,缺乏事实与法律依据。请求判决原被告之间不存在劳动关系。

被告曾某峰辩称:(1)被告自2015年9月14日到原告澳吉尔公司处上班,任明祖陵绿博园基地经理一职,并签订了一年的劳动合同,合同截止期限为2016年9月13日。到期后双方又续签了一年劳动合同,截至目前未解除合同。(2)被告于1992年12月进入盱眙县水务局下属单位上班,但因单位效益不好,已经停薪待岗多年。原单位因考虑到被告实际困难,所以一直帮被告缴纳社会保险。但上述事宜与原被告之间是否存在劳动关系没有任何关联。综上,请求法院判决双方存在劳动关系,以便被告进入工伤认定程序,获得劳动者应有的权利。

盱眙县人民法院一审查明:2015年9月14日,原告澳吉尔公司(甲方)与被告曾某峰(乙方)签订《劳务雇佣合同书》,约定:(1)甲方雇佣乙方为明祖陵基地经理,乙方需在甲方明祖陵基地的日常生产经营和管理方面提供劳务。(2)劳务期限:本合同自签订之日起一年,期满前一个月双方可协商续订;期满不再续订时,乙方必须办理交接手续……(3)甲方每月 15 号左右，以工资名义，用现金或转账方式支付乙方的劳务报酬 5650（1580）元，乙方应于收到劳务报酬之日起，三个工作日内向甲方出具收条。（4）双方的义务和责任。①乙方同意根据甲方需要担任基地经理一职，根据甲方制定的该岗位责任书（详见附件）的内容和要求提供劳务，完成明祖陵基地的生产经营及管理。②乙方接受甲方对其提供劳务的考核。未经甲方许可，乙方不得从事与受雇劳务无关的活动或业务。③乙方应尽心尽责提供服务，不得以权谋私、损害甲方利益并在提供劳务过程中，遵守甲方制定的《员工手册》中员工应遵守的规定及处罚规定，并同意在违反时按照其中相对应的内容接受甲方的处理，从劳务费中给付扣除或结算……（6）其他。①甲方有权对公司的《员工手册》和管理制度进行相应修改。修改公布后的内容，乙方已经通过相应途径知悉、了解的，对应条款适用本合同的履行。②甲方有权在本合同有效期内，根据需要调整乙方的岗位职责、劳务范围，劳务报酬等事项也将作出相应调整。甲方作出上述调整后，乙方在一个支付报酬周期内无异议的，视为乙方接受上述调整和安排。（7）本合同的附件如下：附件一：《保密协议》；附件二：《岗位职责书》；附件三：甲方制定的《员工手册》及有关规定。被告自协议签订之日遂入职原告处担任基地经理一职，按原告要求从事相应工作，原告也向其发放工作牌，按照公司管理制度对被告进行考勤、考核并按月发放工资。2016 年 9 月一年期满后，双方又续签一份合同。

2016 年 12 月 18 日，被告曾某峰因在工作中受伤，此后双方就该事宜协商不成，曾某峰遂未再至原告澳吉尔公司处上班。2017 年 2 月，曾某峰向盱眙县劳动人事争议仲裁委员会申请确认与澳吉尔公司的劳动关系，盱眙县劳动仲裁委经审理认为，双方虽签订的是劳务雇佣合同，但澳吉尔公司制定的各项规章制度适用于曾某峰，曾某峰受澳吉尔公司的劳动管理，被安排有报酬的劳动，该劳动是澳吉尔公司的业务组成部分，故裁决确认双方存在劳动关系。

另查明，被告曾某峰系盱眙县三墩电灌站职工，属事业单位在编人员。但因官滩镇三墩电灌站属于财政定额补助的事业单位，其收入无法正常发放职工工资，一年只能发放 1 万元左右不等的生活费，曾某峰等多名职工外出自谋职业维持生存，仅在农忙灌溉季节回电灌站从事相应工作。

盱眙县人民法院一审认为：本案的主要争议焦点为，被告曾某峰的事业单位人员身份能否阻却其与原告澳吉尔公司形成劳动关系。

本案中，原告澳吉尔公司向被告曾某峰发放工作牌，与曾某峰签订合同约定权利义务，要求曾某峰遵守其单位制定的各项规章制度，并以此对其考核、考勤并发放工作报酬，曾某峰依约提供劳动并领取报酬，双方之间权利义务关系符合劳动法律关系的内涵。对于曾某峰的抗辩事由，经法院核实，曾某峰虽与盱眙县三墩电灌站间存在人事关系，但由于单位经费等多方面原因，双方并未保持正常的劳动关系履行状态，盱眙县三墩电灌站发放的生活费亦不足以维持曾某峰的正常生活，曾某峰在此情况下至澳吉尔公司处就职以维持生计，是行使其基本及天然的权利，于法并无不妥，澳吉尔公司所诉事由无依据，不予支持。另，澳吉尔公司、曾某峰所形成的事实法律关系的性质并不以双方约定而改变。

综上，盱眙县人民法院依照《中华人民共和国劳动合同法》第七条的规定，于 2017 年 7 月 27 日作出判决：确认原告江苏澳吉尔生态农业科技股份有限公司与被告曾某峰之间存在劳动关系。

一审宣判后，澳吉尔公司不服，向淮安市中级人民法院提起上诉称：（1）澳吉尔公司与曾某峰之间签订的合同明确约定双方之间是劳务关系，而非劳动关系；（2）曾某峰与澳吉尔公司签订劳务合同时，系盱眙县水务局事业编制人员，不属于《最高人民法院关于审理劳动争议案件适用法律若干问题的解释（三）》第八条①规定的四类人员。另外《中华人民共和国公务员法》规定，经批准参照公务员法管理的具有公共事务管理职能的事业单位中除工勤人员以外的工作人员不能和其他单位建立劳动关系，因此，无论从《中华人民共和国劳动合同法》还是《中华人民共和国公务员法》来说，澳吉尔公司与曾某峰之间均不可能建立法律意义上的劳动

---

① 该司法解释已于 2021 年 1 月 1 日废止，根据 2020 年 12 月 29 日公布的《最高人民法院关于审理劳动争议案件适用法律问题的解释（一）》，本条被修改为第三十二条第二款："企业停薪留职人员、未达到法定退休年龄的内退人员、下岗待岗人员以及企业经营性停产放长假人员，因与新的用人单位发生用工争议而提起诉讼的，人民法院应当按劳动关系处理。"

关系。

淮安市中级人民法院经二审，确认了一审查明的事实。

淮安市中级人民法院二审认为：本案争议焦点为，上诉人澳吉尔公司与被上诉人曾某峰之间是劳动关系还是劳务关系。

二审法院认为，合同性质的认定不能仅凭合同名称而定，应当根据合同内容所涉法律关系，即合同双方当事人所设立权利义务内容确定合同的性质。就本案而言，虽然上诉人澳吉尔公司与被上诉人曾某峰所签订的合同名称为《劳务雇佣合同书》，但该合同内容却反映，澳吉尔公司制定的各项规章制度适用于曾某峰，曾某峰受澳吉尔公司的劳动管理，从事澳吉尔公司安排的有报酬的劳动，且曾某峰提供的劳动是其业务的组成部分，故该合同约定的权利义务内容并不符合劳务合同的法律特征，而与劳动关系法律特征相符，因此应当认定本案合同性质为劳动合同。

虽然在上诉人澳吉尔公司与被上诉人曾某峰签订合同之后，曾某峰仍然与盱眙县三墩电灌站间存在人事关系，但由于单位经费等多方面原因，双方并未保持正常的履行状态。澳吉尔公司上诉所称应参照适用的《中华人民共和国公务员法》中不得兼职的限制条件，是在保障公务员及相应人员正常的基本生活水平的前提下确定的，现盱眙县三墩电灌站发放的生活费难以维持正常生存，在此情况下，曾某峰至澳吉尔公司处工作，并不违反法律限制性规定。

综上，上诉人澳吉尔公司的上诉请求不能成立，应予驳回；一审判决认定事实清楚，适用法律正确，应予维持。据此，淮安市中级人民法院依照《中华人民共和国民事诉讼法》第一百七十条第一款第一项的规定，于2017年11月28日作出判决：驳回上诉，维持原判。

本判决为终审判决。

37．张某与某物流公司劳动合同纠纷案*

受疫情影响
的民事合同
主体可依法
适用不可抗
力条款，但
劳动合同主
体则不适
用，并不得
因此中止履
行劳动合同

【裁判摘要】

人力资源和社会保障部、最高人民法院等七部门《关于妥善处置涉疫情劳动关系有关问题的意见》（人社部发〔2020〕17号）第一条规定："受疫情影响导致原劳动合同确实无法履行的，不得采取暂时停止履行劳动合同的做法，企业和劳动者协商一致，可依法变更劳动合同。"因此，受疫情影响的民事合同主体可依法适用不可抗力条款，但劳动合同主体则不适用，并不得因此中止履行劳动合同。

一、基本案情

张某为某物流公司员工，双方签订的劳动合同约定其从事跨省货品运送工作，月工资为5000元；物流公司于每月月底发放张某当月工资。受疫情影响，物流公司按照所在地区人民政府施行的防疫措施，自2020年2月3日起停工。2月底，张某发现公司未发工资，便询问公司人力资源部门，人力资源部门答复："因疫情属不可抗力，公司与你的劳动合同中止，2月停工你无需

---

* 摘自《人力资源社会保障部、最高人民法院关于联合发布第一批劳动人事争议典型案例的通知》（人社部函〔2020〕62号）。

上班，公司也没有支付工资的义务。"张某对此不理解，于2020年3月初，通过互联网向劳动人事争议仲裁委员会（以下简称仲裁委员会）申请仲裁。

二、申请人请求

裁决物流公司支付2020年2月工资5000元。

三、处理结果

仲裁委员会裁决物流公司支付张某2020年2月工资5000元。物流公司不服仲裁裁决起诉，一审法院判决与仲裁裁决一致，物流公司未上诉，一审判决生效。

四、案例分析

本案的争议焦点是物流公司能否以不可抗力为由拒绝支付张某工资。

本次新冠肺炎疫情是突发公共卫生事件，属于不能预见、不能避免且不能克服的不可抗力。不可抗力是民法的一个法定免责条款。《中华人民共和国合同法》第一百一十七条①规定："因不可抗力不能履行合同的，根据不可抗力的影响，部分或者全部免除责任，但法律另有规定的除外。"第九十四条②规定："有下列情形之一的，当事人可以解除合同：（一）因不可抗力致使不能实现合同目的……"《最高人民法院关于依法妥善审理涉新冠肺炎疫情民事案件若干问题的指导意见（一）》第二条规定："人民法院审理涉疫情民事案件，要准确适用不可抗力的具体规定，严格把握适用条件。"人力资源和社会保障部、最高人民法院等七部门《关于妥善处置涉疫情劳动关系有关问题的意见》（人社部发〔2020〕17号）第一条

---

① 对应《中华人民共和国民法典》第五百九十条第一款："当事人一方因不可抗力不能履行合同的，根据不可抗力的影响，部分或者全部免除责任，但是法律另有规定的除外。因不可抗力不能履行合同的，应当及时通知对方，以减轻可能给对方造成的损失，并应当在合理期限内提供证明。"

② 对应《中华人民共和国民法典》第五百六十三条："有下列情形之一的，当事人可以解除合同：（一）因不可抗力致使不能实现合同目的……"

规定："受疫情影响导致原劳动合同确实无法履行的，不得采取暂时停止履行劳动合同的做法，企业和劳动者协商一致，可依法变更劳动合同。"因此，受疫情影响的民事合同主体可依法适用不可抗力条款，但劳动合同主体则不适用并不得因此中止履行劳动合同。

本案中，物流公司主张疫情属不可抗力，双方劳动合同因此中止缺乏法律依据，仲裁委员会不予采信。物流公司自 2020 年 2 月 3 日停工，张某 2 月未提供劳动。根据《人力资源社会保障部办公厅关于妥善处理新型冠状病毒感染的肺炎疫情防控期间劳动关系问题的通知》（人社厅明电〔2020〕5 号）第二条规定："企业停工停产在一个工资支付周期内的，企业应按劳动合同规定的标准支付职工工资。超过一个工资支付周期的，若职工提供了正常劳动，企业支付给职工的工资不得低于当地最低工资标准。"仲裁委员会裁决物流公司按照劳动合同约定，支付张某 2020 年 2 月工资 5000 元。一审人民法院判决结果与仲裁裁决一致。

五、典型意义

劳动法未引入不可抗力免责条款，主要原因是劳动关系是一种从属性的不对等关系，不同于民事关系是两个平等主体之间的关系。如果用人单位因不可抗力而免责，则会直接影响劳动者生存权。劳动报酬是劳动者赖以生存的经济来源，即使出现不可抗力，劳动者的该项权益仍需予以维护，用人单位也应谨慎区分民事关系与劳动关系适用不可抗力的条件、法律后果，避免适用错误，侵害劳动者权益，并因此承担违法后果。

38．张某与某餐饮公司确认劳动关系纠纷案*

▶
员工借出企
业无法继续
履行协议，
"共享用工"
如何处理

【裁判摘要】

　　因"共享用工协议"的履行以劳动者与借出企业劳动关系的存在为前提，"共享用工"的用工模式自借出企业宣告破产时被打破。借入企业明知劳动者与借出企业劳动关系终止的情况下继续用工，应根据有关法律和政策规定建立劳动关系。

一、基本案情

　　张某为某餐饮公司服务员，双方签订有劳动合同。2020年春节期间，因新冠肺炎疫情影响，餐饮公司停止营业，多名员工滞留当地。而某电商公司则业务量持续爆发增长，送货、拣货等岗位人员紧缺。电商公司遂与餐饮公司签订了"共享用工协议"，约定张某自2020年2月3日至5月4日借用到电商公司从事拣货员岗位工作，每月电商公司将工资交由餐饮公司后，由餐饮公司支付张某。张某同意临时到电商公司工作，并经该公司培训后上岗。然而，餐饮公司于3月20日依法宣告破

　　* 摘自《人力资源社会保障部、最高人民法院关于联合发布第一批劳动人事争议典型案例的通知》（人社部函〔2020〕62号）。

产，并通知张某双方劳动合同终止，同时告知电商公司将无法履行共享用工协议。电商公司仍安排张某工作并支付工资。4月16日，张某向劳动人事争议仲裁委员会（以下简称仲裁委员会）申请仲裁。

二、申请人请求

裁决确认与电商公司自2020年2月3日至4月16日存在劳动关系。

三、处理结果

经仲裁委员会庭前调解，电商公司认可与张某自2020年3月20日起存在劳动关系，双方签订了2020年3月20日至2021年3月19日的劳动合同，张某撤回了仲裁申请。

四、案例分析

本案的争议焦点是员工借出企业无法继续履行共享用工协议，借入企业继续用工的，双方是否建立劳动关系。

"共享用工"是指员工富余企业将与之建立劳动关系的员工借调至缺工企业工作，员工与借出企业的劳动关系不发生改变，借入企业与借出企业签订协议明确双方权利义务关系。《劳动部关于贯彻执行〈中华人民共和国劳动法〉若干问题的意见》（劳部发〔1995〕309号）第7条规定："用人单位应与其长期被外单位借用的人员、带薪上学人员以及其他非在岗但仍保持劳动关系的人员签订劳动合同，但在外借和上学期间，劳动合同中的某些相关条款经双方协商可以变更。"因此，我国劳动法并不禁止用人单位之间对劳动者的借用。

《中华人民共和国劳动合同法》第四十四条规定："有下列情形之一的，劳动合同终止：……（四）用人单位依法宣告破产的。"因"共享用工协议"的履行以劳动者与借出企业劳动关系的存在为前提，"共享用工"的用工模式自借出企业宣告破产时被打破。借入企业明知劳动者与借出企业劳动关系终止的情况下继续用工，应根据有关法律和政策规定建立劳动关系。

本案中,餐饮公司与电商公司签订并履行了"共享用工协议",张某同意被借用到电商公司工作,应认定餐饮公司与张某口头变更了劳动合同中工作地点、工作内容等事项。因餐饮公司于2020年3月20日宣告破产,张某与餐饮公司劳动合同终止,电商公司与餐饮公司原有的权利义务不再存在。而电商公司明知餐饮公司宣告破产,双方共享协议无法履行,仍然安排张某从事业务工作,对其进行劳动管理并发放劳动报酬,符合原劳动和社会保障部《关于确立劳动关系有关事项的通知》(劳社部发〔2005〕12号)规定,张某与电商公司自2020年3月20日确立劳动关系。

庭前调解阶段,电商公司表示因张某工作表现良好,公司正在研究是否正式聘用,希望暂缓开庭。仲裁委员会告知张某后,张某考虑工作机会难得,且工作地点等条件十分便利,同意暂不开庭,愿意等待电商公司决议。最终,双方庭前和解,并签订了自2020年3月20日至2021年3月19日的劳动合同,张某撤回了仲裁申请。

五、典型意义

"共享用工"是借出企业与借入企业之间自行调配人力资源、解决特殊时期用工问题的应急措施。其本质是企业在不同行业之间短期调配人力资源,以应对各行业因淡旺季或特殊事件带来的人力资源需求差异,从而实现各方受益。借出和借入员工是企业之间行为,可以通过签订民事协议明确双方权利义务关系。"共享用工"属于特殊情况下的灵活用工方式,在法律主体认定、劳动报酬支付、社会保险缴纳等方面还存在制度盲点,但需要明确的是,借出企业不得以营利为目的借出员工,也不得以"共享用工"之名,进行违法劳务派遣,或诱导劳动者注册个体工商户以规避用工责任。此外,劳动者在企业停工停产等特殊情况下,自主选择为其他企业提供劳动,不属于"共享用工",应根据相关法律和政策认定是否建立"双重劳动关系"。

39．刘某与某信息技术公司确认劳动关系纠纷案*

认定新就业形态劳动者与平台企业之间是否存在劳动关系，应当综合考量人格从属性、经济从属性、组织从属性的有无及强弱

【裁判摘要】

认定新就业形态劳动者与用人单位之间是否存在劳动关系，应综合考量人格从属性、经济从属性、组织从属性的有无及强弱。人格从属性上，用人单位的规章制度等是否适用于劳动者，是否可通过制定规则、设定算法等管理控制劳动者，经济从属性上，用人单位是否允许劳动者商定劳动报酬，劳动者获得的报酬是否构成其重要收入来源，组织从属性上，劳动者是否以用人单位名义对外提供服务等。

一、基本案情

刘某于 2020 年 6 月 14 日与某信息技术公司订立为期 1 年的《车辆管理协议》，约定：刘某与某信息技术公司建立合作关系；刘某自备中型面包车 1 辆提供货物运输服务，须由本人通过公司平台在某市区域内接受公司派单并驾驶车辆，每日至少完成 4 单，多接订单给予加单奖励；某信息技术公司通过平台与客户结算货物运

---

* 摘自《人力资源社会保障部、最高人民法院关于联合发布第三批劳动人事争议典型案例的通知》（人社部函〔2023〕36 号）。

输费，每月向刘某支付包月运输服务费 6000 元及奖励金，油费、过路费、停车费等另行报销。刘某从事运输工作期间，每日在公司平台签到并接受平台派单，跑单时长均在 8 小时以上。某信息技术公司通过平台对刘某的订单完成情况进行全程跟踪，刘某每日接单量超过 4 单时按照每单 70 元进行加单奖励，出现接单量不足 4 单、无故拒单、运输超时、货物损毁等情形时按照公司制定的费用结算办法扣减部分服务费。2021 年 3 月 2 日，某信息技术公司与刘某订立《车辆管理终止协议》，载明公司因调整运营规划，与刘某协商一致提前终止合作关系。刘某认为其与某信息技术公司之间实际上已构成劳动关系，终止合作的实际法律后果是劳动关系解除，某信息技术公司应当支付经济补偿。某信息技术公司以双方书面约定建立合作关系为由否认存在劳动关系，拒绝支付经济补偿，刘某遂向劳动人事争议仲裁委员会（以下简称仲裁委员会）申请仲裁。

二、申请人请求

请求裁决某信息技术公司支付解除劳动合同经济补偿。

三、处理结果

仲裁委员会裁决：某信息技术公司向刘某支付解除劳动合同经济补偿。

四、案例分析

本案争议焦点是，刘某与某信息技术公司之间是否符合确立劳动关系的情形？

《中华人民共和国劳动合同法》第七条规定："用人单位自用工之日起即与劳动者建立劳动关系"，《人力资源社会保障部、国家发展改革委、交通运输部、应急部、市场监管总局、国家医保局、最高人民法院、全国总工会关于维护新就业形态劳动者劳动保障权益的指导意见》（人社部发〔2021〕56 号）第十八条规定："根据用工事实认定企业和劳动者的关系"，以上法律规定和政策精神体现出，认定劳动关系应当坚持事实优先原则。《关于确立劳动关系有关事项的通知》（劳社部发〔2005〕12号）相关规定体现出，劳动关系的核心特征为"劳动管理"，即劳动者与用人单位之间具有人格从属性、经济从属性、组织从属性。在新就业形态下，由于平台企业生产经营方式发生较大变化，劳动管理的体现形式也相应具有许多新的特点。当前，认定新就业形态劳动者与平台企业之间是否存在劳动关系，应当对照劳动管理的相关要素，综合考量人格从属性、经济从属性、组织从属性的有无及强弱。从人格从属性看，主要体现为平台企业的工作规则、劳动纪律、奖惩办法等是否适用于劳动者，平台企业是否可通过制定规则、设定算法等对劳动者劳动过程进行管理控制；劳动者是否须按照平台指令完成工作任务，能否自主决定工作时间、工作量等。从经济从属性看，主要体现为平台企业是否掌握劳动者从业所必需的数据信息等重要生产资料，是否允许劳动者商定服务价格；劳动者通过平台获得的报酬是否构成其重要收入来源等。从组织从属性看，主要体现在劳动者是否被纳入平台企业的组织体系当中，成为企业生产经营组织的有机部分，并以平台名义对外提供服务等。

本案中，虽然某信息技术公司与刘某订立《车辆管理协议》约定双方为合作关系，但依据相关法律规定和政策精神，仍应根据用工事实认定双方之间的法律关系性质。某信息技术公司要求须由刘某本人驾驶车辆，通过平台向刘某发送工作指令、监控刘某工作情况，并依据公司规章制度对刘某进行奖惩；刘某须遵守某信息技术公司规定的工作时间、工作量等要求，体现了较强的人格从属性。某信息技术公司占有用户需求数据信息，单方制定服务费用结算标准；刘某从业行为具有较强的持续性和稳定性，其通过平台获得的服务费用构成其稳定收入来源，体现了明显的经济从属性。某信息技术公司将刘某纳入其组织体系进行管理，刘某是其稳定成员，并以平台名义对外提供服务，从事的货物运输业务属于某信息技术公司业务的组成部分，体现了较强的组织从属性。综上，某信息技术公司对刘某存在明显的劳动管理行为，符合确立劳动关系的情形，应当认定双方之间存在劳动关系。某信息技术公司与刘某订立《车辆管理终止协议》，实际上构成了劳动关系的解除，因此，对刘某要求某信息技术公司支付经济补偿的仲裁请求，应当予以支持。

五、典型意义

近年来，平台经济迅速发展，创造了大量就业机会。与此同时，维护劳动者劳动保障权益面临诸多新情况新问题，其中，平台企业与劳动者之间的法律关系性质引发社会普遍关注。不同平台之间用工模式存在差异，一些平台企业占有数据信息这一新就业形态劳动者从业所必需的生产资料，通过制定规则、设定算法对劳动者的工作机会、劳动条件、劳动方式、劳动收入、进出平台自由等进行限制或施加影响，并从劳动者劳动成果中获益。此类模式下，平台企业并非提供信息中介、交易撮合等服务，而是通过对劳动者进行组织和管理，使他们按照一定模式和标准以平台名义对外提供服务，因此，其应当作为用工主体或用人单位承担相应法律义务和责任。在仲裁和司法实践中，各级劳动人事争议仲裁机构和人民法院应当注意审查平台运营方式、算法规则等，查明平台企业是否对劳动者存在劳动管理行为，据实认定法律关系性质。

40. 徐某与某科技公司确认劳动关系纠纷案*

认定网约配送员与平台企业是否符合确立劳动关系的情形，需要查明用人单位是否对劳动者进行较强程度的劳动管理

【裁判摘要】

> 认定劳动者与用人单位之间是否确立劳动关系，需要查明用人单位是否对劳动者进行了较强程度的劳动管理。劳动者须遵守用人单位制定的工作规则，若劳动者能完全自主决定工作时间及工作量，则双方之间的人格从属性有所弱化，但用人单位制定了工资标准和办法，双方之间具有一定的经济从属性，用人单位未按照传统的劳动管理方式，使得双方之间的组织从属性较弱，故不足以认定劳动关系。

一、基本案情

徐某于2019年7月5日从某科技公司餐饮外卖平台众包骑手入口注册成为网约配送员，并在线订立了《网约配送协议》，协议载明：徐某同意按照平台发送的配送信息自主选择接受服务订单，接单后及时完成配送，服务费按照平台统一标准按单结算。从事餐饮外卖配送业务期间，公司未对徐某上线接单时间提出要求，徐某

---

* 摘自《人力资源社会保障部、最高人民法院关于联合发布第三批劳动人事争议典型案例的通知》（人社部函〔2023〕36号）。

每周实际上线接单天数为 3~6 天不等，每天上线接单时长为 2~5 小时不等。平台按照算法规则向一定区域内不特定的多名配送员发送订单信息，徐某通过抢单获得配送机会，平台向其按单结算服务费。出现配送超时、客户差评等情形时，平台核实情况后按照统一标准扣减服务费。2020 年 1 月 4 日，徐某向平台客服提出订立劳动合同、缴纳社会保险费等要求，被平台客服拒绝，遂向仲裁委员会申请仲裁。

二、申请人请求

请求确认徐某与某科技公司于 2019 年 7 月 5 日至 2020 年 1 月 4 日期间存在劳动关系，某科技公司支付解除劳动合同经济补偿。

三、处理结果

仲裁委员会裁决：驳回徐某的仲裁请求。

四、案例分析

本案争议焦点是，徐某与某科技公司之间是否符合确立劳动关系的情形？

根据《人力资源社会保障部办公厅、市场监管总局办公厅、统计局办公室关于发布智能制造工程技术人员等职业信息的通知》（人社厅发〔2020〕17 号）相关规定，网约配送员是指通过移动互联网平台等，从事接收、验视客户订单，根据订单需求，按照平台智能规划路线，在一定时间内将订单物品递送至指定地点的服务人员。《人力资源社会保障部、国家发展改革委、交通运输部、应急部、市场监管总局、国家医保局、最高人民法院、全国总工会关于维护新就业形态劳动者劳动保障权益的指导意见》（人社部发〔2021〕56 号）根据平台不同用工形式，在劳动关系情形外，还明确了不完全符合确立劳动关系的情形及相应劳动者的基本权益。

本案中，徐某在某科技公司餐饮外卖平台上注册成为网约配送员，其与某科技公司均具备建立劳动关系的主体资格。认定徐某与某科技公司之间是否符合确立劳动关系的情形，需要查明某科技公司是否对徐某进行了较强程度的劳动管理。从用工事实看，徐某须遵守某科技公司制定的餐饮外卖平台配送服务规则，其订单完成时间、客户评价等均作为平台结算服务费的依据，但平台对其上线接单时间、接单量均无要求，徐某能够完全自主决定工作时间及工作量，因此，双方之间人格从属性较标准劳动关系有所弱化。某科技公司掌握徐某从事网约配送业务所必需的数据信息，制定餐饮外卖平台配送服务费结算标准和办法，徐某通过平台获得收入，双方之间具有一定的经济从属性。虽然徐某依托平台从事餐饮外卖配送业务，但某科技公司并未将其纳入平台配送业务组织体系进行管理，未按照传统劳动管理方式要求其承担组织成员义务，因此，双方之间的组织从属性较弱。综上，虽然某科技公司通过平台对徐某进行一定的劳动管理，但其程度不足以认定劳动关系。因此，对徐某提出的确认劳动关系等仲裁请求，仲裁委员会不予支持。

五、典型意义

近年来，网约配送员成为备受社会关注的群体，如何维护好其劳动保障权益也频频引发舆论热议。在网约配送行业中，平台企业对网约配送员存在多种组织和管理模式。在类似本案的模式中，平台向非特定配送员发送订单信息，不对配送员的上线接单时间和接单量作任何要求，但与此同时，平台企业制定统一的配送服务规则和服务费结算标准，通过设定算法对配送员的配送行为进行控制和管理，并将配送时长、客户评价等作为结算服务费的依据。一方面，劳动者工作时间、工作地点更加自由，不再受限于特定的生产经营组织体系；另一方面，平台企业借助信息技术手段打破了传统用工方式的时空限制，对劳动者实现了更加精细的用工管理。对此，《人力资源社会保障部、国家发展改革委、交通运输部、应急部、市场监管总局、国家医保局、最高人民法院、全国总工会关于维护新就业形态劳动者劳动保障权益的指导意见》（人社部发〔2021〕56号）明确不完全符合确立劳动关系的情形，并指出相关部门应指导企业与该类劳动者订立书面协议、合理确定双方权利义务，逐步推动将该类劳动者纳入最低工资、休息休假等制度保障范围。在仲裁与司法实践中，应在区分各类情形的基础上分类保障劳动者合法权益，并积极推动完善相关法律政策，进一步畅通劳动者维权渠道，充分实现平台经济良性发展与劳动者权益保护互促共进。

41. 何某与某货运代理公司、某劳务公司确认劳动关系纠纷案[*]

用人单位对外包的劳动者进行了较强程度的劳动管理，应当认定双方之间存在劳动关系

【裁判摘要】

> 　　根据用人单位对劳动者的劳动管理程度，认定双方之间是否存在劳动关系。劳动者须遵守用人单位制定的管理规则，用人单位监督管理劳动者的工作时间和工作内容等，双方之间的人格从属性较强，用人单位根据单方制定的规章制度向劳动者按月结算劳动报酬，经济从属性明显，且用人单位对劳动者进行了较强程度的劳动管理，应当认定双方之间存在劳动关系。

一、基本案情

　　某货运代理公司承包经营某外卖平台配送站点，负责该站点网约配送业务。2019 年 5 月 27 日，某货运代理公司与某劳务公司订立《配送业务承包协议》，约定由某劳务公司负责站点的配送员招募和管理工作。何某于 2019 年 7 月 28 日进入某外卖平台站点工作，并与某劳务公司订立了为期 1 年的《外卖配送服务协议》，约

---

　　* 摘自《人力资源社会保障部、最高人民法院关于联合发布第三批劳动人事争议典型案例的通知》（人社部函〔2023〕36 号）。

定：何某同意在某外卖平台注册为网约配送员，并进入某货运代理公司承包的配送站点从事配送业务；何某须遵守某货运代理公司制定的站点工作制度，每周经提前申请可休息 1 天，每天至少在线接单 8 小时；何某与某劳务公司之间为劳务合作关系，某劳务公司根据订单完成量向何某按月结算劳务报酬。从事配送工作期间，何某按照某货运代理公司制定的《配送员管理规则》，每天 8∶30 到站点开早会，每周工作 6~7 天，每天在线接单时长为 8~11 小时不等。何某请假时，均须通过站长向某货运代理公司提出申请。某货运代理公司按照何某订单完成量向何某按月支付服务费，出现高峰时段不服从平台调配、无故拒接平台派单、超时配送、客户差评等情形时，某货运代理公司均按一定比例扣减服务费，而某劳务公司未对包含何某在内的站点配送员进行管理。2019 年 11 月 3 日，何某在执行配送任务途中摔倒受伤，其要求某货运代理公司、某劳务公司按照工伤保险待遇标准向其赔偿各项治疗费用，某货运代理公司以未与何某订立任何协议为由拒绝承担责任，某劳务公司以与何某之间系劳务合作关系为由拒绝支付工伤保险待遇。2019 年 12 月 19 日，何某以某货运代理公司、某劳务公司为共同被申请人向仲裁委员会申请仲裁。

二、申请人请求

请求确认何某与某货运代理公司、某劳务公司于 2019 年 7 月 28 日至 2019 年 12 月 19 日期间存在劳动关系。

三、处理结果

仲裁委员会裁决：何某与某货运代理公司于 2019 年 7 月 28 日至 2019 年 12 月 19 日期间存在劳动关系。

四、案例分析

本案争议焦点是，何某是否与两家公司存在劳动关系？与哪家公司存在劳动关系？

本案中，从某货运代理公司与某劳务公司订立的《配送业务承包协议》内容看，某货运代理公司将配送员招募和管理工作外包给某劳务公司，应当由某劳务公司负责具体的用工组织和管理工作。但从本案用工事实看，某劳务公司并未对何某等站点配送员进行管理，其与某货运代理公司之间的《配送业务承包协议》并未实际履行；某货运代理公司虽然未与何某订立书面协议，却对其进行了劳动管理。因此，应当根据某货运代理公司对何某的劳动管理程度，认定双方之间是否存在劳动关系。何某须遵守某货运代理公司制定的《配送员管理规则》，按时到站点考勤；某货运代理公司对何某执行配送任务的情况进行监督，通过扣减服务费等方式对何某的工作时间、接单行为、服务质量等进行管理，双方之间存在较强的人格从属性。某货运代理公司根据单方制定的服务费结算办法向何某按月结算服务费，双方之间存在明显的经济从属性。何某虽以平台名义从事配送任务，但某货运代理公司将其纳入站点的配送组织体系进行管理，双方之间存在较强的组织从属性。综上，某货运代理公司对何某进行了较强程度的劳动管理，应当认定双方之间存在劳动关系。

五、典型意义

《人力资源社会保障部、国家发展改革委、交通运输部、应急部、市场监管总局、国家医保局、最高人民法院、全国总工会关于维护新就业形态劳动者劳动保障权益的指导意见》（人社部发〔2021〕56号）对平台企业采取合作用工方式组织劳动者完成平台工作的情形作出了规定。在新就业形态劳动争议处理中，一些平台用工合作企业也以外包或劳务派遣等灵活方式组织用工。部分配送站点承包经营企业形式上将配送员的招募和管理工作外包给其他企业，但实际上仍直接对配送员进行劳动管理，在劳动者主张相关权益时通常否认与劳动者之间存在劳动关系，将"外包"当成了规避相应法律责任的"挡风板""防火墙"，增加了劳动者的维权难度。在仲裁和司法实践中，应当谨慎区分劳动关系与各类民事关系，对于此类"隐蔽劳动关系"，不能简单适用"外观主义"审查，应当根据劳动管理事实和从属性特征明确劳动关系主体，依法确定各方权利义务。

42. 孙某与某物流公司确认劳动关系纠纷案*

▶
劳动者在用
人单位安排
下注册个体
工商户，并
以此名义与
用人单位建
立合作关系
提供从属性
劳动，存在
劳动关系

【裁判摘要】

在用人单位安排下，劳动者注册个体工商户，并以个体工商户名义与用人单位书面约定建立合作关系，但从用工事实看，劳动者仍然向用人单位提供从属性劳动，双方之间并未作为法律地位平等的市场主体开展经营活动，因此双方之间存在劳动关系。

一、基本案情

孙某于 2019 年 6 月 11 日进入某外卖平台配送站点工作，该站点由某物流公司承包经营。某物流公司与孙某订立了自 2019 年 6 月 11 日起至 2021 年 6 月 10 日止的书面劳动合同。从事配送工作期间，孙某按照某物流公司要求在规定时间、指定区域范围内执行某外卖平台派发的配送任务，某物流公司根据孙某出勤及订单完成情况向其按月支付劳动报酬。某物流公司于 2020 年 8 月 21 日与某商务信息咨询公司订立《服务协议》，约定将含孙某在内的部分配送员委托给某商务信息咨询公司管

---

* 摘自《人力资源社会保障部、最高人民法院关于联合发布第三批劳动人事争议典型案例的通知》（人社部函〔2023〕36 号）。

理。在某商务信息咨询公司安排下，孙某注册了名为"某配送服务部"的个体工商户，并于2020年9月6日与某物流公司订立了为期1年的《项目承包协议》，约定：某配送服务部与某物流公司建立合作关系，某配送服务部承接某外卖平台配送站点的部分配送业务，某物流公司按照配送业务完成量向某配送服务部按月结算费用。此后，孙某仍然在某外卖平台站点从事配送工作，接受某物流公司管理，管理方式未发生任何变化。2020年12月10日，某物流公司单方面终止《项目承包协议》，孙某要求某物流公司支付违法解除劳动合同赔偿金。某物流公司认为，订立《项目承包协议》后，双方之间已从劳动关系变为合作关系，劳动合同自动终止，并以此为由拒绝支付违法解除劳动合同赔偿金。孙某遂向仲裁委员会申请仲裁。

二、申请人请求

请求确认孙某与某物流公司于2020年9月6日至2020年12月10日期间存在劳动关系，某物流公司支付违法解除劳动合同赔偿金。

三、处理结果

仲裁委员会裁决：孙某与某物流公司于2020年9月6日至2020年12月10日期间存在劳动关系，某物流公司向孙某支付违法解除劳动合同赔偿金。

四、案例分析

本案争议焦点是，在孙某以个体工商户名义订立《项目承包协议》情况下，其与某物流公司之间是否存在劳动关系？

从法律主体资格看，劳动者注册为个体工商户后，既可以作为自然人与其他用人单位建立劳动关系，也有权以个体工商户名义开展市场经营活动。在第一种情形下，劳动者与企业之间存在"管理—从属"关系，即企业对劳动者实施劳动管理，劳动者向企业提供从属性劳动，双方之间市场主体地位不平等，法律关系呈现明显的从属性；在第二种情形下，个体工商户与企业均具有平等的市场主体法律地位，个体工商户可以依照约定向企业提供服务并获取对价，但服务内容和方式、对价形式及多少等事项由双方协商确定，企业与个体工商户背后的自然人之间不具有"管理——从属"关系。

本案中，在某商务信息咨询公司安排下，孙某注册个体工商户，并以个体工商户名义与某物流公司书面约定建立合作关系，但从用工事实看，某物流公司与孙某之间完全延续了此前的劳动管理方式，孙某仍然向某物流公司提供从属性劳动，双方之间并未作为法律地位平等的市场主体开展经营活动。因此，某物流公司关于双方之间由劳动关系变为合作关系、劳动合同自动终止的主张，与事实不符，应当认定在2020年9月6日之后双方之间仍然存在劳动关系，对孙某要求某物流公司支付违法解除劳动合同赔偿金的仲裁请求，应当予以支持。

五、典型意义

在新就业形态下，劳动关系与合作关系之间的边界更加模糊，劳动者的劳动形式、劳动时间、工作场所、取酬方式等更加灵活多样。一些平台企业及其用工合作企业利用这一特点，一方面诱导或强迫劳动者注册成为个体工商户，并与之订立合作协议；另一方面，仍对劳动者进行较强程度的劳动管理，单方确定劳动规则、报酬标准等事项，以合作之名行劳动用工之实，严重损害了劳动者劳动保障权益。对此，国务院印发的《促进个体工商户发展条例》第三十条第二款规定："任何单位和个人不得诱导、强迫劳动者登记注册为个体工商户。"在仲裁和司法实践中，应当重点审查企业与劳动者之间是否存在劳动管理和从属性劳动，坚决防止"去劳动关系化"规避用工责任，充分保障劳动者各项劳动保障权益。

43．李某与某文化传播公司确认劳动关系纠纷案*

▶

劳动者自主
决定工作时
间及内容，
公司与劳动
者约定收益
分成，两者
不构成劳动
关系

【裁判摘要】

> 用人单位虽然安排劳动者从事为其创造直接经济收益的工作，但劳动者自主决定工作时间及内容，双方协商确定其他相关工作要求，并以劳动者创造的经济收益为衡量标准并约定收益分成方式，双方之间的法律关系具有平等协商的特点，并未体现出劳动管理及从属性特征，应当认定为民事关系。

一、基本案情

李某于2018年11月29日与某文化传播公司订立为期2年的《艺人独家合作协议》，约定：李某聘请某文化传播公司为其经纪人，某文化传播公司为李某提供网络主播培训及推广宣传，将其培养成为知名的网络主播；在合同期内，某文化传播公司为李某提供整套直播设备和直播室，负责安排李某的全部直播工作及直播之外的商业或非商业公众活动，全权代理李某涉及直播、出版、演出、广告、录音、录像等与演艺有关的商业或

---

* 摘自《人力资源社会保障部、最高人民法院关于联合发布第三批劳动人事争议典型案例的通知》（人社部函〔2023〕36号）。

非商业公众活动，可在征得李某同意后作为其委托代理人签署有关合同；李某有权参与某文化传播公司安排的商业活动的策划过程、了解直播收支情况，并对个人形象定位等事项提出建议，但一经双方协商一致，李某必须严格遵守相关约定；李某直播内容和时间均由其自行确定，其每月获得各直播平台后台礼物累计价值5000元，可得基本收入2600元，超过5000元部分由公司和李某进行四六分成，超过9000元部分进行三七分成，超过12000元部分进行二八分成。从事直播活动后，李某按照某文化传播公司要求入驻2家直播平台，双方均严格履行协议约定的权利义务。李某每天直播时长、每月直播天数均不固定，月收入均未超过3500元。2019年3月31日，李某因直播收入较低，单方解除《艺人独家合作协议》，并以公司未缴纳社会保险费为由要求某文化传播公司向其支付解除劳动合同经济补偿。某文化传播公司以双方之间不存在劳动关系为由拒绝支付。李某向仲裁委员会申请仲裁，仲裁委员会裁决双方之间不存在劳动关系。李某不服仲裁裁决，诉至人民法院。

二、原告诉讼请求

请求确认与某文化传播公司之间于2018年11月29日至2019年3月31日期间存在劳动关系，某文化传播公司支付解除劳动合同经济补偿。

三、处理结果

一审法院判决：李某与某文化传播公司之间不存在劳动关系。李某不服一审判决，提起上诉。二审法院判决：驳回上诉，维持原判。

四、案例分析

本案争议焦点是，某文化传播公司对李某的管理是否属于劳动管理？

在传统演艺领域，企业以经纪人身份与艺人订立的合同通常兼具委托合同、中介合同、行纪合同等性质，并因合同约定产生企业对艺人的"管理"行为，但此类管理与劳动管理存在明显差异：从"管理"的主要目的看，企业除安排艺人从事演艺活动为其创造经济收益之外，还要对艺人进行培训、包装、宣传、推广等，使之获得相对独立的公众知名度和市场价值；而在劳动关系中，企业通过劳动管理组织劳动者进行生产经营活动，并不以提升劳动者独立的公众知名度和市场价值为目的。从"管理"事项的确定看，企业对艺人的管理内容和程度通常由双方自主协商约定，艺人还可以就自身形象设计、发展规划和收益分红等事项与企业进行协商；而在订立劳动合同时，单个劳动者与企业之间进行个性化协商的空间一般比较有限，劳动纪律、报酬标准、奖惩办法等规章制度通常由企业统一制定并普遍适用于企业内部的劳动者。此外，从劳动成果分配方式看，企业作为经纪人，一般以约定的分成方式获取艺人创造的经济收益；而在劳动关系中，企业直接占有劳动者的劳动成果，按照统一标准向劳动者支付报酬及福利，不以约定分成作为主要分配方式。综上，企业作为经纪人与艺人之间的法律关系体现出平等协商的特点，而存在劳动关系的用人单位与劳动者之间则体现出较强的从属性特征，可据此对两种法律关系予以区分。

本案中，通过《艺人独家合作协议》内容及履行情况可以看出，某文化传播公司作为李某的经纪人，虽然也安排李某从事为其创造直接经济收益的直播活动，但其主要目的是通过培训、包装、宣传、推广等手段使李某成为知名的网络主播；李某的直播时间及内容由其自主决定，其他相关活动要求等由双方协商确定，李某对其个人包装、活动参与等事项有协商权，对其创造的经济收益有知情权；双方以李某创造的经济收益为衡量标准，约定了"阶梯式"的收益分成方式。因此，双方之间的法律关系体现出平等协商的特点，并未体现出《劳动和社会保障部关于确立劳动关系有关事项的通知》（劳社部发〔2005〕12号）规定的劳动管理及从属性特征，应当认定为民事关系。李某提出确认劳动关系并支付解除劳动合同经济补偿的诉求，与事实不符，不予支持。

五、典型意义

近年来，随着网红经济的迅速发展，大量网络主播经纪公司也应运而生。与传统演艺业相比，网络主播行业具有更强的灵活性、互动性、可及性和价值多元性，经纪公司"造星"周期和"投资—回报"周期也相应缩短。一些经纪公司沿袭传统方式与主播建立民事合作关系，以培养知名主播、组织主播参加各类商业或非商业公众活动为主业，通过平等协商确定双方权利义务，以约定的分成方式进行收益分配；但与此同时，一些企业招用网络主播的主要目的是开展"直播带货"业务，以网络直播手段推销各类产品，主播对个人包装、直播内容、演艺方式、收益分配等没有协商权，双方之间体现出较强的从属性特征，更加符合确立劳动关系的情形。因此，在仲裁和司法实践中，应当加强对法律关系的个案分析，重点审查企业与网络主播之间的权利义务内容及确定方式，综合认定双方之间的法律关系性质。

44．宋某与某家政公司确认劳动关系纠纷案*

劳动者以用人单位名义对外提供劳动服务，双方之间存在明显的组织从属性，应当认定双方存在劳动关系

【裁判摘要】

> 劳动者与用人单位之间是否存在劳动关系，应当从人格从属性、经济从属性和组织从属性等方面综合判断。用人单位要求劳动者遵守其制定的工作规则，通过平台控制和管理劳动者工作时间和工作内容等，双方之间存在较强的人格从属性，用人单位按月支付报酬，双方之间存在较强的经济从属性，劳动者以用人单位名义对外提供劳动服务，双方之间存在明显的组织从属性，应当认定双方之间存在劳动关系。

一、基本案情

宋某，出生日期为 1976 年 10 月 7 日，于 2019 年 10 月 26 日到某员工制家政公司应聘家政保洁员，双方订立了《家政服务协议》，约定：某家政公司为宋某安排保洁业务上岗培训（初级），培训费用由公司承担，宋某经培训合格后须按照公司安排为客户提供入户保洁服务，合作期限为 2 年；宋某须遵守公司统一制定的

---

 * 摘自《人力资源社会保障部、最高人民法院关于联合发布第三批劳动人事争议典型案例的通知》（人社部函〔2023〕36 号）。

《家政服务人员行为规范》，合作期限内不得通过其他平台从事家政服务工作；某家政公司为宋某配备工装及保洁用具，并购买意外险，费用均由公司承担；宋某每周须工作6天，工作期间某家政公司通过本公司家政服务平台统一接收客户订单，并根据客户需求信息匹配度向宋某派发保洁类订单，工作日无订单任务时宋某须按照公司安排从事其他工作；某家政公司按月向宋某结付报酬，报酬计算标准为底薪1600元/月，保洁服务费15元/小时，全勤奖200元/月；如宋某无故拒接订单或收到客户差评，某家政公司将在核实情况后扣减部分服务费。2019年11月1日，宋某经培训合格后上岗。从事保洁工作期间，宋某每周工作6天，每天入户服务6~8小时。2020年1月10日，宋某在工作中受伤，要求某家政公司按照工伤保险待遇标准向其赔偿各类治疗费用，某家政公司以双方之间不存在劳动关系为由拒绝支付。宋某于2020年1月21日向仲裁委员会申请仲裁，请求确认与某家政公司于2019年11月1日至2020年1月21日期间存在劳动关系。仲裁委员会裁决宋某与某家政公司之间存在劳动关系，某家政公司不服仲裁裁决，诉至人民法院。

二、原告诉讼请求

请求确认某家政公司与宋某之间不存在劳动关系。

三、处理结果

一审法院判决：宋某与某家政公司于2019年11月1日至2020年1月21日期间存在劳动关系。某家政公司不服一审判决，提起上诉。二审法院判决：驳回上诉，维持原判。

四、案例分析

本案争议焦点是，宋某与某家政公司之间是否符合订立劳动合同的情形？

认定家政企业与家政服务人员之间是否符合订立劳动合同的情形，应当根据《劳动和社会保障部关于确立劳动关系有关事项的通知》（劳社部发〔2005〕12 号）第一条之规定，重点审查双方是否均为建立劳动关系的合法主体，双方之间是否存在较强程度的劳动管理。

本案中，宋某未达法定退休年龄，其与某家政公司均是建立劳动关系的合法主体。在劳动管理方面，某家政公司要求宋某遵守其制定的工作规则，通过平台向宋某安排工作，并通过发放全勤奖、扣减服务费等方式对宋某的工作时间、接单行为、服务质量等进行控制和管理，双方之间存在较强的人格从属性。某家政公司掌握宋某从事家政服务业所必需的用户需求信息，统一为宋某配备保洁工具，并以固定薪资结构向宋某按月支付报酬，双方之间存在较强的经济从属性。宋某以某家政公司名义对外提供家政服务，某家政公司将宋某纳入其家政服务组织体系进行管理，并通过禁止多平台就业等方式限制宋某进入其他组织，双方之间存在明显的组织从属性。综上，某家政公司对宋某存在较强程度的劳动管理，符合订立劳动合同的情形，虽然双方以合作为名订立书面协议，但根据事实优先原则，应当认定双方之间存在劳动关系。

五、典型意义

在传统家政企业运营模式中，家政企业主要在家政服务人员与客户之间起中介作用，通过介绍服务人员为客户提供家政服务收取中介费；家政企业与服务人员之间建立民事合作关系，企业不对服务人员进行培训和管理、不支付劳动报酬，家政服务工作内容及服务费用由服务人员与客户自行协商确定。为有效解决传统家政行业发展不规范等问题，《国务院办公厅关于促进家政服务业提质扩容的意见》（国办发〔2019〕30 号）指出，员工制家政企业应依法与招用的家政服务人员签订劳动合同，按月足额缴纳城镇职工社会保险费；家政服务人员不符合签订劳动合同情形的，员工制家政企业应与其签订服务协议，家政服务人员可作为灵活就业人员按规定自愿参加城镇职工社会保险或城乡居民社会保险。各地落实该意见要求积极支持发展员工制家政企业。在此类企业中，家政企业与客户直接订立服务合同，与家政服务人员依法签订劳动合同或服务协议，统一安排服务人员为客户提供服务，直接支付或代发服务人员不低于当地最低工资标准的劳动报酬，并对服务人员进行持续培训管理。在仲裁与司法实践中，对于家政企业与家政服务人员之间发生的确认劳动关系争议，应当充分考虑家政服务行业特殊性，明确企业运营模式，查明企业与家政服务人员是否具备建立劳动关系的法律主体资格，严格审查双方之间是否存在较强程度的劳动管理，以此对签订劳动合同和签订服务协议的情形作出区分，据实认定劳动关系。

45．雷某与某体育公司合同纠纷案*

未成年运动员与体育单位签订的合同性质及履行状况均符合劳动关系建立的组织性、从属性、有偿性等条件，认定双方成立劳动关系

【裁判摘要】

> 劳动者签订合同时系未满 16 周岁的未成年人，具备受体育单位招用的资格。用人单位作为招用单位，应当遵守国家有关规定，并保障劳动者接受义务教育的权利。双方签订的合同性质及履行状况均符合劳动关系建立的组织性、从属性、有偿性等条件，双方已建立劳动关系。

一、基本案情

雷某（未满 16 周岁）之父代其与某体育公司签订《合约书》，约定：雷某成为某体育公司的台球合约选手，某体育公司承担雷某在培训基地的教育培训、比赛交通等费用及运动器材；雷某不得与其他公司、团体签订类似合约，参加所有赛事及活动必须由某体育公司统一安排，并佩戴指定的产品标识，使用某体育公司提供的球杆等产品，所获奖金双方各占 50%，如违约则退还所有费用。后某体育公司与案外人解除了培训基地的投资合作协议，雷某未再参加任何培训及公司安排的比赛活动。雷某以无法享受培训、某体育公司无法继续履行

＊ 摘自 2023 年 6 月 21 日最高人民法院发布的涉体育纠纷民事典型案例。

合同义务为由，起诉请求判令解除合同、某体育公司支付违约金。某体育公司以雷某未经同意擅自离开、违约在先为由，反诉请求判令雷某返还学费、住宿费等费用，平均分配雷某自行参赛所获奖金。

二、裁判结果

审理法院认为，雷某签订合同时系未满 16 周岁的未成年人，具备受体育单位招用的资格。某体育公司作为招用单位，应当遵守国家有关规定，并保障雷某接受义务教育的权利。雷某与某体育公司签订的合同性质及履行状况均符合劳动关系建立的组织性、从属性、有偿性等条件，双方已建立劳动关系。本案不属于合同纠纷，属于劳动争议，应当适用劳动法律法规确定双方权利义务。

三、典型意义

国家促进和规范职业体育市场化、职业化发展。运动员与其接受训练、代表参赛的单位之间的法律关系性质引发社会普遍关注。未满 16 周岁的未成年人可以被文艺、体育和特种工艺单位招用，只要招用单位与未满 16 周岁的未成年人之间的法律关系具备人身、经济从属性等劳动关系特征，应当认定双方建立劳动关系。人民法院结合案件情况，不简单适用"外观主义"审查，重点审查未成年运动员与招用单位之间是否存在劳动管理事实和从属性特征，有利于充分保障未成年运动员的合法权利，打牢竞技体育人才培养的根基，促进职业体育行业健康有序发展。

46．邓某波诉绍兴县广友劳务分包工程有限公司确认劳动关系纠纷案*

▶

建筑施工企
业将工程发
包给不具备
用工主体资
格的组织或
自然人，对
该组织或自
然人招用的
劳动者应承
担工伤保险
责任，但不
能据此认定
两者之间存
在劳动关系

【裁判摘要】

实际施工人聘用劳动者（农民工）与具备用工主体资格的建筑施工企业就是否存在劳动关系进行民事诉讼的，人民法院应当确认双方不存在劳动关系。

根据《最高人民法院关于审理工伤保险行政案件若干问题的规定》等规定，具备用工主体资格的建筑施工企业应对受伤农民工承担工伤保险责任。但此系司法解释对建筑施工企业拟制的法律责任，是对劳动关系作为工伤认定前提传统理论的突破，不能依据该工伤保险责任的承担来反向推定双方存在劳动关系。

一、案例索引

一审：浙江省绍兴市柯桥区人民法院（2015）绍柯民初字第997号。

二审：浙江省绍兴市中级人民法院（2015）浙绍民终字第1149号。

---

* 摘自《民事审判指导与参考》2015年第4辑（总第64辑），人民法院出版社2016年版，第228～238页。

二、案情

原告：邓某波。

被告：绍兴县广友劳务分包工程有限公司（以下简称广友公司）。

绍兴市柯桥区人民法院经审理查明：浙江宝业建设集团有限公司承建宝业四季园一期 E1 地块工程项目，并将该工程转包给广友公司，后广友公司将其中的支模工程分包给自然人鲁某川，邓某波等人则经谢某强招录进入该工地支模工程做工。2014 年 11 月 14 日，邓某波为本案争议提请绍兴市柯桥区劳动人事争议仲裁委员会劳动仲裁，该委经审查后，认为邓某波的申请不符合受理条件，决定不予受理。邓某波不服该决定，遂诉至法院成讼。

三、审理

绍兴市柯桥区人民法院经审理认为：劳动者和用人单位的合法权益应依法予以保护。其一，关于诉讼时效期间。当事人不服劳动人事争议仲裁委员会出具的不予受理案件通知书提起诉讼，并无相应的法定时效期间限制，故广友公司辩称邓某波诉请已超过诉讼时效期间，抗辩理由不能成立，不予采纳。其二，关于邓某波与广友公司之间的法律关系。对于广友公司经转包承建宝业四季园一期 E1 地块工程项目，并将项目中的支模工程分包给自然人鲁某川的事实，双方陈述一致，且有证人谢某强的证言辅证，依法予以确认。邓某波等人经谢某强招录进入支模工程做工的事实，三位证人的证言陈述一致、相互印证，亦依法予以确认。基于上述两项事实，结合双方诉辩意见，本案争议焦点在于邓某波在宝业四季园一期 E1 地块支模工程做工是否与广友公司形成了事实劳动关系。《劳动和社会保障部关于确立劳动关系有关事项的通知》（劳社部发〔2005〕12 号）第四条规定："建筑施工、矿山企业等用人单位将工程（业务）或经营权发包给不具备用工主体资格的组织或自然人，对该组织或自然人招用的劳动者，由具备用工主体资格的发包方承担用工主体责任。"建筑施工企业将承建的工程发包给不具备用工主体资格的组织或者自然人，该组织或者自然人招用的劳动者在工作中发生伤亡，为维护劳动者合法权益和社会稳定，具备用工主体资格的发包方理应承担用工主体责任，但该"用工主体责任"在理解上并未突破具备用工主体资格的发包方、不具备用工主体资格的组织或者自然人、该组织或者自然人招用的劳动者三者间的法律关系，即不能由此直接推定具备用工主体资格的发包方与不具备用工主体资格的组织或者自然人招用的劳动者之间存在劳动关系。根据《劳动和社会保障部关于确立劳动关系有关事项的通知》（劳社部发〔2005〕12号）第一条规定，在未有书面劳动合同予以证明的情况下，事实劳动关系的认定，须结合劳动人事管理、劳动报酬支付、劳动业务联系等诸多因素综合评判。根据"谁主张、谁举证"的法律规则，邓某波主张与广友公司存在事实劳动关系，依法应就该项事实主张予以举证证明。然而根据现有证据，仅能证明邓某波经谢某强招录进入鲁某川承包的宝业四季园一期E1地块支模工程做工的事实，邓某波并未能提供充分有效的证据证明谢某强、鲁某川进行人员招录、出勤考核、报酬结算等行为系代广友公司所为的事实，应承担举证不能的不利后果。故邓某波要求确认与广友公司存在事实劳动关系之诉请，事实依据不足，不予支持。据此，原审判决：驳回邓某波的诉讼请求。

判决后，邓某波不服，向绍兴市中级人民法院提起上诉。

绍兴市中级人民法院经审理认为：《最高人民法院关于民事诉讼证据的若干规定》第二条①规定："当事人对自己提出的诉讼请求所依据的事实或者反驳对方诉讼请求所依据的事实有责任提供证据加以证明。没有证据或者证据不足以证明当事人的事实主张的，由负有举证责任的当事人承担不利后果。"本案系确认之诉，邓某波应就其与广友公司间存在事实劳动关系承担举证责任。在未有书面劳动合同的情况下，劳动关系的确认须结合劳动人事管理、劳动报酬支付、劳动业务联系、出勤考核等因素综合评判。经审查，邓某波虽在广友公司承建的B四季园一期E1地块工程项目工作，但其系由案外人谢某强招录，且与广友公司间不存在出勤考核、报酬支付等管理与被管理的关系，故在邓某波未有其他充分证据证实双方间存在事实劳动关系之情形下，应承担举证不能之不利后果。至于邓某波提及的建筑施工企业用工主体责任等同于事实劳动关系的问题，因两者不属

---

① 该司法解释已于2019年12月25日修正，新司法解释中已无对应条文。

同一法律概念，亦未有法律明确规定，故对该项上诉理由，不予采纳。综上，原审判决认定事实清楚，适用法律正确。邓某波的上诉请求依据不足，依法不予支持。故判决：驳回上诉，维持原判。

四、评析

本案争议法律适用问题为项目经理（实际施工人）聘用的劳动者（农民工）与建筑施工企业间法律关系应当如何界定，即双方是否存在劳动关系。在确认或不确认劳动关系的背后，往往牵连着被招用劳动者（农民工）受伤时的工伤责任承担问题。由于工伤认定系行政案件、劳动关系确认系民事案件，属于当前较为棘手的民行交叉难题。

（一）关于实际施工人聘用的劳动者（农民工）与具备用工主体资格的建筑施工企业之间法律关系的两种观点

关于项目经理（实际施工人）聘用的劳动者（农民工）与具备用工主体资格的建筑施工企业之间的法律关系问题，长期以来司法实践中存在争议。观点之一是建筑施工企业与项目经理（实际施工人）聘用的劳动者（农民工）两者间不存在劳动关系，劳动者（农民工）与实际招用者项目经理（实际施工人）间存在劳务关系。观点之二是建筑施工企业与项目经理（实际施工人）聘用的劳动者（农民工）两者间存在事实劳动关系。

持观点一的，如浙江省高级人民法院民一庭与浙江省劳动仲裁院于2014年4月14日联合下发《关于审理劳动争议案件若干问题的解答（二）》［以下简称《解答（二）》］，第一条规定："实际施工人所招用的人员请求确认其与具备用工主体资格的承包单位间存在劳动关系的，不予支持；但该人员在工作中发生伤亡的，可以请求承包单位参照工伤进行赔偿。"持观点二的，如浙江省高级人民法院行政庭于2014年8月15日出具的浙高法行信复〔2014〕4号答复，规定："社会保险行政部门确认劳动者与具备用工主体资格的承包单位之间存在劳动关系并依法作出工伤认定的，在行政诉讼中一般应予支持；社会保险行政部门以不存在劳动关系为由，不予受理劳动者的工伤认定申请或作出不予认定工伤决定的，在行政诉讼中不予支持。"

上述两个规定，在具备用工主体资格的建筑施工企业应当对劳动者承担工伤赔偿责任上的认识是统一的，区别在于是否认定劳动关系。前者采取劳动关系与工伤赔偿责任分立的思路，对当事人请求确认事实劳动关系的不予支持，但对工伤赔偿予以支持。后者采取劳动关系与工伤赔偿责任合并的思路，确认事实劳动关系进而认定工伤。

（二）对实际施工人聘用的劳动者（农民工）与具备用工主体资格建筑施工企业间不予确认事实劳动关系的依据和理由

根据传统工伤理论，劳资双方存在劳动关系是认定工伤的前提。但是建筑领域农民工问题具有特殊性，在劳动关系确认和工伤责任承担上，必须从行业实际出发，妥善把握企业与劳动者双方的利益衡平问题，既要防止"拉郎配"，机械地将建筑施工企业与实际施工人招用的劳动者用劳动关系捆绑在一起；同时也要倾斜保护受伤劳动者的人身权益，给予其生存保障。在这一理念指导下，《解答（二）》对传统工伤理论予以突破，在认定双方不存在劳动关系的前提下，由建筑施工企业对受伤农民工承担工伤赔偿责任。

首先，对项目经理聘用的劳动者（农民工）与具备用工主体资格建筑施工企业间不予确认劳动关系的理由和依据：

1. 建筑行业的客观实际。建筑企业的施工业务具有时段性、地域性，并非时刻均有在建工程，且在建工程可能分布在全国各地，以建筑大省浙江为例，2014年跨省完成建筑业总产值11325.65亿元，占全年总产值半壁江山。上述行业特征决定了人员的流动性极大。如将实际施工人招用的农民工均确认与建筑施工企业间形成劳动关系，一是作为微利行业的建筑企业无力负担庞大、固定的建筑人员队伍。二是劳动者也无法保证有充足工作量从而获得足够收入。

2. 第五次全国民事审判工作会议纪要及最高人民法院网站"院长信箱"答复。2011年第五次《全国民事审判工作会议纪要》"关于劳动争议纠纷案件"规定："发包人将工程发包给承包人，承包人又转包或者分包给实际施工人，实际施工人招用的劳动者请求确认与发包人之间存在劳动关系的，不予支持。"最高人民法院网站"院长信箱"于2014年4月11日在栏目中刊登《对最高人民法院〈全国民事审判工作会议纪要〉第59条作出进一步释明的答复》，对前述纪要内容进一步释明，认为依据实事求是原则，在建筑施工企业与劳动者并无形成劳动关系合意的情况下，不应确认双方存在事实劳动关系。实际施工人的前一手具有用工主体资格的承包人、分包人或者转包人与劳动者之间既不存在雇佣关系，也不存在劳动关系。①

① 《建筑领域确认劳动关系之我见》一文中对建筑行业大量存在的转包、分包引发的劳动关系问题进行了分析，并结合《全国民事审判工作会议纪要》(法办〔2011〕42号，以下简称《纪要》)第59条和《关于确立劳动关系有关事项的通知》(劳社部发〔2005〕12号，以下简称《通知》)第四条作了比较，得出了这两个文件规定的内容并不冲突的结论，并阐述了自己的理由。应当说，该文对上述问题的见解是有一定道理的，说明该文对这一领域存在的问题有一定的研究，并希望能够解决这一实践中较为棘手的问题。关于实际施工人招用的劳动者与承包人也就是建筑施工企业之间是否存在劳动关系，理论与实践中存在两种截然相反的观点：一种观点认为，实际施工人与其招用的劳动者之间应认定为雇佣关系，但实际施工人的前一手具有用工主体资格的承包人、分包人或转包人与劳动者之间既不存在雇佣关系，也不存在劳动关系。理由是：建筑施工企业与实际施工人之间只是分包、转包关系，劳动者是由实际施工人雇佣的，其与建筑施工企业之间并无建立劳动关系或雇佣关系的合意。另一种观点则认为，应认定实际施工人的前一手具有用工主体资格的承包人、分包人或转包人与劳动者之间存在劳动关系，因为认定他们之间存在劳动关系，有利于对劳动者保护。

我们同意第一种观点。主要理由如下：首先，实际施工人的前一手具有用工主体资格的承包人、分包人或转包人与劳动者之间并没有丝毫的建立劳动关系的意思表示，更没有建立劳动关系的合意。《中华人民共和国劳动合同法》第三条明确规定，建立劳动关系必须遵循自愿原则。自愿就是指订立劳动合同完全是出于劳动者和用人单位双方的真实意志，是双方协商一致达成的，任何一方不得将自己的意志加给另一方。自愿原则包括：订不订立劳动合同由双方自愿、与谁订立劳动合同由双方自愿、合同的内容取决于双方的自愿。现实生活中，劳动者往往不知道实际施工人的前一手具有用工主体资格的承包人、转包人或分包人是谁，承包人、转包人或分包人同样也不清楚该劳动者是谁，是否实际为其工程提供了劳务。在这种完全缺乏双方合意的情形下，直接认定二者之间存在合法劳动关系，不符合实事求是原则。如果实际施工人的前一手具有用工主体资格的承包人、分包人或转包人根本没有与劳动者订立劳动合同的意思，我们通过仲裁或者司法判决方式强行认定他们之间存在劳动关系，则等于违背了劳动合同法总则中对自愿原则的规定。其次，如果认定实际施工人的前一手具有用工主体资格的承包人、分包人或转包人与劳动者之间存在劳动关系，那么，将由具有用工主体资格的承包人、分包人或转包人对劳动者承担劳动法上的责任，而实际雇佣劳动者并承担管理职能的实际施工人反而不需要再承担任何法律责任了，这种处理方式显然不符合公平原则。如果我们许可了这样做，实际施工人反而很容易逃避相应的法律责任。此外，如果强行认定实际施工人的前一手具有用工主体资格的承包人、分包人或转包人与劳动者之间存在劳动关系，还会导致产生一系列无法解决的现实难题：劳动者会要求与承包人、分包人或转包人签订书面劳动合同；要求为其办理社会保险手续；要求支付不签订书面劳动合同而应支付的双倍工资，等等。这些要求显而易见都是不应当得到支持的。再次，《通知》第四条之所以规定可认定承包人、分包人或转包人与劳动者之间存在劳动关系，其用意是惩罚那些违反建筑法的相关规定任意分包、转包的建筑施工企业。我们认为，承包人、分包人或转包人违反了建筑法的相关规定，应当承担相应的行政责任或民事责任。不能为了达到制裁这种违法发包、分包或者转包行为的目的，就可以任意超越劳动合同法的有关规定，强行认定本来不存在的劳动关系。最后，虽然不认定实际施工人的前一手具有用工主体资格的承包人、分包人或转包人与劳动者之间存在劳动关系，并不意味着劳动者的民事权益得不到保护。《中华人民共和国劳动合同法》第九十四条规定："个人承包经营者违反本法规定招用劳动者，给劳动者造成损害的，发包的组织与个人承包经营者承担连带赔偿责任。"实践中个人承包经营者(也就是实际施工人)往往没有承担民事责任的足够财力，为了保护劳动者的权益，在劳动者遭受损失时，承包人、分包人或转包人是要承担民事上的连带赔偿责任的。这是有利于对劳动者提供周全保护的。从诉讼程序看，劳动者既可以单独起诉实际施工人，也可以将承包人、分包人或转包人与实际施工人列为共同被告；从实体处理看，劳动者既可以要求实际施工人承担全额或者部分赔偿责任，也可以要求承包人、分包人或转包人承担全额或者部分赔偿责任，还可以要求承包人、分包人或转包人与实际施工人一起承担连带赔偿责任。

3.《劳动和社会保障部关于确立劳动关系有关事项的通知》（劳社部发〔2005〕12号）。主张建筑施工企业与实际施工人招用的农民工间存在劳动关系者，往往会引用该部门规章为据。但笔者认为，该通知规定恰恰可以印证建筑施工企业与实际施工人招用的农民工间不存在劳动关系。首先该通知第一条规定了用人单位与劳动者未订立书面劳动合同情况下认定事实劳动关系的要件，包括主体资格、劳动人事管理、劳动报酬支付、劳动业务组成四大要素，适用于所有劳动关系确认情形。其次该通知第四条规定："建筑施工、矿山企业等用人单位将工程（业务）或经营权发包给不具备用工主体资格的组织或自然人，对该组织或自然人招用的劳动者，由具备用工主体资格的发包方承担用工主体责任。"从用语上看，行文回避了"存在劳动关系"的表述，而是使用了"承担用工主体责任"。再结合第一条规定的认定劳动关系的要素，可以判断此处的用工主体责任与存在劳动关系并不能简单画上等号。且客观上，实际施工人招用的农民工与建筑施工企业间并不符合劳动人事管理等要素。笔者认为，对该处用工主体责任的范围应当予以限缩，并非所有劳动用工责任均属建筑施工企业应承担的用工主体责任。根据当前实际，宜将该用工主体责任限定为劳动报酬支付责任和工伤保险责任。①

（三）关于实际施工人聘用的劳动者（农民工）与建筑施工企业间实行劳动关系与工伤赔偿责任分立的依据和理由

通常认定工伤以双方存在劳动关系为前提。但由于建筑领域的客观实际情形，建筑施工企业承担工伤保险责任主要是出于对劳动者生存权益的保障，属于法律拟制的替代责任，不同于劳动关系中用人单位对劳动者的工伤保险终局责任。理由如下：

1.《人力资源和社会保障部关于执行工伤保险条例若干问题的意见》（人社部发〔2013〕34号）第七条规定："具备用工主体资格的承包单位

---

① 对于劳动报酬支付责任，国家政策要求工程总承包企业对所承包工程的农民工工资支付实行全面负责制度。原劳动和社会保障部、建设部《建设领域农民工工资支付管理暂行办法》第十二条亦规定，工程总承包企业不得将工程违反规定发包、分包给不具备用工主体资格的组织或个人，否则应承担清偿拖欠工资连带责任。

违反法律、法规规定，将承包业务转包、分包给不具备用工主体资格的组织或者自然人，该组织或者自然人招用的劳动者从事承包业务时因工伤亡的，由该具备用工主体资格的承包单位承担用人单位依法应承担的工伤保险责任。"从行文上看，该条规定"承包单位承担用人单位应承担的工伤保险责任"，而非"承包单位作为用人单位承担工伤保险责任"，表明其只明确工伤保险责任的承担问题，而对劳动关系进行了回避。

2. 《最高人民法院关于审理工伤保险行政案件若干问题的规定》（以下简称《工伤行政案件司法解释》）（法释〔2014〕9号）第三条第一款规定："社会保险行政部门认定下列单位为承担工伤保险责任单位的，人民法院应予支持：……（四）用工单位违反法律、法规规定将承包业务转包给不具备用工主体资格的组织或者自然人，该组织或者自然人聘用的职工从事承包业务时因工伤亡的，用工单位为承担工伤保险责任的单位……"第二款规定："前款第（四）、（五）项明确的承担工伤保险责任的单位承担赔偿责任或者社会保险经办机构从工伤保险基金支付工伤保险待遇后，有权向相关组织、单位和个人追偿。"

从行文上看，该条规定旨在明确工伤保险责任的承担，亦未涉及劳动关系的认定。从法理上分析，如承包单位建筑施工企业与劳动者构成劳动关系，则在劳动者因工作伤亡时，承包单位建筑施工企业承担工伤保险责任是其法定义务，不存在向第三方追偿以转嫁法定赔偿责任的可能。因此，根据该司法解释第三条规定以及前述《人力资源和社会保障部关于执行工伤保险条例若干问题的意见》第七条规定，承包单位建筑施工企业承担的工伤保险责任应属替代责任，其对不存在劳动关系的劳动者承担工伤保险责任后，享有追偿权。

2014年8月21日《人民法院报》刊登了作者为最高人民法院行政庭法官的《〈最高人民法院关于审理工伤保险行政案件若干问题的规定〉的

理解与适用》一文。① 文章对第三条规定解读："（挂靠经营）规定主要是从有利于职工的角度出发，其原理与转包关系中无用工主体资格组织或者个人聘用的人从事发包工程遭受工伤情况下的用人单位确认相同，不以是否存在真实劳动关系为前提，这是对工伤保险条例将劳动关系作为工伤认定前提的一般规定之外的特殊情形处理。"即文章观点认为此处承包单位建筑施工企业承担工伤保险责任不以劳动关系为前提，而是对特殊领域的特殊处理，与前述分析相一致。

3. 最高人民法院指导性案例 28 号"胡某金拒不支付劳动报酬案"进一步佐证承包单位建筑施工企业对项目经理（实际施工人）招用的农民工承担的工伤保险责任抑或劳动报酬支付责任应属替代责任，而非用人单位责任。该案裁判要点为："1. 不具备用工主体资格的单位或者个人（包工

---

① 马永欣、李涛、杨科雄：《〈最高人民法院关于审理工伤保险行政案件若干问题的规定〉的理解与适用》（节选），四、关于特殊情况下如何确定用人单位的问题一般情况下，职工只有一个工作单位，承担工伤保险责任的用人单位是工伤发生时职工的工作单位，但在特殊情况下，工伤发生时与职工存在工作关系的单位有两个以上，如何确定承担工伤保险责任的用人单位，《规定》第三条概括了下列情况下确定承担工伤保险责任的用人单位的规则……3. 存在转包关系的情况下，发生工伤事故时用人单位的确定，以有利于保护职工为原则。本规定是对原劳动和社会保障部 2005 年 5 月 25 日劳社部发〔2005〕12 号《关于确立劳动关系有关事项的通知》第四条关于"建筑施工、矿山企业等用人单位将工程（业务）或经营权发包给不具备用工主体资格的组织或自然人，对该组织或自然人招用的劳动者，由具备用工主体资格的发包方承担用工主体责任"规定的发展，也吸收采纳了《人力资源和社会保障部关于执行〈工伤保险条例〉若干问题的意见》（人社部发〔2013〕34 号）第七条的精神。4. 挂靠关系中用人单位的确定，最高人民法院行政庭〔2006〕行他字第 17 号批复《关于车辆挂靠其他单位经营车辆实际所有人聘用的司机工作中伤亡能否认定为工伤问题的请示》已经予以明确。关于挂靠经营过程中，聘用的人员与挂靠单位之间是否存在劳动关系的问题，存在不同认识。我们认为，本条规定主要是从有利于职工的角度出发，其原理与转包关系中无用工主体资格组织或个人聘用的人从事发包工程遭受工伤情况下的用人单位确认相同，不以是否存在真实劳动关系为前提，这是对工伤保险条例将劳动关系作为工伤认定前提的一般规定之外的特殊情形处理。需要注意的有两点：一是挂靠人是自然人，单位挂靠不能适用本条；二是仅适用于挂靠人聘用的人员，不包括挂靠人。由于转包关系和挂靠关系中职工和承担工伤保险责任的用人单位之间并不存在真实的劳动关系，对职工造成伤害的实际侵权人仍然是不具有用工主体资格的组织、自然人。确定用工单位和被挂靠单位作为承担工伤保险责任的用人单位，虽然有利于保护职工的合法权益，但在责任的承担上，由工伤保险基金支付工伤保险待遇，会出现免除实际侵权人赔偿责任的不公平现象。为解决这一问题，司法解释明确了承担工伤保险责任的用人单位和社会保险经办机构在实际承担工伤保险责任后，可以根据实际支出的工伤保险待遇，向实际侵权人行使追偿权。

头），违法用工且拒不支付劳动者报酬，数额较大，经政府有关部门责令支付仍不支付的，应当以拒不支付劳动报酬罪追究刑事责任。2. 不具备用工主体资格的单位或者个人（包工头）拒不支付劳动报酬，即使其他单位或者个人在刑事立案前为其垫付了劳动报酬的，也不影响追究该用工单位或者个人（包工头）拒不支付劳动报酬罪的刑事责任。"

最高人民法院指导性案例定位为司法解释的"零售"，效力位阶较高。从该案的要点可以得知，不具备用工主体资格的单位或者个人（包工头）对于其招用人员的劳动报酬支付承担直接责任、终局责任，即使建筑施工企业代为支付劳动报酬，也不影响其前述义务责任的承担。因此，如果认定承包单位建筑施工企业与项目经理（实际施工人）招用的农民工间存在事实劳动关系，则支付农民工劳动报酬是用人单位即承包单位建筑施工企业的法定义务，不存在施工企业为项目经理（实际施工人）"垫付"一说；且此时项目经理（实际施工人）并不负有支付劳动报酬的法定义务，无从构成"拒不支付劳动报酬罪"，从而减轻了项目经理（实际施工人）的责任，使其从中渔利。这将与前述指导性案例的主旨相违背。

4. 如果对建筑领域项目经理（实际施工人）招用的劳动者（农民工）与承包单位建筑施工企业间劳动关系确认与工伤责任承担问题不实行二分法，则法院民行诉讼间将陷入相互钳制的微妙境地。一是如当事人先经行政诉讼，确认事实劳动关系并认定工伤。则在民事诉讼中将会产生未签订书面劳动合同的二倍工资、加班工资、经济补偿、补交社会保险等种种争议。此类诉讼一旦扩散，因劳动关系点多面广，影响甚巨。浙江金华等地区已有案例，行政判决认定受伤农民工与建筑承包单位存在事实劳动关系、构成工伤。其后劳动者提起民事诉讼，提出多项基于劳动关系的权利诉请。鉴于生效行政判决已认定了事实劳动关系，民事审判只能对此予以支持。二是如当事人先经民事判决，经确认双方不存在事实劳动关系，则行政审判必然面临能否认定工伤的问题。如不予认定工伤，则与前述《工伤行政案件司法解释》规定相冲突。如予认定工伤，则是在不存在劳动关系的前提下，确认由建筑施工企业承担工伤赔偿责任，回到劳动关系确认和工伤保险责任分立的思路上。

再者，除劳动者工伤情形下可通过社会保险行政部门工伤认定程序和行政诉讼来认定劳动关系之外，劳动关系认定一般经由劳动仲裁和民事诉讼进行。如实际施工人招用的劳动者（农民工）伤亡，经由行政诉讼认定其与建筑施工企业间存在劳动关系，而在同样场所工作的其他未伤亡实际施工人招用的劳动者（农民工）与建筑施工企业之间却不存在劳动关系，将会导致同工不同关系的逻辑悖论。

根据上述分析意见，笔者认为，在建筑领域，对实际施工人招用的劳动者（农民工）与建筑施工企业间应实行劳动关系与工伤赔偿责任的二分法。实际施工人招用的农民工受伤，请求确认与具备合法用工主体资格的建筑施工企业间存在劳动关系的，民事诉讼中应不予支持。但按照《工伤行政案件司法解释》的有关规定，受伤农民工可以申请工伤认定，并确定该具备合法用工主体资格的建筑施工企业为工伤责任承担人。建筑施工企业虽对受伤农民工承担工伤保险责任，但不因此反向推定双方间存在劳动关系。此系司法解释对建筑施工企业拟制的法律责任，是对劳动关系作为工伤认定前提传统理论的突破。

（执笔人：江宇奇、章建荣）

47．彭某翔诉南京市城市建设开发（集团）有限责任公司追索劳动报酬纠纷案*

（最高人民法院审判委员会讨论通过　2022年7月4日发布）

▶

用人单位规定了绩效奖金，而不审批发放，符合奖励条件的劳动者主张获奖条件成就，用人单位应当按照规定发放奖金的，人民法院应予支付

【关键词】

民事　追索劳动报酬　奖金　审批义务

【裁判要点】

用人单位规定劳动者在完成一定绩效后可以获得奖金，其无正当理由拒绝履行审批义务，符合奖励条件的劳动者主张获奖条件成就，用人单位应当按照规定发放奖金的，人民法院应予支持。

【相关法条】

《中华人民共和国劳动法》第四条、《中华人民共和国劳动合同法》第三条

---

* 摘自2022年7月4日最高人民法院发布的第32批指导案例（指导案例182号）。

【基本案情】

南京市城市建设开发（集团）有限责任公司（以下简称城开公司）于2016年8月制定《南京城开集团关于引进投资项目的奖励暂行办法》（以下简称《奖励办法》），规定成功引进商品房项目的，城开公司将综合考虑项目规模、年化平均利润值合并表等综合因素，以项目审定的预期利润或收益为奖励基数，按照0.1%~0.5%确定奖励总额。该奖励由投资开发部拟定各部门或其他人员的具体奖励构成后提出申请，经集团领导审议、审批后发放。2017年2月，彭某翔入职城开公司担任投资开发部经理。2017年6月，投资开发部形成《会议纪要》，确定部门内部的奖励分配方案为总经理占部门奖金的75%、其余项目参与人员占部门奖金的25%。

彭某翔履职期间，其所主导的投资开发部成功引进无锡红梅新天地、扬州GZ051地块、如皋约克小镇、徐州焦庄、高邮鸿基万和城、徐州彭城机械六项目，后针对上述六项目投资开发部先后向城开公司提交了6份奖励申请。

直至彭某翔自城开公司离职，城开公司未发放上述奖励。彭某翔经劳动仲裁程序后，于法定期限内诉至法院，要求城开公司支付奖励1689083元。

案件审理过程中，城开公司认可案涉六项目初步符合《奖励办法》规定的受奖条件，但以无锡等三项目的奖励总额虽经审批但具体的奖金分配明细未经审批，以及徐州等三项目的奖励申请未经审批为由，主张彭某翔要求其支付奖金的请求不能成立。对于法院"如彭某翔现阶段就上述项目继续提出奖励申请，城开公司是否启动审核程序"的询问，城开公司明确表示拒绝，并表示此后也不会再启动六项目的审批程序。此外，城开公司还主张，彭某翔在无锡红梅新天地项目、如皋约克小镇项目中存在严重失职行为，二项目存在严重亏损，城开公司已就拿地业绩突出向彭某翔发放过奖励，但均未提交充分的证据予以证明。

【裁判结果】

江苏省南京市秦淮区人民法院于 2018 年 9 月 11 日作出 (2018) 苏 0104 民初 6032 号民事判决:驳回彭某翔的诉讼请求。彭某翔不服,提起上诉。江苏省南京市中级人民法院于 2020 年 1 月 3 日作出 (2018) 苏 01 民终 10066 号民事判决:一、撤销南京市秦淮区人民法院 (2018) 苏 0104 民初 6032 号民事判决;二、城开公司于本判决生效之日起 15 日内支付彭某翔奖励 1259564.4 元。

【裁判理由】

法院生效裁判认为:本案争议焦点为城开公司应否依据《奖励办法》向彭某翔所在的投资开发部发放无锡红梅新天地等六项目奖励。

首先,从《奖励办法》设置的奖励对象来看,投资开发部以引进项目为主要职责,且在城开公司引进各类项目中起主导作用,故其系该文适格的被奖主体;从《奖励办法》设置的奖励条件来看,投资开发部已成功为城开公司引进符合城开公司战略发展目标的无锡红梅新天地、扬州 GZ051 地块、如皋约克小镇、徐州焦庄、高邮鸿基万和城、徐州彭城机械六项目,符合该文规定的受奖条件。故就案涉六项目而言,彭某翔所在的投资开发部形式上已满足用人单位规定的奖励申领条件。城开公司不同意发放相应的奖励,应当说明理由并对此举证证明。但本案中城开公司无法证明无锡红梅新天地项目、如皋约克小镇项目存在亏损,也不能证明彭某翔在二项目中确实存在失职行为,其关于彭某翔不应重复获奖的主张亦因欠缺相应依据而无法成立。故而,城开公司主张彭某翔所在的投资开发部实质不符合依据《奖励办法》获得奖励的理由法院不予采纳。

其次,案涉六项目奖励申请未经审核或审批程序尚未完成,不能成为城开公司拒绝支付彭某翔项目奖金的理由。城开公司作为奖金的设立者,有权设定相应的考核标准、考核或审批流程。其中,考核标准系员工能否获奖的实质性评价因素,考核流程则属于城开公司为实现其考核权所设置的程序性流程。在无特殊规定的前提下,因流程本身并不涉及奖励评判标

准，故而是否经过审批流程不能成为员工能否获得奖金的实质评价要素。城开公司也不应以六项目的审批流程未启动或未完成为由，试图阻却彭某翔获取奖金的实体权利的实现。此外，对劳动者的奖励申请进行实体审批，不仅是用人单位的权利，也是用人单位的义务。本案中，《奖励办法》所设立的奖励系城开公司为鼓励员工进行创造性劳动所承诺给员工的超额劳动报酬，其性质上属于《国家统计局关于工资总额组成的规定》第七条规定中的"其他奖金"，此时《奖励办法》不仅应视为城开公司基于用工自主权而对员工行使的单方激励行为，还应视为城开公司与包括彭某翔在内的不特定员工就该项奖励的获取形成的约定。现彭某翔通过努力达到《奖励办法》所设奖励的获取条件，其向城开公司提出申请要求兑现该超额劳动报酬，无论是基于诚实信用原则，还是基于按劳取酬原则，城开公司皆有义务启动审核程序对该奖励申请进行核查，以确定彭某翔关于奖金的权利能否实现。如城开公司拒绝审核，应说明合理理由。本案中，城开公司关于彭某翔存在失职行为及案涉项目存在亏损的主张因欠缺事实依据不能成立，该公司也不能对不予审核的行为作出合理解释，其拒绝履行审批义务的行为已损害彭某翔的合法权益，对此应承担相应的不利后果。

综上，法院认定案涉六项目奖励的条件成就，城开公司应当依据《奖励办法》向彭某翔所在的投资开发部发放奖励。

（生效裁判审判人员：冯驰、吴晓静、陆红霞）

理解与参照

《彭某翔诉南京市城市建设开发(集团)有限责任公司追索劳动报酬纠纷案》的理解与参照*
——用人单位奖金审核权的行使不应损害劳动者的合法权益

为了正确理解和准确参照适用第 182 号指导性案例,现对该指导性案例的基本案情、裁判要点、参照适用等有关情况予以解释、论证和说明。

一、本案例的相关情况

(一) 基本案情

江苏省南京市城市建设开发(集团)有限责任公司(以下简称城开公司)于 2016 年 8 月制定《南京城开集团关于引进投资项目的奖励暂行办法》(以下简称《奖励办法》),规定"对于成功引进符合公司战略发展目标项目(包括商品房项目、代建项目、项目管理类项目等)的集团在册员工或团队,城开公司将根据绿地集团董事会(城开公司为绿地集团的子公司之一)审定的预期项目利润或收益为奖励基数,综合考虑项目规模、年化平均利润值合并表等综合因素,按照 0.1%~0.5% 确定奖励总额。该奖励由投资开发部拟定各部门或其他人员的具体奖励构成后提出申请,经

---

* 摘自《人民司法·案例》2023 年第 23 期。

集团领导审议、审批后发放"。

2017年2月27日，彭某翔入职城开公司，担任投资开发部经理。2017年6月12日，投资开发部召开讨论会并形成会议纪要，确定部门内部对于奖励的分配方案为总经理（即彭某翔）占奖金总额的75%，其余项目参与人员占25%。

彭某翔履职期间，其所主导的投资开发部成功拿下无锡红梅新天地、扬州GZ051地块、如皋约克小镇、徐州焦庄、高邮鸿基万和城、徐州彭城机械6个项目。针对上述6个项目，投资开发部先后向城开公司提交了6份奖励申请。其中：（1）无锡等3个项目的奖励申请载明，结合3个项目的项目利润（分别为15432万元、6817万元、14365万元），建议分别按照0.4%、0.5%、0.4%给予奖励，奖励总额分别为61.73万元、34万元、57.44万元。申请正文下部有城开公司计划运营部总监、董事兼党委书记、法定代表人签名同意。申请正文后单独附有一页无人签名或盖章的奖金分配表，内容为各部门及其他人员奖励分配组成，其中投资开发部的奖励金额分别为50.23万元、20万元、45.44万元。（2）徐州等3项目的奖励申请载明，结合3项目的项目利润（分别为19205万元、14810万元、11047万元），建议分别按0.4%、0.2%、0.3%给予奖励，奖励总额分别为76.82万元、29.62万元、34.141万元。申请正文下部附表载明各部门及其他人员奖励分配组成，其中投资开发部的奖励金额分别为56.8万元、22.6万元、30.141万元。徐州等3项目的奖励申请上无城开公司法定代表人的签名，也未加盖城开公司公章。

后因城开公司未向彭某翔发放上述奖励，彭某翔以城开公司未足额支付劳动报酬为由解除了与城开公司的劳动关系。经劳动仲裁程序后，彭某翔于法定期限内诉至南京市秦淮区人民法院，要求城开公司支付奖励1689083元。

法院审理期间，城开公司主张彭某翔存在失职行为及案涉项目存在亏损，但未提交有效证据予以证明。法院鉴于无锡等3项目奖励申请已有城开公司法定代表人签字同意，故而要求城开公司明确哪些员工有权领取已经审批确定了奖励总额的无锡等3项目奖励，城开公司以公司已决定不再发放奖励为由拒绝正面回答。法院询问城开公司，如彭某翔现阶段就无锡等3项目的奖金分配构成、徐州等3项目奖励继续提出申请，城开公司是否启动审核程序，城开公司明确答复因彭某翔已经离职，应当视为其已经放弃了可能获得的奖励，故不会再进行审核，但城开公司同时承认其内部无关于离职员工不发放相应奖励的规定。

（二）裁判结果

江苏省南京市秦淮区法院于2018年9月11日作出（2018）苏0104民初6032号民事判决，驳回彭某翔的诉讼请求。彭某翔不服，提起上诉。南京市中级人民法院于2020年1月3日作出（2018）苏01民终10066号民事判决：一、撤销一审判决；二、城开公司于本判决生效之日起15日内支付彭某翔奖励1259564.4元。

（三）裁判理由

本案争议焦点为城开公司应否向彭某翔支付无锡红梅新天地等6项目的奖励，如应支付则相应的数额如何确定。

法院生效裁判认为：《奖励办法》规定，在集团引进投资项目中提供有效项目信息并起到关键主导作用的集团在册员工或团队有权获得奖励。《奖励办法》同时规定，项目获取后，由投资开发部提出书面申请（包括奖励人员或者团队的名单、奖励方式和标准），集团领导对投资开发部的申请进行审议，最终由集团主要领导审批后发放奖励。本案中，以引进项目为主要职责且起主导作用的投资开发部已成功为城开公司引进符合其战略发展目标的无锡红梅新天地、扬州GZ051、如皋约克小镇、徐州焦庄、高邮鸿基万和城、徐州彭城机械6项目，符合《奖励办法》中规定的奖励申领条件。案涉6项目成功获取后，投资开发部已向城开公司递交奖励申请，城开公司应就奖励申请进行审批。现城开公司以6项目审批流程均未彻底进行完毕为由拒绝发放奖励，且在诉讼中又明确拒绝继续对案涉6项目的奖励申请进行审批，法院对此不予认可。审批流程本身不能成为劳动者能否获得奖励的实质评价要素，故未经审批流程亦不能成为用人单位拒绝向劳动者支付奖励的事由。《奖励办法》规定现金奖励系城开公司为鼓励员工进行创造性劳动所承诺给员工的超额劳动报酬，彭某翔自认符合获奖条件进而向城开公司提出兑现申请，基于诚实信用原则及按劳取酬原则，城开公司有义务启动审核程序对该奖励申请进行核查，以确定彭某翔是否符合获奖条件。城开公司关于彭某翔存在失职行为及案涉项目存在亏损的主张因欠缺事实依据不能成立，其也不能对 6 项目奖励申请不予审核之行为作出合理解释，故其拒绝履行审批义务的行为因已损害彭某翔的合法权益而应承担相应的不利后果。基于此，法院认定彭某翔所在的投资开发部依据《奖励办法》领取奖励的条件成就。

（四）争议观点

本案系奖金审批权的行使所引发的纠纷。奖金审批权又称奖金审核权、考核权。奖金审批权的审查问题多存在于奖金类追索劳动报酬案件中。因我国劳动法律法规对于奖金的发放未作出明确的规定，故与之相关的用人单位的奖励审批权也没有一个明晰的法律概念，劳动法律法规对其行使并未作出明确规定指引。目前学界也大多将其视为用人单位用工自主权的一部分，缺乏有针对性的研究。司法实践中，不同的裁判者对于涉及用人单位奖金审查权的问题也存在不同的认识。一种意见认为，司法应当充分尊重用工单位的自主管理权，只要规章制度中规定了奖金的获取须经单位审批方可确定，那么单位若不行使审批权，劳动者关于奖金的请求则应视为条件未成就而不予支持，[1] 司法不应也无需审查该劳动者是否实质符合获奖条件。另一种意见则认为，从充分保障劳动者合法权益的角度出发，法院需审核用人单位不行使奖金审批权的正当性，如单位不审批不具有正当性的，应当推定劳动者的主张成立。[2] 还有一种意见认为，司法应当主动审查劳动者是否实质符合获奖条件，而不应简单适用举证规则进行裁判。比起劳动者的奖金申请是否经过审核这种程序性要素的争论，劳资

① 吴晓静：《涉提成工资案件的裁判思路》，载《人民司法》2019 年第 16 期。
② 陈伟：《奖金争议司法审查标准及疑难分析》，载《中国卫生人才》2021 年第 1 期。

双方的举证重点应当放在劳动者在实体上能否满足获奖条件。用人单位不能证明劳动者不符合实质获奖条件的，则应推定劳动者的主张成立。

(五) 指导价值

本案例裁判要点明确，用人单位奖金审批权兼具有权利和义务的双重性质，其不仅仅是用人单位用工自主权在奖金分配方面的体现，也是保障劳动者潜在劳动报酬有途径实现的一项义务。劳动者按照规定或约定向用人单位提交发放奖金的申请，用人单位有义务启动审核程序对奖金申请进行审查，而不能任性地不予审批，试图以此阻却劳动者获得相应的奖金。同时，用人单位奖金审批权的行使应当以不损害劳动者的合法权益为界限，若用人单位对奖金申请不予审批之行为已损害到劳动者的合法权益，该行为将不被法律所认可。

本案对于规范用人单位的用工自主权，引导用人单位在劳动合同履行过程中秉持诚信原则，建立和谐、稳定、良性互动的劳动关系，具有积极作用。同时，就司法实践而言，本案为奖金类纠纷审理过程中，因用人单位不配合审核所导致的"奖金僵局"问题提供了一种解决思路。

二、裁判要点的理解与说明

该指导性案例的裁判要点确认：用人单位规定劳动者在完成一定绩效后可以获得奖金，其无正当理由拒绝履行审批义务，符合奖励条件的劳动者主张获奖条件成就，用人单位应当按照规定发放奖金的，人民法院应予支持。现围绕与该裁判要点相关的问题逐一解释和说明如下：

(一) 案涉奖金性质的厘定

传统的工资制度是一种与劳动者生产积极性无直接关联的报酬制度安排，现代企业为提高人力资源的利用效率，偏重业务绩效的公司往往会设置各类奖励作为激励员工充分发挥主观能动性的手段，发放奖金即为一种普遍的激励手段。

《国家统计局关于工资总额组成的规定》第七条规定了奖金的概念，

即奖金是指支付给职工的超额劳动报酬和增收节支的劳动报酬，包括
（1）生产奖；（2）节约奖；（3）劳动竞赛奖；（4）机关、事业单位的奖
励工资；（5）其他奖金。根据该规定，奖金为劳动者的超额劳动报酬或增
收节支的劳动报酬。但实践中有的名为奖金实属劳动者被预扣的基本工
资；有的奖金则与提成工资、绩效工资相类似，与劳动者的劳动成果挂
钩，多劳多得，可视为计件工资的一种类型；有的奖金实为公司股权分红
或盈利分红，受公司法、证券法等商法拘束，具有一定的独特性。这就要
求裁判者在审理奖金类纠纷时，需先了解不同奖金的分类情况。

实践中常见的奖金有满勤奖、忠诚奖、年终奖、季度奖、月度奖、提
成奖、绩效奖、销售奖、激励奖、分红奖等，名目各异，种类繁多。根据
其具有的不同特征，可大致分为三类：第一种奖金与履行基本的劳动义务
相关，属于基础劳动报酬的范畴，如满勤奖、月度奖、季度奖，部分不含
有激励性质的年终奖、忠诚奖等。该类奖金广泛存在于各行业，适用于各
个阶层的劳动者，目的为敦促劳动者正常履行劳动义务。该类奖金获取门
槛不高，一般只要劳动者正常履行基本的劳动义务（如满勤、服务满一定
年限）即可，劳动者也往往将之视为基本工资的一部分，有的甚至直接作
为被预扣的基本工资。第二种奖金与劳动者的业绩直接挂钩，属于计件工
资的范畴，最典型的为提成奖、绩效奖、销售奖等。该类奖金常适用于销
售型企业或者企业的销售岗位中，目的为刺激员工尽可能提高业绩。该类
奖金的数额往往与劳动者的工作成绩（业绩）呈直接的、正相关的关系，
其计算方式往往是销售量乘以提成系数。第三种奖金与企业的经营状况相
关联，如激励奖、分红奖等。该类奖金往往适用于公司的中高层管理人
员，设置目的为将员工所得与企业效益情况进行关联，通过与企业共享盈
亏的方式鼓励劳动者全心全意为企业服务。该类奖励的取得亦与劳动者的
工作业绩相关，但区别于与员工业绩直接关联的提成奖金，该类奖金对劳
动者的业绩要求更加综合和复杂，企业往往会设置复杂的获奖条件与复杂
的计奖公式。值得注意的是，随着现代企业激励机制的创新，除上述3类
常见的奖金之外，有些奖金具有复合性的特点，即其目的、取得方式、获
取条件不取决于单一的要素。如部分年终奖的获取除要求员工工作周期满

一个自然年度之外，还要求该员工自身或所在的部门绩效达到预先设置的目标；部分提成奖的获得除要求自身销售额达到一定程度之外，还要求公司整体的利润率达到预设数额。

对于奖金的性质，学界亦形成工资说、绩效说、激励说等不同观点。工资说认为，《国家统计局关于工资总额组成的规定》第四条规定"工资总额包括奖金"，故奖金亦是企业与员工在行业规则的前提下，以货币的形式支付给劳动者的一种劳动报酬。[①] 绩效说认为，因企业往往将员工的业绩状况等因素作为是否发放奖金以及发放多少奖金的标准，故奖金本质上应当属于绩效工资的范畴。激励说认为，奖金作为一种激励手段，目的在于激发劳动者的积极性，最大限度地发挥劳动者的工作热情。[②] 奖金的授予对象具有不确定性，授予谁、给什么、给多少以及怎么给都由企业自主决定，其明显区别于工资和绩效工资。上述学说均试图从某一方面描述奖金的法律性质，但面对纷繁复杂的现实情形，试图以某一种特征或某一类法律性质来为奖金作统一论断，显然不合适。故而为妥善处理好奖金类纠纷，首先需根据诉争奖励的制定背景、制定过程、发放目的、发放规则等因素进行全面审查，厘定奖励性质，再行确定审理的思路及举证规则，为劳资双方妥善分配权利义务，最终作出公平的利益衡量。

本案中《奖励办法》规定："为了有效地激发集团内部员工和团队的积极性，鼓励员工创造性地开展工作，激励在集团获取项目过程中作出特殊贡献的员工和团队，特制定本办法""奖励方式有以下方式：……现金奖励"。同时，《奖励办法》还规定：对于成功引进符合公司战略发展目标项目（包括商品房项目、代建项目、项目管理类项目等）的集团在册员工或团队，城开公司将根据绿地集团董事会（城开公司为绿地集团的子公司之一）审定的预期项目利润或收益为奖励基数，综合考虑项目规模、年化平均利润值合并表等综合因素，按照0.1%～0.5%确定奖励总额。该奖励由投资开发部拟定各部门或其他人员的具体奖励构成后提出申请，经集团

---

① 焦孟莉：《企业年终奖之劳动争议与处理研究》，载《中国劳动关系学院学报》2020年第1期。

② 徐智华：《劳动法与社会保障法》，北京大学出版社2017年版，第230页。

领导审议、审批后发放。据此可以得出以下4个结论：（1）诉争奖金的获取不具有必然性，其需员工在某些领域作出业绩方能获得。（2）诉争奖金的设立目的是激发员工进行创造性劳动。作为对价，用人单位愿意在基本工资之外额外给付相应报酬，即该奖金系《国家统计局关于工资总额组成的规定》第七条规定的"超额劳动报酬"。（3）诉争奖金的金额与员工的业绩相挂钩（类似于提成）。（4）奖金的获取及奖金数额均需经城开公司审核确定。

（二）用人单位设立奖励的行为性质及其审批权行使的限制

本案诉争的奖金，系在规章制度中规定劳动者在达到一定的绩效后可以获得的一定数额的奖励。这些奖励有别于一般按月发放、付出标准劳动即可获得、数额相对固定的死工资，员工能否获得奖励及奖励的具体数额，需仰赖于用人单位的审核，即该类奖励的设置及发放更多地体现用人单位的用工自主权。

值得关注的是，实践中常发生因用人单位不予审批、不及时审批或不合理审批劳动者奖励申请而与劳动者发生纠纷的案例。除去劳动者不符合获奖条件、企业效益亏损等实体方面的抗辩，用人单位往往以相关奖励申请在劳动者离职前未经审批或审批流程未完成为由拒绝支付，该理由并不具有合理性。

首先，审批流程系为实现审批权所设，流程本身并非审批标准。用人单位作为奖金的设立者，有权设立相应的审批标准及审批流程。从劳动者角度而言，潜在的受奖者在初步自评符合获奖条件后，需按照审批流程规定的步骤方能实现获奖目的；从用人单位角度而言，用人单位依托于审批流程，依照其在审批标准中预先设置的获奖资格、获奖条件及相应的奖励标准等，对劳动者是否符合获奖条件、劳动者的贡献值大小及所能获得的具体奖励数额予以考察评定，故审批标准系劳动者能否获奖的实质性评价因素，审批流程则属于用人单位为实现其审批权所设置的程序性流程。在无特殊规定的前提下（如明确规定相对人在指定期限内不申领视为放弃相应权利），因流程本身并不涉及奖励评判标准，故而是否经过审批流程本身不能成为劳动者能否获得奖金的实质评价要素之一，用人单位也不应以未经程序性审批流程为由，试图阻却劳动者获取奖金的实体权利的实现。若允许用人单位以未经审批作为不支付劳动者奖金的理由，那么用人单位对于劳动者的奖励申请不予理涉，甚至恶意不启动、阻却相关流程的正常流转，则劳动者获得预先设置奖励的权利几乎是无法实现的。这种以程序阻却实体的行为如被认可，最终将导致劳动者的权利处于无法保护的不公平结果，这显然也与程序对于实体的保障作用理念不合。

本案中，城开公司并未在《奖励办法》中对奖励的申请时限作出规定，也未规定申请者若离职则将丧失主张相应奖励的权利，城开公司以 6 项目的审批流程未启动或未完成为由否定彭某翔具有获得相应奖励的权利，不能成立。

其次，对劳动者的奖励申请进行实体审批，不仅是用人单位的权利，也是用人单位的义务。从《国家统计局关于工资总额组成的规定》第七条规定可知，奖金的设置及确定虽取决于用人单位用工自主权，但奖金的本质仍属于一种劳动报酬。就该类情形而言，企业设立奖金的行为实质，系其在员工现有的薪酬基础之上，为促使员工充分发挥主观能动性从而为其创造更多的价值，承诺员工在付出相应的劳动并取得预先设定的业绩时，给予员工现有薪酬之外的奖励性报酬。故用人单位设置奖励的行为，不仅应视为企业依据用工自主权对员工行使的单方激励，还应视为企业对不特定员工就该项奖励的获取形成的默认契约。此时用人单位对于劳动者奖励申请进行实质性审核之行为不仅仅是权利，也同样是义务。毕竟劳动者的报酬权系劳动者付出劳动后应从用人单位处获得的对价权，系劳资关系中最为重要的基础性权利，用人单位在已获得劳动者创造的相应价值后不应拥有随意否定该劳动者最重要利益的权利。如果允许用人单位随意行使奖励审核权而不加任何限制，那么劳动者的奖金获取权利将无法得到保障。

同前所述，本案诉争的奖励系城开公司为鼓励员工进行创造性劳动所承诺给员工的超额劳动报酬，彭某翔通过付出相应劳动达到《奖励办法》所设奖励获取条件，其向城开公司提出申请要求兑现该超额劳动报酬，无论是基于契约理论中的诚实信用原则，抑或是基于劳动法中按劳取酬原则，城开公司皆有义务启动审核程序对该奖励申请进行核查，以确定彭某翔关于奖励的权利能否实现。城开公司无正当理由不启动的，视为奖励条件成就。

（三）人民法院应对用人单位拒不行使审批权的合理性进行实质审查

用人单位对于劳动者的奖励申请无正当理由不予审批，应视为奖励条件成就，但该结论的成立尚需厘清一前提，即人民法院能否对用人单位审批权的行使进行实质审查。从立法角度而言，现行劳动法律法规秉持对劳动者合法权益予以倾斜性保护原则的同时，也对用人单位用工自主权的行使留有充分的空间和余地，故而劳动法律法规的强制性规定仅体现在书面劳动合同的签订、最低工资标准、加班工资的支付标准、劳动关系的解除等与劳动者核心利益切实相关的领域，对于规章制度的内容、奖金的设置与发放等方面则未作过多的干涉。司法实践在处理劳资双方因自主发放型奖金等问题引发的纠纷时，也往往尊重用人单位的管理权限，不对用人单位科以过多的义务。但这并不意味着用人单位用工自主权的行使不受法律约束。《中华人民共和国劳动争议调解仲裁法》第二条第五项规定劳资双方因福利、劳动报酬等问题发生争议的可适用该法，故而如劳动者认为用人单位行使管理权限侵犯了其在劳动报酬方面的合法权益，当然可提请劳动仲裁及诉讼，法院对该类纠纷应当实体审查。

在对用人单位审批权行使的审查问题上，如何平衡法院的实体审查限度与用人单位的用工自主权？笔者认为，应当以劳动者是否丧失了其在用人单位的内部救济权限为界限。以本案为例，一审法院对于彭某翔关于徐州等3项目的奖金请求统一以未经审批，故而其现阶段提起本案诉请证据不足为由全部驳回，而未审查该3项目是否实质符合获奖条件，有欠妥当。一审中，如彭某翔与城开公司的劳动关系尚在存续期间，那么彭某翔在未向城开公司提出申请的情况下，因双方还存有城开公司启动审批流程的可能性，彭某翔越过与城开公司协商之途径，径行向法院提出相应的诉请，法院的确应当尊重企业的用工自主权，不对城开公司的内部审批行为进行过多干涉，此时法院驳回彭某翔关于徐州等 3 项目奖金的诉请，不失为一种保守司法谦抑性的合理选择。但本案诉至法院时，彭某翔与城开公司的劳动关系已经解除，法院再以未经审批为由驳回彭某翔关于徐州等 3 项目奖金的诉请有失恰当。一审法院不打算过多干涉企业内部管理的理念并无不当，但忽略了用人单位内部管理权限的行使并非没有法律边界，如用人单位管理权的行使侵犯了劳动者的合法权益，在劳动者与用人单位劳动关系终结，劳动者丧失了向用人单位内部寻求权利主张的渠道之后，其向司法寻求权利救济为保障其权利的最后一道防线。若司法基于谦抑考量而对于劳动者的诉求不予实质审查，甚至实体上予以驳回，将会导致劳动者的合法权益落入无法保障、无法救济的状态。这显然与劳动法律法规保护劳动者合法权益的立法本意相违背，亦有失法律赋予人民法院审判劳动争议的职能责任。二审期间法院多次询问城开公司是否愿意继续推进审核流程，城开公司均明确予以拒绝，并对其拒绝审核的原因无法作出合理说明。二审法院基于此认定城开公司系以不予审批的行为达到不向彭某翔支付任何奖励的目的，其不予审批的行为已经损害了彭某翔的合法权益，应当承担相应的不利后果，因此认定彭某翔所在的投资开发部依据《奖励办法》领取奖励的条件成就。

（执笔人：江苏省南京市中级人民法院　冯　驰　刘　懿

编审人：最高人民法院案例指导工作办公室　李予霞）

48．戴某军诉台玻长江玻璃有限公司 追索劳动报酬纠纷案*

用人单位依据末位淘汰制对员工实行调岗调薪，该行为不违反法律规定和单位依法制定的规章制度的，劳动者主张该行为违法的，不予支持

【裁判摘要】

> 用人单位依据末位淘汰制对员工实行奖优惩劣，对排名靠后的员工采取调岗调薪等措施，是企业经营自主权的重要内容，只要该调岗调薪行为是基于企业生产经营管理的合理需要，且不违反法律规定和单位依法制定的规章制度，劳动者主张该调岗调薪行为违法的，人民法院不予支持。

原告：戴某军，男，1972 年 7 月 24 日出生，住江苏省昆山市玉山镇。

被告：台玻长江玻璃有限公司，住所地：江苏省昆山开发区。

法定代表人：林某丰，该公司董事长。

原告戴某军因与被告台玻长江玻璃有限公司发生追索劳动报酬纠纷，向江苏省昆山市人民法院提起诉讼。

原告戴某军诉称：原告在履行劳动合同过程中，并不存在严重违纪行为，被告台玻长江玻璃有限公司却以末位淘汰为由将原告调岗、降薪，并克扣原告月、季奖

---

* 摘自《最高人民法院公报》2021 年第 2 期。

金及加班工资。请求法院判决被告支付原告 2015 年 7 月至 2016 年 6 月期间工资（包括加班工资、职务工资、月奖金、季度奖金）差额 21741.5 元、未足额支付工资的经济补偿金 5435 元。

被告台玻长江玻璃有限公司辩称：（1）劳动合同约定原告戴某军的工作岗位为操作工，且约定公司根据工作需要，按照诚信原则，可依法变动原告的工作岗位。（2）公司规章制度明确规定了员工平时记录和每月各项奖金之考核将作为升职、调职之依据，原告对此十分清楚。同时，原告对月奖、季奖发放金额都是明知的，但原告却从未提出过异议。公司依据年度、季度考核成绩排名，按照公司规定对原告进行调职，是出于经营需要。（3）原告提供的证据不足以证明被告存在未足额发放奖金及加班工资的情况。综上，请求法院驳回原告的诉讼请求。

江苏省昆山市人民法院一审查明：原告戴某军于 1996 年 11 月 4 日进入被告台玻长江玻璃有限公司工作，为包装股员工，2010 年 11 月起戴某军任包装股课长。双方最后一期劳动合同期限自 2014 年 3 月 1 日至 2019 年 2 月 28 日止，约定戴某军的工作岗位为操作工，台玻长江玻璃有限公司根据工作需要，按照诚信原则，可依法变动戴某军的工作岗位，戴某军正常工作时间工资为最低工资标准，加班加点工资计发基数为最低工资标准，戴某军接受台玻长江玻璃有限公司所给予职务调整和变动等。台玻长江玻璃有限公司《员工工作规则》的员工考核部分规定："平时记录：员工平时有优良行为表现或不良行为时，由各单位负责人以书面通知人事单位记录之；每月各项奖金之考核，以上两项记录将作为升职、调职之依据。惩戒：记过、罚款 500 元~1000 元；申诫：罚款 500 元；罚款：罚款 10 元~500 元。"戴某军的工资结构为本薪 4350 元、职务工资 1500 元、月奖金（不固定）、季奖金（不固定）、奖金（不固定，2016 年 2 月前基本在 400 元以下）、伙食津贴 180 元、节日加班费。

2015 年 11 月，被告台玻长江玻璃有限公司接到客户投诉，反映玻璃存在发霉现象。2015 年 12 月 2 日，台玻长江玻璃有限公司对包装部门人员作出处理，其中，对原告戴某军申诫一次，罚款 500 元。

2015 年 11 月 18 日，被告台玻长江玻璃有限公司发布人员配置检讨人事公告，公告如下人员配置调整办法：课/股长人数65人，年度根据季度奖考绩排名，最后10%予以降职处理等。另查，台玻长江玻璃有限公司的2015年度考绩汇总表显示：戴某军排名第43位，共47人，戴某军为倒数第5名。2016年1月4日，台玻长江玻璃有限公司对戴某军作出人事通知，戴某军职务由课长调整为班长，职务工资由1500元调整至700元。2016年2月起，台玻长江玻璃有限公司支付戴某军职务工资700元，2016年2月奖金为950元，2016年3月起奖金固定为800元。

原告戴某军于2016年7月向昆山市劳动人事争议仲裁委员会申请仲裁，要求被告台玻长江玻璃有限公司支付2015年7月至2016年6月期间的工资差额21741.5元、未足额支付工资的经济补偿金5435元。该委作出裁决：驳回戴某军的仲裁请求。戴某军不服仲裁裁决，向昆山市人民法院提起诉讼。

江苏省昆山市人民法院一审认为：原告戴某军进入被告台玻长江玻璃有限公司工作，双方依法建立了劳动关系。戴某军诉请台玻长江玻璃有限公司支付的2015年7月至2016年6月期间的工资差额21741.5元，包括2015年10月至2016年2月期间加班工资差额1862.25元、2016年1月至2016年6月期间职务工资差额4800元、2015年9月至2016年5月期间月奖金差额7944元、2015年7月至2016年5月期间季度奖金差额6635元、2015年11月扣款500元。

其中关于2015年10月至2016年2月期间加班工资差额1862.25元，原告戴某军认为被告台玻长江玻璃有限公司应当按其平均工资计算加班加点工资基数，但劳动合同约定了计发基数为最低工资标准，而台玻长江玻璃有限公司也按约支付了戴某军的加班加点工资，故戴某军要求支付差额，没有事实依据，法院不予支持。

关于2016年1月至2016年6月期间职务工资差额4800元，原告戴某军认为其并不存在严重违纪行为，被告台玻长江玻璃有限公司却以末位淘汰为由将其调岗、降薪。经查，双方的劳动合同约定，台玻长江玻璃有限公司根据工作需要，按照诚信原则，可依法变动戴某军的工作岗位。对戴某军是否符合课长职务的末位淘汰应属台玻长江玻璃有限公司企业管理自主权范围。现戴某军对台玻长江玻璃有限公司的考绩汇总表不认可，但未提供证据予以证明。此外，台玻长江玻璃有限公司对戴某军的降职降薪从2016年2月起执行，实际已履行数月，在此期间戴某军并未提出异议，而台玻长江玻璃有限公司也增加了戴某军的奖金部分，应当认定戴某军与台玻长江玻璃有限公司双方已经就职务调整、减少职务工资、增加奖金事宜达成合意，故戴某军要求台玻长江玻璃有限公司支付职务工资差额，法院不予支持。

关于2015年9月至2016年5月期间月奖金差额7944元、2015年7月至2016年5月期间季度奖金差额6635元，原告戴某军认为被告台玻长江玻璃有限公司克扣自己的月奖金和季度奖金。根据戴某军的工资结构，其月奖金、季度奖金并不固定，双方的劳动合同中亦未对奖金作出约定，因此台玻长江玻璃有限公司根据盈利情况，结合戴某军的平时表现、考核结果自主决定奖金的数额并进行发放，并无不当。现戴某军认为台玻长江玻璃有限公司克扣自己的月奖金和季度奖金，但其提供的季度考核表仅为发放奖金的依据之一，除了季度考核之外，2015年12月戴某军被申诫一次，年度考绩结果也不理想，2016年1月公司对戴某军也作出了降职降薪决定，前述因素均会影响戴某军的月奖金、季度奖金，因此，戴某军要求台玻长江玻璃有限公司支付月、季奖金差额，没有事实和法律依据，法院不予支持。

关于2015年11月扣款500元。2015年11月，被告台玻长江玻璃有限公司接到客户投诉，反映玻璃存在发霉现象，经台玻长江玻璃有限公司核查情况属实，公司对原告戴某军所在部门人员进行处分并罚款，其中对戴某军申诫一次，罚款500元。台玻长江玻璃有限公司系依据公司规章制度对戴某军作出处分并罚款，戴某军对上述事件不持异议，故戴某军要求台玻长江玻璃有限公司返还扣款500元，法院不予支持。

综上，原告戴某军要求被告台玻长江玻璃有限公司支付未足额支付工资的经济补偿金5435元，没有事实和法律依据。据此，江苏省昆山市人民法院依照《中华人民共和国劳动合同法》第二十九条、第四十六条，《中华人民共和国民事诉讼法》第六十四条，《最高人民法院关于民事诉讼证据的若干规定》第二条①的规定，于 2016 年 11 月 17 日判决：驳回戴某军的诉讼请求。

戴某军不服一审判决，向江苏省苏州市中级人民法院提起上诉。

戴某军上诉称：台玻长江玻璃有限公司对其工作岗位的调整违反《江苏省工资支付条例》第三十四条的规定，亦违反双方合同约定及台玻长江玻璃有限公司的相关规章制度。台玻长江玻璃有限公司调岗后的降薪亦属违法。请求撤销一审判决，将本案发回重审或依法改判。

台玻长江玻璃有限公司辩称：公司是依据与戴某军之间的合同约定以及经合法程序产生的《员工工作规则》对其岗位进行的调整，公司的行为符合法律规定及合同约定，一审法院认定事实清楚，适用法律正确，请求依法驳回上诉。

江苏省苏州市中级人民法院经二审，确认了一审查明的事实。

江苏省苏州市中级人民法院二审认为：用人单位依法变动劳动者工作岗位降低其工资水平，应当符合用人单位依法制定的规章制度的规定，但不得违反诚信原则滥用权力，对劳动者的工作岗位作出不合理的变动。本案二审的争议焦点为被上诉人台玻长江玻璃有限公司依据末位淘汰制调整上诉人戴某军的工作岗位及薪资是否违法。劳动者排名末位与劳动者不能胜任工作岗位之间并无必然联系，故用人单位根据末位淘汰制解除劳动关系违反法律规定。但在除解除劳动关系情形之外，末位淘汰制并非当然违法。根据本案查明的事实，戴某军调岗前担任的职务为台玻长江玻璃有限公司包装股课长，该岗位具有一定的管理性质，要求劳动者具备更优秀、全面的职业技能。用人单位根据劳动者的工作业绩、安排相对更为优秀的劳动者担任该职务既符合用人单位对于保证和提高产品质量的要求，亦能较大程度激发劳动者的工作积极性，故用人单位依据末位淘汰制调整劳动者工作岗位在一定条件下应予以支持。本案台玻长江玻璃有限公司与戴某军的劳动合同中明确约定台玻长江玻璃有限公司根据工作需要，按照诚信原则，可依法变动原告的工作岗位。2016 年 1 月 4 日台玻长江玻璃有限公

---

① 该司法解释已于 2019 年 12 月 25 日修正，修改后已无此条。

司根据人员配置检讨事公告和戴某军2015年度考绩汇总表对戴某军的工作岗位进行调整，调岗后戴某军并未提出异议，应视为戴某军对本次调岗的认可。综上，本次调岗不违反双方劳动合同的约定，亦符合《中华人民共和国劳动合同法》的相关规定，应认定为合法，因本次调岗引起的薪资变动亦属合法。现戴某军上诉认为本次调岗违法并要求台玻长江玻璃有限公司支付工资差额和经济补偿金没有事实和法律依据，应予驳回。

据此，江苏省苏州市中级人民法院依照《中华人民共和国民事诉讼法》第一百七十条第一款第一项规定，于2017年4月1日判决：驳回上诉，维持原判。

本判决为终审判决。

49．张某与某科技公司追索劳动报酬纠纷案 *

用人单位利
用格式条款
与劳动者订
立放弃加班
费协议的，
该条款无效

【裁判摘要】

> 用人单位利用在订立劳动合同时的主导地位，要求劳动者在其单方制定的格式条款上签字放弃加班费的，该条款无效。

一、基本案情

张某于 2020 年 6 月入职某科技公司，月工资 2 万元。某科技公司在与张某订立劳动合同时，要求其订立一份协议作为合同附件，协议内容包括"我自愿申请加入公司奋斗者计划，放弃加班费"。半年后，张某因个人原因提出解除劳动合同，并要求支付加班费。某科技公司认可张某加班事实，但以其自愿订立放弃加班费协议为由拒绝支付。张某向劳动人事争议仲裁委员会（简称仲裁委员会）申请仲裁。

---

* 摘自《人力资源社会保障部、最高人民法院关于联合发布第二批劳动人事争议典型案例的通知》（人社部函〔2021〕90 号）。

二、申请人请求

请求裁决某科技公司支付 2020 年 6 月至 12 月加班费 24000 元。

三、处理结果

仲裁委员会裁决某科技公司支付张某 2020 年 6 月至 12 月加班费 24000 元。

四、案例分析

本案的争议焦点是张某订立放弃加班费协议后，还能否主张加班费。

《中华人民共和国劳动合同法》第二十六条规定："下列劳动合同无效或者部分无效：……（二）用人单位免除自己的法定责任、排除劳动者权利的。"《最高人民法院关于审理劳动争议案件适用法律问题的解释（一）》（法释〔2020〕26 号）第三十五条规定："劳动者与用人单位就解除或者终止劳动合同办理相关手续、支付工资报酬、加班费、经济补偿或者赔偿金等达成的协议，不违反法律、行政法规的强制性规定，且不存在欺诈、胁迫或者乘人之危情形的，应当认定有效。前款协议存在重大误解或者显失公平情形，当事人请求撤销的，人民法院应予支持。"加班费是劳动者延长工作时间的工资报酬，《中华人民共和国劳动法》第四十四条、《中华人民共和国劳动合同法》第三十一条明确规定了用人单位支付劳动者加班费的责任。约定放弃加班费的协议免除了用人单位的法定责任、排除了劳动者权利，显失公平，应认定无效。

本案中，某科技公司利用在订立劳动合同时的主导地位，要求张某在其单方制定的格式条款上签字放弃加班费，既违反法律规定，也违背公平原则，侵害了张某工资报酬的权益。故仲裁委员会依法裁决某科技公司支付张某加班费。

五、典型意义

崇尚奋斗无可厚非，但不能成为用人单位规避法定责任的挡箭牌。

谋求企业发展、塑造企业文化都必须守住不违反法律规定、不侵害劳动者合法权益的底线，应在坚持按劳分配原则的基础上，通过科学合理的措施激发劳动者的主观能动性和创造性，统筹促进企业发展与维护劳动者权益。

▶
用人单位未
按规章制度
履行加班审
批手续，并
不影响对劳
动者加班事
实的认定

50．吴某与某医药公司追索劳动报酬纠纷案*

【裁判摘要】

> 用人单位未按规章制度履行加班审批手续，并不影响对"用人单位安排"加班这一事实的认定。

一、基本案情

吴某于 2019 年 12 月入职某医药公司，月工资为 18000 元。某医药公司加班管理制度规定："加班需提交加班申请单，按程序审批。未经审批的，不认定为加班，不支付加班费。"吴某入职后，按照某医药公司安排实际执行每天早 9 时至晚 9 时，每周工作 6 天的工作制度。其按照某医药公司加班管理制度提交了加班申请单，但某医药公司未实际履行审批手续。2020 年 11 月，吴某与某医药公司协商解除劳动合同，要求某医药公司支付加班费，并出具了考勤记录、与部门领导及同事的微信聊天记录、工作会议纪要等。某医药公司虽认可上述证据的真实性但以无公司审批手续为由拒绝支付。吴某向劳动人事争议仲裁委员会（以下简称仲裁委员会）

---

* 摘自《人力资源社会保障部、最高人民法院关于联合发布第二批劳动人事争议典型案例的通知》（人社部函〔2021〕90 号）。

申请仲裁。

二、申请人请求

请求裁决某医药公司支付 2019 年 12 月至 2020 年 11 月加班费
50000 元。

三、处理结果

仲裁委员会裁决某医药公司支付吴某 2019 年 12 月至 2020 年 11 月加
班费 50000 元。某医药公司不服仲裁裁决起诉，一审法院判决与仲裁裁决
一致，某医药公司未上诉，一审判决已生效。

四、案例分析

本案的争议焦点是某医药公司能否以无公司审批手续为由拒绝支付吴
某加班费。

《中华人民共和国劳动法》第四十四条规定："有下列情形之一的，用
人单位应当按照下列标准支付高于劳动者正常工作时间工资的工资报酬：
（一）安排劳动者延长工作时间的，支付不低于工资的百分之一百五十的
工资报酬；（二）休息日安排劳动者工作又不能安排补休的，支付不低于
工资的百分之二百的工资报酬。"《工资支付暂行规定》（劳部发〔1994〕
489 号）第十三条规定："用人单位在劳动者完成劳动定额或规定的工作任
务后，根据实际需要安排劳动者在法定标准工作时间以外工作的，应按以
下标准支付工资：……"从上述条款可知，符合"用人单位安排""法定
标准工作时间以外工作"情形的，用人单位应当依法支付劳动者加班费。

本案中，吴某提交的考勤记录、与部门领导及同事的微信聊天记录、
工作会议纪要等证据形成了相对完整的证据链，某医药公司亦认可上述证
据的真实性。某医药公司未实际履行加班审批手续，并不影响对"用人单
位安排"加班这一事实的认定。故仲裁委员会依法裁决某医药公司支付吴
某加班费。

五、典型意义

劳动规章制度对用人单位和劳动者都具有约束力。一方面,用人单位应严格按照规章制度的规定实施管理行为,不得滥用优势地位,侵害劳动者合法权益;另一方面,劳动者在合法权益受到侵害时,要注意保留相关证据,为维权提供依据。仲裁委员会、人民法院应准确把握加班事实认定标准,纠正用人单位规避法定责任、侵害劳动者合法权益的行为。

51．周某与某汽车服务公司追索劳动报酬纠纷案*

实行包薪制的用人单位应按不低于最低工资标准支付劳动者法定标准工作时间的工资，并足额支付加班费

【裁判摘要】

用人单位与劳动者约定实行包薪制，未依法足额支付劳动者加班费用的，应向劳动者支付加班费差额。

一、基本案情

周某于 2020 年 7 月入职某汽车服务公司，双方订立的劳动合同约定月工资为 4000 元（含加班费）。2021 年 2 月，周某因个人原因提出解除劳动合同，并认为即使按照当地最低工资标准认定其法定标准工作时间工资，某汽车服务公司亦未足额支付加班费，要求支付差额。某汽车服务公司认可周某加班事实，但以劳动合同中约定的月工资中已含加班费为由拒绝支付。周某向劳动人事争议仲裁委员会（简称仲裁委员会）申请仲裁。

二、申请人请求

请求裁决某汽车服务公司支付加班费差额 17000 元。

---

* 摘自《人力资源社会保障部、最高人民法院关于联合发布第二批劳动人事争议典型案例的通知》（人社部函〔2021〕90 号）。

三、处理结果

仲裁委员会裁决某汽车服务公司支付周某加班费差额 17000 元（裁决为终局裁决），并就有关问题向某汽车服务公司发出仲裁建议书。

四、案例分析

本案的争议焦点是某汽车服务公司与周某约定实行包薪制，是否还需要依法支付周某加班费差额。

《中华人民共和国劳动法》第四十七条规定："用人单位根据本单位的生产经营特点和经济效益，依法自主确定本单位的工资分配方式和工资水平。"第四十八条规定："国家实行最低工资保障制度。"《最低工资规定》（劳动和社会保障部令第 21 号）第三条第一款规定："本规定所称最低工资标准，是指劳动者在法定工作时间或依法签订的劳动合同约定的工作时间内提供了正常劳动的前提下，用人单位依法应支付的最低劳动报酬。"从上述条款可知，用人单位可以依法自主确定本单位的工资分配方式和工资水平，并与劳动者进行相应约定，但不得违反法律关于最低工资保障、加班费支付标准的规定。

本案中，根据周某实际工作时间折算，即使按照当地最低工资标准认定周某法定标准工作时间工资，并以此为基数核算加班费，也超出了 4000元的约定工资，表明某汽车服务公司未依法足额支付周某加班费。故仲裁委员会依法裁决某汽车服务公司支付周某加班费差额。

五、典型意义

包薪制是指在劳动合同中打包约定法定标准工作时间工资和加班费的一种工资分配方式，在部分加班安排较多且时间相对固定的行业中比较普遍。虽然用人单位有依法制定内部薪酬分配制度的自主权，但内部薪酬分配制度的制定和执行须符合相关法律的规定。实践中，部分用人单位存在以实行包薪制规避或者减少承担支付加班费法定责任的情况。实行包薪制的用人单位应严格按照不低于最低工资标准支付劳动者法定标准工作时间的工资，同时按照国家关于加班费的有关法律规定足额支付加班费。

52．林某与某教育咨询公司追索劳动报酬纠纷案[*]

处理加班费争议，应根据"谁主张、谁举证"原则、证明妨碍规则，结合具体案情分配举证责任

【裁判摘要】

在加班费争议处理中，要充分考虑劳动者举证能力不足的实际情况，根据"谁主张、谁举证"原则、证明妨碍规则，结合具体案情合理分配用人单位与劳动者的举证责任。

一、基本案情

林某于2020年1月入职某教育咨询公司，月工资为6000元。2020年7月，林某因个人原因提出解除劳动合同，并向劳动人事争议仲裁委员会（以下简称仲裁委员会）申请仲裁。林某主张其工作期间每周工作6天，并提交了某打卡App打卡记录（显示林某及某教育咨询公司均实名认证，林某每周一至周六打卡；每天打卡两次，第一次打卡时间为早9时左右，第二次打卡时间为下午6时左右；打卡地点均为某教育咨询公司所在位置，存在个别日期未打卡情形）、工资支付记录打印件（显示曾因事假扣发工资，扣发日期及天数与打卡记录

一致，未显示加班费支付情况）。某教育咨询公司不认可上述证据的真实性，主张林某每周工作 5 天，但未提交考勤记录、工资支付记录。

二、申请人请求

请求裁决某教育咨询公司支付加班费 1 万元。

三、处理结果

仲裁委员会裁决某教育咨询公司支付林某加班费 1 万元（裁决为终局裁决）。

四、案例分析

本案的争议焦点是如何分配林某与某教育咨询公司的举证责任。

《中华人民共和国劳动争议调解仲裁法》第六条规定："发生劳动争议，当事人对自己提出的主张，有责任提供证据。与争议事项有关的证据属于用人单位掌握管理的，用人单位应当提供；用人单位不提供的，应当承担不利后果。"《最高人民法院关于审理劳动争议案件适用法律问题的解释（一）》第四十二条规定："劳动者主张加班费的，应当就加班事实的存在承担举证责任。但劳动者有证据证明用人单位掌握加班事实存在的证据，用人单位不提供的，由用人单位承担不利后果。"从上述条款可知，主张加班费的劳动者有责任按照"谁主张、谁举证"原则，就加班事实的存在提供证据，或者就相关证据属于用人单位掌握管理提供证据。用人单位应当提供而不提供有关证据的，可以推定劳动者加班事实存在。

本案中，虽然林某提交的工资支付记录为打印件，但与实名认证的 App 打卡记录互相印证，能够证明某教育咨询公司掌握加班事实存在的证据。某教育咨询公司虽然不认可上述证据的真实性，但未提交反证或者作出合理解释，应承担不利后果。故仲裁委员会依法裁决某教育咨询公司支付林某加班费。

五、典型意义

我国劳动法律将保护劳动者合法权益作为立法宗旨之一，在实体和程序方面都作出了相应规定。在加班费争议处理中，要充分考虑劳动者举证能力不足的实际情况，根据"谁主张、谁举证"原则、证明妨碍规则，结合具体案情合理分配用人单位与劳动者的举证责任。

53. 常某与某网络公司追索劳动报酬纠纷案[*]

▶
用人单位以
不合理的规
章制度否认
劳动者加班
事实的，不
予支持

【裁判摘要】

> 　　用人单位制定的合理合法的规章制度，可以作为确定用人单位、劳动者权利义务的依据。一旦用人单位以规章制度形式规避应当承担的用工成本，侵害劳动者的合法权益，仲裁委员会、人民法院应当依法予以审查，充分保护劳动者的合法权益。

一、基本案情

　　常某于 2016 年 4 月入职某网络公司。入职之初，某网络公司通过电子邮件告知常某，公司采取指纹打卡考勤。员工手册规定："21：00 之后起算加班时间；加班需由员工提出申请，部门负责人审批。"常某于 2016 年 5 月至 2017 年 1 月期间，通过工作系统累计申请加班 126 小时。某网络公司以公司规章制度中明确 21：00 之后方起算加班时间，21：00 之前的不应计入加班时间为由，拒绝支付常某加班费差额。常某向劳动人事争议仲裁委员会（简称仲裁委员会）申请仲裁，请求裁决某网

---

　　[*] 摘自《人力资源社会保障部、最高人民法院关于联合发布第二批劳动人事争议典型案例的通知》（人社部函〔2021〕90 号）。

络公司支付其加班费差额。某网络公司不服仲裁裁决，诉至人民法院。

二、原告诉讼请求

请求判决不支付常某加班费差额。

三、裁判结果

一审法院判决：某网络公司支付常某加班费差额 32000 元。双方不服，均提起上诉。二审法院判决：驳回上诉，维持原判。

四、案例分析

本案的争议焦点是某网络公司以规章制度形式否认常某加班事实是否有效。

《中华人民共和国劳动合同法》第四条规定："用人单位应当依法建立和完善劳动规章制度，保障劳动者享有劳动权利、履行劳动义务。用人单位在制定、修改或者决定有关劳动报酬、工作时间、休息休假、劳动安全卫生、保险福利、职工培训、劳动纪律以及劳动定额管理等直接涉及劳动者切身利益的规章制度或者重大事项时，应当经职工代表大会或者全体职工讨论，提出方案和意见，与工会或者职工代表平等协商确定……用人单位应当将直接涉及劳动者切身利益的规章制度和重大事项决定公示，或者告知劳动者。"通过民主程序制定的规章制度，不违反国家法律、行政法规及政策规定，并已向劳动者公示的，可以作为确定双方权利义务的依据。

本案中，一方面，某网络公司的员工手册规定有加班申请审批制度，该规定并不违反法律规定，且具有合理性，在劳动者明知此规定的情况下，可以作为确定双方权利义务的依据。另一方面，某网络公司的员工手册规定 21：00 之后起算加班时间，并主张 18：00 至 21：00 是员工晚餐和休息时间，故自 21：00 起算加班。鉴于 18：00 至 21：00 时间长达 3 个小时，远超合理用餐时间，且在下班 3 个小时后再加班，不具有合理性。在某网络公司不能举证证实该段时间为员工晚餐和休息时间的情况下，其规章制度中的该项规定不具有合理性，人民法院依法否定了其效力。人民法院结合考勤记录、工作系统记录等证据，确定了常某的加班事实，判决某网络公司支付常某加班费差额。

五、典型意义

劳动争议案件的处理，既要保护劳动者的合法权益，亦应促进企业有序发展。合法的规章制度既能规范用人单位用工自主权的行使，又能保障劳动者参与用人单位民主管理，实现构建和谐劳动关系的目的。不合理的规章制度则会导致用人单位的社会声誉差、认同感低，最终引发人才流失，不利于用人单位的长远发展。用人单位制定的合理合法的规章制度，可以作为确定用人单位、劳动者权利义务的依据。一旦用人单位以规章制度形式规避应当承担的用工成本，侵害劳动者的合法权益，仲裁委员会、人民法院应当依法予以审查，充分保护劳动者的合法权益。用人单位应当根据单位实际，制定更为人性化的规章制度，增强劳动者对规章制度的认同感，激发劳动者的工作积极性，从而进一步减少劳动纠纷，为构建和谐劳动关系作出贡献。

54．肖某与某科技公司追索劳动报酬纠纷案[*]

【裁判摘要】

司法实践中，既应尊重和保障双方基于真实自愿合法原则签订的终止或解除劳动合同的协议，也应对劳动者明确持有异议的、涉及劳动者基本权益保护的协议真实性予以审查，依法保护劳动者的合法权益。

一、基本案情

2017 年 7 月，肖某与某科技公司（已依法取得劳务派遣行政许可）订立劳动合同，被派遣至某快递公司担任配送员，月工资为基本工资加提成。肖某主张某快递公司在用工期间安排其双休日及法定节假日加班，并提交了工资表。工资表加盖有某科技公司公章，某科技公司和某快递公司均认可其真实性。该工资表显示，2017 年 7 月至 2019 年 10 月期间肖某存在不同程度的双休日加班及法定节假日加班，但仅获得少则 46.15 元、多则 115.40 元的出勤补款或节假日补助。2019 年 11 月，肖某向某科技公司提出离职，当日双方签署离职申请交接

---

* 摘自《人力资源社会保障部、最高人民法院关于联合发布第二批劳动人事争议典型案例的通知》（人社部函〔2021〕90 号）。

表。该表"员工离职原因"一栏显示："公司未上社会保险，工作压力大、没给加班费。""员工确认"一栏显示："经说明，我已知悉《劳动合同法》上的权利和义务，现单位已经将我的工资、加班费、经济补偿结清，我与单位无其他任何争议。本人承诺不再以任何理由向某科技公司及用工单位主张权利。"员工签名处有肖某本人签名。肖某对离职申请交接表的真实性认可，但认为表中"员工确认"一栏虽系其本人签字，但并非其真实意思，若不签字，某科技公司就不让其办理工作交接，该栏内容系某科技公司逃避法律责任的一种方法。肖某不服仲裁裁决，诉至人民法院。

二、原告诉讼请求

请求判决某科技公司与某快递公司支付加班费82261元。

三、裁判结果

一审法院判决：驳回肖某加班费的诉讼请求。肖某不服，提起上诉。二审法院改判：某科技公司与某快递公司连带支付肖某加班费24404.89元。

四、案例分析

本案的争议焦点是肖某是否与用人单位就支付加班费达成合法有效的协议。

《最高人民法院关于审理劳动争议案件适用法律问题的解释（一）》第三十五条规定："劳动者与用人单位就解除或者终止劳动合同办理相关手续、支付工资报酬、加班费、经济补偿或者赔偿金等达成的协议，不违反法律、行政法规的强制性规定，且不存在欺诈、胁迫或者乘人之危情形的，应当认定有效。"司法实践中，既应尊重和保障双方基于真实自愿合法原则签订的终止或解除劳动合同的协议，也应对劳动者明确持有异议的、涉及劳动者基本权益保护的协议真实性予以审查，依法保护劳动者的合法权益。

本案中，肖某认为离职申请交接表"员工确认"一栏不是其真实意思表示，上面记载的内容也与事实不符。该表中"员工离职原因"与"员工确认"两处表述确实存在矛盾。两家公司均未提供与肖某就加班费等款项达成的协议及已向肖某支付上述款项的证据，且肖某否认双方就上述款项已达成一致并已给付。因此，离职申请交接表中员工确认的"现单位已将我的工资、加班费、经济补偿结清，我与单位无其他任何争议"与事实不符，不能认定为肖某的真实意思表示。本案情形并不符合《最高人民法院关于审理劳动争议案件适用法律问题的解释（一）》第三十五条之规定，故二审法院依法支持肖某关于加班费的诉讼请求。

五、典型意义

实践中，有的用人单位在终止或解除劳动合同时，会与劳动者就加班费、经济补偿或赔偿金等达成协议。部分用人单位利用其在后续工资发放、离职证明开具、档案和社会保险关系转移等方面的优势地位，借机变相迫使劳动者在用人单位提供的格式文本上签字，放弃包括加班费在内的权利，或者在未足额支付加班费的情况下让劳动者签字确认加班费已经付清的事实。劳动者往往事后反悔，提起劳动争议仲裁与诉讼。本案中，人民法院最终依法支持劳动者关于加班费的诉讼请求，既维护了劳动者合法权益，对用人单位日后诚信协商、依法保护劳动者劳动报酬权亦有良好引导作用，有助于构建和谐稳定的劳动关系。劳动者在签署相关协议时，亦应熟悉相关条款含义，审慎签订协议，通过合法途径维护自身权益。

55．张某与某建筑公司追索劳动报酬纠纷案*

► 加班费的仲裁时效为自劳动合同解除之日起一年

【裁判摘要】

> 获取劳动报酬权是劳动权益中最基本、最重要的权益，考虑劳动者在劳动关系存续期间的弱势地位，法律对于拖欠劳动报酬争议设置了特别仲裁时效，对于有效保护劳动者权益具有重要意义。

一、基本案情

张某于 2016 年 7 月入职某建筑公司从事施工管理工作，2019 年 2 月离职。工作期间，张某存在加班情形，但某建筑公司未支付其加班费。2019 年 12 月，张某向劳动人事争议仲裁委员会申请仲裁，请求裁决某建筑公司依法支付其加班费，某建筑公司以张某的请求超过仲裁时效为由抗辩。张某不服仲裁裁决，诉至人民法院。

二、原告诉讼请求

请求判决某建筑公司支付加班费 46293 元。

---

* 摘自《人力资源社会保障部、最高人民法院关于联合发布第二批劳动人事争议典型案例的通知》(人社部函〔2021〕90 号)。

三、裁判结果

一审法院判决：某建筑公司支付张某加班费18120元。张某与某建筑公司均未提起上诉，一审判决已生效。

四、案例分析

本案争议焦点是张某关于加班费的请求是否超过仲裁时效。

《中华人民共和国劳动争议调解仲裁法》第二十七条规定："劳动争议申请仲裁的时效期间为一年。仲裁时效期间从当事人知道或者应当知道其权利被侵害之日起计算……劳动关系存续期间因拖欠劳动报酬发生争议的，劳动者申请仲裁不受本条第一款规定的仲裁时效期间的限制；但是，劳动关系终止的，应当自劳动关系终止之日起一年内提出。"《中华人民共和国劳动法》第四十四条规定："有下列情形之一的，用人单位应当按照下列标准支付高于劳动者正常工作时间工资的工资报酬……"《关于工资总额组成的规定》（国家统计局令第1号）第四条规定："工资总额由下列六个部分组成：……（五）加班加点工资。"仲裁时效分为普通仲裁时效和特别仲裁时效，在劳动关系存续期间因拖欠劳动报酬发生劳动争议的，应当适用特别仲裁时效，即劳动关系存续期间的拖欠劳动报酬仲裁时效不受"知道或者应当知道权利被侵害之日起一年"的限制，但是劳动关系终止的，应当自劳动关系终止之日起一年内提出。加班费属于劳动报酬，相关争议处理中应当适用特别仲裁时效。

本案中，某建筑公司主张张某加班费的请求已经超过了一年的仲裁时效，不应予以支持。人民法院认为，张某与某建筑公司的劳动合同于2019年2月解除，其支付加班费的请求应自劳动合同解除之日起一年内提出，张某于2019年12月提出仲裁申请，其请求并未超过仲裁时效。根据劳动保障监察机构在执法中调取的工资表上的考勤记录，人民法院认定张某存在加班的事实，判决某建筑公司支付张某加班费。

五、典型意义

时效是指权利人不行使权利的事实状态持续经过法定期间，其权利即发生效力减损的制度。作为权利行使尤其是救济权行使期间的一种，时效既与当事人的实体权利密切相关，又与当事人通过相应的程序救济其权益密不可分。获取劳动报酬权是劳动权益中最基本、最重要的权益，考虑劳动者在劳动关系存续期间的弱势地位，法律对于拖欠劳动报酬争议设置了特别仲裁时效，对于有效保护劳动者权益具有重要意义。

56．马某楠诉北京搜狐新动力信息技术有限公司竞业限制纠纷案*

（最高人民法院审判委员会讨论通过 2022 年 7 月 4 日发布）

因履行竞业限制条款发生争议申请仲裁和提起诉讼的期间不计入竞业限制期限的竞业限制条款无效

【关键词】

> 民事 竞业限制 期限 约定无效

【裁判要点】

> 用人单位与劳动者在竞业限制条款中约定，因履行竞业限制条款发生争议申请仲裁和提起诉讼的期间不计入竞业限制期限的，属于《中华人民共和国劳动合同法》第二十六条第一款第二项规定的"用人单位免除自己的法定责任、排除劳动者权利"的情形，应当认定为无效。

【相关法条】

《中华人民共和国劳动合同法》第二十三条第二款、第二十四条、第二十六条第一款

---

* 摘自 2022 年 7 月 4 日最高人民法院发布的第 32 批指导案例（指导案例 184 号）。

【基本案情】

马某楠于 2005 年 9 月 28 日入职北京搜狐新动力信息技术有限公司（以下简称搜狐新动力公司），双方最后一份劳动合同期限自 2014 年 2 月 1 日起至 2017 年 2 月 28 日止，马某楠担任高级总监。2014 年 2 月 1 日，搜狐新动力公司（甲方）与马某楠（乙方）签订《不竞争协议》，其中第 3.3 款约定："……竞业限制期限从乙方离职之日开始计算，最长不超过 12 个月，具体的月数根据甲方向乙方实际支付的竞业限制补偿费计算得出。但如因履行本协议发生争议而提起仲裁或诉讼时，则上述竞业限制期限应将仲裁和诉讼的审理期限扣除；即乙方应履行竞业限制义务的期限，在扣除仲裁和诉讼审理的期限后，不应短于上述约定的竞业限制月数。" 2017 年 2 月 28 日劳动合同到期，双方劳动关系终止。2017 年 3 月 24 日，搜狐新动力公司向马某楠发出《关于要求履行竞业限制义务和领取竞业限制经济补偿费的告知函》，要求其遵守《不竞争协议》，全面并适当履行竞业限制义务。马某楠自搜狐新动力公司离职后，于 2017 年 3 月中旬与优酷公司开展合作关系，后于 2017 年 4 月底离开优酷公司，违反了《不竞争协议》。搜狐新动力公司以要求确认马某楠违反竞业限制义务并双倍返还竞业限制补偿金、继续履行竞业限制义务、赔偿损失并支付律师费为由向北京市劳动人事争议仲裁委员会申请仲裁，仲裁委员会作出京劳人仲字〔2017〕第 339 号裁决：一、马某楠一次性双倍返还搜狐新动力公司 2017 年 3 月、4 月竞业限制补偿金共计 177900 元；二、马某楠继续履行对搜狐新动力公司的竞业限制义务；三、驳回搜狐新动力公司的其他仲裁请求。马某楠不服，于法定期限内向北京市海淀区人民法院提起诉讼。

【裁判结果】

北京市海淀区人民法院于 2018 年 3 月 15 日作出（2017）京 0108 民初 45728 号民事判决：一、马某楠于判决生效之日起 7 日内向搜狐新动力公司双倍返还 2017 年 3 月、4 月竞业限制补偿金共计 177892 元；二、确认马某楠无需继续履行对搜狐新动力公司的竞业限制义务。搜狐新动力公司不服一审判决，提起上诉。北京市第一中级人民法院于 2018 年 8 月 22 日作出（2018）京 01 民终 5826 号民事判决：驳回上诉，维持原判。

【裁判理由】

法院生效裁判认为：本案争议焦点为《不竞争协议》第 3.3 款约定的竞业限制期限的法律适用问题。搜狐新动力公司上诉主张该协议第 3.3 款约定有效，马某楠的竞业限制期限为本案仲裁和诉讼的实际审理期限加上 12 个月，以实际发生时间为准且不超过 2 年，但法院对其该项主张不予采信。

一、竞业限制协议的审查

法律虽然允许用人单位可以与劳动者约定竞业限制义务，但同时对双方约定竞业限制义务的内容作出了强制性规定，即以效力性规范的方式对竞业限制义务所适用的人员范围、竞业领域、限制期限均作出明确限制，且要求竞业限制约定不得违反法律、法规的规定，以期在保护用人单位商业秘密、维护公平竞争市场秩序的同时，亦防止用人单位不当运用竞业限制制度对劳动者的择业自由权造成过度损害。

二、"扣除仲裁和诉讼审理期限"约定的效力

本案中，搜狐新动力公司在《不竞争协议》第 3.3 款约定马某楠的竞业限制期限应扣除仲裁和诉讼的审理期限，该约定实际上要求马某楠履行竞业限制义务的期限为：仲裁和诉讼程序的审理期限+实际支付竞业限制补偿金的月数（最长不超过 12 个月）。从劳动者择业自由权角度来看，虽然法律对于仲裁及诉讼程序的审理期限均有法定限制，但就具体案件而言该期限并非具体确定的期间，将该期间作为竞业限制期限的约定内容，不符合竞业限制条款应具体明确的立法目的。加之劳动争议案件的特殊性，相当数量的案件需要经过"一裁两审"程序，上述约定使得劳动者一旦与用人单位发生争议，则其竞业限制期限将被延长至不可预期且相当长的一段期间，乃至达到 2 年。这实质上造成了劳动者的择业自由权在一定期间

内处于待定状态。另外，从劳动者司法救济权角度来看，对于劳动者一方，如果其因履行《不竞争协议》与搜狐新动力公司发生争议并提起仲裁和诉讼，依照该协议第3.3款约定，仲裁及诉讼审理期间劳动者仍需履行竞业限制义务，即出现其竞业限制期限被延长的结果。如此便使劳动者陷入"寻求司法救济则其竞业限制期限被延长""不寻求司法救济则其权益受损害"的两难境地，在一定程度上限制了劳动者的司法救济权利；而对于用人单位一方，该协议第3.3款使得搜狐新动力公司无需与劳动者进行协商，即可通过提起仲裁和诉讼的方式单方地、变相地延长劳动者的竞业限制期限，一定程度上免除了其法定责任。综上，法院认为，《不竞争协议》第3.3款中关于竞业限制期限应将仲裁和诉讼的审理期限扣除的约定，即"但如因履行本协议发生争议而提起仲裁或诉讼时……乙方应履行竞业限制义务的期限，在扣除仲裁和诉讼审理的期限后，不应短于上述约定的竞业限制月数"的部分，属于《中华人民共和国劳动合同法》第二十六条第一款第二项规定的"用人单位免除自己的法定责任、排除劳动者权利"的情形，应属无效。而根据该法第二十七条规定，劳动合同部分无效，不影响其他部分效力的，其他部分仍然有效。

三、本案竞业限制期限的确定

据此，依据《不竞争协议》第3.3款仍有效部分的约定，马某楠的竞业限制期限应依据搜狐新动力公司向其支付竞业限制补偿金的月数确定且最长不超过12个月。鉴于搜狐新动力公司已向马某楠支付2017年3月至2018年2月期间共计12个月的竞业限制补偿金，马某楠的竞业限制期限已经届满，其无需继续履行对搜狐新动力公司的竞业限制义务。

（生效裁判审判人员：赵悦、王丽蕊、何锐）

《马某楠诉北京搜狐新动力信息科技有限公司竞业限制纠纷案》的理解与参照[*]
——竞业限制协议中免计期限的约定无效

为了正确理解和准确参照适用第 184 号指导性案例，现对该指导性案例的基本案情、裁判要点、参照适用等有关情况予以解释、论证和说明。

一、本案例的相关情况

本案系马某楠与北京搜狐新动力信息技术有限公司因履行竞业限制协议产生的纠纷。北京搜狐新动力信息技术有限公司与马某楠签订不竞争协议，约定马某楠负有竞业限制义务，并就该义务的范围、期限等内容进行了约定。劳动合同到期后，马某楠入职新公司。双方因马某楠是否违反竞业限制义务、应否继续履行竞业限制义务、应否返还补偿金及赔偿损失产生争议，后提起仲裁和诉讼。诉讼中，双方主要争议焦点是不竞争协议第 3.3 条约定"竞业限制期限从乙方离职之日开始计算，最长不超过 12 个月，具体的月数根据甲方向乙方实际支付的竞业限制补偿费计算得出。但如因履行本协议发生争议而提起仲裁或诉讼时，则上述竞业限制期限应将仲裁和诉讼的审理期限扣除；即乙方应履行竞业限制义务的期限，在扣除仲裁和诉讼审理的期限后，不应短于上述约定的竞业限制月数"如何适

---

* 摘自《人民司法·案例》2023 年第 23 期。

用。法院认为，上述约定实际上要求马某楠履行竞业限制义务的期限为：仲裁和诉讼程序的审理期限＋实际支付竞业限制补偿金的月数（最长不超过12个月）。该约定使得劳动者竞业限制期限的长短陷入不确定状态，违背了竞业限制期限应明确具体的原则，损害了劳动者的择业自由权及司法救济权，变相免除了用人单位与劳动者协商确定竞业限制协议内容的责任，属于《中华人民共和国劳动合同法》第二十六条第一款第二项规定的"用人单位免除自己的法定责任、排除劳动者权利"的情形，该部分约定无效。最终法院依据有效部分对竞业限制期限重新予以确定。

《中华人民共和国劳动合同法》第二十四条第二款规定，竞业限制期限最长不得超过2年。该规定为用人单位与劳动者在签订竞业限制协议时提供了较为明确的指引，即双方可在2年范围内任意约定竞业限制期限的长短，如1年、6个月等。但实践中，仍然不乏存在突破该规定的情形。如约定竞业限制期限为3年，或离职时通过发送通知书等方式进行单方面告知，或约定期限自劳动者违反竞业限制义务时中断，抑或如本案一样，将双方因竞业限制产生争议寻求有关机构解决的期间予以扣除等。

如何处理上述问题？本案认为，万变不离其宗。面对情形多样的竞业限制纠纷，应始终以竞业限制制度的立法目的为指引，维持劳动者择业自由权与保护用人单位商业秘密二者之间的平衡。在保护用人单位的商业秘密不受侵犯的同时，亦要保护劳动者的择业自由权和生存权不被过度限制。

二、裁判要点的理解与说明

该指导性案例的裁判要点确认：用人单位与劳动者在竞业限制条款中约定，因履行竞业限制条款发生争议申请仲裁和提起诉讼的期间不计入竞业限制期限的，属于《中华人民共和国劳动合同法》第二十六条第一款第二项规定的"用人单位免除自己的法定责任、排除劳动者权利"的情形，应当认定为无效。现围绕与该裁判要点相关的问题逐一解释和说明如下：

（一）竞业限制协议应遵循立法目的

竞业限制，从法律概念来讲，是指负有特定义务的员工，在离职后的一定期间内不得到与本单位生产或者经营同类产品、从事同类业务的竞争关系的其他用人单位任职，亦不得自己开业生产或者经营同类产品。

竞业限制制度涉及诸多权利的冲突，一是用人单位的商业利益与劳动者的择业自由权的冲突。二是竞业限制与鼓励人才流动的社会利益的冲突。三是劳动者择业自由权与公平竞争市场制度的冲突。当前各国司法实践普遍认为有益的市场主体间的公平竞争对于推动社会向前发展具有长远利益，因此允许对劳动者的择业自由权及生存权作出一定程度上的限制，以保护用人单位商业秘密不被侵犯，进而维护公平竞争的市场秩序。

但不可否认的是，从理论上来讲，劳动者择业自由权及生存权在权利体系中始终占据较高位阶，对该权利的保护应具有优先性。首先，竞业限制义务对劳动者的择业自由权和生存权会产生影响，而劳动者的择业自由权和生存权在法益体系中的位阶并不低于缔约自由或合同自由。其次，择业自由权是劳动者劳动权的基本组成部分，而劳动权又是生存权的前提。根据权利位阶原则，生存权对于包括用人单位商业秘密、知识产权在内的财产权而言，具有更高的权利位阶和更为重要的价值，应当优先受到确认和保护。

为解决该问题，许多国家通过立法及判例明确，竞业限制协议除用人单位与劳动者可就具体内容进行约定外，还需进行相应规制，以期在保护用人单位商业秘密不受侵犯的同时，也保护劳动者的择业自由权和生存权不被过度限制，由此便产生了法律意义上的竞业限制制度。这也是竞业限制制度的立法目的。

（二）竞业限制期限应具体明确

对于规制的手段，目前主要存在两种方式：一是由法律以强制性规范明确规定竞业限制的范围，以大陆法系为代表。如《德国商法典》直接规定竞业限制的期间不得超过1年；二是由法院在个案中对竞业限制合理性进行审查，以英美法系为代表。如美国，以竞业限制期限应适当为原则，由法院在个案中综合劳动者的岗位、用人单位的经营范围、行业特征等因素认定竞业限制期限是否合理。通说认为，《中华人民共和国劳动合同法》第二十三条、第二十四条系通过效力性强制性规范的方式对竞业限制的主体、范围、地域、期限等内容进行了规制。其中就竞业限制期限而言，《中华人民共和国劳动合同法》规定最长不得超过 2 年。但无论何种立法例，均要求竞业限制期限必须是具体明确的，因为这不仅是"期限"一词的应有之义，同时也是竞业限制立法目的的体现。

首先，"期限"一词，无论在日常生活语境中还是在法律语境中，均具有确定性的特征。日常语境中，限期归还、如期而至等词语本身即表达着确定性，对人的行为产生了明确的指引。在法律语境中，常见的附期限法律行为概念也指对于将来确定事实的到来必须是必然发生且可预期的。

其次，竞业限制制度的立法目的要求竞业限制期限必须是明确且具体的，如此才能使劳动者对自身义务有合理预期和明确知晓，使得对劳动者择业自由权的限制处于稳定状态且可以预期何时结束，以便及时回归正常生活状态，而不应当设置为不确定的期间段，使劳动者能否正常行使择业自由权始终处于待定状态。

就本案，有观点认为，劳动争议仲裁程序法定审限 45 日，一、二审诉讼程序法定审限共计 9 个月，故仲裁和诉讼的期限都是具体且可预期的，所以本案约定的竞业限制期限符合具体确定的原则，而且并不必然导致劳动者的竞业限制期限超过 2 年。但事实情况是，虽然法律对于仲裁及诉讼程序的审理期限均有法定限制，但就具体案件而言该期限并非具体确定的期间，每一个案件从立案到审结的期限都是不同的。本案中对于竞业限制期限的约定，使劳动者无法在签订竞业限制协议时即预见到其履行竞业限制义务的期间截至何时。即使进入仲裁或诉讼程序，该期限也仍是未知状态，显然与确定性相违背。而且，加之劳动争议案件的特殊性，相当数量的案件需要经过"一裁两审"程序，上述约定使得劳动者一旦与用人单位发生争议，则其竞业限制期限将被延长至相当长的一段期间，乃至达到或超过法律规定的 2 年上限。如此的不确定性无疑已经超越了法律所允许的限度，对劳动者的择业自由权造成了损害，与竞业限制制度的立法目的相违背。

（三）竞业限制期限应协商确定

根据《中华人民共和国劳动合同法》第二十三条规定，竞业限制的具体内容由用人单位与负有保密义务的劳动者进行协商确定，故双方达成的竞业限制协议本质上是以劳动者不作为为给付内容的双务合同。但是与民法理论中平等主体之间契约自由、意思自治原则不同，竞业限制协议的主体以存在劳动关系为前提，用人单位与劳动者之间并不处于平等状态，所谓契约自由在劳动合同关系中存在假象。

在劳动合同关系中，劳动者与用人单位的缔约谈判能力并不均衡。劳动者对于用人单位始终具有人身隶属性，这也使得用人单位在缔约时天然比劳动者更具有优势，自然在竞业限制条款制定过程中也占据天然优势，而这种优势可能导致用人单位不当运用竞业限制制度损害劳动者的择业自由权，为劳动力自由流动设置障碍。这也是为何通说普遍认为《中华人民共和国劳动合同法》第二十三条、第二十四条关于竞业限制的规定属于效力性强制性规范。如此才能有效规制用人单位的缔约行为，对于违反上述规定的协议内容给予无效评价，从而确保劳动者择业自由权的限制限于法律规定的合理范围内。

但需要注意的是，合意不仅限于在文本中签名表示同意这类外化的合意，在处理具体案件时，应该警惕用人单位单方面意志即可变更双方权利义务内容的隐形霸王条款。如本案，竞业限制协议确系用人单位与劳动者协商签订的，其内容是双方合意的结果。但实际上通过分析可知，该竞业限制期限条款使得用人单位无需与劳动者进行协商，即可通过提起仲裁和诉讼的方式单方地、变相地延长劳动者的竞业限制期限。这一定程度上免除了用人单位应与劳动者协商确定竞业限制期限长短的法定责任。

三、参照适用时应注意的问题

通过案例检索发现与本案情况完全一致的案件数量较少，但本案所确立的裁判规则仍有一定的类案指引作用。该指引作用主要体现在两方面：一是本案在宏观层面上分析了竞业限制制度本身的立法目的，即维持劳动者择业自由权与保护用人单位商业秘密二者之间的平衡。在保护用人单位的商业秘密不受侵犯的同时，亦要保护劳动者的择业自由权和生存权不被过度限制。在处理复杂的竞业限制纠纷时，可通过立法目的分析，结合《中华人民共和国劳动合同法》第二十六条进行认定。二是本案强调竞业限制期限应具体明确。该规则对于解决竞业限制期限这一具体问题可能产生一定指引作用。

至于裁判理由中对劳动者司法救济权的分析，具有个案特色，裁判理由部分已对此作出了分析，在此不再赘述。

(执笔人：北京市第一中级人民法院　李　湉

编审人：最高人民法院案例指导工作办公室　陈现杰　李予霞)

57．王某诉万得信息技术股份有限公司竞业限制纠纷案*

（最高人民法院审判委员会讨论通过　2022年12月8日发布）

人民法院在审查劳动者自营或者新入职单位与原用人单位是否形成竞争关系，不应仅从依法登记的经营范围是否重合进行认定，还应当结合实际经营内容、服务对象或者产品受众、对应市场等方面是否重合进行综合判断

【关键词】

民事　竞业限制　审查标准　营业范围

【裁判要点】

人民法院在审理竞业限制纠纷案件时，审查劳动者自营或者新入职单位与原用人单位是否形成竞争关系，不应仅从依法登记的经营范围是否重合进行认定，还应当结合实际经营内容、服务对象或者产品受众、对应市场等方面是否重合进行综合判断。劳动者提供证据证明自营或者新入职单位与原用人单位的实际经营内容、服务对象或者产品受众、对应市场等不相同，主张不存在竞争关系的，人民法院应予支持。

【相关法条】

《中华人民共和国劳动合同法》第二十三条、第二十四条

---

* 摘自2022年12月8日最高人民法院发布的第34批指导性案例（指导案例190号）。

【基本案情】

王某于 2018 年 7 月 2 日进入万得信息技术股份有限公司（以下简称万得公司）工作，双方签订了期限为 2018 年 7 月 2 日至 2021 年 8 月 31 日的劳动合同，约定王某就职智能数据分析工作岗位，月基本工资 4500 元、岗位津贴 15500 元，合计 2 万元。

2019 年 7 月 23 日，王某、万得公司又签订《竞业限制协议》，对竞业行为、竞业限制期限、竞业限制补偿金等内容进行了约定。2020 年 7 月 27 日，王某填写《辞职申请表》，以个人原因为由解除与万得公司的劳动合同。

2020 年 8 月 5 日，万得公司向王某发出《关于竞业限制的提醒函》，载明："……您（即王某）从离职之日 2020 年 7 月 27 日起须承担竞业限制义务，不得到竞业企业范围内工作或任职。从本月起我们将向您支付竞业限制补偿金，请您在收到竞业限制补偿金的 10 日内，提供新单位签订的劳动合同及社保记录，若为无业状态的请由所在街道办事处等国家机关出具您的从业情况证明。若您违反竞业限制义务或其他义务，请于 10 日内予以改正，继续违反竞业协议约定的，则公司有权再次要求您按《竞业限制协议》约定承担违约金，违约金标准为 20 万元以上，并应将公司在离职后支付的竞业限制补偿金全部返还……"

2020 年 10 月 12 日，万得公司向王某发出《法务函》，再次要求王某履行竞业限制义务。

另查明，万得公司的经营范围包括：计算机软硬件的开发、销售，计算机专业技术领域及产品的技术开发、技术转让、技术咨询、技术服务。

王某于 2020 年 8 月 6 日加入上海哔哩哔哩科技有限公司（以下简称哔哩哔哩公司），按照营业执照记载，该公司经营范围包括：信息科技、计算机软硬件、网络科技领域内的技术开发、技术转让、技术咨询、技术服务等。

王某、万得公司一致确认：王某竞业限制期限为 2020 年 7 月 28 日至 2022 年 7 月 27 日；万得公司已支付王某 2020 年 7 月 28 日至 2020 年 9 月

27 日竞业限制补偿金 6796.92 元。

2020 年 11 月 13 日，万得公司向上海市浦东新区劳动人事争议仲裁委员会申请仲裁，要求王某：（1）按双方签订的《竞业限制协议》履行竞业限制义务；（2）返还 2020 年 8 月、9 月支付的竞业限制补偿金 6796 元；（3）支付竞业限制违约金 200 万元。2021 年 2 月 25 日，仲裁委员会作出裁决：王某按双方签订的《竞业限制协议》继续履行竞业限制义务，王某返还万得公司 2020 年 8 月、9 月支付的竞业限制补偿金 6796 元，王某支付万得公司竞业限制违约金 200 万元。王某不服仲裁裁决，诉至法院。

【裁判结果】

上海市浦东新区人民法院于 2021 年 6 月 29 日作出（2021）沪 0115 民初 35993 号民事判决：一、王某与万得公司继续履行竞业限制义务；二、王某于本判决生效之日起 10 日内返还万得公司 2020 年 7 月 28 日至 2020 年 9 月 27 日竞业限制补偿金 6796 元；三、王某于本判决生效之日起 10 日内支付万得公司违反竞业限制违约金 24 万元。王某不服一审判决，提起上诉。上海市第一中级人民法院于 2022 年 1 月 26 日作出（2021）沪 01 民终 12282 号民事判决：一、维持上海市浦东新区人民法院（2021）沪 0115 民初 35993 号民事判决第一项；二、撤销上海市浦东新区人民法院（2021）沪 0115 民初 35993 号民事判决第二项、第三项；三、上诉人王某无需向被上诉人万得公司返还 2020 年 7 月 28 日至 2020 年 9 月 27 日竞业限制补偿金 6796 元；四、上诉人王某无需向被上诉人万得公司支付违反竞业限制违约金 200 万元。

【裁判理由】

法院生效裁判认为：关于王某是否违反了竞业限制协议的问题。所谓竞业限制是指对原用人单位负有保密义务的劳动者，于离职后在约定的期限内，不得生产、自营或为他人生产、经营与原用人单位有竞争关系的同类产品及业务，不得在与原用人单位具有竞争关系的用人单位任职。竞业限制制度的设置系为了防止劳动者利用其所掌握的原用人单位的商业秘密为自己或为他人谋利，从而抢占了原用人单位的市场份额，给原用人单位造成损失。所以考量劳动者是否违反竞业限制协议，最为核心的是应评判原用人单位与劳动者自营或者入职的单位之间是否形成竞争关系。

需要说明的是，正是因为竞业限制制度在保护用人单位权益的同时对劳动者的就业权利有一定的限制，所以在审查劳动者是否违反了竞业限制义务时，应当全面客观地审查劳动者自营或入职公司与原用人单位之间是否形成竞争关系。一方面考虑到实践中往往存在企业登记经营事项和实际经营事项不相一致的情形，另一方面考虑到经营范围登记类别是工商部门划分的大类，所以这种竞争关系的审查，不应拘泥于营业执照登记的营业范围，否则对劳动者抑或对用人单位都可能造成不公平。故在具体案件中，还可以从两家企业实际经营的内容是否重合、服务对象或者所生产产品的受众是否重合、所对应的市场是否重合等多角度进行审查，以还原事实之真相，从而能兼顾用人单位和劳动者的利益，以达到最终的平衡。

本案中，万得公司的经营范围为计算机软硬件的开发、销售、计算机专业技术领域及产品的技术开发、技术转让、技术咨询、技术服务。而哔哩哔哩公司的经营范围包括从事信息科技、计算机软硬件、网络科技领域内的技术开发、技术转让、技术咨询、技术服务等。对比两家公司的经营范围，确实存在一定的重合。但互联网企业往往在注册登记时，经营范围都包含了软硬件开发、技术咨询、技术转让、技术服务。若仅以此为据，显然会对互联网就业人员尤其是软件工程师再就业造成极大障碍，对社会人力资源造成极大的浪费，也有悖于竞业限制制度的立法本意。故在判断是否构成竞争关系时，还应当结合公司实际经营内容及受众等因素加以综合评判。

本案中，王某举证证明万得公司在其 Wind 金融手机终端上宣称 Wind 金融终端是数十万金融专业人士的选择、最佳的中国金融业生产工具和平台。而万得公司的官网亦介绍，"万得公司（以下简称 Wind）是中国大陆领先的金融数据、信息和软件服务企业，在国内金融信息服务行业处于领先地位，是众多证券公司、基金管理公司、保险公司、银行、投资公司、媒体等机构不可或缺的重要合作伙伴，在国际市场中，Wind 同样受到了众多中国证监会批准的合格境外机构投资者的青睐。此外，知名的金融学术研究机构和权威的监管机构同样是 Wind 的客户；权威的中英文媒体、研究报告、学术论文也经常引用 Wind 提供的数据……"由此可见，万得公司目前的经营模式主要是提供金融信息服务，其主要的受众为相关的金融机构或者金融学术研究机构。而反观哔哩哔哩公司，众所周知其主营业务是文化社区和视频平台，即提供网络空间供用户上传视频、进行交流。其受众更广，尤其年轻人对其青睐有加。两者对比，不论是经营模式、对应市场还是受众，都存在显著差别。即使普通百姓，也能轻易判断两者之差异。虽然哔哩哔哩公司还涉猎游戏、音乐、影视等领域，但尚无证据显示其与万得公司经营的金融信息服务存在重合之处。在此前提下，万得公司仅以双方所登记的经营范围存在重合即主张两家企业形成竞争关系，尚未完成其举证义务。且万得公司在竞业限制协议中所附录的重点限制企业均为金融信息行业，足以表明万得公司自己也认为其主要的竞争对手应为金融信息服务企业。故一审法院仅以万得公司与哔哩哔哩公司的经营范围存在重合，即认定王某入职哔哩哔哩公司违反了竞业限制协议的约定，继而判决王某返还竞业限制补偿金并支付违反竞业限制违约金，有欠妥当。

关于王某是否应当继续履行竞业限制协议的问题。王某与万得公司签订的竞业限制协议不存在违反法律法规强制性规定的内容，故该协议合法有效，对双方均有约束力。因协议中约定双方竞业限制期限为 2020 年 7 月 28 日至 2022 年 7 月 27 日，目前尚在竞业限制期限内。故一审法院判决双方继续履行竞业限制协议，并无不当。王某主张无需继续履行竞业限制协议，没有法律依据。需要强调的是，根据双方的竞业限制协议，王某应当按时向万得公司报备工作情况，以供万得公司判断其是否违反了竞业限制协议。本案即是因为王某不履行报备义务导致万得公司产生合理怀疑，进而产生了纠纷。王某在今后履行竞业限制协议时，应恪守约定义务，诚信履行协议。

（生效裁判审判人员：王茜、周寅、郑东和）

理解与参照

《王某诉万得信息技术股份有限公司竞业限制纠纷案》的理解与参照[*]

——竞业限制纠纷中竞争关系的认定

为了正确理解和准确参照适用第 190 号指导性案例，现对该指导性案例的基本案情、裁判要点、参照适用等有关情况予以解释、论证和说明。

一、本案例的相关情况

本案劳动者王某原在万得信息技术股份有限公司（以下简称万得公司）从事智能数据分析岗位工作，双方签订有竞业限制协议。2020 年 7 月 27 日，王某因个人原因从万得公司辞职后，于同年 8 月入职哔哩哔哩公司。后万得公司申请仲裁，要求王某履行竞业限制义务、返还已受领的竞业限制补偿金并支付竞业限制违约金。仲裁委裁决王某继续履行竞业限制义务，王某返还万得公司竞业限制补偿金 6796 元，支付万得公司竞业限制违约金 200 万元。王某不服，诉至法院。

本案主要争议焦点在于王某是否违反了与万得公司的竞业限制协议。一审法院认为，王某所入职的哔哩哔哩公司与万得公司的经营范围高度重合，两家单位存在竞争关系，王某因此违反了竞业限制协议。据此，一审判决王某与万得公司继续履行竞业限制义务、返还万得公司竞业限制补偿

---

* 摘自《人民司法·案例》2023 年第 23 期。

金 6796 元、支付万得公司违反竞业限制违约金 240 万元。王某不服，提起上诉。上海市第一中级人民法院则改判王某无需向万得公司返还竞业限制补偿金，且无需支付违反竞业限制违约金 200 万元。

本案主要涉及劳动者所入职的单位与原用人单位之间是否存在竞争关系，这也是评判劳动者是否违反竞业限制协议所需考量的核心问题。对此，相较于竞业限制主体、竞业限制期限等，就竞争关系的认定，《中华人民共和国劳动合同法》第二十四条所确定的同类产品/业务的标准如何界定，司法适用中存在较大的弹性空间。目前，对于劳动者前后入职的两家用人单位之间是否属于经营同类产品/业务，司法实践中通常存在两种标准：一是宽松审查标准，又称形式审查标准，即对于同业竞争关系的认定以用人单位营业执照登记的经营范围为依据，若两家企业登记的经营范围存在重合，即认定二者存在同业竞争关系。因该种审查标准仅需比对两家企业工商登记材料，在案多人少矛盾日益凸显的司法形势之下，其优势在于能够在有相应依据的基础上快速认定案件事实，大幅提升裁判效率，故在审判实践中被广泛采用。二是严格审查标准，亦即实质审查标准，即对两家企业间是否构成同业经营的审查不拘泥于营业执照，也要揭开登记经营范围的"面纱"分析用人单位实际经营业务，借以判断前后用人单位之间是否存在实质竞争关系。相较于宽松式审查标准，严格审查标准对裁判者对事实的认定、对证据的把握提出了更高的要求，但因其更趋于实现实质正义，故亦被部分裁判者所坚持。

人才是企业核心竞争优势，是推动社会科技创新、技术创新的第一资源。推动社会创新发展，需打通人才便捷流动、优化配置的通道。但人才流动必然给企业商业秘密等利益保护带来风险，而保护企业竞争优势的竞业限制制度又限制了劳动者的择业自由和人才流动，故竞业限制纠纷案件的审理应注重对社会人才流动秩序、企业商业秘密和劳动者劳动权三者之间的平衡保护。形式审查标准与实质审查标准二者相较，前者易造成竞争关系范围的扩张，后者则更利于限定竞业限制在实质性合理范围之内，进而实现上述利益平衡。本案中，劳动者从前用人单位离职后被追索高额竞业限制违约金，劳动者主张其前后就职的两家企业不存在实际的竞争关系。法院经审理，从两家企业的经营模式、对应市场及受众出发，最终认定两家企业不存在竞争关系，劳动者并未违反竞业限制义务，最终保护了劳动者的合法权益，防止竞业限制范围的不当扩张而限制了人才的合理流动，实现竞业限制制度的立法本意。该案例对竞业限制纠纷如何平衡保护社会、企业和劳动者三者利益，平衡保护市场公平竞争秩序和人力资源的合理配置，助力构建以企业为主体、以人才为核心的创新驱动体系，具有重要指导意义。

二、裁判要点的理解与说明

该指导性案例的裁判要点确认：人民法院在审理竞业限制纠纷案件时，审查劳动者自营或者新入职单位与原用人单位是否形成竞争关系，不应仅从依法登记的经营范围是否重合进行认定，还应当结合实际经营内容、服务对象或者产品受众、对应市场等方面是否重合进行综合判断。劳动者提供证据证明自营或者新入职单位与原用人单位的实际经营内容、服务对象或者产品受众、对应市场等不相同，主张不存在竞争关系的，人民法院应予支持。

现围绕与该裁判要点相关的问题逐一解释和说明如下：

（一）竞业限制的范围：合理性审查之必要性

1. 竞业限制制度的立法本意

竞业限制是指用人单位与知悉本单位的商业秘密或其他对本单位经营有重大影响的劳动者约定在劳动合同终止或解除后一定期限内，劳动者不得到生产与本单位同类产品或经营同类业务且有竞争关系的其他用人单位任职或与之发生业务关系，也不得自己生产与原单位有竞争关系的同类产品或经营同类业务。[①]

竞业限制制度的立法目的在于防范离职员工利用在原用人单位处所掌握的商业秘密或有运用的潜在可能而不正当地抢占原用人单位的市场份

---

① 叶静漪、任学敏：《我国竞业限制制度的构建》，载《法学杂志》2006年第4期。

额，侵害原用人单位的竞争优势，其本质是由法律予以规范并由当事人协商适用的一种利益协调机制，其侧重点在于保护原用人单位相关商业秘密所蕴含的竞争利益，通过有限地限制劳动者择业自由以降低利用原用人单位商业秘密进行不正当竞争的可能性，并对劳动者因此所遭受的损失提供经济补偿，从而实现劳动者与原用人单位之间的利益平衡。可以说，劳动法领域的竞业限制制度与商业秘密保护法、反不正当竞争法共同构建了从内至外的企业竞争优势保护体系。

2. 竞业限制范围的不当扩张

实践中，因劳动者在劳动合同订立过程中缔约能力较弱，越来越多的用人单位基于自身利益出发，利用缔约强势地位，扩大化适用竞业限制制度。具体表现为：一是竞业限制主体泛化，竞业限制主体有从高级管理人员至基层工作人员下沉之势，应届生、实习生离职被竞业的案例亦越来越普遍；二是竞业限制行业及竞业企业的泛化，通常表现在一些处于快速上升期的互联网公司，例如电商、游戏、在线教育等，因考虑到自身后期迅速扩大规模或引入新业务转型的需要，为防止员工流入竞争对手，用人单位或在自身所涉行业之外对劳动者进行竞业限制；三是竞业限制地域泛化，在竞业限制协议中约定远超实际经营地区的竞业限制地域范围。

3. 竞业限制范围的合理限度

竞业限制被滥用，微观上不利于保护劳动者劳动就业权，宏观上也不利于市场人才流动，阻碍人力资源的优化配置。因此，对竞业限制范围的合理性审查，具有保护企业商业秘密与竞争优势的同时兼顾劳动者基本生存权和择业自由的现实意义。

竞业限制范围的合理限度，一是体现在竞业期限的限制。竞业限制的期限应严格遵循法律规定，不得超过两年。二是竞业限制主体需限于必要范围。根据《中华人民共和国劳动合同法》第二十四条之规定，竞业限制的人员限于用人单位的高级管理人员、高级技术人员和其他负有保密义务的人员。关于高级管理人员的认定，可以借鉴《中华人民共和国公司法》的相关规定；对高级技术人员的认定，可参照劳动者的职称、在用人单位担任的职务及工作内容进行综合判定；对于其他负有保密义务的人员认定，则可审查其在工作过程中有无接触用人单位商业秘密的可能性。① 三是对劳动者就业限制需仅及于原用人单位的竞争企业，即与原单位生产或经营同类产品、从事同类业务。该限制仅应限于企业的核心竞争领域，而不能扩大到劳动者熟悉的整个专业领域，否则将无异于剥夺劳动者的生计。

（二）竞争关系的认定：揭开登记经营范围之"面纱"

目前，对于二者竞争关系认定通常存在两种标准：一是宽松审查标准，对于同业竞争关系的认定以用人单位营业执照登记的经营范围为依据，若两企业登记的经营范围存在重合，即认定二者存在同业竞争关系；二是严格审查标准，审查的范围不仅纳入用人单位的营业执照，也分析用人单位的实际经营业务，借以判断前后用人单位之间的实质性竞争关系。法律适用正当性的标准不仅仅是形式的，而且还是实质的；不仅要进行形式判断，还要进行实质判断。② 形式审查标准与实质审查标准相较而言，前者易造成竞争关系范围的扩张，在不必要的范围内限制了劳动者择业自由，而后者则是将竞业限制范围限定在最小比例合理限度，有利于实现双方利益的实质性平衡。具体理由如下：

1. 企业登记经营范围的规范意义已逐步减弱

1999 年以前，依据《中华人民共和国民法通则》《中华人民共和国企业法人登记管理条例》等相关规定，企业超出登记经营范围进行经营的，企业与法定代表人或面临行政处罚，甚至可作为追究法定代表人刑事责任的事由之一。实践中行政机关依法严格审批、核准公司经营范围，人民法院则在诉讼中将超越经营范围的合同认定为无效合同。③ 直至 1999 年《中华人民共和国合同法》及相应司法解释颁布，明确当事人超越经营范围订立合同，人民法院不因此认定合同无效。2005 年修订的《中华人民共和国

---

① 黄祥青主编：《类案裁判方法精要》，人民法院出版社 2020 年版，第 186 页。
② 孙良国：《从形式主义到实质主义——现代合同法方法论的演进》，载《华东政法大学学报》2007 年第 5 期。
③ 郝爱军：《论我国公司目的立法之完善》，载《法商研究》2005 年第 5 期。

公司法》对经营范围进一步松绑，明确公司经营范围由公司章程规定并依法登记，且公司可修改章程，改变经营范围，并办理变更登记。《中华人民共和国民法典》亦不再将经营范围纳入规范范围。由此，在性质上，登记经营范围的规范意义逐步弱化，其已不属于法定资格，而是处理企业内部关系的准则，主要在于限制法人机关的权利，明确法人机关的内部责任，实现出资者对自己投资的有效控制。[①] 随着登记经营范围完成上述功能更新，仅以此为据认定用人单位经营业务的审理思路也应随之适时转变。

2. 登记经营范围与实际经营范围不存在必然对应关系

根据 2015 年国家工商行政管理总局公布的《企业经营范围登记管理规定》，企业可参照《国民经济行业分类》中的大类、中类或小类自主选择经营范围表述用语，企业对经营范围的表达享有更多的灵活性和自主性。[②] 以大类"批发业"为例，其包括"医疗及医疗器材批发""食品、饮料及烟草制品批发"等 9 项中类，而其中"食品、饮料及烟草制品批发"又包括"米、面制品及食用油批发""盐及调味品批发"等 9 小类。而随着智能化登记系统的普遍应用，企业登记经营范围从"填空题"变为"选择题"，企业登记注册更为便利。据此，企业概括性地以大类或中类宽泛界定自身经营范围成为常态。另外，为了减少此后再行变更登记的成本，企业往往亦将将来可能开展的经营业务或与自身经营业务相关联的业务均一并予以登记，故实践中登记经营事项和实际经营事项不相一致的情形屡见不鲜。在此条件下，营业执照所登记的经营范围难以客观地反映企业真实的经营状态。

回归到本案，万得公司与哔哩哔哩公司的营业执照所载经营范围均包括计算机软硬件的开发及相应技术开发、技术转让、技术咨询，但互联网企业往往在注册登记时都会将此纳入经营范围，如仅以此就直接认定为竞争关系，势必会对互联网就业人员尤其是软件工程师再就业造成极大障

---

① 蔡立东：《论法人行为能力制度的更生》，载《中外法学》2014 年第 6 期。
② 林欧：《约定竞业限制范围的合理性分析》，载《法律适用》2017 年第 15 期。

碍，对社会人力资源造成极大浪费，也有悖于竞业限制制度立法本意。有基于此，对于劳动者前后就职的用人单位是否存在同业竞争关系的审查，不应拘泥于营业执照所登记的经营范围，而应回归到两家企业实际经营情况本身。

（三）实质审查的归位：举证责任与认定标准

对两家企业的经营业务进行实质审查，可从所经营内容、服务对象或者所生产产品受众、对应的市场是否重合等多角度进行审查，以还原事实之真相，从而兼顾用人单位和劳动者的利益，实现最终的利益平衡。

1. 举证责任分配

从举证责任分配的角度而言，因是用人单位提起诉讼主张劳动者违反竞业限制义务，根据"谁主张、谁举证"原则，应由用人单位对此进行举证。实践中，用人单位往往会提供两家企业的工商登记材料，以二者经营范围存在高度重合为由予以证明，但这仅是完成了初步举证义务。此时，劳动者主张两家企业实际不存在竞争关系的，则应作为揭开登记经营范围之"面纱"的一方，就两家企业的实际经营内容承担举证责任。劳动者若能举证证明两家企业实际经营内容、对应市场、产品受众等并不相同，使得法官形成一定内心确信的，则举证责任又回归到用人单位。此时用人单位需要就二者实际经营内容或生产经营产品相同或类似、对应市场、产品受众相同等进一步进行举证，若举证不能，则应承担相应不利后果。如此，双方在"一来一回，一证一反"之间进行博弈，法院最终根据双方举证质证情况对两家企业是否构成实质性竞争关系进行综合评定，从而判定劳动者是否违反竞业限制义务。需注意的是，用人单位的行业知名度或可影响对双方举证责任强弱的分配，若业内普通从业者甚至一般群众显而易见就能判断两家企业经营业务并不相同，此时则需苛以用人单位更高的举证义务以证明二者存在同业竞争关系，反之亦然。

本案中，万得公司提供了其公司以及哔哩哔哩公司的工商登记信息，以此来证明两家公司经营范围重合，劳动者违反竞业限制义务。王某则提供了万得公司 Wind 金融手机终端截图、两家公司 App 截图、官网截图等证据，以证明二者实际经营内容并不相同。法院最终认为王某所举证据能够证明两家企业的经营模式、对应市场及受众均存在显著差异，即使是普通大众也能轻易判断，在此情况下，万得公司仅以工商登记材料为据主张两家企业存在竞争关系，尚未完成举证义务，应承担不利后果。

2. 实质审查的标准

审判实践中对两家企业是否构成同业竞争关系的认定，具体可以参考以下几项因素予以综合判断：

（1）服务的内容/生产的产品。对企业实际经营内容是否相同或相近进行判断，最直接的即看其所提供的服务内容或所生产的产品是否相同或相近，这需要法官对双方所举证据进行准确甄别、充分认证，根据盖然性标准并结合经验法则对企业实际所提供的服务内容或所生产的产品进行综合认定。一般而言，可通过官方渠道的企业简介、企业对外的宣传资料、专利登记信息、商标注册信息等予以判断。对于两家企业实际服务内容及产品是否同类标准进而足以构成竞争关系，可参照商标权侵权纠纷中所常适用的《类似商品与服务区分表》予以判断。

（2）服务的对象/产品的受众。劳动者往往可能直接利用在原用人单位获取的客户信息或积累的客户资源开展业务。企业所提供服务的服务对象或所生产产品的受众能够反映其指向的客户群体，若两家企业的服务或产品相似，而客户群体又存在重合，一定程度上可以表明二者所提供的服务或所生产产品在市场上处于紧张的竞争关系，或构成同业竞争。

（3）对应的市场。竞业限制制度意在保护企业基于商业秘密所构建的竞争优势，防止劳动者自营或入职的用人单位利用该优势抢占原用人单位的市场份额，因此，处于同一市场是判断两家企业竞争关系的前提。对应市场可通过所处行业及所在地域两个维度予以判断。前者可通过企业所加入的行业协会、所参与的行业活动等予以判断，后者则需在经营地址的基础上结合企业业务开展模式及客户群体进行认定。而用人单位与劳动者签订的竞业限制协议中所附录的竞业限制重点企业名单，亦可侧面反映企业自身的市场定位。如本案中万得公司在竞业限制协议中所附录的重点限制企业均为金融信息行业，足以表明其公司自己也认为其竞争对手主要分布在金融信息服务领域。

本案中，就所服务内容，万得公司在其 Wind 金融手机终端上宣称 Wind 金融终端是数十万金融专业人士的选择、最佳的中国金融业生产工具和平台。结合其公司官网介绍，可见其目前主要是提供金融信息服务，而哔哩哔哩公司众所周知主营业务是文化社区和视频平台，即提供网络空间供用户上传视频、进行交流。虽确如万得公司所称哔哩哔哩平台上也会有相应金融领域视频博主分享金融信息，但就其客户群体而言，万得公司主要服务的对象为相关金融机构或金融学术研究机构、金融专业从业人员。而哔哩哔哩公司受众更广，视频提供者涵盖影视、科技、饮食、教育等各领域自媒体从业人员，而基于其综合娱乐性定位，其知识普及类视频的受众也往往针对非相关专业领域内用户。据此，鉴于两家企业服务内容及对应受众不存在重合，故难谓二者之间存有同业竞争关系。

（执笔人：上海市第一中级人民法院　王　茜　钟嫣然
编审人：最高人民法院案例指导工作办公室　李予霞）

58．乐某与某银行竞业限制纠纷案*

用人单位未支付竞业限制经济补偿，劳动者可不承担竞业限制违约责任

【裁判摘要】

> 根据公平原则，劳动合同解除或终止后，因用人单位原因未支付经济补偿达 3 个月，劳动者此后实施了竞业限制行为，应视为劳动者以其行为提出解除竞业限制约定，用人单位要求劳动者承担违反竞业限制违约责任的不予支持。

一、基本案情

2013 年 7 月，乐某入职某银行，在贸易金融事业部担任客户经理。该银行与乐某签订了为期 8 年的劳动合同，明确其年薪为 100 万元。该劳动合同约定了保密与竞业限制条款，约定乐某须遵守竞业限制协议约定，即离职后不能在诸如银行、保险、证券等金融行业从事相关工作，竞业限制期限为两年。同时，双方还约定了乐某如违反竞业限制义务应赔偿银行违约金 200 万元。2018 年 3 月 1 日，银行因乐某严重违反规章制度而与乐某解除了劳动合同，但一直未支付乐某竞业限制经济补偿。2019 年 2 月，乐某入职当地另一家银行依旧从事客

---

* 摘自《人力资源社会保障部、最高人民法院关于联合发布第一批劳动人事争议典型案例的通知》（人社部函〔2020〕62 号）。

户经理工作。2019 年 9 月,银行向劳动人事争议仲裁委员会(以下简称仲裁委员会)申请仲裁。

二、申请人请求

裁决乐某支付违反竞业限制义务违约金 200 万元并继续履行竞业限制协议。

三、处理结果

仲裁委员会裁决驳回银行的仲裁请求。

四、案例分析

本案的争议焦点是银行未支付竞业限制经济补偿,乐某是否需承担竞业限制违约责任。

依据《中华人民共和国劳动合同法》第二十三条第二款规定:"对负有保密义务的劳动者,用人单位可以在劳动合同或者保密协议中与劳动者约定竞业限制条款,并约定在解除或者终止劳动合同后,在竞业限制期限内按月给予劳动者经济补偿。劳动者违反竞业限制约定的,应当按照约定向用人单位支付违约金。"由此,竞业限制义务,是关于劳动者在劳动合同解除或终止后应履行的义务。本案中,双方当事人在劳动合同中约定了竞业限制条款,劳动合同解除后,竞业限制约定对于双方当事人发挥约束力。《中华人民共和国劳动合同法》第二十九条规定:"用人单位与劳动者应当按照劳动合同的约定,全面履行各自的义务。"《最高人民法院关于审理劳动争议案件适用法律若干问题的解释(四)》第八条①规定:"当事人在劳动合同或者保密协议中约定了竞业限制和经济补偿,劳动合同解除或者终止后,因用人单位的原因导致三个月未支付经济补偿,劳动者请求解除竞业限制约定的,人民法院应予支持。"用人单位未履行竞业限制期

---

① 该司法解释已于 2021 年 1 月 1 日废止,根据 2020 年 12 月 29 日公布的《最高人民法院关于审理劳动争议案件适用法律问题的解释(一)》,本条被修改为第三十八条,内容未作变动。

间经济补偿支付义务并不意味着劳动者可以"有约不守"，但劳动者的竞业限制义务与用人单位的经济补偿义务是对等给付关系，用人单位未按约定支付经济补偿已构成违反其在竞业限制约定中承诺的主要义务。具体到本案中，银行在竞业限制协议履行期间长达 11 个月未向乐某支付经济补偿，造成乐某遵守竞业限制约定却得不到相应补偿的后果。根据公平原则，劳动合同解除或终止后，因用人单位原因未支付经济补偿达 3 个月，劳动者此后实施了竞业限制行为，应视为劳动者以其行为提出解除竞业限制约定，用人单位要求劳动者承担违反竞业限制违约责任的不予支持，故依法驳回银行的仲裁请求。

五、典型意义

随着新兴行业迅猛发展，越来越多的用人单位增强了知识产权和核心技术的保密意识，强化了其高级管理人员、高级技术人员及负有保密义务的其他人员的竞业限制约束力。用人单位应当严格按照劳动合同的约定向劳动者履行竞业限制期间的经济补偿支付义务，劳动者亦应秉持诚实守信原则履行竞业限制义务。同时，仲裁与司法实务中应始终关注劳动关系的实质不平等性，避免用人单位免除自己的法定责任，而排除劳动者的合法权益的情形，依法公正地维护双方的合法权益。

社会保险纠纷

59．安某重、兰某姣诉深圳市水湾远洋渔业有限公司工伤保险待遇纠纷案*

用人单位为职工购买商业性人身意外伤害保险的，不免除其为职工购买工伤保险的法定义务

【裁判摘要】

> 用人单位为职工购买商业性人身意外伤害保险的，不因此免除其为职工购买工伤保险的法定义务。职工获得用人单位为其购买的人身意外伤害保险赔付后，仍然有权向用人单位主张工伤保险待遇。

原告：安某重，男，汉族，58 岁，住河南省栾川县。

原告：兰某姣，女，汉族，53 岁，住河南省栾川县。

被告：深圳市水湾远洋渔业有限公司，住所地：广东省深圳市宝安区沙井街道。

原告安某重、兰某姣因与被告深圳市水湾远洋渔业有限公司（以下简称水湾公司）发生工伤保险待遇纠纷，向广州海事法院提起诉讼。

原告安某重和兰某姣诉称：2012 年 7 月，安某重和兰某姣之子安某卫在水湾公司处任职，担任大管轮职务。2013 年 8 月 5 日，安某卫工作的船舶"中洋 26"

---

* 摘自《最高人民法院公报》2017 年第 12 期。

轮在法属波利尼西亚南方群岛拉帕岛附近海域遇险侧翻，包括安某卫在内的 8 名船员遇难。2015 年 3 月 16 日，深圳市人力资源和社会保障局认定安某卫遭受事故伤害情形属于工伤，依法应当享受工伤保险待遇。安某重和兰某姣作为安某卫的法定继承人，请求判令水湾公司支付拖欠安某卫的工资及奖金，以及丧葬补助金、供养亲属抚恤金、一次性工亡补助金等工伤保险待遇。

被告水湾公司辩称：水湾公司没有为安某卫办理工伤保险的责任不在水湾公司，而且安某卫生前与水湾公司约定以商业保险替代工伤保险。原告安某重和兰某姣已经拿到商业保险金 60 万元，无权再主张工伤保险赔偿金。

广州海事法院一审查明：2011 年 11 月，被告水湾公司与浙江鑫隆远洋渔业有限公司（以下简称鑫隆公司）签订委托招聘合同，约定：鑫隆公司为水湾公司名下"中洋 16"轮、"中洋 18"轮、"中洋 26"轮等 6 艘船舶招聘远洋船员，以鑫隆公司名义与应聘船员签订聘用合同，合同的权利义务由水湾公司享有和承担；鑫隆公司在与应聘船员签订聘用合同时应当口头向其披露委托方，经应聘船员无异议后方可签订聘用合同。

2012 年 7 月 8 日，安某卫与鑫隆公司签订大管轮聘用合同，合同约定：鑫隆公司招聘安某卫为远洋大管轮职务船员，聘用期限为两年半，自安某卫出境日 9 月 1 日起至安某卫所在船只抵境日或合同到期日止；鑫隆公司负责为安某卫投保人身意外险，如在聘用期内发生因工伤亡，按有关意外保险条款执行。

2012 年 8 月 22 日，被告水湾公司作为投保人，为包括安某卫在内的 48 名船员向中国人民财产保险股份有限公司深圳市分公司（以下简称人保公司）投保团体意外伤害保险，保障项目为额外身故、残疾、烧伤给付，每人保险金额为 60 万元，保险期间为 2012 年 8 月 23 日至 2013 年 8 月 22 日。水湾公司于投保当日缴纳了保费。

2012 年 9 月，安某卫等 14 名船员被派遣至"中洋 26"轮上进行远海捕鱼作业。2013 年 8 月 5 日 1730 时，"中洋 26"轮在法属波利尼西亚南方群岛拉帕岛附近海域遇险侧翻。2014 年 1 月 16 日，安某卫被河南省栾川县人民法院宣告死亡。人保公司向原告安某重和兰某姣实际支付了安某卫身故赔偿金 60 万元。

2014 年 12 月 10 日，浙江省绍兴市越城区人民法院作出（2014）绍越民初字第 1799 号民事判决，确认鑫隆公司与安某卫签订聘用合同的行为属于隐名代理，鑫隆公司与安某卫签订的聘用合同直接约束水湾公司和安某卫，水湾公司与安某卫存在劳动关系。水湾公司对该判决结论予以认可。2015 年 3 月 16 日，深圳市人力资源和社会保障局认定安某卫于 2013 年 8 月 5 日因工外出在法属波利尼西亚南方群岛拉帕岛附近海域遇险，经法院判决宣告死亡属于工伤。

另查明：原告安某重是安某卫的父亲，原告兰某姣是安某卫的母亲。兰某姣持有栾川县残疾人联合会填发的残疾人证，记载残疾类别为肢体，残疾等级为 3 级。

广州海事法院一审认为：2012 年 9 月 1 日至 2013 年 8 月 5 日期间，安某卫受被告水湾公司聘用在"中洋 26"轮上进行远海捕鱼作业，安某卫与水湾公司存在劳动合同关系。水湾公司没有为安某卫买工伤保险，根据《广东省工伤保险条例》第四十三条关于"职工所在用人单位未依法缴纳工伤保险费，发生工伤事故的，由用人单位支付工伤保险待遇"和第五十七条第一款关于"用人单位依照本条例规定应当参加工伤保险而未参加或者未按时缴纳工伤保险费，职工发生工伤的，由该用人单位按照本条例规定的工伤保险待遇项目和标准向职工支付费用"的规定，水湾公司应向原告安某重和兰某姣支付安某卫依法应享有的工伤保险待遇。水湾公司虽然为安某卫购买了意外伤害商业保险，并与安某卫在聘用合同中约定在聘用期内如因工伤亡，按有关意外保险条款执行，但依法缴纳工伤保险是用人单位的法定义务，该项义务不能通过当事人协商予以免除。安某重和兰某姣以意外伤害保险单受益人身份取得商业保险赔偿金后，仍有权主张工伤保险赔偿。水湾公司关于安某重和兰某姣已取得 60 万元商业保险金即无权再主张工伤保险赔偿金的抗辩不能成立。

综上，广州海事法院根据《中华人民共和国劳动合同法》第三十条和《广东省工伤保险条例》第三十七条、第四十三条、第五十七条第一款的规定，于 2015 年 10 月 8 日作出判决：一、被告水湾公司向原告安某重、兰某姣支付安某卫的工资、奖金共计 26709.2 元；二、水湾公司向安某重、兰某姣支付丧葬补助金、一次性工亡补助金共计 520808 元；三、驳回安某重、兰某姣的其他诉讼请求。

水湾公司不服一审判决，向广东省高级人民法院提起上诉。

上诉人水湾公司上诉称：广州海事法院认为被上诉人安某重和兰某姣获得商业保险赔偿后仍有权向水湾公司主张工伤保险赔付错误。因船员流动性强，用人单位无法也不能为船员购买工伤保险，为保护船员利益，水湾公司和船员安某卫在劳动合同中约定由水湾公司为其购买商业保险，并约定船员获得商业保险赔偿后不得再向水湾公司主张工伤保险赔付。安某重和兰某姣已经获得了 60 万元的商业保险赔付，一审法院再支持其向水湾公司提出的工伤保险赔付，实质上支持了二者的不诚信行为，违反公平原则，应予改判。

被上诉人安某重、兰某姣在二审中未提交答辩意见。

广东省高级人民法院经二审，确认了一审查明的事实。

本案二审的争议焦点为：被上诉人安某重和兰某姣获得上诉人水湾公司为其子安某卫购买的商业保险的保险赔付后，能否再向水湾公司主张安某卫的工伤保险待遇。

广东省高级人民法院二审认为：《工伤保险条例》第二条第一款规定："中华人民共和国境内的企业、事业单位、社会团体、民办非企业单位、基金会、律师事务所、会计师事务所等组织和有雇工的个体工商户（以下称用人单位）应当依照本条例规定参加工伤保险，为本单位全部职工或者雇工（以下称职工）缴纳工伤保险费"，根据该规定，为职工缴纳工伤保险费是水湾公司的法定义务，该法定义务不得通过任何形式予以免除或变相免除。《工伤保险条例》第六十二条第二款又进一步规定："依照本条例规定应当参加工伤保险而未参加工伤保险的用人单位职工发生工伤的，由该用人单位按照本条例规定的工伤保险待遇项目和标准支付费用。"在上诉人水湾公司未为安某卫缴纳工伤保险费的情况下，水湾公司应向安某卫的父母被上诉人安某重和兰某姣支付工伤保险待遇。水湾公司为安某卫购买的商业性意外伤害保险，性质上是水湾公司为安某卫提供的一种福利待遇，不能免除水湾公司作为用人单位负有的法定的缴纳工伤保险费的义务或支付工伤保险待遇的义务。

此外，法律及司法解释并不禁止受工伤的职工或其家属获得双重赔偿。《最高人民法院关于审理工伤保险行政案件若干问题的规定》第八条第一款规定："职工因第三人的原因受到伤害，社会保险行政部门以职工或者其近亲属已经对第三人提起民事诉讼或者获得民事赔偿为由，作出不予受理工伤认定申请或者不予认定工伤决定的，人民法院不予支持"，第三款规定："职工因第三人的原因导致工伤，社会保险经办机构以职工或者其近亲属已经对第三人提起民事诉讼为由，拒绝支付工伤保险待遇的，人民法院不予支持，但第三人已经支付的医疗费用除外"，由此可见，上述规定并不禁止受工伤的职工同时获得民事赔偿和工伤保险待遇赔偿。上诉人水湾公司称被上诉人安某重和兰某姣同时获得保险金和工伤保险待遇属一事二赔、违反公平原则，没有法律依据，不予支持。一审法院判决水湾公司向安某重和兰某姣支付工伤保险待遇正确，予以维持。

综上，一审法院认定事实清楚，适用法律正确，处理结果恰当，应予维持。水湾公司上诉理据不足，予以驳回。依照《中华人民共和国民事诉讼法》第一百七十条第一款第一项的规定，于2016年5月24日作出判决：驳回上诉，维持原判。

本判决为终审判决。

60. 伏某生等诉连云港开发区华源市政园林工程公司工伤待遇赔偿纠纷案[*]

▶

企业内退人
员与新单位
建立劳动关
系,在新单
位 受 工 伤
的,由新单
位承担工伤
待 遇 赔 偿
义务

【裁判摘要】

> 未达到法定退休年龄的企业内退人员,在与原用人单位保留劳动关系的前提下,到另一单位从事劳动、接受管理的,劳动者与新用人单位之间的用工关系为劳动关系。劳动者在新用人单位工作期间发生工伤事故的,新用人单位是工伤保险责任的赔偿主体,应由其承担工伤待遇赔偿的各项义务。

原告:伏某生 (伏某山父亲),男,88 岁,住江苏省连云港市连云区。

原告:张某花 (伏某山妻子),女,60 岁,住江苏省连云港市连云区。

原告:伏某军 (伏某山之子),男,34 岁,住江苏省连云港市连云区。

被告:连云港开发区华源市政园林工程有限公司,住所地:江苏省连云港市开发区黄河路。

原告伏某生、张某花、伏某军因伏某山与被告连云港开发区华源市政园林工程有限公司 (以下简称华源公

———————
* 摘自《最高人民法院公报》2018 年第 3 期。

司）发生工伤待遇赔偿纠纷，向江苏省连云港市连云区人民法院提起诉讼。

原告伏某生、张某花、伏某军诉称：三原告亲属伏某山于2006年8月至被告处从事环卫保洁，2008年12月14日，伏某山在打扫卫生时遭受交通事故受伤。2011年8月30日连云港市人力资源和社会保障局作出了连人社工伤开认字〔2011〕第98号工伤认定书，认定伏某山受伤部位及伤情为工伤。2012年3月27日，连云港市劳动能力鉴定委员会评定伏某山工伤伤残等级为五级。原告于2013年3月向连云港经济技术开发区劳动争议仲裁委员会提出仲裁申请，仲裁委于2014年9月28日作出第2013-027号终止审理确认书。请求判决被告支付三原告医疗费、住院伙食补助费、护理费等费用及伤残补助金、伤残津贴、工资、一次性医疗补助金、一次性就业补助金合计161365元，庭审中原告变更要求赔偿项目要求被告赔偿：停工留薪期工资43700元、一次性伤残补助金24642元、一次性工伤医疗补助金 69119.4 元、一次性伤残就业补助金 14109 元，合计151570.4元。

被告华源公司辩称：伏某山是盐场工人，享有社保，内退期间至被告处工作，被告无法为其缴纳社保，原、被告间应属雇佣关系。本起案件已过诉讼时效。

连云港市连云区人民法院一审查明：2008年12月14日三原告的亲属伏某山在被告华源公司从事工作期间发生交通事故受伤。2009年12月15日，伏某山向连云港经济技术开发区劳动争议仲裁委员会申请劳动仲裁要求确认其与被告间存在劳动关系，该委以2010-023号案件终止审理确认书确认终止该案审理。伏某山不服向法院提起诉讼，连云港市连云区人民法院以（2011）港民初字第0104号民事判决书判决伏某山与被告间自2006年8月起至2010年6月止存在劳动关系。且该判决书已经二审维持原判。伏某山于2011年8月30日被连云港市人力资源和社会保障局确认系工伤并经连云港市劳动能力鉴定委员会鉴定为工伤五级。伏某山于2013年3月22日向连云港经济技术开发区劳动争议仲裁委员会申请仲裁要求工伤赔偿，该委于2014年9月28日以第2013-027号案件终止审理确认书终止对该案件审理工作。2013 年 12 月 9 日伏某山因病死亡。本案在审理过程中，三原告申请变更诉讼主体作为原告参加诉讼。同时查明，伏某山 1955 年 6 月 23 日出生，原告伏某生系其父亲，原告张某花系其妻子，原告伏某军系其子。伏某山因同一起交通事故向侵权人提起民事赔偿，于 2009 年 6 月 24 日评残。连云港市连云区人民法院以（2009）港民一初字第 0845 号民事判决书确认原告误工期自伤起至评残前一日。

连云港市连云区人民法院一审认为：本案伏某山一直在主张权利，故本案并未过诉讼时效。企业未达到法定退休年龄的内退人员与新用人单位之间的关系为劳动关系。即使内退职工的原用人单位为其缴纳了工伤保险费，新用人单位亦应自用工之日起为职工办理工伤保险的转移手续并续缴工伤保险费，从而实现分散企业用工风险和保护工伤职工合法权益的立法宗旨。新用人单位未履行该法律义务，劳动者在该单位工作期间发生工伤事故的，依法应当由实际用人单位承担工伤待遇赔偿的法律义务。伏某山与被告华源公司自 2006 年 8 月至 2010 年 6 月存在劳动关系已经由（2011）港民初字第 0104 号生效民事判决予以确认，伏某山于 2008 年 12 月 14 日在被告处从事卫生保洁工作时发生交通事故受伤，被告依法应对伏某山因工伤产生的各项待遇损失承担赔偿责任。伏某山受伤后经连云港市劳动能力鉴定委员会认定为工伤同时经鉴定为五级伤残，法院予以确认。对伏某山申请仲裁和各项费用，法院认定如下：一、停工留薪期工资 43700 元。伏某山停工留薪期经（2009）港民一初字第 0845 号民事判决书确认自伤起至评残前一日（伏某山于 2009 年 6 月 24 日评残）。伏某山主张按 12 个月计算未能举证，不予采信。2008 年连云港市社保缴费基数为 1369 元，伏某山停工留薪期工资应为 8670 元（6 月×1369 元/月＋1369 元/30 天×10 天）。二、一次性伤残补助金 24642 元。根据伏某山伤残五级，伏某山一次伤残补助金为 24642 元。三、一次性工伤医疗补助金 69119.4 元。伏某山与被告于 2010 年解除劳动关系，故应按 2009 年连云港市当地职工平均工资 28212 元/年计算其工伤医疗补助金，根据统计数据当地人口平均寿命为 76 周岁，伏某山一次性工伤医疗补助金应为 69119.4 元（21 年×1.4 月/年× 28218 元/12 月）。四、一次性伤残就业补助金 14109 元。伏某山于 2010 年

6月与被告解除劳动关系已超过55周岁,应给予六个月当地职工平均工资,应以2009年连云港当地职工平均工资28212元/年计算,故对三原告主张的一次性伤残就业补助金14109元(6月×28212元/12月)予以支持。

综上,连云港市连云区人民法院依照《工伤保险条例》第三十六条第一款第一项、《江苏省实施〈工伤保险条例〉办法》第二十二条、第二十四条、《中华人民共和国民事诉讼法》第六十四条第一款之规定,于2014年12月20日作出判决:

被告华源公司于本判决发生法律效力之日起10日内支付原告伏某生、张某花、伏某军工伤赔偿金合计116084.4元。

华源公司不服,向连云港市中级人民法院提起上诉称:(1)伏某山属于雇工,其交通事故已获赔偿,上诉人不应承担赔偿责任。(2)原审认定赔偿项目和数额错误。请求依法改判上诉人不承担责任或发回重审。在连云港市中级人民法院组织的听证过程中,华源公司补充四点意见:(1)2008年连云港市的社保缴费工资基数是890元,而非1369元,原审停工留薪期的工资计算错误;(2)伏某山月工资为800元左右,原审一次性伤残补助金计算错误;(3)根据最新解释,自2015年6月1日起没有一次性工伤医疗补助金这一项;(4)伏某山已经超过法定退休年龄,故不应给付一次性伤残补助金。

被上诉人伏某生、张某花、伏某军辩称:(1)原审法院认定事实清楚,适用法律正确;(2)上诉人华源公司并无证据证明2008年连云港市社保缴费工资基数为890元,原审中上诉人已经提交证据证明是1369元;(3)上诉人主张的关于没有一次性医疗补助金的规定自2015年起执行,本案工伤发生在几年前,该规定不适用本案;(4)伏某山达到退休年龄不享受就业补助金没有明确的法律规定,不能成立;(5)原审认为上诉人提交的关于伏某山工资的证据不具有客观性,故没有认可上诉人的主张。请求维持原判。

连云港市中级人民法院经二审,确认了一审查明的事实。

连云港市中级人民法院二审认为:当事人对自己的主张,有责任提供证据。本案中,上诉人华源公司并未提供合法有效的证据证明其主张。

《工伤保险条例》第六十四条第二款规定,本条例所称本人工资,是指工伤职工因工作遭受事故伤害或者患职业病前 12 个月平均月缴费工资。一审法院关于 2008 年社保缴费工资基数的认定及相应工伤保险待遇的计算数额均无不当。

综上,一审判决认定事实清楚,适用法律正确。据此,连云港市中级人民法院依照《中华人民共和国民事诉讼法》第一百六十九条、第一百七十条第一款第一项之规定,于 2015 年 7 月 3 日作出判决:

驳回上诉,维持原判。

本判决为终审判决。

61. 吴江市佳帆纺织有限公司诉周某坤工伤保险待遇纠纷案*

【裁判摘要】

> 劳动者因第三人侵权造成人身损害并构成工伤的，在停工留薪期间内，原工资福利待遇不变，由所在单位按月支付。用人单位以侵权人已向劳动者赔偿误工费为由，主张无需支付停工留薪期间工资的，人民法院不予支持。

用人单位以侵权人已向劳动者赔偿误工费为由，主张无需支付停工留薪期间工资的，人民法院不予支持

原告：吴江市佳帆纺织有限公司，住所地：江苏省苏州市吴江区七都镇庙港工业东区。

法定代表人：钱某大，该公司董事。

被告：周某坤，男，1987年6月11日出生，汉族，住云南省昭通市盐津县。

原告吴江市佳帆纺织有限公司（以下简称佳帆公司）因与被告周某坤发生工伤保险待遇纠纷，向苏州市吴江区人民法院提起诉讼。

原告佳帆公司诉称：苏州市吴江区劳动人事争议仲裁委员会作出的仲裁裁决严重与事实不符，与立法精神背道而驰，被告周付坤是在上班途中因交通事故受伤引

* 摘自《最高人民法院公报》2021年第6期。

起的工伤，无论是交通事故中的误工费还是工伤待遇中的停工留薪期工资，都是因被告本次交通事故受伤需要休息无法工作而造成的实际收入减少的款项，故不能因为两者名称不同，因同一受伤事实，误工费已在交通事故中得到赔偿，又在工伤中再次赔偿停工留薪期工资，显然与不再重复赔偿原则的立法精神背道而驰。故原告不服仲裁裁决而诉至法院，请求依法判令：（1）原告无须支付给被告停工留薪期工资7028元；（2）本案诉讼费由被告承担。

被告周某坤辩称：仲裁程序合法，仲裁裁决适用法律正确，请求依法判决。

苏州市吴江区人民法院一审查明：2019年4月19日，被告周某坤向苏州市吴江区劳动人事争议仲裁委员会（以下简称仲裁委）申请仲裁，请求原告佳帆公司支付其一次性伤残补助金30571.8元、一次性医疗补助金30000元、一次性就业补助金15000元、医药费239.4元、停工留薪期工资7028元。在2019年5月14日的仲裁庭审中，周某坤当庭增加诉讼请求，要求从申请仲裁之日起与佳帆公司解除劳动关系。2019年5月21日，仲裁委裁决周某坤与佳帆公司的劳动关系于2019年4月19日解除，佳帆公司支付周某坤一次性伤残就业补助金15000元、停工留薪期工资7028元，共计22028元，驳回周某坤的其他仲裁请求。佳帆公司在法定期间内向一审法院起诉。

被告周某坤于2015年10月至原告佳帆公司工作，佳帆公司为周某坤缴纳了社会保险。2018年7月9日，周某坤在下班途中驾驶普通二轮摩托车与张某妹驾驶的电动自行车发生碰撞，导致两车受损、周某坤与张某妹受伤。2018年7月10日，苏州市吴江区公安局交通警察大队就本起事故作出认定书，认定张某妹负主要责任，周某坤负次要责任。周某坤的伤情经吴江区第四人民医院于2018年7月9日诊断为头面部外伤、多处挫伤。周某坤于2018年7月10日至7月16日在吴江区第四人民医院住院治疗。后周某坤又两次至该院接受门诊治疗，并支付医疗费239.4元。2018年7月16日、7月30日、8月14日，吴江区第四人民医院分别为周某坤开具了"休息二周""休息二周""休息一周"的病假证明。

2018 年 7 月 31 日，经交警部门调解，被告周某坤与张某妹达成协议：张某妹的医药费 600 元、误工费 1900 元，由周某坤承担；周某坤的医药费 8000 元，由张某妹承担 4800 元，周某坤承担 3200 元，另张某妹赔偿周某坤误工费、营养费等合计 3800 元。

2018 年 10 月 30 日，苏州市吴江区人力资源和社会保障局作出苏吴江人社工认字〔2018〕3041 号认定工伤决定书，认定周某坤受到的伤害属于工伤。2019 年 2 月 20 日，苏州市劳动能力鉴定委员会作出苏吴江工初〔2019〕92 号劳动能力鉴定结论通知，核准周某坤的伤残等级符合十级。

一审庭审中，原告佳帆公司述称：被告周某坤受伤前一年的平均工资为 5000 元/月，由佳帆公司打卡发放。周某坤述称：周某坤受伤前一年的平均工资为 8000 元/月，由佳帆公司打卡发放。

苏州市吴江区人民法院一审认为：《工伤保险条例》实施后，职工因工作遭受事故受伤，经认定为工伤，理应按照《工伤保险条例》的规定享受相应的工伤保险待遇。被告周某坤于 2019 年 5 月 14 日的仲裁庭审中，要求解除与原告佳帆公司的劳动关系，故双方的劳动关系于 2019 年 5 月 14 日解除。因佳帆公司已为周某坤缴纳了社会保险，故相关的工伤保险待遇项目分别由工伤保险基金和佳帆公司向周某坤赔偿，其中医疗费、一次性伤残补助金、一次性工伤医疗补助金应由工伤保险基金支付。

关于被告周某坤主张的一次性伤残就业补助金，一审法院认为，根据《工伤保险条例》第三十七条的规定，周某坤被鉴定为十级伤残，周某坤提出与原告佳帆公司解除劳动关系，佳帆公司应支付周某坤一次性伤残就业补助金 15000 元。另根据法律规定，职工因工作遭受事故伤害需要暂停工作接受工伤医疗的，在停工留薪期间内，原工资福利待遇不变，由所在单位按月支付，停工留薪期工资应当凭伤者就诊的签订服务协议的医疗机构出具的休假证明确定。停工留薪期工资与误工费系基于不同的法律关系而产生，伤者可以兼得，故对佳帆公司的相关主张，一审法院不予采信。在周某坤受伤后，医疗机构共计为周某坤开具了休息 35 天的休假证明，故一审法院认定停工留薪期为 35 天；关于停工留薪期的工资标准，因双方均未提交证据证明周某坤的工资标准，仲裁裁决认定佳帆公司应提交考勤、工资计算标准等材料予以核算，但佳帆公司未提交，应承担不利后果，并认为周某坤受伤前的工资每月为8000元，属于合理范围，据此认定停工留薪期工资为7028元在法定范围内，一审法院认为，仲裁裁决并无不当，一审法院予以支持。

综上，苏州市吴江区人民法院依照《工伤保险条例》第三十条、第三十三条、第三十七条、第六十四条，《中华人民共和国民事诉讼法》第六十四条之规定，于2019年8月5日作出判决：一、吴江市佳帆纺织有限公司与周某坤之间的劳动关系于2019年5月14日解除。二、吴江市佳帆纺织有限公司于判决生效之日起10日内支付周某坤停工留薪期工资7028元、一次性伤残就业补助金15000元，共计22028元。三、吴江市佳帆纺织有限公司无需支付周某坤医疗费、一次性伤残补助金、一次性工伤医疗补助金。

一审宣判后，佳帆公司不服一审判决，向江苏省苏州市中级人民法院提起上诉。

佳帆公司上诉称：本案是被上诉人周某坤在上班途中因交通事故受伤而引起的工伤，无论是交通事故中的误工费还是工伤中的停工留薪期工资，都是因周某坤本次交通事故受伤需要休息无法工作而造成的实际收入减少的款项，现误工费已经在交通事故中得到赔偿，故不应再支持停工留薪期工资。请求撤销原判，依法改判。

被上诉人周某坤未作答辩。

江苏省苏州市中级人民法院经二审，确认了一审查明的事实。

江苏省苏州市中级人民法院二审认为：职工因工作遭受事故伤害进行治疗，享受工伤医疗待遇。本案中，被上诉人周某坤遭受工伤，应享受相应工伤待遇。因佳帆公司已为周某坤缴纳了社保，故周某坤可享有的一次性伤残补助金和一次性工伤医疗补助金应由工伤保险基金支付。

关于一次性伤残就业补助金。被上诉人周某坤构成十级伤残，上诉人佳帆公司应当支付周某坤一次性伤残就业补助金15000元。关于停工留薪期工资。周某坤因工伤休息35天，应视同其正常提供劳动而享有工资，一审酌定佳帆公司支付周某坤停工留薪期工资为7028元并无不当。关于佳帆公司认为周某坤系因第三人侵权构成工伤，其已经获得误工费赔偿，故不能同时享有停工留薪期工资。法院认为，一方面，现行法律并未禁止工伤职工同时享受工伤保险待遇和人身损害赔偿；另一方面，工伤保险待遇与民事侵权赔偿二者性质不同，前者属公法领域，基于社保法律关系发生，后者属私法领域，基于民事法律关系发生，不宜径行替代。

综上，一审判决认定事实清楚，适用法律正确，应予维持。江苏省苏州市中级人民法院依照《中华人民共和国民事诉讼法》第一百七十条第一款第一项的规定，于 2019 年 12 月 13 日判决如下：驳回上诉，维持原判。

本判决为终审判决。

62. 惠某等与某服务公司、某传媒公司工伤保险待遇纠纷案[*]

劳动者超时加班发生工伤，用工单位、劳务派遣单位应承担连带赔偿责任

【裁判摘要】

> 休息权是劳动者的基本劳动权利，即使在支付劳动者加班费的情况下，劳动者的工作时间仍然受到法定延长工作时间上限的制约。劳务派遣用工中，劳动者超时加班发生工伤，用工单位和劳务派遣单位对劳动者的损失均负有责任，应承担连带赔偿责任。

一、基本案情

2017年8月，某服务公司（已依法取得劳务派遣行政许可）与某传媒公司签订劳务派遣协议，约定某服务公司为某传媒公司提供派遣人员，每天工作11小时，每人每月最低保底工时286小时。2017年9月，某服务公司招用李某并派遣至某传媒公司工作，未为李某缴纳工伤保险。2018年8月、9月、11月，李某月工时分别为319小时、293小时、322.5小时，每月休息日不超过3日。2018年11月30日，李某工作时间为当日晚8时30分至12月1日上午8时30分。李某于12月1日凌晨

---

* 摘自《人力资源社会保障部、最高人民法院关于联合发布第二批劳动人事争议典型案例的通知》（人社部函〔2021〕90号）。

5 时 30 分晕倒在单位卫生间，经抢救无效于当日死亡，死亡原因为心肌梗死等。2018 年 12 月，某传媒公司与李某近亲属惠某等签订赔偿协议，约定某传媒公司支付惠某等工亡待遇 42 万元，惠某等不得再就李某工亡赔偿事宜或在派遣工作期间享有的权利，向某传媒公司提出任何形式的赔偿要求。上述协议签订后，某传媒公司实际支付惠某等各项费用计 423497.80 元。此后，李某所受伤害被社会保险行政部门认定为工伤。某服务公司、惠某等不服仲裁裁决，诉至人民法院。

二、原告诉讼请求

惠某等请求判决某服务公司与某传媒公司连带支付医疗费、一次性工亡补助金、丧葬补助金、供养亲属抚恤金，共计 1193821 元。

某服务公司请求判决不应支付供养亲属抚恤金；应支付的各项赔偿中应扣除某传媒公司已支付款项；某传媒公司承担连带责任。

三、裁判结果

一审法院判决：按照《工伤保险条例》，因用人单位未为李某参加工伤保险，其工亡待遇由用人单位全部赔偿。某服务公司和某传媒公司连带赔偿惠某等医疗费、一次性工亡补助金、丧葬补助金、供养亲属抚恤金合计 766911.55 元。某传媒公司不服，提起上诉。二审法院判决：驳回上诉，维持原判。

四、案例分析

本案的争议焦点是李某超时加班发生工伤，用工单位与劳务派遣单位是否应承担连带赔偿责任。

《中华人民共和国劳动法》第三十八条规定："用人单位应当保证劳动者每周至少休息一日。"第四十一条规定："用人单位由于生产经营需要，经与工会和劳动者协商后可以延长工作时间，一般每日不得超过一小时；因特殊原因需要延长工作时间的，在保障劳动者身体健康的条件下延长工作时间每日不得超过三小时，但是每月不得超过三十六小时。"《中华人民共和国劳动合同法》第九十二条规定："用工单位给被派遣劳动者造成损害的，劳务派遣单位与用工单位承担连带赔偿责任。"《国务院关于职工工作时间的规定》（国务院令第 174 号）第三条规定："职工每日工作 8 小时、每周工作 40 小时。"休息权是劳动者的基本劳动权利，即使在支付劳动者加班费的情况下，劳动者的工作时间仍然受到法定延长工作时间上限的制约。劳务派遣用工中，劳动者超时加班发生工伤，用工单位和劳务派遣单位对劳动者的损失均负有责任，应承担连带赔偿责任。劳动者与用工单位、劳务派遣单位达成赔偿协议的，当赔偿协议存在违反法律、行政法规的强制性规定、欺诈、胁迫或者乘人之危情形时，不应认定赔偿协议有效；当赔偿协议存在重大误解或者显失公平情形时，应当支持劳动者依法行使撤销权。

本案中，某服务公司和某传媒公司协议约定的被派遣劳动者每天工作时间及每月工作保底工时，均严重超过法定标准。李某工亡前每月休息时间不超过 3 日，每日工作时间基本超过 11 小时，每月延长工作时间超过 36 小时数倍，其依法享有的休息权受到严重侵害。某传媒公司作为用工单位长期安排李某超时加班，存在过错，对李某在工作期间突发疾病死亡负有不可推卸的责任。惠某等主张某传媒公司与某服务公司就李某工伤的相关待遇承担连带赔偿责任，应予支持。惠某等虽与某传媒公司达成了赔偿协议，但赔偿协议是在劳动者未经社会保险行政部门认定工伤的情形下签订的，且赔偿协议约定的补偿数额明显低于法定工伤保险待遇标准，某服务公司和某传媒公司应对差额部分予以补足。

五、典型意义

面对激烈的市场竞争环境，个别用人单位为降低用工成本、追求利润最大化，长期安排劳动者超时加班，对劳动者的身心健康、家庭和睦、参与社会生活等造成了严重影响，极端情况下甚至会威胁劳动者的生命安全。本案系劳动者超时加班发生工伤而引发的工伤保险待遇纠纷，是超时劳动严重损害劳动者健康权的缩影。本案裁判明确了此种情况下用工单位、劳务派遣单位承担连带赔偿责任，可以有效避免劳务派遣用工中出现责任真空的现象，实现对劳动者合法权益的充分保障。同时，用人单位应依法为职工参加工伤保险，保障职工的工伤权益，也能分散自身风险。如用人单位未为职工参加工伤保险，工伤职工工伤保险待遇全部由用人单位支付。

63．邓某龙诉深圳市社会保险基金管理局工伤保险待遇决定案*

停工留薪期
最长期限不
能 超 过 24
个月，应是
指工伤职工
治疗时单次
享受的停工
留薪期最长
不能超过 24
个月，而非
指累计最长
不能超过 24
个月

【裁判摘要】

国务院《工伤保险条例》第三十三条第二款和《广东省工伤保险条例》第二十六条第一款规定的停工留薪期最长期限不能超过 24 个月，应是指工伤职工治疗时单次享受的停工留薪期最长不能超过 24 个月，而非指累计最长不能超过 24 个月。职工工伤复发，经确认需治疗的，可重新享受《工伤保险条例》规定的停工留薪期待遇。

原告：邓某龙（邓某鹏之父），男，63 岁，住河南省太康县。

被告：深圳市社会保险基金管理局，住所地：广东省深圳市福田区。

法定代表人：曾某克，该局局长。

原告邓某龙因与被告深圳市社会保险基金管理局（以下简称深圳社保局）发生工伤保险待遇纠纷，向广东省深圳市盐田区人民法院提起行政诉讼。

原告邓某龙诉称：邓某鹏于 2010 年 12 月 12 日被诊

---

* 摘自《最高人民法院公报》2019 年第 11 期。

断为职工病（急性淋巴白细胞白血病），随后深圳市人力资源和社会保障局对邓某鹏认定为工伤。2013年2月7日，深圳市劳动能力鉴定委员会出具《劳动能力鉴定结论》，认定邓某鹏受伤时间为2010年12月12日，受伤部位为全身多处，邓某鹏构成五级伤残，医疗终结期为2012年12月12日。2016年2月4日，邓某鹏白血病复发入院治疗，深圳市劳动能力鉴定委员会于2016年3月2日出具《工伤复发确认意见》，确认邓某鹏属于工伤复发，医疗期为2016年2月4日至2016年8月4日，邓某鹏在住院治疗期间，于2016年4月13日去世。原告作为家属依法向被告深圳社保局申请工伤待遇，要求被告支付医疗费、鉴定费、住院伙食费、丧葬补助金、供养亲属抚恤金和一次性工亡补助金，但被告作出的深工保决字（2016）第4445044号《深圳市工伤保险待遇决定书》，仅同意支付旧伤复发医疗费、鉴定费、住院伙食补贴，不支持丧葬补助金、供养亲属抚恤金和一次性工亡补助金。原告认为，邓某鹏属于伤残职工在停工留薪期内因工伤导致死亡，其家属依法应当获得丧葬补助金、供养亲属抚恤金和一次性工亡补助金。理由如下：（1）《工伤保险条例》第三十九条和《广东省工伤保险条例》第三十七条均作出了如下规定：职工因工死亡，其近亲属按照下列规定从工伤保险基金领取丧葬补助金、供养亲属抚恤金和一次性工亡补助金。（2）《工伤保险条例》第三十三条规定：职工因工作遭受事故伤害或者患职业病需要暂停工作接受工伤医疗的，在停工留薪期内，原工资福利待遇不变，由所在单位按月支付。停工留薪期一般不超过12个月。工伤职工评定伤残等级后，停发原待遇，按照本章的有关规定享受伤残待遇。工伤职工在停工留薪期满后仍需治疗的，继续享受工伤医疗待遇。《工伤保险条例》第三十八条规定：工伤职工工伤复发，确认需要治疗的，享受本条例第三十条、第三十二条和第三十三条规定的工伤待遇。结合《工伤保险条例》第三十三条、《工伤保险条例》第三十八条的规定，以及《广东省工伤保险条例》第二十六条、第三十六条规定，工伤职工复发，确认需要治疗的，可以再次享受《工伤保险条例》第三十三条规定的工伤待遇，再次享受停工留薪期。深圳市劳动能力鉴定委员会于2016年3月2日出具《工伤复发确认意见》，确认邓某鹏属于工伤复发后，医疗期为 2016 年 2 月 4 日至 2016 年 8 月 4 日。因此，邓某鹏工伤复发后，可以重新获得停工留薪期。

被告深圳社保局答辩称：根据《广东省工伤保险条例》第三十六条的规定，工伤职工工伤复发，确认需要治疗的，享受本条例第二十五条、第二十六条和第二十八条规定的工伤待遇。其中第二十六条规定，停工留薪期最长不超过 24 个月，工伤职工在鉴定伤残等级后仍需治疗的，五级至十级伤残，可以享受停工留薪期待遇，但享受停工留薪期待遇并非等同可以重新享受停工留薪期。邓某鹏已经享有过 24 个月的停工留薪期，且停工留薪期已满，其旧伤复发，不能重新享受停工留薪期，邓某鹏的情形不符合《广东省工伤保险条例》第三十七条第一款、第二款的相关规定，其在旧伤复发期间死亡，因其伤残等级为五级，亦不符合《广东省工伤保险条例》第三十七条第三款的相关规定，即其近亲属不能享受丧葬补助金、供养亲属抚恤金和一次性工亡补助金的待遇。被告依《广东省工伤保险条例》第三十六条的规定作出的各项待遇符合对旧伤复发的特别规定，证据充分，适用法律正确，原告邓某龙的请求没有依据，请求法院依法驳回原告的诉讼请求。

深圳市盐田区人民法院一审查明：邓某鹏于 2010 年 12 月 12 日被诊断为职工病（急性淋巴白细胞白血病），随后深圳市人力资源和社会保障局对邓某鹏认定为工伤。2013 年 2 月 7 日，深圳市劳动能力鉴定委员会出具《劳动能力鉴定结论》，认定邓某鹏受伤时间为 2010 年 12 月 12 日，受伤部位为全身多处，邓某鹏构成五级伤残，医疗终结期为 2012 年 12 月 12 日。2016 年 2 月 4 日，邓某鹏白血病复发入院治疗，深圳市劳动能力鉴定委员会于 2016 年 3 月 2 日出具《工伤复发确认意见》，确认邓某鹏属于工伤复发，医疗期为 2016 年 2 月 4 日至 2016 年 8 月 4 日，邓某鹏于 2016 年 4 月 13 日去世。2016 年 5 月 9 日，被告深圳社保局受理了原告邓某龙作为家属向深圳社保局提出的工伤待遇申请，邓某龙要求深圳社保局支付医疗费、鉴定费、住院伙食费、丧葬补助金、供养亲属抚恤金和一次性工亡补助金，深圳社保局于 2016 年 6 月 23 日作出深工保决字〔2016〕第 4445044 号《深圳市工伤保险待遇决定书》，同意支付旧伤复发医疗费、鉴定费、

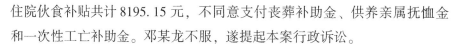

住院伙食补贴共计8195.15元，不同意支付丧葬补助金、供养亲属抚恤金和一次性工亡补助金。邓某龙不服，遂提起本案行政诉讼。

本案一审的争议焦点为：（1）邓某鹏因工伤已享有过24个月停工留薪期，其旧伤复发后，能否重新享受停工留薪期；（2）邓某鹏已作出伤残鉴定，停工留薪期满后，工伤复发期间死亡，能否直接适用因工死亡的相关规定。

深圳市盐田区人民法院一审认为：首先，根据《广东省工伤保险条例》第三十六条的规定，工伤职工工伤复发，确认需要治疗的，享受本条例第二十五条、第二十六条和第二十八条规定的工伤待遇。上述三条规定，均是针对治疗工伤方面的内容，其中第二十六条第一款明确规定，停工留薪期最长不超过24个月；工伤职工在鉴定伤残等级后仍需治疗的，五级至十级伤残，可以享受停工留薪期待遇。即工伤职工的停工留薪期最多为24个月，同时，享受停工留薪期待遇并非等同享受停工留薪期，即不能据此得出享受停工留薪期待遇便是享受停工留薪期的结论。本案中，邓某鹏受伤时间为2010年12月12日，医疗终结期为2012年12月12日，即其在24个月的停工留薪期已满后，旧伤复发，可以享受停工留薪期待遇，但不能再享受停工留薪期。被告深圳社保局根据上述规定认定邓某鹏不再重复享有停工留薪期，并无不当。其次，根据《广东省工伤保险条例》第三十七条的规定，职工因工死亡，其近亲属可以享有相关补助金等待遇的情形有三种，其中，第一款针对的是非伤残职工，第二款及第三款针对的是伤残职工。本案中，邓某鹏系伤残职工，其应当适用伤残职工的规定。第三款明确规定：一级至四级伤残职工在停工留薪期满后死亡的，其近亲属可以享受丧葬补助金、供养亲属抚恤金。据此可以推断，该种情况下，其他等级伤残职工的近亲属不享受丧葬补助金、供养亲属抚恤金。邓某鹏系在停工留薪期满后死亡，其伤残等级为五级，不符合《广东省工伤保险条例》第三十七条第三款的相关规定。被告根据上述规定认定邓某鹏的近亲属不享有相关补助金等待遇，并无不当。综上所述，被告作出的深工保决字〔2016〕第4445044号《深圳市工伤保险待遇决定书》证据确凿，适用法律、法规正确，符合法定程序，原告邓某龙诉请撤销该决定书，理由不成立，法院不予支持。

深圳市盐田区人民法院依照《中华人民共和国行政诉讼法》第六十九条之规定，于2016年8月30日作出判决：驳回原告邓某龙的诉讼请求。

邓某龙不服一审判决，向广东省深圳市中级人民法院提起上诉称：一审法院理解适用法律错误，请求撤销一审法院判决并依法改判。理由如下：

（1）邓某鹏属于因工死亡，应当获得工亡待遇。

①一审法院对《工伤保险条例》第三十九条第一款和《广东省工伤保险条例》第三十七条第一款理解错误。《工伤保险条例》第三十九条第一款和《广东省工伤保险条例》第三十七条第一款的内容均为："职工因工伤死亡，其近亲属按照下列规定从工伤保险基金领取丧葬补助金、供养亲属抚恤金和一次性工亡补助金……"一审法院对此的理解为，该款仅针对非伤残职工，邓某鹏是伤残职工，不适用该条规定。上诉人认为，一审法院的理解有误。第一，法律条款的解释应当以文义解释为优先，根据该条款的字面意思，并没有适用范围限定于非伤残职工，只要死亡原因系因工造成即符合该条规定。第二，《工伤保险条例》第二十八条规定，自劳动能力鉴定结论作出之日起1年后，工伤职工或者其近亲属、所在单位或者经办机构认为伤残情况发生变化的，可以申请劳动能力复查鉴定。邓某鹏本次工伤复发，有权利申请复查鉴定但未进行鉴定即去世，从某种意义上解释也可列入非伤残职工范畴。第三，《深圳市中级人民法院关于审理工伤保险待遇案件的裁判指引（2015）》第十六条第三款规定，用人单位为劳动者缴纳了工伤保险费，双方劳动关系解除或终止后，工伤职工旧伤复发，导致伤残等级加重的，劳动者要求用人单位按照加重后的伤残等级标准支付应由用人单位负担的工伤保险待遇差额的，应予支持。根据该条款的规定，职工工伤复发导致工伤伤残等级增加的，员工可以要求按加重后的伤残等级要求赔偿。邓某鹏因工伤复发死亡，其何止是伤残等级加重，其情节比伤残等级增加更为严重。根据"举轻以明重"的法律原则，工伤复发伤残等级增加可以获得新的赔偿，则工伤复发死亡也应当获得工亡待遇赔偿，否则有违法律精神，也违背了广大人民群众所能理解的公平和正

义，违背了人民法院审判需要坚持法律效果和社会效果统一的审判原则。因此，上诉人认为，能否适用《工伤保险条例》第三十九条第一款和《广东省工伤保险条例》第三十七条第一款在于职工的死亡原因是否为因工死亡，而非其他因素。

②邓某鹏的死亡原因确属因工造成，符合《工伤保险条例》第三十九条第一款和《广东省工伤保险条例》第三十七条第一款规定。2010 年 12 月 12 日，邓某鹏被诊断为职业病（急性淋巴细胞白血病），2011 年 1 月 25 日，深圳市人力资源和社会保障局对邓某鹏认定为工伤，工伤原因为职业性肿瘤（苯所致白血病），受伤部位为全身多处。2016 年 2 月 4 日，邓某鹏因白血病复发入院治疗，医院的诊断为：急性淋巴细胞白血病、异基因造血干细胞移植术后复发。2016 年 3 月 2 日，深圳市劳动能力鉴定委员会出具《工伤复发确认书》，确认邓某鹏属于工伤复发，医疗期为 2016 年 2 月 4 日至 2016 年 8 月 4 日。2016 年 4 月 13 日，邓某鹏在住院治疗期间不幸死亡，医生出具的死亡诊断为：急性淋巴细胞白血病、异基因造血干细胞移植术后复发。因此，邓某鹏属于因工死亡，应当获得工亡赔偿。

（2）邓某鹏属于伤残职工在停工留薪期内因工伤导致死亡，应当获得工亡待遇。

①一审法院对于工伤复发职工的停工留薪期理解错误。对于停工留薪期，一审法院认为，邓某鹏在工伤复发前已经享受了 24 个月的停工留薪期，工伤复发后，不能再享受停工留薪期，但可以继续享受停工留薪待遇。上诉人认为，一审法院的理解存在明显错误，第一，根据《工伤保险条例》第三十八条规定，工伤职工工伤复发，确认需要治疗的，可享受第三十三条规定的工伤待遇。根据《广东省工伤保险条例》第三十六条规定，工伤职工工伤复发，确认需要治疗的，可享受第二十六条规定的工伤待遇。邓某鹏在工伤复发前已经享受了 24 个月停工留薪期，根据一审法院关于停工留薪期无论何种原因都不可超过 24 个月的逻辑，可以直接推论，邓某鹏不能享受《工伤保险条例》第三十三条规定的工伤待遇和《广东省工伤保险条例》第二十六条规定的工伤待遇。这明显是错误的。第二，《广东省工伤保险条例》第二十六条第二款的规定，工伤职工在鉴定伤残

等级后仍需治疗的，经劳动能力鉴定委员会批准，五级至十级伤残，享受工伤医疗和停工留薪期待遇。该条款对于停工留薪期待遇没有约定期限，仅要求经劳动能力鉴定委员会批准即可。第三，一审法院认为邓某鹏可以享受停工留薪期待遇，但不可享受停工留薪期。这是极为荒谬的结论，该解释违背了法律解释需要优先遵循的文义解释原则，停工留薪期待遇当然包括了享受停工留薪期的内涵，不享受停工留薪期，则不可能享受停工留薪待遇。《广东省工伤保险条例》第二十六条第三款规定："工伤职工在停工留薪期间生活不能自理需要护理的，由所在单位负责。所在单位未派人护理的，应当参照当地护工从事同等级别护理的劳务报酬标准向工伤职工支付护理费。"从该条款中，可以更直观地看出，停工留薪期和停工留薪期待遇的关系，即停工留薪待遇是在停工留薪期基础上产生的，二者是互为依存的关系。

②对于停工留薪期的正确理解为：工伤复发员工的停工留薪期，应当从工伤复发之日开始重新计算。A. 工伤复发是指工伤员工的伤情恢复到工伤受伤时的伤情或者比工伤受伤时更为严重的状态。因此，工伤复发的停工留薪期应当要重新起算。《工伤保险条例》第三十八条规定，工伤职工工伤复发，确认需要治疗的，可享受第三十三条规定的工伤待遇，该享受应当是重新享受的意思，工伤复发后的停工留薪期不超过 24 个月即符合法律规定，而非任何情况下，累计的停工留薪期不超过 24 个月。B. 《工伤保险条例》第一条规定的，《工伤保险条例》立法原则是为了保障因工作遭受事故伤害或者患职业病的职工获得医疗救治和经济补偿。工伤职工在工伤复发后获得停工留薪期和停工留薪工资、护理费等待遇这是受伤员工的基本生存和人权保障。如果以受伤时已经享受了 24 个月的停工留薪期，认为工伤复发后不能再享受停工留薪期，该解释违背了保障人权的精神，也违背了法律解释应当符合立法目的的原则。C. 《深圳市中级人民法院关于审理工伤保险待遇案件的裁判指引（2015）》第十六条第二款规定，用人单位为劳动者缴纳了工伤保险费，双方劳动关系解除或终止后，工伤职工旧伤复发，用人单位应当依照《广东省工伤保险条例》第二十六条的规定支付停工留薪期工资和护理费。根据该司法裁判指引的精神，工伤职工

旧伤复发后是可以重新计算停工留薪期限的。

③邓某鹏属于在停工留薪期内因工伤原因死亡。2016 年 2 月 4 日，邓某鹏因白血病复发入院治疗。2016 年 3 月 2 日深圳市劳动能力鉴定委员会出具《工伤复发确认意见》，确认邓某鹏属于工伤复发，医疗期从 2016 年 2 月 4 日至 2016 年 8 月 4 日，2016 年 4 月 13 日邓某鹏在住院治疗期间不幸去世。《广东省工伤保险条例》第二十六条规定，停工留薪期根据医疗终结期确定。邓某鹏在深圳市劳动能力鉴定委员会批准的医疗期内死亡，属于在停工留薪期内死亡，应当享受工亡待遇。综上所述，一审法院事实认定和法律适用错误，应当予以纠正，恳请二审法院予以改判。

被上诉人深圳社保局答辩称：一审法院认定事实清楚，适用法律正确，请求二审法院驳回上诉人邓某龙的上诉。

广东省深圳市中级人民法院经二审，确认了一审查明的事实。

广东省深圳市中级人民法院二审认为：本案二审的争议焦点为，（1）已经享有过 24 个月停工留薪期的伤残职工，工伤复发后能否重新享受停工留薪期；（2）伤残职工在工伤复发治疗期间死亡，其近亲属应否享受丧葬补助金、供养亲属抚恤金和一次性工亡补助金。

对上述问题，国务院《工伤保险条例》第三十三条规定："职工因工作遭受事故伤害或者患职业病需要暂停工作接受工伤医疗的，在停工留薪期内，原工资福利待遇不变，由所在单位按月支付。停工留薪期一般不超过 12 个月。伤情严重或者情况特殊，经设区的市级劳动能力鉴定委员会确认，可以适当延长，但延长不得超过 12 个月。工伤职工评定伤残等级后，停发原待遇，按照本章的有关规定享受伤残待遇。工伤职工在停工留薪期满后仍需治疗的，继续享受工伤医疗待遇。生活不能自理的工伤职工在停工留薪期需要护理的，由所在单位负责。"据此，工伤职工的停工留薪期一般不超过 12 个月，伤情严重或者情况特殊，经设区的市级劳动能力鉴定委员会确认，可以适当延长至 24 个月。国务院《工伤保险条例》第三十八条同时规定："工伤职工工伤复发，确认需要治疗的，享受本条例第三十条、第三十二条和第三十三条规定的工伤待遇。"据此，工伤职工工伤复发的，在其已经享受的停工留薪期的基础上，另外仍可根据《工伤保险条例》第三十三条的规定享受停工留薪期待遇。此外,《广东省工伤保险条例》第二十六条第一款、第二款规定:"职工因工伤需要暂停工作接受工伤医疗的,在停工留薪期内,原工资福利待遇不变,由所在单位按月支付。停工留薪期根据医疗终结期确定,由劳动能力鉴定委员会确认,最长不超过二十四个月。工伤职工鉴定伤残等级后,停发原待遇,按照本章的有关规定享受伤残待遇。工伤职工在鉴定伤残等级后仍需治疗的,经劳动能力鉴定委员会批准,一级至四级伤残,享受伤残津贴和工伤医疗待遇;五级至十级伤残,享受工伤医疗和停工留薪期待遇。"由此,在广东省行政辖区内,工伤职工的停工留薪期应根据劳动能力鉴定委员会确认的医疗终结期确定,最长不超过 24 个月。《广东省工伤保险条例》第三十六条还规定:"工伤职工工伤复发,确认需要治疗的,享受本条例第二十五条、第二十六条和第二十八条规定的工伤待遇。"故,根据以上行政法规和地方性法规的相关规定,2016 年 2 月邓某鹏工伤复发,最长可享受 24 个月的停工留薪期待遇。深圳市劳动能力鉴定委员会已于 2016 年 3 月 2 日出具了《工伤复发确认意见》,确认邓某鹏属于工伤复发,医疗期为 2016 年 2 月 4 日至 2016 年 8 月 4 日,深圳市劳动能力鉴定委员会确定的上述邓某鹏工伤复发医疗期 6 个月,即属于停工留薪期。邓某鹏在深圳市劳动能力鉴定委员会确定的工伤复发医疗期期间死亡,属于在停工留薪期内因工伤导致死亡。被上诉人深圳社保局认为职工遭受工伤后(包括旧伤复发)可以享受的停工留薪期前后累计最长不能超过 24 个月,邓某鹏于 2010 年 12 月受工伤后已经享受过 24 个月停工留薪期,故其 2016 年 2 月工伤复发后不能再享受停工留薪期,以上主张不仅有悖国务院《工伤保险条例》第三十八条、《广东省工伤保险条例》第三十六条之规定,而且会造成损害伤情严重、职业病病情严重的工伤职工权益的后果,不予支持。根据国务院《工伤保险条例》第三十九条第一款:"职工因工死亡,其近亲属按照下列规定从工伤保险基金领取丧葬补助金、供养亲属抚恤金和一次性工亡补助金:(一)丧葬补助金为 6 个月的统筹地区上年度职工月平均工资;(二)供养亲属抚恤金按照职工本人工资的一定比例发给由因工死亡职工生前提供主要生活来源、无劳动能力的亲属。标准为:配偶每月 40%,其他亲属每人每月30%，孤寡老人或者孤儿每人每月在上述标准的基础上增加10%。核定的各供养亲属的抚恤金之和不应高于因工死亡职工生前的工资。供养亲属的具体范围由国务院社会保险行政部门规定；（三）一次性工亡补助金标准为上一年度全国城镇居民人均可支配收入的20倍"，和第二款："伤残职工在停工留薪期内因工伤导致死亡的，其近亲属享受本条第一款规定的待遇"，以及《广东省工伤保险条例》第三十七条第一款、第二款之规定，邓某鹏在工伤复发治疗期间死亡后，其近亲属应享受丧葬补助金、供养亲属抚恤金和一次性工亡补助金。被上诉人深圳社保局应向邓某鹏的近亲属核发丧葬补助金、供养亲属抚恤金和一次性工亡补助金。深圳社保局作出的被诉深工保决字〔2016〕第4445044号工伤保险待遇决定因对上述相关法规的规定理解错误，导致错误适用法律和处理不当，依法予以撤销；深圳社保局应针对上诉人邓某龙的工伤保险待遇申请重新作出处理决定。一审判决认定事实清楚，但错误理解和适用法律，应予以纠正。

综上，深圳市中级人民法院依照《工伤保险条例》第三十三条、第三十八条、第三十九第一款、第二款和《广东省工伤保险条例》第二十六条、第三十六条、第三十七条第一款、第二款及《中华人民共和国行政诉讼法》第八十九条第一款第二项、第三款之规定，于2017年5月24日作出判决：一、撤销深圳市盐田区人民法院（2016）粤0308行初1190号行政判决；二、撤销深圳市社会保险基金管理局作出深工保决字〔2016〕第4445044号《深圳市工伤保险待遇决定书》的具体行政行为；三、责令深圳市社会保险基金管理局自本判决生效之日起30日内对邓某龙的工伤保险待遇申请重新作出处理决定。

本判决为终审判决。

工伤认定

64．孙某兴诉天津新技术产业园区劳动人事局工伤认定案[*]

职工在从事
本职工作中
存在的过失
不属于排除
工伤认定的
法定情形

（最高人民法院审判委员会讨论通过　2014年12月25日发布）

【关键词】

> 行政　工伤认定　工作原因　工作场所
> 工作过失

【裁判要点】

1.《工伤保险条例》第十四条第一项规定的"因工作原因"，是指职工受伤与其从事本职工作之间存在关联关系。

2.《工伤保险条例》第十四条第一项规定的"工作场所"，是指与职工工作职责相关的场所，有多个工作场所的，还包括工作时间内职工来往于多个工作场所之间的合理区域。

3. 职工在从事本职工作中存在过失，不属于《工伤保险条例》第十六条规定的故意犯罪、醉酒或者吸毒、自残或者自杀情形，不影响工伤的认定。

---

* 摘自2014年12月25日最高人民法院发布的第九批指导性案例（指导案例40号）。

【相关法条】

《工伤保险条例》第十四条第一项、第十六条

【基本案情】

原告孙某兴诉称：其在工作时间、工作地点、因工作原因摔倒致伤，符合《工伤保险条例》规定的情形。天津新技术产业园区劳动人事局（以下简称园区劳动局）不认定工伤的决定，认定事实错误，适用法律不当。请求撤销园区劳动局所作的《工伤认定决定书》，并判令园区劳动局重新作出工伤认定行为。

被告园区劳动局辩称：天津市中力防雷技术有限公司（以下简称中力公司）业务员孙某兴因公外出期间受伤，但受伤不是由于工作原因，而是由于本人注意力不集中，脚底踩空，才在下台阶时摔伤。其受伤结果与其所接受的工作任务没有明显的因果关系，故孙某兴不符合《工伤保险条例》规定的应当认定为工伤的情形。园区劳动局作出的不认定工伤的决定，事实清楚，证据充分，程序合法，应予维持。

第三人中力公司述称：因本公司实行末位淘汰制，孙某兴事发前已被淘汰。但因其原从事本公司的销售工作，还有收回剩余货款的义务，所以才偶尔回公司打电话。事发时，孙某兴已不属于本公司职工，也不是在本公司工作场所范围内摔伤，不符合认定工伤的条件。

法院经审理查明：孙某兴系中力公司员工，2003 年 6 月 10 日上午受中力公司负责人指派去北京机场接人。其从中力公司所在地天津市南开区华苑产业园区国际商业中心（以下简称商业中心）八楼下楼，欲到商业中心院内停放的红旗轿车处去开车，当行至一楼门口台阶处时，孙某兴脚下一滑，从四层台阶处摔倒在地面上，造成四肢不能活动。经医院诊断为颈髓过伸位损伤合并颈部神经根牵拉伤、上唇挫裂伤、左手臂擦伤、左腿皮擦伤。孙某兴向园区劳动局提出工伤认定申请，园区劳动局于 2004 年 3 月 5 日作出（2004）0001 号《工伤认定决定书》，认为根据受伤职工本人的工伤申请和医疗诊断证明书，结合有关调查材料，依据《工伤保险条例》

第十四条第五项的工伤认定标准，没有证据表明孙某兴的摔伤事故系由工作原因造成，决定不认定孙某兴摔伤事故为工伤事故。孙某兴不服园区劳动局《工伤认定决定书》，向天津市第一中级人民法院提起行政诉讼。

【裁判结果】

天津市第一中级人民法院于 2005 年 3 月 23 日作出（2005）一中行初字第 39 号行政判决：一、撤销园区劳动局所作（2004）0001 号《工伤认定决定书》；二、限园区劳动局在判决生效后 60 日内重新作出具体行政行为。园区劳动局提起上诉，天津市高级人民法院于 2005 年 7 月 11 日作出（2005）津高行终字第 0034 号行政判决：驳回上诉，维持原判。

【裁判理由】

法院生效裁判认为：各方当事人对园区劳动局依法具有本案行政执法主体资格和法定职权，其作出被诉工伤认定决定符合法定程序，以及孙某兴是在工作时间内摔伤，均无异议。本案争议焦点包括：一是孙某兴摔伤地点是否属于其"工作场所"？二是孙某兴是否"因工作原因"摔伤？三是孙某兴工作过程中不够谨慎的过失是否影响工伤认定？

一、关于孙某兴摔伤地点是否属于其"工作场所"问题

《工伤保险条例》第十四条第一项规定，职工在工作时间和工作场所内，因工作原因受到事故伤害，应当认定为工伤。该规定中的"工作场所"，是指与职工工作职责相关的场所，在有多个工作场所的情形下，还应包括职工来往于多个工作场所之间的合理区域。本案中，位于商业中心八楼的中力公司办公室，是孙某兴的工作场所，而其完成去机场接人的工作任务需驾驶的汽车停车处，是孙某兴的另一处工作场所。汽车停在商业中心一楼的门外，孙某兴要完成开车任务，必须从商业中心八楼下到一楼门外停车处，故从商业中心八楼到停车处是孙某兴来往于两个工作场所之间的合理区域，也应当认定为孙某兴的工作场所。园区劳动局认为孙某兴摔伤地点不属于其工作场所，系将完成工作任务的合理路线排除在工作场

所之外，既不符合立法本意，也有悖于生活常识。

二、关于孙某兴是否"因工作原因"摔伤的问题

《工伤保险条例》第十四条第一项规定的"因工作原因"，指职工受伤与其从事本职工作之间存在关联关系，即职工受伤与其从事本职工作存在一定关联。孙某兴为完成开车接人的工作任务，必须从商业中心八楼的中力公司办公室下到一楼进入汽车驾驶室，该行为与其工作任务密切相关，是孙某兴为完成工作任务客观上必须进行的行为，不属于超出其工作职责范围的其他不相关的个人行为。因此，孙某兴在一楼门口台阶处摔伤，系为完成工作任务所致。园区劳动局主张孙某兴在下楼过程中摔伤，与其开车任务没有直接的因果关系，不符合"因工作原因"致伤，缺乏事实根据。另外，孙某兴接受本单位领导指派的开车接人任务后，从中力公司所在商业中心八楼下到一楼，在前往院内汽车停放处的途中摔倒，孙某兴当时尚未离开公司所在院内，不属于"因公外出"的情形，而是属于在工作时间和工作场所内。

三、关于孙某兴工作中不够谨慎的过失是否影响工伤认定的问题

《工伤保险条例》第十六条规定了排除工伤认定的三种法定情形，即因故意犯罪、醉酒或者吸毒、自残或者自杀的，不得认定为工伤或者视同工伤。职工从事工作中存在过失，不属于上述排除工伤认定的法定情形，不能阻却职工受伤与其从事本职工作之间的关联关系。工伤事故中，受伤职工有时具有疏忽大意、精力不集中等过失行为，工伤保险正是分担事故风险、提供劳动保障的重要制度。如果将职工个人主观上的过失作为认定工伤的排除条件，违反工伤保险"无过失补偿"的基本原则，不符合《工伤保险条例》保障劳动者合法权益的立法目的。据此，即使孙某兴工作中在行走时确实有失谨慎，也不影响其摔伤系"因工作原因"的认定结论。园区劳动局以导致孙某兴摔伤的原因不是雨、雪天气使台阶地滑，而是因为孙某兴自己精力不集中导致为由，主张孙某兴不属于"因工作原因"摔

伤而不予认定工伤，缺乏法律依据。

综上，园区劳动局作出的不予认定孙某兴为工伤的决定，缺乏事实根据，适用法律错误，依法应予撤销。

理解与参照

《孙某兴诉天津新技术产业园区劳动人事局工伤认定行政纠纷案》的理解与参照[*]
——职工为完成工作任务在转换工作场所的必经区域过失导致自身伤亡的应当认定为工伤

最高人民法院案例指导工作办公室

2014年12月25日，最高人民法院发布了指导案例40号"孙某兴诉天津新技术产业园区劳动人事局工伤认定行政纠纷案"。为了正确理解和准确参照适用该指导案例，现对该指导案例的推选经过、裁判要点等有关情况予以解释、论证和说明。

一、推选过程及指导意义

2010年11月26日，最高人民法院发布了《最高人民法院关于案例指导工作的规定》（以下简称《规定》）。该《规定》第九条规定，对于本规定施行前，最高人民法院已经发布的对全国法院审判、执行工作具有指导意义的案例，应当清理、编纂后作为指导性案例公布。《最高人民法院公报》（以下简称《公报》）自1985年5月创刊开始即向社会发布各类典

* 摘自《司法文件选解读》（总第51辑），人民法院出版社2017年版，第57～65页。

型案例，这些案例在案例指导制度确立以前，对于审判和执行工作，事实上发挥了一定的指导或参考作用。2013 年 4 月 23 日，最高人民法院召开了案例清理工作会议，下发了《最高人民法院案例清理工作会议纪要》(以下简称《会议纪要》)，会议决定对《公报》刊发的对全国法院审判、执行工作具有指导意义的案例进行清理、编纂。清理范围原则上以 2005 年 1 月后刊发的案例为主。本案例原刊登于《公报》2012 年第 2 期，鉴于其具有较为重要的指导价值，将其列入了《公报》案例清理、编纂的范围。

按照《会议纪要》的要求，最高人民法院行政庭经过初审认为，本案涉及《工作保险条例》有关"工作场所""工作原因"等工伤认定要素的准确理解，对于各级法院及社保部门正确认定工伤具有较强的指导性。因此，同意推荐本案例。2013 年 7 月 9 日，案例清理工作领导小组办公室经征求《公报》编辑部意见，将该案例列为第二阶段案例清理范围，并再次送行政庭。行政庭经过复审，经主管院领导审核同意该案例进入下一阶段清理程序，并编写了指导性案例文本。2014 年 4 月 22 日，案例清理工作领导小组办公室经过修改，将该案例提交研究室室务会讨论，室务会同意推荐该案例，报院领导审核后提交最高人民法院审判委员会审议。10 月 21 日，审判委员会经过讨论同意该案例作为指导性案例。12 月 25 日，最高人民法院以法〔2014〕337 号文件将该案例列为第九批指导案例予以发布。

该指导案例旨在明确工伤认定过程中"工作场所""工作原因"的内涵并对过失是否影响工伤认定的问题进一步加以明确。这对依法保障劳动者的合法权益，正确理解工伤认定过程中"工作场所""工作原因"等较为抽象的概念有重要指导意义，具有较强的普遍性和现实意义。

二、关于本案例的背景情况

劳动关系是人类得以存在和发展的最基本的社会关系，相应地，对劳动者进行保障的工伤保险制度也就自然成为世界上历史最悠久、实施范围最广、受益群体最大的社会保障制度。自德国 1884 年颁布《工伤保险法》首创工伤保险制度以来，已有一百多年的历史。我国的工伤保险制度始于 1996 年 8 月劳动部《企业职工工伤保险试行办法》的颁布。其后，国务院于 2003 年 4 月颁布了《工伤保险条例》，对工伤保险法律制度进一步加以完善。然而，随着改革开放不断深化带来的用工环境的不断变化，劳动保障领域的问题层出不穷，劳动者的维权意识不断提高，工伤保险制度越来越成为社会关注的热点。为了回应实践需求，2010 年 10 月 28 日，全国人大常委会审议通过了《中华人民共和国社会保险法》，对工伤保险制度作了一些新的规定。随后，国务院对《工伤保险条例》也进行了修订，并于 2011 年 1 月 1 日起实施。工伤保险法律法规的完善虽然在一定程度上满足了现实生活的需求，但是囿于法律规范用语表达的抽象性与其涵盖范围广泛性之间的正比关系，一部旨在规范实践当中形形色色工伤状况的法律规范，注定会充斥着大量的不确定概念，"工作原因""工作场所""工作时间""上下班途中"等关键性用语的抽象性与社会生活的复杂性、具体性之间的矛盾日益凸显。特别是随着我国社会转型不断加速，新型用工方式和新型劳动关系的不断革新，以及工伤保险参保范围的不断扩大，工伤保险行政案件数量呈现出急速上升的趋势。工伤认定过程中的新情况也随之大量涌现，如南京市劳动与社会保障部门对"见义勇为者享受工伤待遇"的认定、天津市劳动与社会保障部门对"高温中暑者视同工伤"的规定等，都对现有工伤保险行政法律规范的适用提出了诸多挑战。这些新情况无疑对工伤认定机构和人民法院行政审判工作形成了压力，如果不能作出及时、准确处理，劳资关系之间的冲突将会加剧，职工劳动保障权与企业经营权之间的利益平衡就会被打破，甚至还会引发极端恶性事件而威胁社会和谐稳定。从最高人民法院近年来通过典型案例、《公报》案例以及参考案例等不同渠道发布的案例情况看，工伤类案件尤其是工伤认定类案件，已经成为当前人民法院最重要的几类新型行政案件之一，而"工作时间""工作地点""工作原因"等工伤核心概念的界定无疑均系案件焦点。为进一步明晰相关概念，规范和统一工伤认定的尺度，最高人民法院在对已有案例和司法实践经验进行总结的基础上，着手制定《关于审理工伤保险行政案件若干问题的规定》（以下简称《工伤案件规定》），以期对现行《工伤保险条例》以及司法实践中工伤认定工作中面临的若干问题进一步加以明确，本案就是在这样的背景下产生，并对《工伤案件规定》相关条款的制定产生了积极的影响。

最高人民法院发布的第九批指导性案例中指导案例 40 号即"孙某兴诉天津新技术产业园区劳动人事局工伤认定案"。该案例准确地阐释了"工作场所""工作原因"的内涵，并确立了过失不影响工伤认定的审判规则。

三、裁判要点的理解与说明

该指导案例的裁判要点确认：（1）《工伤保险条例》第十四条第一项规定的"因工作原因"，是指职工受伤与其从事本职工作之间存在关联关系。(2)《工伤保险条例》第十四条第一项规定的"工作场所"，是指与职工工作职责相关的场所，有多个工作场所的，还包括工作时间内职工来往于多个工作场所之间的合理区域。（3）职工在从事本职工作中存在过失，不属于《工伤保险条例》第十六条规定的故意犯罪、醉酒或者吸毒、自残或者自杀情形，不影响工伤的认定。现围绕与该裁判要点相关的问题逐一论证和说明如下：

（一）关于第一个裁判要点的说明

《工伤保险条例》第十四条第一项规定：在工作时间和工作场所内，因工作原因受到事故伤害的应当认定为工伤。在上述工伤认定的"三工"要素中，工作原因是核心要件，即使职工不在工作时间、工作场所内受到伤害，但只要是因为工作原因，就应当认定为工伤。工作场所和工作时间在工伤认定中的作用主要是补强工作原因，以及在工作原因无法查明时，用以推定是否属于工作原因。基于这样的精神，《工伤案件规定》第四条第一项明确指出，在工作场所和工作时间内，没有证据证明是非工作原因导致职工伤亡的亦应认定为工伤。遗憾的是，对于"工作原因"这样一个如此重要的概念，《工伤保险条例》本身并没有作出进一步的规定或解释。在长期的工伤认定和司法实践中，人们习惯于从《工伤保险条例》第一条"为保障因工作遭受事故伤害……"的文义出发，将这种"工作原因"定位为工作与伤害之间的"因果关系"。这种看似当然的理解却存在着不小的缺陷：从逻辑上讲，"因果关系"要求作为"因"的工作对于作为"果"的伤害具有决定作用，也就是说要形成逻辑上的充分条件关系。但实践当中，伤害却并不总是由工作原因单独或直接导致，其中往往掺杂了多种因素，形成"多因一果"的状态。在此情况下，"多因一果"中的各个"因"与"果"之间在逻辑上就成为必要条件关系而非充分条件关系，而此时，作为原因的"工作"与作为结果的"伤害"之间也就不属于严格逻辑学意义上的"因果关系"。

就本案而言，孙某兴为完成开车接人的工作任务，必须从商业中心八楼的中力公司办公室下到一楼进入汽车驾驶室。该行为与其工作任务密切相关，是孙某兴为完成工作任务客观上必须进行的行为，不属于超出其工作职责范围的其他不相关的个人行为。但是，他在一楼门口台阶处摔伤，却不能完全归因于工作，而是掺杂了个人的过失，在这种情况下，显然不能说是工作原因直接或必然导致孙某兴受到伤害。那么在本案中，工作原因在逻辑上与孙某兴受到的伤害是什么关系呢？虽然孙某兴摔倒并不是由工作原因直接导致，其中还包括了其个人疏忽大意的过失，但是工作原因无疑是导致其在下楼过程中摔倒的必要因素，也就是说，仅有工作原因不必然导致其受到伤害，但是没有工作原因孙某兴则一定不会受到伤害，这种关系就是前文所说的必要条件逻辑关系。如果我们将这种情形排除在工伤保障制度之外，无疑会极大地挫伤职工的工作积极性，因为工作过程中疏忽大意的过失是无法完全避免的。因此，在该案的讨论过程中，我们将"工作原因"不再定位为工作与伤害结果之间的"因果关系"，而是将这种关系界定为伤害与工作之间的关联关系。从逻辑上看，关联关系包括两类，一类是充分条件关系，也就是工作原因直接导致了伤害，例如工作过程中机械设备出现故障将工人的肢体压伤；另一类是必要条件关系，也就是虽然工作本身并不是造成伤害的直接原因，但是如果没有工作则不会出现伤害，本案即是如此。

（二）关于第二个裁判要点的说明

《工伤保险条例》第十四条第一项规定的"工作场所"，是指职工从事职业活动的实际区域，传统上将其分为固定区域、不固定区域和临时区域。固定区域指职工日常工作的区域，主要包括单位所在地以及除单位以外的日常工作区域，如邮递员、快递员所负责的工作区域；不固定区域是指修理工、新闻工作者等因工作性质特殊所导致的经常变动的不确定的工作场所；临时区域是指单位或领导指派临时前往的工作场所。在实践中我们发现，由于工作场所的界定，应当涵盖与职工工作职责相关的所有区域及其自然延伸的合理区域。因此，在有多个工作场所的情形下，工作区域还应当包括职工来往于多个与其工作职责相关的工作场所之间的合理区域。这里所说的"与其工作职责相关的工作场所之间的区域"因其与工作职责有直接关联，是完成工作职责的必经空间，因此是对工作场所的合理延伸，应当认定为工作场所。由此，职工来往于多个与其工作职责相关的工作场所之间的合理区域因工受到伤害的，应当认定为工伤。

本案中，位于商业中心八楼的中力公司办公室，是孙某兴的固定工作场所，而其完成去机场接人工作任务需到达的驾驶汽车的停车处，是孙某兴的另一处不固定的工作场所。汽车停在商业中心一楼的门外，孙某兴要完成开车任务，必须从商业中心八楼下到一楼门外停车处，故从商业中心八楼到停车处是孙某兴来往于两个工作场所之间的合理区域，应当认定为孙某兴的工作场所。园区劳动局认为孙某兴摔伤地点不属于其工作场所，系将完成工作任务的合理路线排除在工作场所之外，不符合立法本意，也有悖于生活常识。因此，"工作场所"应理解为包括工作时间内职工来往于多个工作场所之间的合理区域。

(三) 关于第三个裁判要点的说明

《工伤保险条例》第十六条规定："职工符合本条例第十四条、第十五条的规定，但是有下列情形之一的，不得认定为工伤或者视同工伤：(一) 故意犯罪的；(二) 醉酒或者吸毒的；(三) 自残或者自杀的。"根据该条规定，只有在以上三种法定情形下才能排除工伤认定，职工从事工作中存在过失，不属于上述排除工伤认定的法定情形，不能阻却职工受伤与其从事本职工作之间形成一定的关联关系。工伤保险需要遵循的重要原则之一为

"无过失补偿原则"，即无论工伤事故的责任在企业、受伤职工本人还是其同事，均应按照法定的工伤保险待遇标准对伤残职工或工亡职工遗属给予经济补偿。如果将职工个人主观上的过失作为认定工伤的排除条件，有违工伤保险的基本原则，不符合《工伤保险条例》保障劳动者合法权益的立法本意。

四、其他相关问题的说明

本案例相关法条和裁判理由引用了《工伤保险条例》第十六条的相关内容。该条根据 2010 年 12 月 20 日《国务院关于修改〈工伤保险条例〉的决定》进行了修订，但该案作出生效判决在此次修订之前。修订后的第十六条将排除工伤认定的三种法定情形由"因犯罪或者违反治安管理伤亡的、酗酒导致伤亡的、自残或者自杀的"修改为"故意犯罪的、醉酒或者吸毒的、自残或者自杀的"，缩小了排除工伤的情形。上述修订不影响本案例对相关法条的引用和裁判说理。

（执笔人：石磊、阎巍）

65．王某德诉乐山市人力资源和社会保障局工伤认定案[*]

（最高人民法院审判委员会讨论通过　2016 年 9 月 19 日发布）

▶ 行政机关作出的程序性行政行为侵犯当事人合法权益，当事人无法针对相关的实体行政行为提起诉讼的，可以针对该程序性行政行为提起行政诉讼

【关键词】

　　行政诉讼　工伤认定　程序性行政行为　受理

【裁判要点】

　　当事人认为行政机关作出的程序性行政行为侵犯其人身权、财产权等合法权益，对其权利义务产生明显的实际影响，且无法通过提起针对相关的实体性行政行为的诉讼获得救济，而对该程序性行政行为提起行政诉讼的，人民法院应当依法受理。

【相关法条】

　　《中华人民共和国行政诉讼法》第十二条、第十三条

---

　　[*] 摘自 2016 年 9 月 19 日最高人民法院发布的第 14 批指导性案例（指导案例 69 号）。

【基本案情】

原告王某德系王某兵之父。王某兵是四川嘉宝资产管理集团有限公司峨眉山分公司职工。2013年3月18日，王某兵因交通事故死亡。由于王某兵驾驶摩托车倒地翻覆的原因无法查实，四川省峨眉山市公安局交警大队于同年4月1日依据《道路交通事故处理程序规定》第五十条的规定，作出乐公交认定〔2013〕第00035号《道路交通事故证明》。该《道路交通事故证明》载明：2013年3月18日，王某兵驾驶无牌"卡迪王"二轮摩托车由峨眉山市大转盘至小转盘方向行驶。1时20分许，当该车行至省道S306线29.3KM处驶入道路右侧与隔离带边缘相擦剐，翻覆于隔离带内，造成车辆受损、王某兵当场死亡的交通事故。

2013年4月10日，第三人四川嘉宝资产管理集团有限公司峨眉山分公司就其职工王某兵因交通事故死亡，向被告乐山市人力资源和社会保障局申请工伤认定，并同时提交了峨眉山市公安局交警大队所作的《道路交通事故证明》等证据。被告以公安机关交通管理部门尚未对本案事故作出交通事故认定书为由，于当日作出乐人社工时〔2013〕05号（峨眉山市）《工伤认定时限中止通知书》（以下简称《中止通知》），并向原告和第三人送达。

2013年6月24日，原告通过国内特快专递邮件方式，向被告提交了《恢复工伤认定申请书》，要求被告恢复对王某兵的工伤认定。因被告未恢复对王某兵工伤认定程序，原告遂于同年7月30日向法院提起行政诉讼，请求判决撤销被告作出的《中止通知》。

【裁判结果】

四川省乐山市市中区人民法院于2013年9月25日作出（2013）乐中行初字第36号判决：撤销被告乐山市人力资源和社会保障局于2013年4月10日作出的乐人社工时〔2013〕05号《中止通知》。一审宣判后，乐山市人力资源和社会保障局提起了上诉。乐山市中级人民法院二审审理过程中，乐山市人力资源和社会保障局递交撤回上诉申请书。乐山市中级人民法院经审查认为，上诉人自愿申请撤回上诉，属其真实意思表示，符合法律规定，遂裁定准许乐山市人力资源和社会保障局撤回上诉。一审判决已发生法律效力。

【裁判理由】

法院生效裁判认为，本案争议的焦点有两个：一是《中止通知》是否属于可诉行政行为；二是《中止通知》是否应当予以撤销。

一、关于《中止通知》是否属于可诉行政行为问题

法院认为，被告作出《中止通知》，属于工伤认定程序中的程序性行政行为，如果该行为不涉及终局性问题，对相对人的权利义务没有实质影响的，属于不成熟的行政行为，不具有可诉性，相对人提起行政诉讼的，不属于人民法院受案范围。但如果该程序性行政行为具有终局性，对相对人权利义务产生实质影响，并且无法通过提起针对相关的实体性行政行为的诉讼获得救济的，则属于可诉行政行为，相对人提起行政诉讼的，属于人民法院行政诉讼受案范围。

虽然根据《中华人民共和国道路交通安全法》第七十三条的规定："公安机关交通管理部门应当根据交通事故现场勘验、检查、调查情况和有关的检验、鉴定结论，及时制作交通事故认定书，作为处理交通事故的证据。交通事故认定书应当载明交通事故的基本事实、成因和当事人的责任，并送达当事人。"但是，在现实道路交通事故中，也存在因道路交通事故成因确实无法查清，公安机关交通管理部门不能作出交通事故认定书的情况。对此，《道路交通事故处理程序规定》第五十条①规定："道路交通事故成因无法查清的，公安机关交通管理部门应当出具道路交通事故证明，载明道路交通事故发生的时间、地点、当事人情况及调查得到的事

---

① 该规定已失效，本条被2017年7月22日公布的新《道路交通事故处理程序规定》修改为第六十七条："道路交通事故基本事实无法查清、成因无法判定的，公安机关交通管理部门应当出具道路交通事故证明，载明道路交通事故发生的时间、地点、当事人情况及调查得到的事实，分别送达当事人，并告知申请复核、调解和提起民事诉讼的权利、期限。"

实，分别送达当事人。"就本案而言，峨眉山市公安局交警大队就王某兵因交通事故死亡，依据所调查的事故情况，只能依法作出《道路交通事故证明》，而无法作出《交通事故认定书》。因此，本案中《道路交通事故证明》已经是公安机关交通管理部门依据《道路交通事故处理程序规定》就事故作出的结论，也就是《工伤保险条例》第二十条第三款中规定的工伤认定决定需要的"司法机关或者有关行政主管部门的结论"。除非出现新事实或者法定理由，否则公安机关交通管理部门不会就本案涉及的交通事故作出其他结论。而本案被告在第三人申请认定工伤时已经提交了相关《道路交通事故证明》的情况下，仍然作出《中止通知》，并且一直到原告起诉之日，被告仍以工伤认定处于中止为由，拒绝恢复对王某兵死亡是否属于工伤的认定程序。由此可见，虽然被告作出《中止通知》是工伤认定中的一种程序性行为，但该行为将导致原告的合法权益长期，乃至永久得不到依法救济，直接影响了原告的合法权益，对其权利义务产生实质影响，并且原告也无法通过对相关实体性行政行为提起诉讼以获得救济。因此，被告作出《中止通知》，属于可诉行政行为，人民法院应当依法受理。

二、关于《中止通知》应否予以撤销问题

法院认为，《工伤保险条例》第二十条第三款规定："作出工伤认定决定需要以司法机关或者有关行政主管部门的结论为依据的，在司法机关或者有关行政主管部门尚未作出结论期间，作出工伤认定决定的时限中止。"如前所述，第三人在向被告就王某兵死亡申请工伤认定时已经提交了《道路交通事故证明》。也就是说，第三人申请工伤认定时，并不存在《工伤保险条例》第二十条第三款所规定的依法可以作出中止决定的情形。因此，被告依据《工伤保险条例》第二十条规定，作出《中止通知》属于适用法律、法规错误，应当予以撤销。另外，需要指出的是，在人民法院撤销被告作出的《中止通知》判决生效后，被告对涉案职工认定工伤的程序即应予以恢复。

（生效裁判审判人员：黄英、李巨、彭东）

《王某德诉乐山市人力资源和社会保障局工伤认定案》的理解与参照*

——程序性行政行为的可诉性问题

最高人民法院案例指导工作办公室

2016年9月19日，最高人民法院发布了指导案例69号"王某德诉乐山市人力资源和社会保障局工伤认定案"。为了正确理解和准确参照适用该指导性案例，现对其推选经过、裁判要点等情况予以解释、论证和说明。

一、推选过程及意义

王某德诉乐山市人力资源和社会保障局工伤认定案，由四川省乐山市中级人民法院作为备选指导性案例报送四川省高级人民法院研究室，经提交四川省高级人民法院审判委员会讨论决定，将本案例向最高人民法院案例指导工作办公室推荐。案例指导工作办公室将案例送最高人民法院研究室民事处、行政审判庭以及最高人民法院案例指导工作专家委员会行政法领域的部分专家委员征求意见后，提交最高人民法院审判委员会讨论。最高人民法院审判委员会经讨论认为，该案例符合最高人民法院《关于案例

---

* 摘自《司法文件选解读》(总第59辑)，人民法院出版社2018年版，第55页。

指导工作的规定》第二条的有关规定，同意将案例确定为指导性案例。2016 年 9 月 19 日，最高人民法院以法〔2016〕311 号文件将案例作为第 14 批指导性案例予以发布。

本案例是因程序性行政行为是否具有可诉性问题而引发的纠纷。行政机关为正确作出具体行政行为而实施的调查取证或者要求行政相对人提供相应证据等程序性行为，一般不具有可诉性。但对于对行政相对人实体权利义务产生实质影响的程序性行政行为是否具有可诉性，司法实践中存在较大争议，裁判标准也不统一。案例明确了行政机关实施的程序性行政行为如果对行政相对人的实体权利义务产生了实际影响的，就属于人民法院行政诉讼受案范围。发布该案例，有利于通过司法审查加强对行政权力行使的监督，防止行政机关权力滥用，从而保护行政相对人的合法权益，促进社会和谐。

二、裁判要点的理解与说明

该指导案例的裁判要点确认：当事人认为行政机关作出的程序性行政行为侵犯其人身权、财产权等合法权益，对其权利义务产生明显的实际影响，且无法通过提起针对相关的实体性行政行为的诉讼获得救济，而对该程序性行政行为提起行政诉讼的，人民法院应当依法受理。上述裁判要点针对某个具体程序性行政行为是否可诉，确立了两个司法判断标准：一是该程序性行政行为，侵犯了当事人的人身权、财产权，对其合法权益产生了明显的实际影响；二是该程序性行政行为作出以后，当事人又无法通过提起对相关联的实体性行政行为的诉讼获得救济。只有同时具备前述两个要件，程序性行政行为才具有可诉性。以下围绕与该裁判要点相关的问题进行分析说明。

　　程序性行政行为，① 是指行政主体"在行政程序开始或进行程序中针对程序而非就最终实体问题所为之决定或行为，其具有促进程序之进行而最终以达成实体决定之目的"。在传统行政法学理论以及以往的行政审判实践中，受到"司法成熟性"原则以及程序性行政行为不直接涉及相对人权利义务的观念的影响，一般认为只有在后续实体性行政行为的阶段，相对人才可以针对后续实体性行政行为提起行政诉讼；此时，程序性行政行为的违法性已经被吸收到后续的实体性行政行为之后，在针对后续实体性行政行为提起的行政诉讼中，可以以前置的程序性行政行为的违法作为理由而主张后续实体性行政行为的违法性。依据上述理由，一方面没有必要对某个阶段的程序性行政行为进行司法干预；另一方面，不恰当的司法干预将影响一般行政行为合理的流程状态，可能适得其反。因此，司法审查主要应当审查实体性行政行为，而非程序性行政行为。但是，如果行政主体并未在法定、合理的期限内推进行政程序的正常进行，某环节无端中断、中止，行政程序出现不合理的迟延，并导致相对人权益无法及时得到保证，实际影响了相对人合法权益的，该情况下的程序性行政行为法律效力就应当视为独立的、现实的，而并非暂时的，就应当具备可诉性。②

　　从部分国家或地区的法律规定看，对于程序性行政行为，不能单独提起行政诉讼，例外情形下方才准许。例如，《德国行政法院法》第 44 条 A 项的规定："对于官署程序行为提起救济者，仅得对于本案实体裁决提起救济之同时为之。但官署之程序行为得强制执行或系对第三人所为之者，不在此限。"③ 我国台湾地区的"行政程序法"参酌德国的立法，在该法第 174 条中也作出类似规定，即"当事人或利害关系人不服行政机关关于行

---

　　① 程序性行政行为不是一个法律概念，我国台湾地区的学者称之为"行政机关程序行为"。大陆表述这一概念的用语也不尽一致，主要有"程序行政行为""程序行为""程序性行政行为"，参见朱维究、阎尔宝：《程序行政行为初论》，载《政法论坛》1997 年第 3 期；赵大光、杨临萍、王振宇：《关于审理行政许可案件若干问题的规定的理解与适用》，载《人民法院报》2010 年 1 月 6 日；杨科雄：《试论程序性行政行为》，载《法律适用》2010 年第 8 期。

　　② 董保城：《行政程序中程序行为法律性质及其效果之探讨》，载《政法大学评论》1994 年第 51 期。

　　③ 蔡茂寅等：《行政程序法实用》，我国台湾地区学林文化事业有限公司 2001 年版，第 342 页。

政程序中所为决定或处置，得于对实体决定声明不服时一并声明之。但行政机关之决定或处置得强制执行或本法或其他法规定另有规定者不在此限。"我国行政诉讼立法和司法实践一直以来对涉及程序性行政行为是否具有可诉性的问题，不甚明确。但是对于判定某个具体行政行为是否可诉，《中华人民共和国行政诉讼法》（1989年）第十一条第八项和《中华人民共和国行政诉讼法》（2015年修正）第十二条第十二项均规定，人民法院受理公民、法人和其他组织认为"行政机关侵犯其他人身权、财产权"提起的诉讼。这表明当事人的权利是否受到实害，是判定行政行为是否可诉的一个核心要件。根据《最高人民法院关于执行〈中华人民共和国行政诉讼法〉若干问题的解释》（1999年11月24日颁布）第一条第二款第六项的规定，"对公民、法人或者其他组织权利义务不产生实际影响的行为"，不属于人民法院行政诉讼的受案范围。该条将无实际影响的行政行为排除在行政诉讼受案范围之外。《最高人民法院关于审理行政许可案件若干问题的规定》（2010年1月4日颁布，以下简称《若干规定》）第三条规定："公民、法人或者其他组织仅就行政许可程序中的告知补正申请材料、听证等通知行为提起行政诉讼的，人民法院不予受理，但导致许可程序对上述主体事实上终止的除外。"该规定第一次对程序性行政行为可诉问题在司法解释层面作了明确，其中的"通知行为"就是程序性行政行为。只是该司法解释仅仅针对行政许可这一类特殊行政行为，并且也没有将如何判定程序性行政行为的"可诉要件"明确固定下来。综上可知，我国行政诉讼立法和司法领域，对程序性行政行为可诉性问题，同样也采用了"不可诉是原则、可诉是例外"的通行立场和观点，并以程序性行政行为是否对相对人人身、财产权利造成了实际损害和影响为核心判定标准。

当然，从遵循"司法成熟性"原则，坚持以程序性行政行为是否对相对人人身、财产权利造成实际损害和影响为判定标准出发，还应当同时强调，只有相对人确实"无法通过提起针对相关的实体性行政行为的诉讼获得救济"时，其对程序性行政行为提起的诉讼，人民法院才应当受理。正如本案例中，被告作出的《工伤认定时限中止通知书》尽管是工伤认定程序中的一个过程性行政行为，但该过程行为将导致原告的合法权益事实上长期乃至永久得不到依法救济，直接影响了行政相对人的合法权益，并且行政相对人也无法通过对相关的实体性行政行为提起诉讼以获得救济。在此情形下，法律应当赋予行政相对人对程序性行政行为的诉讼权利，以充分保障其权益得到有效救济。根据上述理由和判定标准，法院依法受理了该案件，并对被告作出的《工伤认定时限中止通知书》行为依法进行了审查。

随着我们国家依法行政的不断推进，行政机关行政程序将进一步朝着精细化、科学化方向发展，行政程序在数量上也将不断增加，涉及程序性行政行为提起的行政诉讼也会呈现增多的趋势。因此，对程序性行政行为司法审查相关的问题给予足够重视，进一步明确、统一程序性行政行为可诉性司法审查标准，具有重要的意义。

三、其他需要说明的问题

本案例除了涉及被告作出的《工伤认定时限中止通知书》行为是否可诉问题之外，还涉及对被告作出的该程序性行为合法性的审查判定问题。

《工伤保险条例》(2010 年修订) 第二十条第三款规定："作出工伤认定决定需要以司法机关或者有关行政主管部门的结论为依据的，在司法机关或者有关行政主管部门尚未作出结论期间，作出工伤认定决定的时限中止。"实践中对于理解执行上述规定，一直存在困惑。即"在没有相关交通事故责任认定书的情况下，人力资源和社会保障部门能否依职权进行判断申请人是否构成工伤。"本案例中，被告机械地理解适用《工伤保险条例》第二十条第三款的规定，作出了工伤认定决定的时限中止通知书。据了解，实践中不论是行使工伤认定职权的人社部门，还是各地法院，对该条规定认识不统一，人社部门因为没有交通事故责任认定书，而向相对人发出这类中止通知书的情形并不鲜见。最高人民法院行政审判庭 2012 年即就此问题展开专题研究，召开若干研讨会，并征求立法机关意见，在此基础上，形成了〔2012〕行他字第 19 号答复意见。该答复意见的主要内容是，《中华人民共和国道路交通安全法》第一百一十九条规定的"交通事故""非本人主要责任"的认定应以公安机关交通管理、交通运输等部门或者司法机关，以及法律法规授权的组织依法出具的相关法律文书为依据。但是，如果上述部门未就交通事故作出责任认定，社会保险行政部门可以根据《工伤保险条例》第十九条的规定，对事故伤害情况进行调查核实并据此对是否构成工伤作出认定。该答复意见后被吸收规定在 2014 年 6 月 18 日法释〔2014〕9 号《最高人民法院关于审理工伤保险行政案件若干问题的规定》第一条中。该条第一款规定，人民法院审理工伤认定行政案件，在认定是否存在《工伤保险条例》第十四条第六项"本人主要责任"、第十六条第二项"醉酒或者吸毒"和第十六条第三项"自残或者自杀"等情形时，应当以有权机构出具的事故责任认定书、结论性意见和人民法院生效裁判等法律文书为依据，但有相反证据足以推翻事故责任认定书和结论性意见的除外。第三款规定，前述法律文书不存在或者内容不明确，社会保险行政部门就前款事实作出认定的，人民法院应当结合其提供的相关证据依法进行审查。本案例对被告程序性行政行为的合法性进行审查，作出了符合相关司法解释规定精神的准确判定。将该案例作为指导案例发布，有利于进一步明确并强调上述司法解释规定的精神，统一裁判标准，并指导类案作出正确裁判。

（执笔人：四川省高级人民法院研究室　豆晓红

最高人民法院案例指导工作办公室　李　兵）

66．刘某丽诉广东省英德市人民政府行政复议案*

（最高人民法院审判委员会讨论通过　2022年12月8日发布）

建筑施工企业违法将自己承包的工程交由自然人实际施工，该自然人因工伤亡，社会保险行政部门认定建筑施工企业为承担工伤保险责任单位的，法院应予支持

【关键词】

　　行政　行政复议　工伤认定　工伤保险责任

【裁判要点】

　　建筑施工企业违反法律、法规规定将自己承包的工程交由自然人实际施工，该自然人因工伤亡，社会保险行政部门参照《最高人民法院关于审理工伤保险行政案件若干问题的规定》第三条第一款有关规定认定建筑施工企业为承担工伤保险责任单位的，人民法院应予支持。

【相关法条】

《工伤保险条例》第十五条

---

　　* 摘自2022年12月8日最高人民法院发布的第34批指导性案例（指导案例191号）。

【基本案情】

2016 年 3 月 31 日,朱某雄与茂名市茂南建安集团有限公司(以下简称建安公司)就朱某雄商住楼工程签订施工合同,发包人为朱某雄,承包人为建安公司。补充协议约定由建安公司设立工人工资支付专用账户,户名为陆某峰。随后,朱某雄商住楼工程以建安公司为施工单位办理了工程报建手续。案涉工程由梁某某组织工人施工,陆某峰亦在现场参与管理。施工现场大门、施工标志牌等多处设施的醒目位置,均标注该工程的承建单位为建安公司。另查明,建安公司为案涉工程投保了施工人员团体人身意外伤害保险,保险单载明被保险人 30 人,未附人员名单。2017 年 6 月 9 日,梁某某与陆某峰接到英德市住建部门的检查通知,二人与工地其他人员在出租屋内等待检查。该出租屋系梁某某承租,用于工地开会布置工作和发放工资。当日 15 时许,梁某某被发现躺在出租屋内,死亡原因为猝死。

梁某某妻子刘某丽向广东省英德市人力资源和社会保障局(以下简称英德市人社局)申请工伤认定。英德市人社局作出《关于梁某某视同工亡认定决定书》(以下简称《视同工亡认定书》),认定梁某某是在工作时间和工作岗位,突发疾病在 48 小时之内经抢救无效死亡,符合《工伤保险条例》第十五条第一款第一项规定的情形,视同因工死亡。建安公司不服,向广东省英德市人民政府(以下简称英德市政府)申请行政复议。英德市政府作出《行政复议决定书》,以英德市人社局作出的《视同工亡认定书》认定事实不清,证据不足,适用依据错误,程序违法为由,予以撤销。刘某丽不服,提起诉讼,请求撤销《行政复议决定书》,恢复《视同工亡认定书》的效力。

【裁判结果】

广东省清远市中级人民法院于 2018 年 7 月 27 日作出(2018)粤 18 行初 42 号行政判决:驳回刘某丽的诉讼请求。刘某丽不服一审判决,提起上诉。广东省高级人民法院于 2019 年 9 月 29 日作出(2019)粤行终 390 号行政判决：驳回上诉，维持原判。刘某丽不服二审判决，向最高人民法院申请再审。最高人民法院于 2020 年 11 月 9 日作出（2020）最高法行申 5851 号行政裁定，提审本案。2021 年 4 月 27 日，最高人民法院作出（2021）最高法行再 1 号行政判决：一、撤销广东省高级人民法院（2019）粤行终 390 号行政判决；二、撤销广东省清远市中级人民法院（2018）粤 18 行初 42 号行政判决；三、撤销英德市政府作出的英府复决〔2018〕2 号《行政复议决定书》；四、恢复英德市人社局作出的英人社工认〔2017〕194 号《视同工亡认定书》的效力。

【裁判理由】

最高人民法院认为：

一、建安公司应作为承担工伤保险责任的单位

作为具备用工主体资格的承包单位，既然享有承包单位的权利，也应当履行承包单位的义务。在工伤保险责任承担方面，建安公司与梁某某之间虽未直接签订转包合同，但其允许梁某某利用其资质并挂靠施工，参照原劳动和社会保障部公布的《关于确立劳动关系有关事项的通知》（劳社部发〔2005〕12 号）第四条、《人力资源和社会保障部关于执行〈工伤保险条例〉若干问题的意见》（人社部发〔2013〕34 号，以下简称《人社部工伤保险条例意见》）第七点规定以及《最高人民法院关于审理工伤保险行政案件若干问题的规定》（以下简称《工伤保险行政案件规定》）第三条第一款第四项、第五项规定精神，可由建安公司作为承担工伤保险责任的单位。

二、建安公司应承担梁某某的工伤保险责任

英德市政府和建安公司认为，根据法律的相关规定，梁某某是不具备用工主体资格的"包工头"，并非其招用的劳动者或聘用的职工，梁某某因工伤亡不应由建安公司承担工伤保险责任。对此，最高人民法院认为，将因工伤亡的"包工头"纳入工伤保险范围，赋予其享受工伤保险待遇的

权利,由具备用工主体资格的承包单位承担用人单位依法应承担的工伤保险责任,符合工伤保险制度的建立初衷,也符合《工伤保险条例》及相关规范性文件的立法目的。

首先,建设工程领域具备用工主体资格的承包单位承担其违法转包、分包项目上因工伤亡职工的工伤保险责任,并不以存在法律上劳动关系或事实上劳动关系为前提条件。根据《人社部工伤保险条例意见》第七点规定、《工伤保险行政案件规定》第三条规定,为保障建筑行业中不具备用工主体资格的组织或自然人聘用的职工因工伤亡后的工伤保险待遇,加强对劳动者的倾斜保护和对违法转包、分包单位的惩戒,现行工伤保险制度确立了因工伤亡职工与承包单位之间推定形成拟制劳动关系的规则,即直接将违法转包、分包的承包单位视为用工主体,并由其承担工伤保险责任。

其次,将"包工头"纳入工伤保险范围,符合建筑工程领域工伤保险发展方向。根据《国务院办公厅关于促进建筑业持续健康发展的意见》(国办发〔2017〕19号)、《人力资源社会保障部办公厅关于进一步做好建筑业工伤保险工作的通知》(人社厅函〔2017〕53号)等规范性文件精神,要求完善符合建筑业特点的工伤保险参保政策,大力扩展建筑企业工伤保险参保覆盖面。即针对建筑行业的特点,建筑施工企业对相对固定的职工,应按用人单位参加工伤保险;对不能按用人单位参保、建筑项目使用的建筑业职工特别是农民工,按项目参加工伤保险。因此,为包括"包工头"在内的所有劳动者按项目参加工伤保险,扩展建筑企业工伤保险参保覆盖面,符合建筑工程领域工伤保险制度发展方向。

再次,将"包工头"纳入工伤保险对象范围,符合"应保尽保"的工伤保险制度立法目的。《工伤保险条例》关于"本单位全部职工或者雇工"的规定,并未排除个体工商户、"包工头"等特殊的用工主体自身也应当参加工伤保险。易言之,无论是工伤保险制度的建立本意,还是工伤保险法规的具体规定,均没有也不宜将"包工头"排除在工伤保险范围之外。"包工头"作为劳动者,处于违法转包、分包等行为利益链条的最末端,参与并承担着施工现场的具体管理工作,有的还直接参与具体施工,其同样可能存在工作时间、工作地点因工作原因而伤亡的情形。"包工头"因工伤亡，与其聘用的施工人员因工伤亡，就工伤保险制度和工伤保险责任而言，并不存在本质区别。如人为限缩《工伤保险条例》的适用范围，不将"包工头"纳入工伤保险范围，将形成实质上的不平等；而将"包工头"等特殊主体纳入工伤保险范围，则有利于实现对全体劳动者的倾斜保护，彰显社会主义工伤保险制度的优越性。

最后，"包工头"违法承揽工程的法律责任，与其参加社会保险的权利之间并不冲突。根据《中华人民共和国社会保险法》第一条、第三十三条规定，工伤保险作为社会保险制度的一个重要组成部分，由国家通过立法强制实施，是国家对职工履行的社会责任，也是职工应该享受的基本权利。不能因为"包工头"违法承揽工程违反建筑领域法律规范，而否定其享受社会保险的权利。承包单位以自己的名义和资质承包建设项目，又由不具备资质条件的主体实际施工，从违法转包、分包或者挂靠中获取利益，由其承担相应的工伤保险责任，符合公平正义理念。当然，承包单位依法承担工伤保险责任后，在符合法律规定的情况下，可以依法另行要求相应责任主体承担相应的责任。

（生效裁判审判人员：耿宝建、宋楚潇、刘艾涛）

《刘某丽诉广东省英德市人民政府行政复议案》的理解与参照*

——包工头因工伤亡可依法认定为工伤

为了正确理解和准确参照适用第191号指导性案例，现对其基本案情、裁判要点、参照适用等有关情况予以解释、论证和说明。

一、本案例的相关情况

（一）基本案情及裁判结果

2016年3月31日，朱某雄与广东省茂名市茂南建安集团有限公司（以下简称建安公司）就朱某雄商住楼工程签订施工合同，发包人为朱某雄，承包人为建安公司。补充协议约定由建安公司设立工人工资支付专用账户，户名为陆某峰。随后，朱某雄商住楼工程以建安公司为施工单位办理了工程报建手续。案涉工程由梁某某组织工人施工，陆某峰亦在现场参与管理。施工现场大门、施工标志牌等多处设施的醒目位置，均标注该工程的承建单位为建安公司。另查明，建安公司为案涉工程投保了施工人员团体人身意外伤害保险，保险单载明被保险人30人，未附人员名单。2017年6月9日，梁某某与陆某峰接到英德市住建部门的检查通知，二人与工

* 摘自《人民司法·案例》2023年第23期。

地其他人员在出租屋内等待检查。该出租屋系梁某某承租，用于工地开会布置工作和发放工资。当日 15 时许，梁某某被发现躺在出租屋内，死亡原因为猝死。

梁某某妻子刘某丽向广东省英德市人力资源和社会保障局（以下简称英德市人社局）申请工伤认定。英德市人社局作出关于梁某某视同工亡认定决定书（以下简称视同工亡认定书），认定梁某某是在工作时间和工作岗位，突发疾病在 48 小时之内经抢救无效死亡，符合《工伤保险条例》第十五条第一款第一项规定的情形，视同因工死亡。建安公司不服，向英德市人民政府申请行政复议。英德市政府作出行政复议决定书，以英德市人社局作出的视同工亡认定书认定事实不清，证据不足，适用依据错误，程序违法为由，予以撤销。刘某丽不服，提起诉讼，请求撤销行政复议决定书，恢复视同工亡认定书的效力。

本案一审判决驳回刘某丽的诉讼请求，二审维持一审判决。刘某丽不服，向最高人民法院申请再审。最高人民法院经审查认为，建安公司作为具备用工主体资格的承包单位，应作为承担工伤保险责任的单位，包工头梁某某因工伤亡，应纳入工伤保险范围，由承包单位承担其工伤保险责任。2021 年 4 月 27 日，最高人民法院作出（2021）最高法行再 1 号行政判决：撤销一、二审判决，撤销英德市政府作出的行政复议决定书，恢复英德市人社局作出的视同工亡认定书的效力。

（二）本案例的争议焦点

本案例的主要争议焦点在于，梁某某作为建设项目实际施工人，即俗称的包工头，其自身因工死亡是否可以认定工伤。本案中英德市政府、建安公司的主要抗辩意见，以及一、二审判决的主要理由在于，相关法律规范仅规定包工头招用的劳动者或者包工头聘用的职工因工伤亡的，建设单位才可能承担工伤保险责任，包工头自身并非其招用的劳动者或聘用的职工，不符合认定工伤的对象范围。最高人民法院再审认为，包工头也是劳动者，《最高人民法院关于审理工伤保险行政案件若干问题的规定》（以下简称《工伤保险规定》）第三条第一款第四项、第五项的规定，一方面是为了让工伤职工获得应有的救济，另一方面也是为了让具备用人资格的单位承担相应的法律责任，实现权责统一。至于转包给不具备用工主体资格的自然人即包工头后，包工头聘用的职工因工伤亡，与包工头本人从事承包业务时因工伤亡，并不存在本质区别。

（三）本案例的指导价值

本案例明确认可了包工头等特殊主体也是劳动者，应当纳入工伤保险对象范围，同时明确了《工伤保险规定》第三条第一款第四项规定的工伤保险对象范围，包括不具备用工主体资格的自然人本人。

首先，建设工程领域，因工伤亡的劳动者工伤保险责任的承担并不以劳动者和用人单位之间存在劳动关系为前提。

其次，建筑施工企业违反法律法规规定，将工程转包、发包给不具备用工主体资格的自然人的，由建筑施工企业承担工伤保险责任，符合工伤保险制度的立法本意。

最后，工伤保险作为社会保险制度的一个重要组成部分，是国家对职工履行的社会责任，也是职工应该享受的基本权利。

二、裁判要点的理解与说明

本案例的裁判要点：建筑施工企业违反法律、法规规定将自己承包的工程交由自然人实际施工，该自然人因工伤亡，社会保险行政部门参照《工伤保险规定》第三条第一款有关规定认定建筑施工企业为承担工伤保险责任单位的，人民法院应予支持。

现围绕与上述裁判要点相关的问题逐一解释和说明如下：

（一）建设工程承包单位是建设项目工伤保险的责任单位，亦应承担因违法转包、分包而产生的法律责任与风险

《中华人民共和国建筑法》第二十六条规定，承包建筑工程的单位应当持有依法取得的资质证书，并在其资质等级许可的业务范围内承揽工程。禁止建筑施工企业超越本企业资质等级许可的业务范围或者以任何形

式用其他建筑施工企业的名义承揽工程。禁止建筑施工企业以任何形式允许其他单位或者个人使用本企业的资质证书、营业执照，以本企业的名义承揽工程。第二十八条规定，禁止承包单位将其承包的全部建筑工程转包给他人，禁止承包单位将其承包的全部建筑工程支解以后以分包的名义分别转包给他人。《中华人民共和国民法典》第七百九十一条第三款亦有相同规定。可见，在建设工程领域，我国法律一直明确禁止承包人将工程分包、转包给不具备相应资质条件的主体，但是，实践中违法转包、层层分包的情形仍不少见。建设单位以自己的名义和资质承包建设项目，又交由不具备资质条件的主体实际施工，从违法转包、分包中获取利益，或者允许他人借用自己资质并以自己名义组织施工，挂靠施工的，应当承担违法转包、分包直到借用资质、挂靠而产生的法律风险和法律责任；建设单位既享有承包单位的权利，也应履行承包单位的义务，在工伤保险责任的承担方面也不例外。

（二）建设工程领域工伤认定早已突破以确认劳动关系为前提的传统模式，并且正朝着"项目参保"等新形式发展

根据《人力资源社会保障部关于执行〈工伤保险条例〉若干问题的意见》（人社部发〔2013〕34 号）第七点等规定，认定工伤保险责任或用工主体责任，已经不以存在法律上劳动关系为必要条件。根据《工伤保险规定》第三条规定，能否进行工伤认定和是否存在劳动关系，并不存在绝对的对应关系。从前述司法解释和规章等规定来看，为保障建筑行业中不具备用工主体资格的组织或自然人聘用的职工因工伤亡后的工伤保险待遇，加强对劳动者的倾斜保护和对违法转包、分包单位的惩戒，现行工伤保险制度确立了因工伤亡职工与违法转包、分包的承包单位之间推定形成拟制劳动关系的规则，即直接将违法转包、分包的承包单位视为用工主体，并由其承担工伤保险责任。因此，在建设工程领域，工伤认定早就不以确认法律上或事实上的劳动关系为前提条件。

同时，根据《人力资源社会保障部、住房城乡建设部、安全监管总局、全国总工会关于进一步做好建筑业工伤保险工作的意见》（人社部发

〔2014〕103号)《人力资源社会保障部办公厅关于进一步做好建筑业工伤保险工作的通知》(人社厅函〔2017〕53号)等规范性文件,为适应建筑业流动用工的特点和实际,近年来,我国已建立健全建筑业按项目参加工伤保险的制度,要求建筑项目"先参保、再开工",即所谓"项目参保"。也就是说,建筑施工企业对相对固定的职工,应按用人单位参加工伤保险;对不能按用人单位参保、建筑项目使用的建筑业职工特别是农民工,按项目参加工伤保险。在扩展建筑业工伤保险参保覆盖面的政策视野下,建筑项目上施工人员因工伤亡,与施工管理人员、包工头因工伤亡,并不存在本质区别。为包括包工头在内的所有劳动者按项目参加工伤保险,符合建筑工程领域工伤保险制度发展方向。

(三)将包工头纳入工伤保险对象范围,符合"应保尽保"的工伤保险制度立法目的

考察《工伤保险条例》相关规定,工伤保险制度的目的在于保障因工作遭受事故伤害或者患职业病的职工获得医疗救治和经济补偿,促进工伤预防和职业康复,分散用人单位的工伤风险。《工伤保险条例》第二条规定,中华人民共和国境内的企业、事业单位、社会团体、民办非企业单位、基金会、律师事务所、会计师事务所等组织和有雇工的个体工商户(以下称用人单位)应当依照本条例规定参加工伤保险,为本单位全部职工或者雇工(以下称职工)缴纳工伤保险费。中华人民共和国境内的企业、事业单位、社会团体、民办非企业单位、基金会、律师事务所、会计师事务所等组织的职工和个体工商户的雇工,均有依照本条例的规定享受工伤保险待遇的权利。显然,该条强调的"本单位全部职工或者雇工",并未排除个体工商户、包工头等特殊的用工主体自身也应当参加工伤保险。易言之,无论是从工伤保险制度的建立本意,还是从工伤保险法规的具体规定,均没有也不宜将包工头排除在工伤保险范围之外。包工头作为劳动者,处于违法转包、分包利益链条的最末端,参与并承担着施工现场的具体管理工作,有的还直接参与具体施工,其同样可能存在工作时间、工作地点因工作原因而伤亡的情形。包工头因工伤亡,与其聘用的施工人

员因工伤亡，就工伤保险制度和工伤保险责任而言，并不存在本质区别。如人为限缩《工伤保险条例》的适用范围，不将包工头纳入工伤保险范围，将形成实质上的不平等；而将包工头等特殊主体纳入工伤保险范围，则有利于实现对全体劳动者的倾斜保护，彰显社会主义工伤保险制度的优越性。

诚然，本案例对相关法律规范的解释，综合运用了文义解释、立法目的解释、体系解释等多种解释方法，一定程度上构成了对法律漏洞的填补，因此必然引发一些争议。反对理由包括：（1）包工头与承包单位之间是承揽关系而非劳动关系，包工头获取的是承包建设项目产生的利润，而非其付出劳务而应得的工资，不应作为劳动者对待。（2）根据司法解释的规定，具有用人资质的承包单位承担了赔偿责任之后，有权向相关组织、单位和个人追偿。也就是说，若建设项目未购买工伤保险，承包单位承担了包工头的工伤保险责任支付了赔偿金后，又可以向包工头追偿相应部分。

对这些问题，本案例在再审判决中也作出了回应。再审判决认为，包工头违法承揽工程的法律责任，与其参加社会保险的权利之间并不冲突。《中华人民共和国社会保险法》第一条规定，公民参加社会保险和享受社会保险待遇，是法律明确规定的合法权益，也是为了使公民更好地共享发展成果，促进社会和谐稳定。第三十三条规定，职工应当参加工伤保险，由用人单位缴纳工伤保险费，职工不缴纳工伤保险费。工伤保险作为社会保险制度的一个重要组成部分，由国家通过立法强制实施，是国家对职工履行的社会责任，也是职工应该享受的基本权利。不能因为包工头违法承揽工程违反建筑领域法律规范，而否定其享受社会保险的权利。承包单位以自己的名义和资质承包建设项目，又由不具备资质条件的主体实际施工，从违法转包、分包或者挂靠中获取利益，由其承担相应的工伤保险责任，符合公平正义理念。再审判决还指出，承包单位依法承担工伤保险责任后，在符合法律规定的情况下，可以依法另行要求相应责任主体承担相应的责任。也就是说，包工头经依法认定工伤后，其工伤保险赔偿金额实际如何支付，包工头与承包单位或是发包方之间的工程款如何结算、相应争议如何处理，取决于建设项目是否购买了工伤保险。建设工程施工中当事人的具体约定，是另外的法律问题，并不应当影响工伤认定这一社会保险法问题。

包工头的劳动法地位是社会广泛关注的重要热点问题，但长期以来一直没有得到很好地解决。改革开放初期，为满足农村剩余劳动力参与城市建设的需要，包工头应运而生。但实践中，包工头与施工企业之间有挂靠、违法转包、借用资质等多种形式，其法律地位一直未予明确。近年来，随着工伤保险制度不断深化改革，包工头所聘用的农民工已经被纳入了工伤保险范畴，农民工因工伤亡，由施工企业承担用工主体责任，但相关部委规章和规范性文件对包工头自身因工伤亡却缺乏明确规定。笔者认为，不承认包工头的劳动者身份，拒绝将其纳入工伤保险范畴，既有违社会保障制度的宗旨和目的，也会给包工头及其家庭造成巨大影响。

本案例通过最高人民法院的再审判决，确立了包工头作为社会主义建设者、劳动者应有的法律地位，赋予了包工头同等享有工伤保险待遇的权利，对于贯彻宪法、民法典和劳动法平等保护全体劳动者的价值取向，彰显中国特色社会主义劳动法律制度的优越性，具有重要意义。本案例创造性地解释了人力资源和社会保障部、最高人民法院相关规定，明确将包工头纳入工伤保险对象范围，符合工伤保险制度以及国家扩展建筑企业工伤保险参保覆盖面，亦符合建筑工程领域工伤保险制度发展方向，实现了对劳动者的倾斜保护，有利于促进建筑行业劳动法律关系健康发展。

（执笔人：最高人民法院　耿宝建
广东省深圳市中级人民法院　刘艾涛
湖南省长沙市中级人民法院　黄　姝
编审人：最高人民法院案例指导工作办公室　李予霞）

▶

职工见义勇
为，为制止
违法犯罪行
为而受到伤
害的应当视
同工伤

67．重庆市涪陵志大物业管理有限公司诉重庆市涪陵区人力资源和社会保障局劳动和社会保障行政确认案[*]

（最高人民法院审判委员会讨论通过　2018 年 6 月 20 日发布）

【关键词】

> 行政　行政确认　视同工伤　见义勇为

【裁判要点】

> 职工见义勇为，为制止违法犯罪行为而受到伤害
> 的，属于《工伤保险条例》第十五条第一款第二项规
> 定的为维护公共利益受到伤害的情形，应当视同
> 工伤。

【相关法条】

《工伤保险条例》第十五条第一款第二项

【基本案情】

罗某均系重庆市涪陵志大物业管理有限公司（以下

---

* 摘自 2018 年 6 月 20 日最高人民法院发布的第 18 批指导性案例（指导案例 94 号）。

简称涪陵志大物业公司）保安。2011 年 12 月 24 日，罗某均在涪陵志大物业公司服务的圆梦园小区上班（24 小时值班）。8 时 30 分左右，在兴华中路宏富大厦附近有人对一过往行人实施抢劫，罗某均听到呼喊声后立即拦住抢劫者的去路，要求其交出抢劫的物品，在与抢劫者搏斗的过程中，不慎从 22 步台阶上摔倒在巷道拐角的平台上受伤。罗某均于 2012 年 6 月 12 日向被告重庆市涪陵区人力资源和社会保障局（以下简称涪陵区人社局）提出工伤认定申请。涪陵区人社局当日受理后，于 2012 年 6 月 13 日向罗某均发出《认定工伤中止通知书》，要求罗某均补充提交见义勇为的认定材料。2012 年 7 月 20 日，罗某均补充了见义勇为相关材料。涪陵区人社局核实后，根据《工伤保险条例》第十四条第七项之规定，于 2012 年 8 月 9 日作出涪人社伤险认决字〔2012〕676 号《认定工伤决定书》，认定罗某均所受之伤属于因工受伤。涪陵志大物业公司不服，向法院提起行政诉讼。在诉讼过程中，涪陵区人社局作出《撤销工伤认定决定书》，并于 2013 年 6 月 25 日根据《工伤保险条例》第十五条第一款第二项之规定，作出涪人社伤险认决字〔2013〕524 号《认定工伤决定书》，认定罗某均受伤属于视同因工受伤。涪陵志大物业公司仍然不服，于 2013 年 7 月 15 日向重庆市人力资源和社会保障局申请行政复议，重庆市人力资源和社会保障局于 2013 年 8 月 21 日作出渝人社复决字〔2013〕129 号《行政复议决定书》，予以维持。涪陵志大物业公司认为涪陵区人社局的认定决定适用法律错误，罗某均所受伤依法不应认定为工伤。遂诉至法院，请求判决撤销《认定工伤决定书》，并责令被告重新作出认定。

另查明，重庆市涪陵区社会管理综合治理委员会对罗某均的行为进行了表彰，并作出了涪综治委发〔2012〕5 号《关于表彰罗某均同志见义勇为行为的通报》。

【裁判结果】

重庆市涪陵区人民法院于 2013 年 9 月 23 日作出（2013）涪法行初字第 00077 号行政判决，驳回重庆市涪陵志大物业管理有限公司要求撤销被告作出的涪人社伤险认决字〔2013〕524 号《认定工伤决定书》的诉讼请求。一审宣判后，双方当事人均未上诉，裁判现已发生法律效力。

【裁判理由】

法院生效裁判认为：被告涪陵区人社局是县级劳动行政主管部门，根据国务院《工伤保险条例》第五条第二款规定，具有受理本行政区域内的工伤认定申请，并根据事实和法律作出是否工伤认定的行政管理职权。被告根据第三人罗某均提供的重庆市涪陵区社会管理综合治理委员会《关于表彰罗某均同志见义勇为行为的通报》，认定罗某均在见义勇为中受伤，事实清楚，证据充分。罗某均不顾个人安危与违法犯罪行为作斗争，既保护了他人的个人财产和生命安全，也维护了社会治安秩序，弘扬了社会正气。法律对于见义勇为，应当予以大力提倡和鼓励。

《工伤保险条例》第十五条第一款第二项规定，职工在抢险救灾等维护国家利益、公共利益活动中受到伤害的，视同工伤。据此，虽然职工不是在工作地点、因工作原因受到伤害，但其是在维护国家利益、公共利益活动中受到伤害的，也应当按照工伤处理。公民见义勇为，跟违法犯罪行为作斗争，与抢险救灾一样，同样属于维护社会公共利益的行为，应当予以大力提倡和鼓励。因见义勇为、制止违法犯罪行为而受到伤害的，应当适用《工伤保险条例》第十五条第一款第二项的规定，即视同工伤。

另外，《重庆市鼓励公民见义勇为条例》为重庆市地方性法规，其第十九条、第二十一条进一步明确规定，见义勇为受伤视同工伤，享受工伤待遇。该条例上述规定符合《工伤保险条例》的立法精神，有助于最大限度地保障劳动者的合法权益、最大限度地弘扬社会正气，在本案中应当予以适用。

综上，被告涪陵区人社局认定罗某均受伤视同因工受伤，适用法律正确。

68．陈某菊不服上海市松江区人力资源和社会保障局社会保障行政确认案[*]

劳动者非工作时间前后在工作场所内，非因从事与工作有关的预备性或者收尾性工作受到事故伤害的不能认定为工伤

【裁判摘要】

食宿在单位的职工在单位宿舍楼浴室洗澡时遇害，其工作状态和生活状态的界限相对模糊。在此情形下，对于工伤认定的时间、空间和因果关系三个要件的判断主要应考虑因果关系要件，即伤害是否因工作原因。

"因履行工作职责受到暴力伤害"应理解为职工因履行工作职责的行为而遭受暴力伤害，如职工系因个人恩怨而受到暴力伤害，即使发生于工作时间或工作地点，亦不属于此种情形。

"与工作有关的预备性或者收尾性工作"是指根据法律法规、单位规章制度的规定或者约定俗成的做法，职工为完成工作所作的准备或后续事务。职工工作若无洗澡这一必要环节，亦无相关规定将洗澡作为其工作完成后的后续性事务，则洗澡不属于"收尾性工作"。

---

* 摘自《最高人民法院公报》2013 年第 9 期。

原告：陈某菊，女，33 岁，汉族，住安徽省巢湖市含山县环峰镇城北行政村小团村。

被告：上海市松江区人力资源和社会保障局，住所地：上海市松江区荣乐东路。

法定代表人：许某，局长。

第三人：上海申劳工贸有限公司，住所地：上海市松江区松蒸路。

法定代表人：劳某敏，总经理。

原告陈某菊因不服上海市松江区人力资源和社会保障局（以下简称松江区人保局）社会保障行政确认行为，向上海市松江区人民法院提起诉讼。

原告陈某菊诉称：2009 年 7 月 15 日，原告之夫、本案被害人陈某林在第三人上海申劳工贸有限公司（以下简称申劳公司）值班时被同事张某承杀害，原因是张某承不服陈某林的管理。由于事故发生在工作区域且陈某林在值班，因此，陈某林之死亡应当认定为工伤。同时，陈某林作为用人单位的厂长，平时住在厂里就是负责看护厂区和夜间接待客户提货，厂区钥匙全在陈某林处。事发之前，陈某林刚为客户办理了提货，所以陈某林遇害之时是在工作时间，其死亡符合《工伤保险条例》第十四条的情形。陈某林的妻子即原告陈某菊向被告松江区人保局提出工伤认定申请，但用人单位逃避法律责任，向松江区人保局隐瞒情节，松江区人保局也未能查明，作出了松江人社认（2010）字第 2979 号工伤认定的具体行为。陈某菊向上海市人力资源和社会保障局（以下简称上海市人保局）提出行政复议，2011 年 1 月 6 日，上海市人保局向陈某菊送达了沪人社复决字〔2010〕第 157 号行政复议决定书，维持原决定。故陈某菊向法院起诉，要求撤销松江区人保局作出的工伤认定书。

被告松江区人保局辩称：（1）其作出松江人社认（2010）字第 2979 号工伤认定书的具体行政行为程序合法。2010 年 7 月 12 日，原告陈某菊向其提出，2009 年 7 月 15 日 21 时许，第三人申劳公司员工张某承因不服陈某林管理，在陈某林夜间值班时将陈某林杀害，要求对陈某林的死亡进行工伤认定。其根据《工伤保险条例》第十八条的规定，审核了陈某菊提交的材料，并于2010年7月15日出具了松江人社认（2010）字第2979号《受理通知书》，且送达了申劳公司和陈某菊。其经审查，认定陈某林之死不属于工伤认定范围，于2010年9月2日出具了工伤认定书，对陈某林死亡不认定且不视同工伤，并依法送达了当事人。（2）其作出具体行政行为的事实清楚、适用法律正确。经调查，陈某林是申劳公司的管理人员，食宿在单位，陈某林于2009年7月15日21时许，在单位浴室内被职工张某承杀害，起因系个人恩怨，属于刑事案件，陈某林死亡不符合《工伤保险条例》第十四条、第十五条的规定，其对陈某林作出不认定且不视同工伤的结论并无不当，请求法庭维持被告所作的具体行政行为。

第三人申劳公司述称：不同意原告陈某菊的诉请，同意被告松江区人保局的意见，请求依法予以维持。

上海市松江区人民法院一审查明：原告陈某菊与陈某林是夫妻关系。陈某林系第三人申劳公司的管理人员，食宿于申劳公司处。2009年6月，陈某林与申劳公司员工张某承因琐事发生矛盾，6月底一晚上，陈某林叫了申劳公司另两名员工到张某承宿舍，打了张某承两记耳光。张某承为此怀恨在心，伺机报复。同年7月15日21时许，张某承趁陈某林在厂浴室洗澡之际，用尖刀捅刺陈某林的左腹部、左胸部等处，致陈某林死亡。

2010年7月12日，原告陈某菊向被告松江区人保局提出工伤认定申请。被告于7月15日受理后，经调查，于同年9月2日作出松江人社认（2010）字第2979号《工伤认定书》，认为陈某菊没有证据证明陈某林于2009年7月15日的被害与其履行工作职责有关，该情形不符合《工伤保险条例》第十四条、第十五条的规定，故认定陈某林的死亡不属于且不视同工伤。陈某菊不服，申请复议。同年12月31日，上海市人保局作出沪人社复决字〔2010〕第157号《行政复议决定书》，维持了松江区人保局认定工伤的行政行为。陈某菊不服，诉至法院。

本案一审的争议焦点是：食宿在单位的用人单位管理人员，因个人恩怨，下班后在单位浴室洗澡时被杀害，是否应认定为工伤。

上海市松江区人民法院一审认为：根据国务院《工伤保险条例》第五

条第二款之规定,被告松江区人保局具有作出工伤认定的职权。原告陈某菊认为,陈某林于遇害之前在单位值班,刚为客户办理了提货,第三人申劳公司员工张某承因不服陈某林管理,将其杀害,陈某林遇害系在工作场所、工作时间,因履行工作职责而被杀害,应当属于工伤。根据《工伤保险条例》第十四条第三项规定,在工作时间和工作场所,因履行工作职责受到暴力等意外伤害的,应当认定为工伤。本案中,陈某林系于晚上9时许在厂浴室洗澡时被人杀害,并非在工作时间因履行工作职责而遇害,故不符合《工伤保险条例》第十四条第三项规定的情形。陈某菊关于陈某林被杀害前在单位值班,为客户办理提货的主张,并没有提供相应的证据予以证实,依法不予采信。综观本案,松江区人保局根据其职权作出的工伤认定所依据的事实清楚,适用法律正确,程序合法,依法应予维持。

综上所述,上海市松江区人民法院依照《中华人民共和国行政诉讼法》第五十四条第一项的规定,于2011年3月16日判决如下:维持被告松江区人保局作出松江人社认(2010)字第2979号工伤认定的具体行政行为。案件受理费50元,由原告陈某菊负担(已交)。

陈某菊不服一审判决,向上海市第一中级人民法院提起上诉,请求二审法院撤销原判,支持其原审中的诉讼请求。

上诉人陈某菊的上诉理由是:被上诉人松江区人保局作出被诉工伤认定行为的主要证据是第三人申劳公司有关人员所作的陈述,但该公司与本案结果有很大利害关系,其为了逃避责任所作的陈述并不具有真实性和客观性;被害人陈某林系申劳公司的管理人员,并没有具体上下班时间,陈某林居住于厂区并不单单是解决食宿,晚间工厂的看护、交货、开门锁门都由陈某林负责,工厂的钥匙都在陈某林处。陈某林被害时在厂区同时也属工作收尾时段,因此符合《工伤保险条例》第十四条的相关情形。原判决认定事实错误。

被上诉人松江区人保局答辩称:其调查的情况与刑事判决书认定的事实一致。陈某林被杀害并不属于履行工作职责引起的,陈某林死亡不符合《工伤保险条例》第十四条、第十五条的规定,其作出不认定且不视同工伤的结论并无不当。一审判决认定事实清楚、适用法律正确,请求二审法院维持原判。

第三人申劳公司答辩称：其同意被上诉人松江区人保局意见。一审判决认定事实清楚、适用法律正确，请求二审法院维持原判。

上海市第一中级人民法院经二审，确认了一审查明的事实。

本案二审的争议焦点仍然是：食宿在单位的用人单位管理人员，因个人恩怨，下班后在单位浴室洗澡时被杀害，是否应认定为工伤。

上海市第一中级人民法院二审认为：被上诉人松江区人保局依法具有作出被诉工伤认定行政行为的职权。松江区人保局向一审法院提交的江某平、陈某坤的调查笔录，（2010）沪一中刑初字第 15 号刑事判决书等证据能够互相印证，足以证明被诉工伤认定行政行为所认定的事实。松江区人保局依照《工伤保险条例》第十四条及第十五条之规定，作出认定陈某林的死亡不属于且不视同工伤的被诉工伤认定行政行为的主要证据充分、适用法律并无不当。对松江区人保局的辩称意见法院予以采信。根据（2010）沪一中刑初字第 15 号刑事判决书查明的事实，"2009 年 6 月，陈某林因琐事与该厂员工张某承发生矛盾。同年 6 月底的一天晚上，陈某林叫上员工夏某俊、王某营到张某承宿舍，当着夏、王二人的面打了张某承两记耳光。张某承为此怀恨在心，伺机报复。同年 7 月 15 日 21 时许，张某承趁被害人陈某林在申劳公司玻璃制品厂浴室洗澡之际，用尖刀捅刺陈某林，造成陈某林因右心室及主动脉破裂致失血性休克而死亡"。上述事实清楚地表明，陈某林的死亡非工作时间前后在工作场所内，从事与工作有关的预备性或者收尾性工作受到事故伤害。"与工作有关的预备性或者收尾性工作"是指虽然并非职工工作本身，但根据法律法规、单位规章制度或者约定俗成的做法，职工为完成工作所作的准备或后续事务。职工工作若无洗澡这一必要环节，亦无相关规定将洗澡作为其工作完成后的后续性事务，则洗澡不符合"收尾性工作"的情形。

陈某林亦非在工作时间和工作场所内，因履行工作职责受到暴力等意外伤害。"因履行工作职责受到暴力伤害"应理解为职工履行工作职责的行为引起了暴力伤害结果的发生，而非简单理解为受到暴力伤害是发生在职工履行工作职责的过程中。陈某林作为申劳公司玻璃制品厂的厂长，其工作职责是管理，若张某承确因不服从陈某林的管理而杀害陈某林，则应属于工作上的原因。但根据查明的事实，陈某林系因琐事与张某承发生矛盾，并打了张某承两记耳光，张某承对此怀恨在心，才伺机将陈某林杀害，上述（2010）沪一中刑初字第 15 号刑事判决书亦确认了陈某林遇害是因其与张某承之间的个人恩怨。可见，陈某林遇害虽有暴力伤害的结果，但与履行工作职责之间并无因果关系。

职工在单位浴室被杀害并非用人单位所能预见，或者用人单位履行相应的安全注意义务即可避免，因此，若将此情形认定为工伤则无端提高了用人单位安全注意义务的标准。据此，陈某林在浴室洗澡被杀害不符合《工伤保险条例》第十四条应当认定为工伤或第十五条视同工伤中规定的情形。上诉人陈某菊就其诉称的事实在本案被诉工伤认定程序及本案一、二审审理中未提供任何充分有效的证据予以证实，故陈某菊的请求，缺乏事实根据和法律依据，法院不予支持。一审法院判决维持被诉工伤认定行为并无不当，依法应予维持。

综上所述，上海市第一中级人民法院依照《中华人民共和国行政诉讼法》第六十一条第一项之规定，于 2011 年 6 月 15 日判决如下：驳回上诉，维持原判。上诉案件受理费人民币 50 元，由上诉人陈某菊负担（已付）。

本判决为终审判决。

69. 上海温和足部保健服务部诉上海市普陀区人力资源和社会保障局工伤认定案[*]

职工在工作时间和工作岗位突发疾病，未脱离治疗抢救状态，自发病48小时内死亡的，认定为工伤

【裁判摘要】

职工在工作时间和工作岗位突发疾病，经抢救后医生虽然明确告知家属无法挽救生命，在救护车运送回家途中职工死亡的，仍应认定其未脱离治疗抢救状态。若职工自发病至死亡期间未超过48小时，应视为"48小时之内经抢救无效死亡"，视同工伤。

原告：上海温和足部保健服务部，住所地：上海市普陀区宜川路。

投资人：吴某煌，该部负责人。

被告：上海市普陀区人力资源和社会保障局，住所地：上海市普陀区大渡河。

法定代表人：蔡某勇，该局局长。

第三人：吴某波，男，26岁，汉族，住江苏省射阳县。

第三人：何某美，女，47岁，汉族，住江苏省射阳县。

---

[*] 摘自《最高人民法院公报》2017年第4期。

原告上海温和足部保健服务部（以下简称温和足保部）因与被告上海市普陀区人力资源和社会保障局（以下简称普陀区人保局）发生工伤认定纠纷，向上海市普陀区人民法院提起诉讼。

原告温和足保部诉称：被告普陀区人保局作出工伤认定未查清死者吴某海的工作时间、工作岗位及死亡原因，事实认定不清，法律适用错误，请求法院撤销被诉行政行为。

被告普陀区人保局查明，第三人何某美、吴某波于 2014 年 10 月 13 日提出申请，称吴某海于 2013 年 12 月 23 日在工作中突发疾病，于 2013 年 12 月 24 日因抢救无效死亡，要求认定工伤。普陀区人保局认为，吴某海于 2013 年 12 月 23 日工作时突发疾病，当日送同济医院救治，次日死亡。吴某海受到的伤害，符合《工伤保险条例》第十五条第一项、《上海市工伤保险实施办法》第十五条第一项之规定，属于视同工伤范围，现予以视同工伤。

被告普陀区人保局辩称：被诉行政行为认定事实清楚、适用法律正确、程序合法，请求驳回原告温和足保部诉请。

二第三人共同述称：不同意原告温和足保部的诉讼请求，被告普陀区社保局所作行政行为符合法律规定。

上海市普陀区人民法院一审查明：上海市普陀区劳动人事争议仲裁委员会于 2014 年 8 月 19 日作出普劳人仲（2014）办字第 2570 号裁决书，认定吴某海与原告温和足保部自 2012 年 12 月 20 日至 2013 年 12 月 24 日存在劳动关系。何某美、吴某波系死者吴某海的妻子和儿子，两人于 2014 年 10 月 13 日向被告普陀区人保局提出申请，要求对吴某海于 2013 年 12 月 23 日在工作中突发疾病于次日抢救无效死亡进行工伤认定。普陀区人保局于 2014 年 10 月 22 日受理后，进行了工伤认定调查，同年 12 月 19 日作出普陀人社认（2014）字第 1194 号认定工伤决定，认为吴某海受到的伤害，符合《工伤保险条例》第十五条第一项、《上海市工伤保险实施办法》第十五条第一项之规定，属于视同工伤范围，现予以视同工伤。

上海市普陀区人民法院一审认为：根据《工伤保险条例》第五条第二款、《上海市工伤保险实施办法》第五条第二款的规定，被告普陀区人保局作为劳动保障行政部门，依法具有作出工伤认定的执法主体资格。本案中，普陀区人保局提供的证据具有真实性、关联性和合法性，可以作为定案证据，上海市普陀区人民法院予以确认。普陀区人保局收到第三人申请后在 10 个工作日内予以受理，并在受理后 60 日内作出了工伤认定，符合法定程序。根据《工伤保险条例》第十五条第一项的规定："职工有下列情形之一的，视同工伤：（一）在工作时间和工作岗位，突发疾病死亡或者在 48 小时之内经抢救无效死亡的。"本案中，依据普劳人仲（2014）办字第 2570 号上海市普陀区劳动人事争议仲裁委员会裁决书、普陀区人保局对原告温和足保部投资人吴某煌等的调查笔录、上海市同济医院门急诊病历、居民死亡医学证明书等，可认定吴某海系原告单位的职工，其于 2014 年 12 月 23 日在工作时间和工作岗位上突发疾病，并经送医抢救后于次日死亡。根据《工伤保险条例》第十九条第二款的规定，职工或者其直系亲属认为是工伤，用人单位不认为是工伤的，由用人单位承担举证责任。即原告不认为吴某海是工伤的，应承担相应的举证责任。原告于工伤认定调查程序中未提供相应证据推翻上述结论，并且本案中原告的证据也不足以推翻被告认定的事实。需要指出，普陀区人保局在认定工伤决定书上"吴某海受到的伤害"的表述虽有瑕疵，但该瑕疵不足以撤销被诉行政行为。综上所述，普陀区人保局作出被诉行政行为，主要事实认定清楚、适用法律正确。原告要求撤销被诉行政行为的诉讼请求，缺乏事实证据和法律依据，依法不能成立，难以支持。

据此，上海市普陀区人民法院依照《中华人民共和国行政诉讼法》第六十九条之规定，于 2015 年 6 月 24 日作出判决：驳回原告上海温和足部保健服务部的诉讼请求。

一审宣判后，温和足保部不服，向上海市第二中级人民法院提起上诉称：吴某海发病时非工作时间，死亡地点不明，吴某海患肝硬化，并非突发疾病，也不是经抢救无效死亡，而是慢性病发作并主动放弃治疗所导致。吴某海家属租用非正规救护车运送吴某海回乡，上海化学工业区医疗中心出具的居民死亡医学证明书日期有不当涂改，上述证据真实性存疑。被上诉人普陀区人保局认定事实不清，证据不足，请求二审法院撤销一审判决及普陀区人保局所作工伤认定决定。

被上诉人普陀区人保局辩称：被诉工伤认定决定事实清楚、证据充分、程序合法、适用法律正确。根据居民死亡医学证明书、吴某海病史材料等证据可以证明吴某海是在工作时间、工作岗位上突发疾病送医救治，在 48 小时之内经抢救无效死亡的。故不同意上诉人温和足保部的上诉请求，一审判决正确，请求二审法院予以维持。

二原审第三人述称：吴某海系在工作岗位上发病，应属工伤。经抢救，医生明确告知吴某海没救了，并让家属准备后事，二原审第三人才拨打 120 电话叫救护车送吴某海返乡的。一审判决正确，请求二审法院驳回上诉，维持原判。

上海市第二中级人民法院经二审，确认了一审查明的事实。

上海市第二中级人民法院二审认为：被上诉人普陀区人保局具有作出被诉工伤认定的法定职权。被上诉人受理二原审第三人的工伤认定申请后，依法进行了调查，于法定期限内作出被诉工伤认定决定并送达双方当事人，行政程序合法。被上诉人依据温和足保部员工的调查笔录及吴某海的病历材料、居民死亡医学证明书等证据，认定吴某海于 2013 年 12 月 23 日工作时突发疾病，当日送同济医院救治，次日死亡的事实，证据充分、事实清楚。被上诉人依据《工伤保险条例》第十五条第一款第一项、《上海市工伤保险实施办法》第十五条第一款第一项之规定，认定吴某海因病死亡的情形属于视同工伤，适用法律正确。被上诉人所作的工伤认定决定书在适用法律条文时，将上述规定均表述为"第十五条第一项"，未写明第一款，显然不符合规范，应予纠正。

关于上诉人温和足保部对吴某海死亡医学证明真实性存疑的意见，上海市第二中级人民法院认为，死亡医学证明系有资质的医疗机构出具，该证明形式完整、要件齐备，虽然在"死亡日期"的月份处有涂改，但该涂改不影响对吴某海死亡时间的认定，也未与其他证据相矛盾，故对该证明的真实性予以认可。

上诉人温和足保部关于运送吴某海回乡的救护车为非正规救护车的意见，被上诉人普陀区人保局认定吴某海死亡的依据是死亡医学证明书，该证明书载明吴某海死亡地点为急诊救护车，即已经对该救护车予以了确认。而且，二原审第三人是通过拨打 120 电话的正规途径呼叫的救护车，即使该救护车不属于上海市医疗急救中心所有，也不能推断上海化学工业区医疗中心的救护车为非正规救护车。上诉人提供的证据无法证明其该项主张，法院不予支持。

关于上诉人温和足保部认为吴某海死亡系家属主动放弃治疗运送其回乡而导致，不属于《工伤保险条例》第十五条第一款第一项规定的"突发疾病死亡或者在 48 小时之内经抢救无效死亡"的情形的意见，法院认为，从吴某海发病后被送至同济医院治疗直至在救护车上死亡，其始终未脱离医疗机构的治疗抢救状态，其家属始终未有拒绝接受救治的意思表示，故上诉人的上述主张不能成立。

综上，一审法院判决驳回上诉人温和足保部的诉讼请求并无不当。上诉人的上诉请求和理由缺乏事实证据和法律依据，法院不予支持。据此，上海市第二中级人民法院依照《中华人民共和国行政诉讼法》第八十九条第一款第一项的规定，于 2015 年 10 月 26 日判决：驳回上诉，维持原判。

本判决为终审判决。

70．北京奥德清洁服务有限公司上海分公司诉上海市长宁区人力资源和社会保障局工伤认定案*

▶

缴纳工伤保险费是单位的法定义务，不能由职工和单位约定排除缴纳义务

【裁判摘要】

> 职工应当参加工伤保险，缴纳工伤保险费是用人单位的法定义务，不能由职工和用人单位协商排除用人单位的法定缴纳义务。认定工伤并不以用人单位是否缴纳工伤保险费为前提。用人单位未依法缴纳工伤保险费的，职工在被认定工伤后可以依法请求用人单位承担相应的工伤保险待遇。

原告：北京奥德清洁服务有限公司上海分公司，住所地：上海市长宁区金钟路。

法定代表人：王某龙，该分公司总经理。

被告：上海市长宁区人力资源和社会保障局，住所地：上海市长宁区长宁路。

法定代表人：陈某华，该局局长。

第三人：贾某元，男，51 岁，汉族，户籍所在地：安徽省舒城县。

北京奥德清洁服务有限公司上海分公司（以下简称

＊ 摘自《最高人民法院公报》2020 年第 1 期。

奥德公司）因与上海市长宁区人力资源和社会保障局（以下简称长宁区人社局）发生工伤认定纠纷，向上海铁路运输法院提起诉讼。

原告奥德公司诉称：汪某云于 2017 年 3 月 8 日入职原告处担任保洁员一职，入职后同年 4 月 1 日汪某云向公司提出"自动放弃缴纳社保声明"，并需要公司 200 元社保补助，由此产生的一切后果本人自负与公司无关。汪某云发生交通事故死亡后，被告长宁区人社局应依据汪某云的声明，查明事实不予认定工伤。请求撤销长宁人社认（2018）字第 411 号认定工伤决定。

被告长宁区人社局辩称：其作出的认定工伤决定事实清楚，证据确凿，程序合法，原告奥德公司提出的不应认定工伤的理由不成立，请求驳回奥德公司的诉讼请求。

第三人贾某元述称：长宁区人社局作出的认定工伤决定合法，不同意奥德公司的诉讼请求。

上海铁路运输法院一审查明：贾某元的妻子汪某云在原告奥德公司担任保洁员一职，工作时间为 7 时至 19 时。2017 年 6 月 16 日 6 时 13 分许，汪某云驾驶悬挂牌号为（上海）3384×××的电动自行车，沿北翟路由西向东行驶至申虹路路口，遇吴某驾驶牌号为沪 DF9×××的重型特殊结构货车向南右转弯，大货车车头右前角与电动自行车左后侧相撞，汪某云倒地当场死亡。经道路交通事故认定，汪某云与吴某承担事故的同等责任。2018年 5 月 31 日，汪某云的丈夫贾某元向被告长宁区人社局提出工伤认定申请，同年 6 月 5 日，长宁区人社局受理申请并向奥德公司及贾某元送达受理决定书。长宁区人社局在对汪某云事故情况进行调查后，于 2018 年 8 月1 日作出长宁人社认（2018）字第 411 号认定工伤决定书，认定：2017 年6 月 16 日 6 时 13 分许，汪某云骑电瓶车上班途中，经闵行区北翟路申虹路路口处，遭遇非本人主要责任交通事故死亡。汪某云受到的事故伤害，符合《工伤保险条例》第十四条第六项、《上海市工伤保险实施办法》第十四条第六项之规定，属于工伤认定范围，现予以认定为工伤。并分别送达奥德公司及贾某元。

上海铁路运输法院一审认为：被告长宁区人社局具有作出被诉工伤认

定的职权，长宁区人社局作出的工伤认定事实清楚、程序合法、适用法律正确。案件的争议在于，汪某云向原告奥德公司提交的"自动放弃缴纳社保声明"能否构成奥德公司主张应不予认定工伤的理由。缴纳社会保险费是法律明确规定的用人单位的义务，不可由员工或者用人单位自由处分，且是否缴纳社保与被诉工伤认定并无关联，故对奥德公司的主张不予采信。

据此，上海铁路运输法院依据《中华人民共和国行政诉讼法》第六十九条之规定，于2018年12月21日判决：

驳回原告奥德公司的诉讼请求。

一审判决后，奥德公司不服，向上海市第三中级人民法院提起上诉称：汪某云向奥德公司提出"自动放弃缴纳社保声明"，并需要公司200元社保补助，由此产生的一切后果本人自负与公司无关。一审认为缴纳社会保险费是法律明确规定的用人单位的义务，不可由员工或者用人单位自由处分，这一说法是错误的，于法无据。另被上诉人长宁区人社局没能查明事实，汪某云发生交通事故死亡是因闯红灯应负主要事故责任，故一审判决认定事实错误。请求撤销一审判决，依法改判支持奥德公司的一审诉讼请求。

被上诉人长宁区人社局辩称：经调查核实，汪某云系上诉人奥德公司单位保洁员，其在上班途中发生非本人主要责任的交通事故事实清楚。长宁区人社局所作的工伤认定正确合法。另奥德公司提出汪某云书面放弃缴纳社保不应申请工伤认定的理由不成立。社会保险费的缴纳是用人单位和职工应当履行的法定义务，不因放弃而免除缴纳义务。长宁区人社局受理工伤认定申请以及作出是否认定工伤的行政行为不受伤（亡）者是否缴纳社会保险费的影响。一审判决认定事实清楚，适用法律正确，请求驳回上诉，维持原判。

原审第三人贾某元述称：被上诉人长宁区人社局作出的工伤认定合法，不同意上诉人奥德公司的诉讼请求。

上海市第三中级人民法院经二审，确认了一审查明的事实。

上海市第三中级人民法院二审认为：上诉人奥德公司及原审第三人贾

某元对被上诉人长宁区人社局的职权依据、执法程序没有异议,被上诉人及原审第三人对汪某云与上诉人的劳动关系亦无争议。本案的争议焦点是汪某云在入职后向上诉人提交的"自动放弃缴纳社保声明"能否构成不予认定工伤的理由。根据《中华人民共和国社会保险法》的相关规定,职工应当参加工伤保险,由用人单位缴纳工伤保险费。这是保障公民在工伤情况下,依法从国家和社会获得物质帮助的权利,也是法律明确规定的用人单位的义务,并不是由职工和用人单位自由协商处分的权利。而且是否缴纳社会保险费与认定工伤并无直接关联,社会保险行政部门受理工伤申请以及认定工伤并不以伤(亡)者是否缴纳社会保险费为依据。故对上诉人主张的汪某云放弃缴纳社保不予认定工伤的理由不予采信。另上诉人认为汪某云发生交通事故应负主要事故责任,也无证据证实。故被上诉人认定汪某云符合《工伤保险条例》第十四条第六项、《上海市工伤保险实施办法》第十四条第六项之规定,属于工伤认定范围,所作工伤认定事实清楚、适用法律正确,并无不当。

综上,上诉人奥德公司的上诉请求及理由缺乏事实证据和法律依据,依法不予支持。一审判决驳回奥德公司的诉讼请求正确,应予维持。据此,上海市第三中级人民法院依据《中华人民共和国行政诉讼法》第八十六条、第八十九条第一款第一项之规定,于 2019 年 3 月 22 日判决:

驳回上诉,维持原判。

本判决为终审判决。

71. 中核深圳凯利集团有限公司诉深圳市人力资源和社会保障局工伤认定案*

工伤认定不因职工工作单位的变动而改变;职工患职业病的,应当认定为工伤

【裁判摘要】

工伤认定作为行政确认行为,是社会保险行政部门依职权对职工是否因工作受伤或患病的事实进行确认,该事实不因职工工作单位的变动而改变。职工患职业病的,应当认定为工伤。

原告:中核深圳凯利集团有限公司,住所地:广东省深圳市福田区滨河路。

法定代表人:刘某,该公司执行董事。

被告:深圳市人力资源和社会保障局,住所地:广东省深圳市福田区福中三路。

法定代表人:王某,该局局长。

第三人:张某丽,女,汉族,1940年6月24日出生,住广东省深圳市。

原告中核深圳凯利集团有限公司(以下简称凯利公司)因与被告深圳市人力资源和社会保障局(以下简称深圳市人社局)发生工伤认定纠纷,向广东省深圳市福

---

* 摘自《最高人民法院公报》2020年第12期。

田区人民法院提起行政诉讼。

原告凯利公司诉称：第三人张某丽系原告退休职工，1991 年入职原告公司，1996 年 6 月退休，在原告公司工作期间没有从事有职业危害的工作。张某丽 1970 年 2 月至 1986 年 6 月在核工业国营 743 矿工作期间，有 19 年放射性粉尘氡气、放射性外照射职业危害接触史，2014 年 10 月 27 日，广东省职业病防治院诊断其为职业性放射性肿瘤。根据《广东省工伤保险条例》第九条第四项的规定，张某丽所患职业病应该认定为工伤。2014 年 11 月 21 日，原告依据职业病诊断证明书向深圳市人社局申请工伤认定，2015 年 1 月 20 日，深圳市人社局作出深人社认字（直）〔2014〕第 1411201 号《深圳市工伤认定书》，认定张某丽不属于或不视同工伤，该认定没有法律依据，请求撤销该工伤认定书，深圳市人社局重新作出张某丽所患职业病为工伤的认定。

被告深圳市人社局答辩称：本案系原告凯利公司作为申报主体提出其单位员工发生工伤的情形，然而张某丽所患职业病与在原告处的工作并不构成任何因果关系，其系患病后到深圳工作，不属于在深参保期间工伤保险基金的保障范畴。因此，本案依据原告的申报，认定张某丽不属工伤，符合事实和法律规定。张某丽患职业病的情形，由于其在职业病接触史期间的用人单位未参加工伤保险，导致其未能享受社会保险待遇，可依据《职业病防治法》第五十条①、第六十条②及《人力资源和社会保障部关于执行〈工伤保险条例〉若干问题的意见》（人社部发〔2013〕34 号）第九条的规定，由原用人单位承担工伤待遇支付的责任。深圳市人社局作出不予认定工作的行政行为符合《广东省工伤保险条例》的规定，原告的请求没有依据。

第三人张某丽未有陈述意见。

广东省深圳市福田区人民法院一审查明：2014 年 11 月 21 日，凯利公司向深圳市人社局提出工伤认定申请，请求认定公司员工张某丽患职业病

---

① 该法已于 2018 年 12 月 29 日修正，本条已被修改为第四十九条，但内容未作变动。

② 该法已于 2018 年 12 月 29 日修正，本条被修改为第五十九条，但内容未作变动。下同。

为工伤，并提交了工伤认定申请表、职业病诊断证明书、中核凯利函、企业法人注册登记资料、员工身份证、退休证明资料等材料。其中，广东省职业病防治院 2014 年 10 月 27 日出具的粤职诊〔2014〕310 号《职业病诊断证明书》载明："诊断结论：职业性放射性肿瘤，依据：职业接触史明确，工作中接触放射性粉尘、氡气、放射性外照射；职业病危害接触史：张某丽于 1964 年 8 月至 1964 年 12 月、1965 年 12 月至 1968 年 11 月、1970 年 2 月至 1986 年 7 月在核工业国营 743 矿工作，接触放射性粉尘、氡气、放射性外照射；1986 年 8 月至 1987 年 7 月在核工业韶关技工学校工作，1987 年 8 月至 1991 年 9 月在核工业广东矿冶局工作，1991 年 10 月至 1996 年 6 月在凯利公司处工作，接触职业危害因素情况：无。"凯利公司出具的中核凯利函（2014）2 号《关于张某丽患职业病的工伤认定的申请》称："张某丽于 1964 年 8 月至 1986 年 7 月曾在原单位从事接触放射性粉尘、氡气、放射性外照射工作达 22 年，自 1986 年 8 月起直至退休后再无从事放射性等任何相关工作。张某丽原工作单位核工业国营 743 矿早年已行政关闭，原工作单位所在地韶关市社保局认为张某丽在国营 743 矿工作期间，韶关市社保局尚未成立，没有缴交过任何社会保险，该局不予受理工伤认定。由于张某丽 1991 年 10 月调入凯利公司处工作，一直按照有关要求缴交工伤保险，请求予以认定工伤。"深圳市人社局经审核后，于 2015 年 1 月 20 日作出深人社认字（直）〔2014〕第 1411201 号《深圳市工伤认定书》，认定张某丽于 1991 年 1 月至 1996 年 6 月在凯利公司处工作直至退休，在此期间无从事放射性的任何工作（即无职业病危害接触史）。2014 年 10 月 27 日经广东省职业病防治院诊断为职业放射性肿瘤，其情形不符合《广东省工伤保险条例》第九条第四项的规定，认定张某丽不属于或不视同工伤。凯利公司不服，遂提起行政诉讼。

深圳市福田区人民法院一审认为：第三人张某丽经广东省职业病防治院诊断为职业性放射性肿瘤，诊断依据为张某丽于 1964 年 8 月至 1964 年 12 月、1965 年 12 月至 1968 年 11 月、1970 年 2 月至 1986 年 7 月在核工业国营 743 矿工作，接触放射性粉尘、氡气、放射性外照射，其 1991 年 10 月至 1996 年 6 月在凯利公司处工作，并无职业病危害接触史。故张某丽所患职业病系其在核工业国营 743 矿工作造成，并非在凯利公司处工作所造成，深圳市人社局据此作出深人社认字（直）〔2014〕第 1411201 号《深圳市工伤认定书》，认定张某丽的情形不属于或不视同工伤，事实清楚，依据充分。《中华人民共和国职业病防治法》第六十条规定，劳动者被诊断患有职业病，但用人单位没有依法参加工伤保险的，其医疗和生活保障由该用人单位承担。第六十二条①规定，用人单位已经不存在或者无法确认劳动关系的职业病病人，可以向地方人民政府民政部门申请医疗救助和生活等方面的救助。本案中，广东省职业病防治院出具的《职业病诊断证明书》确认张某丽患职业病的用人单位是核工业国营 743 矿，故张某丽患职业病的情形应另循法律途径解决。凯利公司诉请撤销工伤认定书，理由不成立，不予支持。

深圳市福田区人民法院依据《中华人民共和国行政诉讼法》第六十九条的规定，于 2015 年 6 月 17 日作出判决：驳回原告凯利公司的诉讼请求。

凯利公司不服一审判决，向广东省深圳市中级人民法院提起上诉称：一审判决错误，请求撤销一审判决。一、原审判决适用法律错误。根据《广东省工伤保险条例》第九条第四项"职业病应该认定为工伤"的规定，职业病应该属于工伤。同时，根据《工伤认定办法》第四条规定："职工发生事故伤害或者按照职业病防治法规定被诊断、鉴定为职业病，所在单位应当自事故伤害发生之日或者被诊断、鉴定为职业病之日起 30 日内，向统筹地区社会保险行政部门提出工伤认定申请。"以及《广东省工伤保险条例》第十三条的规定"未参加工伤保险的职工发生伤害事故或者被诊断、鉴定为职业病的，由单位所在地劳动保障行政部门负责工伤认定"，上诉人属于张某丽的用人单位，是符合职工工伤认定申请的合法单位。二、被上诉人对张某丽的工伤认定没有法律依据。张某丽系上诉人公司退休职工，1991 年入职上诉人公司。由于在 1970 年 2 月至 1986 年 6 月在位于韶关的核工业国营 743 矿工作期间，有职业危害接触史，于 2014 年 10 月 27 日经广东省职业病防治院诊断为职业性放射性肿瘤。根据《广东省

---

① 该法已于 2018 年 12 月 29 日修正，本条被修改为第六十一条，但内容未作变动。下同。

工伤保险条例》第九条第四项中"职业病应该认定为工伤"的规定，可以确定张某丽因长期从事放射性工作致使其患职业性放射性肿瘤，应认定为工伤。

被上诉人深圳市人社局答辩称：张某丽被广东省职业病防治院诊断为职业性放射性肿瘤，是其1964年8月至1986年7月期间在位于韶关的核工业国营743矿工作造成，而并非在上诉人处工作所造成。根据《中华人民共和国职业病防治法》第六十条规定，应当由核工业国营743矿承担工伤保险及待遇支付责任，鉴于核工业国营743矿已行政关闭，根据《中华人民共和国职业病防治法》第六十二条规定，可以向韶关当地人民政府民政部门申请医疗救助和生活救助。原审判决正确，请求二审法院驳回上诉，维持原判。

原审第三人张某丽未有陈述意见。

广东省深圳市中级人民法院经二审，确认了一审查明的事实。

广东省深圳市中级人民法院二审认为：本案争议焦点是被上诉人深圳市人社局以张某丽在上诉人凯利公司处工作期间无职业病危害接触史为由认定张某丽不属于或不视同工伤是否合法有据。

工伤的核心在于因工作受伤或患病，工伤认定作为行政确认行为，是社会保险行政部门行使职权对职工是否因工作受伤或患病的事实进行确认，该事实不因职工工作单位的变动而改变。《工伤保险条例》第十四条第四项及《广东省工伤保险条例》第九条第四项均明确规定，职工患职业病的，应当认定为工伤。《工伤保险条例》第十九条第一款及《广东省工伤保险条例》第十五条第二款还进一步规定："职业诊断和诊断争议的鉴定，依照职业病防治法的有关规定执行。对依法取得的职业病诊断证明书或者职业病诊断鉴定书，社会保险行政部门不再进行调查核实。"由此，上述立法中对于职工患职业病认定为工伤，并无附加其他条件，即并未明文设定职工须在用人单位工作期间患职业病的限制条件。

同时，对于职业病工伤认定的申请主体，《工伤保险条例》第十七条第一款规定，职工被诊断、鉴定为职业病，所在单位应当自被诊断、鉴定为职业病之日起30日内，向统筹地区社会保险行政部门提出工伤认定申请。再结合该条例第二条有关用人单位的表述及第十七条第二款、第三款、第四款有关用人单位未在法定时限内提交工伤认定申请之法律责任的规定，可以得出结论：《工伤保险条例》并未将职业病职工的用人单位限定于具有职业病危害因素、导致职工患职业病的工作单位；相反，职工被诊断为职业病时的所在单位即负有作为用人单位申请工伤认定等法定义务，亦即《工伤保险条例》认同其为职业病职工用人单位。

在职业病防治中，国家为职业病病人设定了多层级保障，从享受工伤保险待遇到向用人单位民事索赔，到最后由人民政府救助，体现了国家对职业病病人的特别保护，表明国家旨在对职业病病人设置无漏洞的保障体系。《中华人民共和国职业病防治法》第六十条规定，职业病病人的诊疗、康复费用，伤残以及丧失劳动能力的职业病病人的社会保障，按照国家有关工伤保险的规定执行。第六十一条进一步明确规定，职业病病人变动工作单位，其依法享有的待遇不变。此处所规定的待遇当然包括职业病病人的工伤保险待遇。

具体到本案中，原审第三人张某丽于 2014 年 10 月被诊断为职业性放射性肿瘤，上诉人凯利公司为张某丽获得诊断时的所在单位，有法律效力的《职业病诊断证明书》上载明的用人单位亦为凯利公司。事实上，张某丽已自 1991 年 10 月调入凯利公司起一直在凯利公司处工作，直至 1996 年 6 月退休，凯利公司也一直为张某丽缴纳工伤保险。因此，当张某丽被诊断为职业病时，凯利公司作为其所在单位有义务为张某丽提出工伤认定申请，而被上诉人深圳市人社局应依法进行认定。在《工伤保险条例》及《广东省工伤保险条例》均未对职工患职业病认定工伤设置其他限制条件的情况下，深圳市人社局认定张某丽不属于或不视同工伤属于适用法律错误，依法应予撤销。

被上诉人深圳市人社局以原审第三人张某丽的职业病并非在上诉人凯利公司处工作所造成为由，主张张某丽不属于工伤。然而《工伤保险条例》并未将职业病职工的用人单位限定于具有职业病危害因素、导致职工患职业病的工作单位。如果《工伤保险条例》一方面在第十七条要求职工被诊断为职业病时所在单位申请工伤认定，另一方面又如深圳市人社局所理解，职业病病人只能以导致其患病的工作单位为用人单位方能认定工伤，那《工伤保险条例》第十七条规定就丧失了意义和价值，因为申请只是程序上启动了工伤认定程序，对职业病病人真正有意义的是工伤认定结论。深圳市人社局上述主张没有法律依据，且与工伤保险立法宗旨及相关规定相违，不予采纳。深圳市人社局亦主张根据《中华人民共和国职业病防治法》第六十条规定张某丽应由原工作单位核工业国营743矿承担工伤保险待遇，或根据该法第六十二条向韶关当地人民政府民政部门寻求救助。首先，本案审查对象为工伤认定行为，工伤保险待遇承担与工伤认定属两不同阶段的行政行为，不能以后续工伤保险待遇的承担来否定张某丽的工伤事实。其次，张某丽在核工业国营743矿工作，职业病危害接触的最后时间为1986年7月，此时并未建立工伤保险社会统筹制度；从凯利公司出具的工伤认定申请函来看，张某丽已向韶关市社保局申请过工伤认定，而韶关市社保局正是以没有缴交过任何社会保险为由不予受理工伤认定。相反，凯利公司一直为张某丽缴纳工伤保险，即张某丽不属于《中华人民共和国职业病防治法》第六十条规定之"劳动者被诊断患有职业病，但用人单位没有依法参加工伤保险的"情形。最后，《中华人民共和国职业病防治法》第六十一条明确规定，职业病病人变动工作单位，其依法享有的待遇不变。此处所规定的待遇当然包括职工的工伤保险待遇。而《中华人民共和国职业病防治法》第六十二条有关"用人单位已经不存在或者无法确认劳动关系的职业病病人，可以向地方人民政府民政部门申请医疗救助和生活等方面的救助"之规定，是在工伤保险、用人单位确实缺位时，国家对职业病病人的特别兜底保护。不能因存在人民政府救助这一救济途径，而否定张某丽的工伤事实，进而排除其享受工伤保险待遇的权利。因此，深圳市人社局上述主张，不予支持。

综上，上诉人凯利公司有关撤销被诉工伤认定书的上诉请求成立。被上诉人深圳市人社局作出的被诉《深圳市工伤认定书》适用法律错误，予以撤销。原审判决适用法律错误，亦予撤销。是否认定工伤为深圳市人社局的行政职权，凯利公司原审有关重新作出认定张某丽所患职业病为工伤的决定之诉讼请求，超越司法权限，不予支持。深圳市中级人民法院依照

《中华人民共和国行政诉讼法》第七十条第二项、第八十九条第一款第二项，《最高人民法院关于执行〈中华人民共和国行政诉讼法〉若干问题的解释》① 第六十条第一款及《工伤保险条例》第二十条第一款的规定，于2016年5月20日作出判决：一、撤销广东省深圳市福田区人民法院（2015）深福法行初字第475号行政判决；二、撤销深圳市人力资源和社会保障局于2015年1月20日作出的深人社认字（直）〔2014〕第1411201号《深圳市工伤认定书》；三、深圳市人力资源和社会保障局于本判决生效之日起60日内对原审第三人张某丽患职业病情形是否属于工伤重新作出具体行政行为；四、驳回上诉人中核深圳凯利集团有限公司的其他诉讼请求。

本判决为终审判决。

---

① 本司法解释已于2018年2月6日废止。

72．上海欧帛服饰有限公司诉南京市江宁区人力资源和社会保障局工伤认定决定案[*]

▶

哺乳期内女职工上班期间返家哺乳、哺乳结束后返回单位工作，往返途中属于"上下班途中"

【裁判摘要】

按照《女职工劳动保护特别规定》，用人单位应在每日工作时间内为哺乳期女职工安排哺乳时间。哺乳期内女职工上班期间返家哺乳、哺乳结束后返回单位工作，往返途中属于《工伤保险条例》第十四条第六项的"上下班途中"。在此过程中因发生非本人主要责任的交通事故受伤，应认定为工伤。

原告：上海欧帛服饰有限公司，住所地：上海市徐汇区田林路。

法定代表人：刘某明，该公司总经理。

被告：南京市江宁区人力资源和社会保障局，住所地：江苏省南京市江宁区东山街道。

法定代表人：杨某清，该局局长。

第三人：周某，女，1995 年 3 月 8 日出生，汉族，住江苏省南京市江宁区。

原告上海欧帛服饰有限公司（以下简称欧帛公司）

---

[*] 摘自《最高人民法院公报》2022 年第 12 期。

因不服被告南京市江宁区人力资源和社会保障局（以下简称江宁区人社局）作出的工伤认定决定，向江苏省南京江北新区人民法院提起诉讼。

原告欧帛公司诉称：第三人周某是原告职工，工作地点为南京市江宁区汤山街道汤泉东路99号汤山百联奥特莱斯广场BF1205号。2019年12月6日13时55分许，周某未经请假私自外出，于龙铜线（337省道）22公里+100米汤山街道老宁峰路路口处遭遇交通事故，后南京市公安局江宁分局交通警察大队作出事故认定书，认定周某无责。后周某以其回家喂奶途中遭到交通事故为由向被告江宁区人社局申请工伤认定，被告于2020年8月20日作出涉案决定书，以周某受到的事故符合《工伤保险条例》第十四条第六项为由，认定为工伤。欧帛公司认为《工伤保险条例》第十四条第六项之规定，意为职工以上下班为目的，在合理时间内往返于工作单位和居住地之间的合理路线，才视为"上下班途中"。周某发生事故的时间为13时55分，并非上下班时间，亦未按照员工手册规定履行相应手续，其行为是上班期间私自外出进而受到交通事故伤害，已违反公司规章制度，故其受伤情形不符合上述规定的"上下班途中"情形。而江宁区人社局草率作出涉案决定书，损害欧帛公司的合法权益。故提起诉讼，请求法院判决：撤销江宁区人社局作出的涉案决定书，责令其重新作出工伤认定决定书。

被告江宁区人社局辩称：（1）被告认定事实清楚。第三人周某系原告欧帛公司员工，工作职责为店铺店长，工作时间为10时至19时，工作地点为江宁区汤山街道百联奥特莱斯，住南京市江宁区汤山街道。2019年12月6日13时55分，周某驾驶的车牌号苏A9××××汽车在沿龙铜线（337省道）22公里+100米汤山街道老宁峰路路口与张某某驾驶的苏AU××××的汽车发生交通事故，周某无责。周某于当日在南京市江宁区中医医院入院，经诊断周某创伤性脾破裂，左肾挫伤，低蛋白血症。2019年6月25日，周某育有一女，发生交通事故当日处于哺乳期内。（2）工伤认定程序合法。周某于2020年7月15日向江宁区人社局申请工伤认定，被告于2020年7月27日作出受理决定并于同日向欧帛公司邮寄《工伤认定举证通知书》，于2020年8月14日对周某进行调查，于2020年8月20日作出涉案决定书，于 2020 年 8 月 24 日分别送达欧帛公司、周某。（3）适用法律正确。首先，根据《女职工劳动保护特别规定》第九条规定，欧帛公司应当在周某工作时间内安排 1 小时哺乳时间，欧帛公司并未提交安排周某哺乳的具体时间相关证据。而周某在工作时间内，合理选择时间回家哺乳，且路线是工作地点到家庭的合理路线，周某因交通事故受伤符合《工伤保险条例》第十四条第六项情形。其次，根据《工伤保险条例》第十九条第二款的规定，欧帛公司虽向江宁区人社局提供了劳动合同、员工手册等证据，但是并未提供欧帛公司对周某进行相关培训、签收员工手册的证据，周某亦不认可接收过员工手册。综上，江宁区人社局作出涉案决定书，事实清楚，程序合法，适用法律、法规准确，请求驳回欧帛公司的诉讼请求。

第三人周某述称：（1）女职工的哺乳时间是法律明确赋予女职工在哺乳期内的特殊权利，用人单位也不能通过约定来排除法律规定，《女职工劳动保护特别规定》第九条规定，用人单位应当在每天的劳动时间内为哺乳期女职工安排 1 小时的哺乳时间。《江苏省实施〈中华人民共和国母婴保健法〉办法》第二十八条规定，用人单位应当为有不满 1 周岁婴儿的女职工安排每天不少于 1 小时哺乳时间。该情况下，哺乳时间和哺乳往返途中的时间，也应当算作劳动时间。事发当天，第三人选择回家哺乳，时间合理，路线合理，完全符合工伤认定的情形。（2）原告欧帛公司所举证的员工手册，第三人从未收到，其制定的内容和程序也不合法，不对第三人产生任何效力。首先，用人单位制定规章制度内容不得违反法律、法规的规定；其次，用人单位规章制度的制定程序应当符合民主性和科学性，应经职工代表大会或者全体职工讨论，平等协商确定；最后，用人单位的规章制度也应当进行公示，否则不应当对劳动者产生效力。综上，第三人认为，被告江宁区人社局作出的涉案认定书认定事实清楚，适用法律正确、程序合法，应当予以维持，请求法院依法驳回欧帛公司的诉请。

江苏省南京市江北新区人民法院一审查明：第三人周某系原告欧帛公司职工，工作地点为南京市江宁区汤山街道汤泉东路 99 号汤山百联奥特莱斯广场，工作时间为 10 时至 19 时。2019 年 6 月 25 日，周某生育一女，休完产假后回单位工作。2019 年 12 月 6 日 13 时 30 分左右,周某从工作地点开车回家。当日 13 时 55 分,案外人张某某驾驶苏 AU××××重型特殊结构货车在沿龙铜线(337 省道)22 公里 +100 米汤山街道老宁峰路路口与周某驾驶的汽车发生相撞,造成周某受伤。周某的伤情经诊断为:(1)创伤性脾破裂;(2)左肾挫伤;(3)低蛋白血症,周某受伤时处于哺乳期内。当日,南京市公安局江宁分局交通警察大队出具《道路交通事故认定书》,认定张某某负事故全部责任,周某无责任。2020 年 7 月 15 日,周某的委托代理人向被告江宁区人社局提交工伤认定申请,提出周某于 2019 年 12 月 6 日 13 时 30 分左右驾车回家哺乳途中因交通事故受伤,并提交了企业信息、个人参加社会保险情况、回复函、微信聊天记录、交通事故认定书、汤山街道鹤龄社区居民委员会出具的证明、路线图、出生医学证明、病历、出院记录、疾病诊断书、授权委托书等申请材料。江宁区人社局于 2020 年 7 月 27 日受理该申请并向欧帛公司邮寄工伤认定举证通知书。2020 年 8 月 12 日,欧帛公司作出《工伤认定举证答辩书》并提交劳动合同、员工手册等材料,提出周某并未向公司申请调增其休哺乳假的时间,其外出也未按照公司制度申请外出流程,不符合"上下班途中"的范围。2020 年 8 月 14 日,江宁区人社局对周某进行调查询问。2020 年 8 月 20 日,江宁区人社局作出涉案决定书,认定周某从单位回家给小孩哺乳途中,受到非本人主要责任的交通事故伤害而受伤,符合《工伤保险条例》第十四条第六项的规定,属于工伤认定范围,予以认定为工伤。后江宁区人社局将涉案决定书分别向周某及欧帛公司送达,欧帛公司于 2020 年 8 月 27 日签收。

江苏省南京江北新区人民法院一审认为:《工伤保险条例》第五条第二款规定,县级以上地方各级人民政府社会保险行政部门负责本行政区域内的工伤保险工作。被告江宁区人社局作为县级以上社会保险行政部门,具有负责本行政区域内工伤保险工作的法定职责。《工伤保险条例》第十四条第六项规定,职工有下列情形之一的,应当认定为工伤:"(六)在上下班途中,受到非本人主要责任的交通事故或者城市轨道交通、客运轮渡、火车事故伤害的。"《最高人民法院关于审理工伤保险行政案件若干问题的规定》第六条规定，对社会保险行政部门认定下列情形为"上下班途中"的，人民法院应予支持：（1）在合理时间内往返于工作地与住所地、经常居住地、单位宿舍的合理路线的上下班途中；（2）在合理时间内往返于工作地与配偶、父母、子女居住地的合理路线的上下班途中；（3）从事属于日常工作生活所需要的活动，且在合理时间和合理路线的上下班途中；（4）在合理时间内其他合理路线的上下班途中。

本案中，第三人周某系原告欧帛公司的员工，被告江宁区人社局在受理周某的工伤认定申请后，经过调查并结合证据材料，认定周某从单位回家给小孩哺乳途中，受到非本人主要责任的交通事故伤害而受伤，属于因在上下班途中发生非本人主要责任的交通事故受伤的情形，江宁区人社局据此作出涉案决定书，符合上述规定。《工伤保险条例》第十九条第二款规定，职工或者其近亲属认为是工伤，用人单位不认为是工伤的，由用人单位承担举证责任。《女职工劳动保护特别规定》第九条规定，对哺乳未满1周岁婴儿的女职工，用人单位不得延长劳动时间或者安排夜班劳动。用人单位应当在每天的劳动时间内为哺乳期女职工安排1小时哺乳时间；女职工生育多胞胎的，每多哺乳1个婴儿每天增加1小时哺乳时间。因此，女职工在哺乳期内，用人单位应当在每天的劳动时间内为其安排1小时的哺乳时间。本案中，周某于2019年6月25日生育一女，休完产假后回单位工作，周某工作时尚处在哺乳期内，欧帛公司应当为周某安排1小时的哺乳时间，并及时与周某沟通协商哺乳时间的安排。周某在欧帛公司未与其沟通明确哺乳时间的情形下，根据工作时间灵活安排其每日的哺乳时间，回家哺乳后再返回单位继续工作，往返途中发生的交通事故伤害应视为工伤认定的合理范畴。虽欧帛公司提交的员工手册中载明哺乳假的休假时间及请假流程，但欧帛公司不能证明其就员工手册内容向周某进行了告知，欧帛公司也未提交证据证明其就哺乳时间相关事宜与周某进行过沟通协商，故欧帛公司应承担不利的法律后果。因此，江宁区人社局作出的涉案决定书认定事实清楚、适用法律正确，保护了女职工的特殊权益。江宁区人社局在收到周某的工伤认定申请后，履行了受理、发送举证通知书等程序，在法定期限内作出涉案决定书并依法送达给相关当事人，江宁区人社局作出行政行为的程序合法。

综上，原告欧帛公司要求撤销涉案决定书缺乏事实和法律依据。江苏省南京市江北新区人民法院依照《中华人民共和国行政诉讼法》第六条、第六十九条的规定，于 2021 年 4 月 19 日作出判决：驳回原告欧帛公司的诉讼请求。

欧帛公司不服一审判决，向江苏省南京市中级人民法院提起上诉。二审中，欧帛公司撤回上诉。江苏省南京市中级人民法院于 2021 年 8 月 9 日作出裁定：准许上诉人欧帛公司撤回上诉。

本裁定为终审裁定。

73．刘某荣诉米泉市劳动人事社会保障局工伤认定案[*]

▶

职工因工作
需要在非工
作场所从事
危险工作而
受伤，即使
存在一定违
规也应当认
定为工伤

【裁判摘要】

> 从维护职工切身利益的立法宗旨出发，对于不予认定工伤的情形，采取了从严掌握原则，明确对职工因单位工作需要，在非工作场所从事危险工作而受伤，即使存在一定违规，仍应认定该工作与本单位重大利益具有直接关系，从而应予认定工伤。

、基本案情

2001 年 1 月 7 日，新疆米泉市铁厂沟镇三矿副矿长刘某荣得知矿井煤层采仓仓顶被拉空，将给煤矿生产安全带来隐患。为保证煤矿安全生产，1 月 8 日晚 10 时许，刘某荣与炮工余某贵一起在职工宿舍内，将瞬发电雷管改制成延期电雷管时，雷管爆炸，将刘某荣的左手拇指、食指、中指炸去，无名指受伤。事发后，铁厂沟镇煤矿立即将刘某荣送往医院救治，并承担了刘某荣的全部医疗费用。3 月 21 日，铁厂沟镇煤矿与刘某荣达成赔偿协议，由铁厂沟镇煤矿给刘某荣今后生活费、营养

---

* 摘自 2014 年 7 月 24 日最高人民法院发布的八起典型案例。

费一次性补助 15000 元。4 月 9 日，刘某荣向米泉市劳动局申请工伤认定。2002 年 7 月 3 日，米泉市劳动局作出《关于不予认定刘某荣为工伤的决定》（以下简称《决定》）。

二、裁判结果

米泉市人民法院一审以米泉市劳动局适用法律、法规错误为由，判决撤销米泉市劳动局的《决定》。

昌吉回族自治州中级人民法院二审认为：米泉市劳动局对刘某荣的工伤申请所作的认定决定，认定事实清楚，适用法律正确，决定程序合法，判决撤销米泉市人民法院一审行政判决，维持米泉市劳动局的《决定》。

新疆维吾尔自治区高级人民法院再审判决维持二审行政判决。

最高人民法院提审认为：根据《企业职工工伤保险试行办法》① 的规定，从事本单位日常生产、工作或者本单位负责人临时指定的工作的，在紧急情况下，虽未经本单位负责人指定但从事直接关系本单位重大利益的工作负伤、致残、死亡的，应当认定为工伤。刘某荣作为米泉市铁厂沟镇第三煤矿副矿长，其基于煤矿正常生产的需要而与其他炮工一起在工人宿舍内将瞬发电雷管改制成延期电雷管，并因雷管爆炸而受伤，该行为显然与本单位工作需要和利益具有直接关系。《公安部关于对将瞬发电雷管改制为延期电雷管的行为如何定性的意见》认为，雷管中含有猛炸药、起爆药等危险物质，在没有任何防护的条件下将瞬发电雷管改制为延期电雷管，属于严重违反国家有关安全规定和民爆器材产品质量技术性能规定的行为，不应定性为非法制造爆炸物品的行为。据此判决：撤销新疆维吾尔自治区高级人民法院作出的行政判决；撤销新疆维吾尔自治区昌吉回族自治州中级人民法院行政判决；维持新疆维吾尔自治区米泉市人民法院行政判决；新疆维吾尔自治区乌鲁木齐市米东区人力资源和社会保障局应在收到判决之日起 2 个月内重新作出具体行政行为。

---

① 该办法已于 2007 年 11 月 9 日废止。

三、典型意义

如何准确把握工伤认定的标准，一直是人民法院审理工伤认定行政案件的难点。该案涉及对不得认定工伤的情形如何掌握、本单位利益如何界定等工伤认定中的疑难问题。最高人民法院判决从维护职工切身利益的立法宗旨出发，对于不予认定工伤的情形，采取了从严掌握原则，明确了对职工因单位工作需要，在非工作场所从事危险工作而受伤，即使存在一定违规，仍应认定该工作与本单位重大利益具有直接关系，从而应予认定工伤的原则。该案判决充分彰显了工伤保险的立法精神，对于工伤认定行政案件裁判尺度的把握和统一，具有重要的示范意义。

74．张某兵与上海市松江区人力资源和社会保障局工伤认定行政上诉案[*]

用人单位将工程发包给无用工主体资格的自然人，该自然人雇用的员工在工作时间和工作场所内，因工作原因受到事故伤害的，应当认定为工伤

【裁判摘要】

用人单位将工程发包给无用工主体资格的自然人，并约定其所雇用的劳动者应服从用人单位管理，则该自然人雇用的劳动者与用人单位之间存在劳动关系，该员工在工作时间和工作场所内，因工作原因受到事故伤害的，应当认定为工伤。

一、基本案情

南通六建公司系国基电子（上海）有限公司 A7 厂房工程的承包人，其以《油漆承揽合同》的形式将油漆工程分包给自然人李某某，约定李某某所雇人员应当接受南通六建公司管理。李某某又将部分油漆工程转包给自然人王某某，王某某招用张某兵进行油漆施工。李某某和王某某均无用工主体资格，也无承揽油漆工程的相应资质。2008 年 3 月 10 日，张某兵在进行油漆施工中不慎受伤。11 月 10 日，松江区劳动仲裁委员会裁决确定张某兵与南通六建公司之间存在劳动关系，但该裁决

* 摘自 2014 年 8 月 21 日最高人民法院发布的四起工伤保险行政纠纷典型案例。

书未送达南通六建公司。12 月 29 日，张某兵提出工伤认定申请，并提交了劳动仲裁裁决书。上海市松江区人力资源和社会保障局立案审查后，认为张某兵受伤符合工伤认定条件，且南通六建公司经告知，未就张某兵所受伤害是否应被认定为工伤进行举证。上海市松江区人力资源和社会保障局遂于 2009 年 2 月 19 日认定张某兵受伤为工伤。南通六建公司不服，经复议未果，遂起诉请求撤销上海市松江区人力资源和社会保障局作出的工伤认定。

二、裁判结果

经上海市松江区人民法院一审，上海市第一中级人民法院二审认为：根据劳社部发〔2005〕12 号《劳动和社会保障部关于确立劳动关系有关事项的通知》第四条规定，建筑施工、矿山企业等用人单位将工程（业务）或经营权发包给不具备用工主体资格的组织或自然人，对该组织或自然人招用的劳动者，由具备用工主体资格的发包方承担用工主体责任。本案中，南通六建公司作为建筑施工单位将油漆工程发包给无用工主体资格的自然人李某某，约定李某某所雇用的人员应服从南通六建公司管理。后李某某又将部分油漆工程再发包给王某某，并由王某某招用了上诉人张某兵进行油漆施工。上海市松江区人力资源和社会保障局依据上述规定及事实认定上诉人与被上诉人具有劳动关系的理由成立。根据《工伤保险条例》规定，张某兵在江苏南通六建建设集团有限公司承建的厂房建设项目中进行油漆施工不慎受到事故伤害，属于工伤认定范围。据此，维持上海市松江区人力资源和社会保障局作出被诉工伤认定的具体行政行为。

75. 何某祥诉江苏省新沂市劳动和社会保障局工伤认定行政案[*]

劳动者发生
交通事故时
是在上班的
途中，上班
目的明确，
应认定为
"合理时间"

【裁判摘要】

"合理的时间"与"合理的路线"，是两种相互联系的认定属于上下班途中受机动车事故伤害情形的必不可少的时空概念，不应割裂开来看待。劳动者发生交通事故时上班目的明确，应认定为合理时间，不应仅将具体的上班时间段机械地认定为合理时间。

一、基本案情

原告何某祥系原北沟镇石涧小学教师，2006 年 12 月 22 日上午，原告被石涧小学安排到新沂城西小学听课，中午在新沂市区就餐。因石涧小学及原告居住地到城西小学无直达公交车，原告采取骑摩托车、坐公交车、步行相结合方式往返。下午 3 时 40 分左右，石涧小学邢某民、何某强、周某宇等开车经过石涧村大陈庄水泥路时，发现何某祥骑摩托车摔倒在距离石涧小学约二三百米的水泥路旁，随即送往医院抢救治疗。12 月 27 日，原告所在单位就何某祥的此次伤害事故向被告江

---

[*] 摘自 2014 年 8 月 21 日最高人民法院发布的四起工伤保险行政纠纷典型案例。

苏省新沂市劳动和社会保障局提出工伤认定申请，后因故撤回。2007年6月，原告就此次事故伤害直接向被告提出工伤认定申请。经历了二次工伤认定，二次复议，二次诉讼后，被告于2009年12月26日作出《职工工伤认定》，认定：何某祥所受机动车事故伤害虽发生在上下班的合理路线上，但不是在上下班的合理时间内，不属于上下班途中，不认定为工伤。原告不服，向新沂市人民政府申请复议，复议机关作出复议决定，维持了被告作出的工伤认定决定。之后，原告诉至法院，请求撤销被告作出的工伤认定决定。

二、裁判结果

经江苏省新沂市人民法院一审，徐州市中级人民法院二审认为：上下班途中的"合理时间"与"合理路线"，是两种相互联系的认定属于上下班途中受机动车事故伤害情形的必不可少的时空概念，不应割裂开来。结合本案，何某祥在上午听课及中午就餐结束后返校的途中骑摩托车摔伤，其返校上班目的明确，应认定为合理时间。故判决撤销被告新沂市劳动和社会保障局作出的《职工工伤认定》；责令被告在判决生效之日起60日内就何某祥的工伤认定申请重新作出决定。

76．邹某贤诉广东省佛山市禅城区劳动和社会保障局工伤认定行政案*

由于不属于职工或者其近亲属自身原因超过工伤认定申请期限的，被耽误的时间不计算在工伤认定申请期限内

【裁判摘要】

> 职工或者其近亲属应在工伤认定申请期限内，申请工伤认定，超过该期限即不能再申请，但由于不属于职工或者其近亲属自身原因超过工伤认定申请期限的，被耽误的时间不计算在工伤认定申请期限内。

一、基本案情

宏达豪纺织公司系经依法核准登记设立的企业法人，其住所位于被告广东省佛山市禅城区劳动和社会保障局（以下简称禅城劳动局）辖区内。邓某艳与宏达豪纺织公司存在事实劳动关系。2006 年 4 月 24 日邓某艳在宏达豪纺织公司擅自增设的经营场所内，操作机器时左手中指被机器压伤，经医院诊断为"左中指中节闭合性骨折、软组织挫伤、仲腱断裂"。同年 7 月 28 日邓某艳在不知情的情况下向被告申请工伤认定时，列"宏达豪纺织厂"为用人单位。被告以"宏达豪纺织厂"不具有用工主体资格、不能与劳动者形成劳动关系为由不予

* 摘自 2014 年 8 月 21 日最高人民法院发布的四起工伤保险行政纠纷典型案例。

受理其工伤认定申请。邓某艳后通过民事诉讼途径最终确认与其存在事实劳动关系的用人单位是宏达豪纺织公司。2008 年 1 月 16 日，邓某艳以宏达豪纺织公司为用人单位向被告申请工伤认定，被告于 1 月 28 日作出《工伤认定决定书》，认定邓某艳于 2006 年 4 月 24 日所受到的伤害为工伤。2008 年 3 月 24 日，宏达豪纺织公司经工商行政管理部门核准注销。邹某贤作为原宏达豪纺织公司的法定代表人于 2009 年 3 月 10 日收到该《工伤认定决定书》后不服，向佛山市劳动和社会保障局申请行政复议，复议机关维持该工伤认定决定。邹某贤仍不服，向佛山市禅城区人民法院提起行政诉讼。广东省佛山市禅城区人民法院判决维持被告作出的《工伤认定决定书》。宣判后，邹某贤不服，向广东省佛山市中级人民法院提起上诉。

二、裁判结果

法院经审理认为：因宏达豪纺织公司未经依法登记即擅自增设营业点从事经营活动，故 2006 年 7 月 28 日邓某艳在不知情的情况下向禅城劳动局申请工伤认定时，错列"宏达豪纺织厂"为用人单位并不存在主观过错。另外，邓某艳在禅城劳动局以"宏达豪纺织厂"不具有用工主体资格、不能与劳动者形成劳动关系为由不予受理其工伤认定申请并建议邓某艳通过民事诉讼途径解决后，才由生效民事判决最终确认与其存在事实劳动关系的用人单位是宏达豪纺织公司。故禅城劳动局 2008 年 1 月 16 日收到邓某艳以宏达豪纺织公司为用人单位的工伤认定申请后，从《工伤保险条例》切实保护劳动者合法权益的立法目的考量，认定邓某艳已在 1 年的法定申请时效内提出过工伤认定申请，是因存在不能归责于其本人的原因而导致其维护合法权益的时间被拖长，受理其申请并作出是工伤的认定决定，程序并无不当。被告根据其认定的事实，适用法规正确。依照《中华人民共和国行政诉讼法》的规定，判决维持被告作出的《工伤认定决定书》。

77．临沧市住建局诉临沧市人社局工伤保险资格认定案*

【裁判摘要】

在确认劳动者人体器官捐献前是否符合视同工伤情形时，医院出具的诊断证明、医学说明、中国人体器官捐献确认登记表等在案证据已形成完整的证据链，足以推翻居民死亡医学证明（推断）书关于劳动者死亡时间的认定，因此该行政确认行为应当撤销并重新作出具体行政行为。

一、基本案情

戴某某生前系临沧市住建局聘请的专业技术人员，被派驻到云南省永德县参与脱贫攻坚。2019年9月3日8时40分，戴某某被同事发现昏迷在房间后随即被送医救治。9月4日10时40分，经医院会诊，戴某某被诊断为：脑梗死、脑疝形成，同日23时20分，出现"双侧瞳孔散大固定、无自主呼吸、疼痛刺激无反应"的体征，被医院确诊脑死亡。戴某某家属决定人体器官捐献，报经批准后继续对戴某某行器官维护处理。9月5日14时30分，

＊ 摘自最高人民法院2023年8月2日发布的人民法院抓实公正与效率践行社会主义核心价值观典型案例。

对戴某某行脏器取出手术，完成器官捐献。同日15时28分，临沧市人民医院出具诊断证明宣告戴某某死亡。9月16日，临沧市住建局向临沧市人社局提出工伤认定申请。临沧市人社局认为根据临沧市人民医院出具的死亡证明判断，戴某某从突发疾病到经抢救无效死亡的时间已经超过了48小时，不符合《工伤保险条例》第十五条第一款第一项关于视同工伤情形的规定，遂作出不予认定工伤决定。临沧市住建局向法院提起诉讼。

二、裁判结果

云南省临沧市临翔区人民法院认为，在人体器官捐献情形下，《工伤保险条例》第十五条第一款第一项规定的"突发疾病死亡或者在48小时之内经抢救无效死亡"的适用，应当以诊疗机构确认的脑死亡时间作为死亡时间。在确认戴某某人体器官捐献前是否符合视同工伤情形时，昆明市第一人民医院人体器官获取组织出具的诊断证明、临沧市人民医院出具的医学说明、中国人体器官捐献确认登记表等在案证据已形成完整的证据链，足以推翻《居民死亡医学证明（推断）书》关于戴某某死亡时间的认定。据此，一审法院判决撤销临沧市人社局作出的《不予认定工伤决定书》并要求其重新作出具体行政行为。临沧市人社局提起上诉，云南省临沧市中级人民法院判决驳回上诉，维持原判。

三、典型意义

戴某某在履职过程中，因突发疾病经抢救无效不幸去世，其生前积极投身脱贫攻坚工作，长期坚守在最艰苦的岗位上。他以无私奉献的实际行动践行着自己的职责和使命。戴某某去世后，其家属延续了戴某某无私奉献、服务人民的价值追求，决定将戴某某的人体器官捐献给社会，以延续他人的生命。社会主义法治的目的在于保障人民权益，引导人民向善向上，法律适用应当维护当事人的合法权益，不能因当事人自身的善举而使其失去本应获得的合法权益，更不能使社会公益之举受挫。在人体器官捐献的情况下，以人体器官获取组织的诊断证明认定戴某某的死亡时间，不仅符合法律规定和医学伦理，也更能彰显社会主义核心价值观，有利于倡导公民敬业奉献、存善心、行善举。

平等就业权纠纷

78. 闫某琳诉浙江喜来登度假村有限公司平等就业权纠纷案*

（最高人民法院审判委员会讨论通过 2022 年 7 月 4 日发布）

招聘单位在招聘活动中因地域事由对劳动者进行了不合理差别对待，损害了劳动者平等获得就业机会和就业待遇的利益，构成对劳动者平等就业权的侵害

【关键词】

民事　平等就业权　就业歧视　地域歧视

【裁判要点】

用人单位在招用人员时，基于地域、性别等与"工作内在要求"无必然联系的因素，对劳动者进行无正当理由的差别对待的，构成就业歧视，劳动者以平等就业权受到侵害，请求用人单位承担相应法律责任的，人民法院应予支持。

【相关法条】

《中华人民共和国就业促进法》第三条、第二十六条

---

* 摘自 2022 年 7 月 4 日最高人民法院发布的第 32 批指导案例（指导案例 185 号）。

【基本案情】

2019 年 7 月，浙江喜来登度假村有限公司（以下简称喜来登公司）通过智联招聘平台向社会发布了一批公司人员招聘信息，其中包含有"法务专员""董事长助理"两个岗位。2019 年 7 月 3 日，闫某琳通过智联招聘手机 App 软件针对喜来登公司发布的前述两个岗位分别投递了求职简历。闫某琳投递的求职简历中，包含有姓名、性别、出生年月、户口所在地、现居住城市等个人基本信息，其中户口所在地填写为"河南南阳"，现居住城市填写为"浙江杭州西湖区"。据杭州市杭州互联网公证处出具的公证书记载，公证人员使用闫某琳的账户、密码登录智联招聘 App 客户端，显示闫某琳投递的前述"董事长助理"岗位在 2019 年 7 月 4 日 14 点 28 分被查看，28 分时给出岗位不合适的结论，"不合适原因：河南人"；"法务专员"岗位在同日 14 点 28 分被查看，29 分时给出岗位不合适的结论，"不合适原因：河南人"。闫某琳因案涉公证事宜，支出公证费用 1000 元。闫某琳向杭州互联网法院提起诉讼，请求判令喜来登公司赔礼道歉、支付精神抚慰金以及承担诉讼相关费用。

【裁判结果】

杭州互联网法院于 2019 年 11 月 26 日作出（2019）浙 0192 民初 6405 号民事判决：一、被告喜来登公司于本判决生效之日起 10 日内赔偿原告闫某琳精神抚慰金及合理维权费用损失共计 1 万元。二、被告喜来登公司于本判决生效之日起 10 日内，向原告闫某琳进行口头道歉并在《法制日报》公开登报赔礼道歉（道歉声明的内容须经本院审核）；逾期不履行，本院将在国家级媒体刊登判决书主要内容，所需费用由被告喜来登公司承担。三、驳回原告闫某琳其他诉讼请求。宣判后，闫某琳、喜来登公司均提起上诉。浙江省杭州市中级人民法院于 2020 年 5 月 15 日作出（2020）浙 01 民终 736 号民事判决：驳回上诉，维持原判。

【裁判理由】

法院生效裁判认为：平等就业权是劳动者依法享有的一项基本权利，既具有社会权利的属性，亦具有民法上的私权属性，劳动者享有平等就业权是其人格独立和意志自由的表现，侵害平等就业权在民法领域侵害的是一般人格权的核心内容——人格尊严，人格尊严重要的方面就是要求平等对待，就业歧视往往会使人产生一种严重的受侮辱感，对人的精神健康甚至身体健康造成损害。据此，劳动者可以在其平等就业权受到侵害时向人民法院提起民事诉讼，寻求民事侵权救济。

闫某琳向喜来登公司两次投递求职简历，均被喜来登公司以"河南人"不合适为由予以拒绝，显然在针对闫某琳的案涉招聘过程中，喜来登公司使用了主体来源的地域空间这一标准对人群进行归类，并根据这一归类标准而给予闫某琳低于正常情况下应当给予其他人的待遇，即拒绝录用，可以认定喜来登公司因"河南人"这一地域事由要素对闫某琳进行了差别对待。

《中华人民共和国就业促进法》第三条在明确规定民族、种族、性别、宗教信仰四种法定禁止区分事由时使用"等"字结尾，表明该条款是一个不完全列举的开放性条款，即法律除认为前述四种事由构成不合理差别对待的禁止性事由外，还存在与前述事由性质一致的其他不合理事由，亦为法律所禁止。何种事由属于前述条款中"等"的范畴，一个重要的判断标准是，用人单位是根据劳动者的专业、学历、工作经验、工作技能以及职业资格等与"工作内在要求"密切相关的"自获因素"进行选择，还是基于劳动者的性别、户籍、身份、地域、年龄、外貌、民族、种族、宗教等与"工作内在要求"没有必然联系的"先赋因素"进行选择，后者构成为法律禁止的不合理就业歧视。劳动者的"先赋因素"，是指人们出生伊始所具有的人力难以选择和控制的因素，法律作为一种社会评价和调节机制，不应该基于人力难以选择和控制的因素给劳动者设置不平等条件；反之，应消除这些因素给劳动者带来的现实上的不平等，将与"工作内在要求"没有任何关联性的"先赋因素"作为就业区别对待的标准，根本违背了公平正义的一般原则，不具有正当性。

本案中，喜来登公司以地域事由要素对闫某琳的求职申请进行区别对待，而地域事由属于闫某琳乃至任何人都无法自主选择、控制的与生俱来的"先赋因素"，在喜来登公司无法提供客观有效的证据证明，地域要素与闫某琳申请的工作岗位之间存在必然的内在关联或存在其他的合法目的的情况下，喜来登公司的区分标准不具有合理性，构成法定禁止事由。故喜来登公司在案涉招聘活动中提出与职业没有必然联系的地域事由对闫某琳进行区别对待，构成对闫某琳的就业歧视，损害了闫某琳平等地获得就业机会和就业待遇的权益，主观上具有过错，构成对闫某琳平等就业权的侵害，依法应承担公开赔礼道歉并赔偿精神抚慰金及合理维权费用的民事责任。

（生效裁判审判人员：石清荣、俞建明、孔文超）

理解与参照

《闫某琳诉浙江喜来登度假村有限公司平等就业权纠纷案》的理解与参照*
——将不合理的区别对待认定为就业歧视的判定标准

为了正确理解和准确参照适用第 185 号指导性案例，现对该指导性案例的基本案情、裁判要点、参照适用等有关情况予以解释、论证和说明。

---

* 摘自《人民司法·案例》2023 年第 23 期。

一、本案例的基本情况

（一）基本案情及裁判结果

2019 年 7 月，浙江喜来登度假村有限公司（以下简称喜来登公司）通过智联招聘平台向社会发布了一则公司人员招聘信息，其中包含有法务专员、董事长助理两个岗位。2019 年 7 月 3 日，闫某琳通过智联招聘手机 App 软件就喜来登公司发布的前述两个岗位分别投递了求职简历。闫某琳投递的求职简历中，包含有姓名、性别、出生年月、户口所在地、现居住城市等个人基本信息，其中户口所在地填写为"河南南阳"，现居住城市填写为"浙江杭州西湖区"。据浙江省杭州市杭州互联网公证处出具的公证书记载，公证人员使用闫某琳的账户、密码登陆智联招聘 App 客户端，显示闫某琳投递的前述董事长助理岗位在 2019 年 7 月 4 日 14 点 28 分被查看，28 分给出岗位不合适的结论，"不合适原因：河南人"；法务专员岗位在同日 14 点 28 分被查看，29 分给出岗位不合适的结论，"不合适原因：河南人"。闫某琳因案涉公证事宜，支出公证费用 1000 元。闫某琳认为喜来登公司在劳动者求职招聘过程中存在地域歧视，侵害了其平等就业的合法权利，向杭州互联网法院提起诉讼，请求判令：（1）喜来登公司向闫某琳口头道歉；（2）喜来登公司自判决生效之日起连续 15 日在《人民日报》《河南日报》《浙江日报》上向闫某琳登报道歉；（3）喜来登公司向闫某琳支付精神抚慰金 6 万元；（4）由喜来登公司负担本案诉讼费、公证费等一切与诉讼相关费用。喜来登公司答辩称，该公司不存在侵害闫某琳平等就业权的行为，该公司没有给予闫某琳面试机会，是因为闫某琳的简历不符合公司的基本招聘要求，没有工作经验；该公司工作人员在回复时简单使用了"河南人"3 个字，这只是公司工作人员自己的备注，公司人事人员没有操作过智联平台，当时事务比较多，就简单备注了一下，以备自己和公司查看使用。这个备注只是对于原告籍贯的备注，虽是公司员工个人的无心之过，但不等同于就是歧视，闫某琳的起诉没有事实和法律依据，依法应当驳回其诉讼请求。

杭州互联网法院于 2019 年 11 月 26 日作出 (2019) 浙 0192 民初 6405 号民事判决：一、被告喜来登公司于本判决生效之日起 10 日内赔偿原告闫某琳精神抚慰金及合理维权费用损失共计 1 万元。二、被告喜来登公司于本判决生效之日起 10 日内，向原告闫某琳进行口头道歉并在《法制日报》公开登报赔礼道歉（道歉声明的内容须经法院审核）；逾期不履行，法院将在国家级媒体刊登判决书主要内容，所需费用由被告浙江喜来登度假村有限公司承担。三、驳回原告闫某琳其他诉讼请求。

一审宣判后，闫某琳、喜来登公司均提起上诉。杭州市中级人民法院于 2020 年 5 月 15 日作出 (2020) 浙 01 民终 736 号民事判决：驳回上诉，维持原判。

（二）法律争议问题及指导价值

2019 年年初，《最高人民法院关于增加民事案件案由的通知》（法〔2018〕344 号）新增"平等就业权纠纷"案由，本案系全国首例涉地域歧视的平等就业权纠纷案件。长期以来，就业歧视现象在社会上时有发生，对劳动者平等就业权的司法保护更加凸显其现实的重要性。我国虽然已有法律对就业平等作出了规定，但法律对何为就业歧视、如何判断是否构成就业歧视、歧视行为的合理例外以及就业歧视的救济等问题没有作出详细规定，规定过于原则。长期以来，各地法院审理涉就业歧视民事纠纷的裁判标准不统一，不利于对劳动者平等就业权的司法保护。针对人员招录过程中存在的就业歧视行为，本案提出了较为合理、明确的认定标准，对于各地人民法院正确认定平等就业权纠纷中是否构成就业歧视、准确把握企业用工自主权和劳动者平等就业权的关系，具有一定的指导意义。同时，本案裁判要点明确了劳动者享有平等就业权是其人格独立和意志自由的表现，对平等就业权的侵害是对一般人格权的核心——人格尊严的侵害，受害人有权依照民事法律规定，请求行为人承担民事责任。

本案判决提炼的规则有助于规范用人单位招聘行为、维护劳动者就业权益，创造公平就业环境，同时对于人民法院审理此类案件要精准把握企业用工自主权和劳动者平等就业权的关系，正确认定平等就业权纠纷中是否构成就业歧视具有直接的指导意义。本案曾被写入2020年最高人民法院工作报告，还被评为最高人民法院第二批人民法院大力弘扬社会主义核心价值观典型民事案例，具有很好的法律效果和社会效果。

二、裁判要点的理解与说明

该指导性案例的裁判要点确认：用人单位在招用人员时，基于地域、性别等与工作内在要求无必然联系的因素，对劳动者进行无正当理由的差别对待的，构成就业歧视；劳动者以平等就业权受到侵害，请求用人单位承担相应法律责任的，人民法院应予支持。

现围绕与该裁判要点相关的问题解释和说明如下：

（一）关于就业歧视的判定标准

就业，是民生安邦之本，是公民体面生活的基本保障，成为基本权利实现的根本途径。《中华人民共和国就业促进法》第三条规定，劳动者依法享有平等就业和自主择业的权利。平等就业权是指具有劳动能力、达到法定年龄的劳动者能够在劳动力市场上选择用人单位从而平等地获得参加社会劳动的机会，不因民族、种族、性别、宗教信仰等不同而遭受歧视的权利。《中华人民共和国就业促进法》第二十六条规定，用人单位招用人员、职业中介机构从事职业中介活动，应当向劳动者提供平等的就业机会和公平的就业条件，不得实施就业歧视。所谓就业歧视，是指用人单位在没有正当理由的情况下，不是根据劳动者的专业、学历、工作经验、工作技能等与工作内在要求密切相关的自获因素，而是基于劳动者的性别、户籍、身份、地域、年龄、外貌、民族、种族、宗教等与工作内在要求没有必然联系的先赋因素，采取的任何区别、排斥、限制或者优惠，其目的和结果在于取消或损害劳动者的平等就业权。[①] 就业歧视的本质特征是没有正当理由的差别对待，其包含两个方面的基本要素：第一，存在差别对待的行为；第二，这种差别对待缺乏合理性基础，为法律所禁止。对于是否

---

① 李雄：《平等就业权法律保障制度研究》，法律出版社2016年版，第283页。

存在差别对待现象，初步的举证责任在于求职者，即求职者应举证证明用人单位存在将原本无序混杂的人群按照某一标准重新分割排列，触发归类效果，并对其产生不利后果。求职者完成前述证明责任后，应由用人单位举证证明差别对待具有合理依据，不违反法律禁止性规定，若不能提供有效的证据证明待遇的差别是合理需要，则可判定歧视成立。

对于具体案件中何种情形构成不合理的区别对待，应着重考量以下两方面的因素：工作内在要求和劳动者本身。工作内在要求，是指某种职业、工种或岗位由于其本身的属性、实现条件和完成效果等因素决定的内在要求，是工作自然属性的外化。工作内在要求由于是工作自然属性的外化，无法独立担当限制平等就业权与界定就业歧视的正义标准，必须与劳动者本身紧密结合。《中华人民共和国就业促进法》第三条在明确规定民族、种族、性别、宗教信仰4种法定禁止区分事由时使用"等"字结尾，表明该条款是一个不完全列举的开放性条款，即法律除认为前述4种事由构成不合理差别对待的禁止性事由外，还存在与前述事由性质一致的其他不合理事由，亦为法律所禁止。何种事由属于前述条款中"等"的范畴，应按劳动者的先赋因素和自获因素为标准进行区别对待的不同，建立不同就业歧视判断规则。用人单位是根据劳动者的专业、学历、工作经验、工作技能以及职业资格等与工作内在要求密切相关的自获因素进行选择，还是基于劳动者的性别、户籍、身份、地域、年龄、外貌、民族、种族、宗教等与工作内在要求没有必然联系的先赋因素进行选择，后者通常构成为法律禁止的不合理就业歧视，除非用人单位的区别对待是基于某些职业特殊的工作内在要求而采取，或基于保护特殊群体的就业需要等，比如，基于保护妇女而采取的就业保护措施；国家实施的积极措施，即国家采取措施使参与率较低的某些群体能够更容易地获得工作，或防止或赔偿其在职业生涯中的损失。劳动者的先赋因素，是指人们出生伊始所具有的人力难以选择和控制的因素，法律作为一种社会评价和调节机制，不应该基于人力难以选择和控制的因素给劳动者设置不平等；反之，应消除这些因素给劳动者带来的现实上的不平等，将与工作内在要求没有任何关联性的先赋因素作为就业区别对待的标准，根本上违背了公平正义的一般原则，不具有正当性。同时，在一般情况下，用人单位根据劳动者的自获因素所采取的区别对待是正当的。因为，自获因素主要体现了劳动者通过自身努力而获得的、具有不同就业能力的个体差异，这种个体差异也是劳动力生产成本的差异。必须承认劳动力的生产成本差异及其通过竞争获得相应回报的差异，这是市场经济的一条基本规则，是效率的根本要求。但是，并非用人单位在任何情况下基于劳动者自获因素所采取的差别对待都是合法的，还要符合具有合法目的、实现该目的的手段是必要的和适当的等要求。

总而言之，司法在判断纷繁复杂的具体个案是否构成就业歧视时，应遵循3个基本原则：第一，平衡原则，即在劳动者平等就业权与用人单位用工自主权之间进行平衡。用人单位合理、合法的自主用人权应当受到尊重，市场在配置劳动力资源过程中的决定性、基础性作用不容否定，但用人单位的自主权应受到法律的规制。就业意味着职业作为一种资源或财富的分配，有分配就会产生竞争，进而不可避免地会产生差别，竞争促进发展，并非所有的差别对待都构成歧视，但对资源的分配应符合正义标准——相同者予以相同处理，不同者予以区别对待，歧视的本质不是差别，而是不正当的差别对待，故用人单位的用工自主权不应突破法律禁止的红线，有必要通过司法的评价和确认来厘清权利的边界，引导建立兼具公平、效率的用工秩序和市场环境。第二，关联原则，即对劳动者就业所采取的一切区别对待必须确实是基于职业、工种或岗位本身特殊性的内在要求，或者说，该种区别应与相对应的工作具有内在的需要，确属从事该工作所必需、合理之区别，故该原则也称为内在需要原则或必要性与合理性原则。[①] 第三，有利于劳动者原则，即在出现隐性歧视等场景中，用人单位以极为隐蔽的方式并借工作内在要求为名对劳动者的平等就业权进行限制，应在充分分析具体案情的情况下作出对劳动者倾斜保护的有利解释。

[①] 许建宇：《社会法视野中的劳动权——作为社会权的劳动权之基本范畴解析》，载《劳动法评论》（第3卷），中国人民大学出版社2005年版，第113页。

（二）就业歧视侵害的法益

平等就业权是劳动者依法享有的一项基本权利，其既具有社会权利的属性，亦具有民法上的私权属性。劳动者享有平等就业权是其人格独立和意志自由的表现，侵害平等就业权在民法领域侵害的是一般人格权的核心内容——人格尊严，人格尊严重要的方面就是要求平等对待，就业歧视往往会使人产生一种严重的受侮辱感，对人的精神健康甚至身体健康造成损害。据此，劳动者可以在其平等就业权受到平等主体侵害时向人民法院提起民事诉讼，寻求民事侵权救济。用人单位实施就业歧视行为，直接剥夺了劳动者平等参与和被平等对待的就业机会，对其人格尊严和意志自由构成侵害。对劳动者平等就业权的侵害，不仅会使劳动者在就业竞争中处于劣势，不能公平参与社会资源分配，难以通过提供劳动获取基本生活来源，更会阻碍劳动者的人格发展，使劳动者在就业活动中受到排斥、归于异类，会感到自己的人格、自尊被无端地伤害，产生一种严重的受侮辱感，对人的精神健康甚至身体健康造成损害。据此，劳动者可以在其平等就业权受到平等主体侵害时向人民法院提起民事诉讼，寻求民事侵权救济。

三、参照适用时应注意的问题

用人单位基于先赋因素对劳动者的平等就业权实施不合理的限制，通常情形下构成就业歧视。但就业歧视的本质特征是没有正当理由的差别对待，法律并不反对合理的、相关的和必要的差别。因此，在特定情形下，用人单位针对先赋因素所采取的区别对待又可以正当化。但特定情形都必须由法律明确规定，而不能被任意扩大解释。对不合理差别对待的判断标准是，用人单位是根据劳动者的专业、学历、工作经验、工作技能以及职业资格等与工作内在要求密切相关的自获因素进行选择，还是基于劳动者的地域、外貌、民族、种族等与工作内在要求没有必然联系的先赋因素进行选择，后者通常构成法律禁止的不合理就业歧视。此外，还需要特别注意的是形式较为隐蔽的间接歧视。间接歧视是与直接歧视相对应的一个概念，指某个行为虽然表面上对不同群体适用同样的规则或标准，但是却会对某个群体不利，隐含着歧视的目的或导致歧视的后果。无论是直接歧视，还是间接歧视，都违背了就业平等的基本原则，只不过间接歧视更为隐蔽，此时，司法应合理分配举证责任，当存在差别对待时，将差别对待具备正当理由的举证责任分配至用人单位一方。如果其无法提出令人信服的正当理由，则应承担差别待遇构成歧视的责任。

（执笔人：杭州互联网法院　肖　苊
编审人：最高人民法院案例指导工作办公室　马　剑）

79．梁某某诉广东惠食佳经济发展有限公司、广州市越秀区名豪轩鱼翅海鲜大酒楼人格权纠纷案*

用人单位无正当理由仅因劳动者的性别而作出不合理的区别、限制以及排斥行为，构成就业性别歧视

【裁判摘要】

> 就业平等权不仅属于劳动者的劳动权利范畴，亦属劳动者作为自然人的人格权范畴。在招聘广告并未明确不招女性，对于并非不适宜女性从事的工作岗位，用人单位无正当理由仅因劳动者的性别而作出不合理的区别、限制以及排斥行为，构成就业性别歧视，侵犯了劳动者的平等就业权。

原告：梁某某，女，住广东省广州市。

被告：广东惠食佳经济发展有限公司，住所地：广东省广州市海珠区滨江西路。

法定代表人：伍某亮，该公司经理。

被告：广州市越秀区名豪轩鱼翅海鲜大酒楼，住所地：广东省广州市越秀区东风东路。

法定代表人：伍某亮，该公司总经理。

原告梁某某因与被告广东惠食佳经济发展有限公司（以下简称惠食佳公司）、被告广州市越秀区名豪轩鱼翅

---

* 摘自《最高人民法院公报》2021 年第 1 期。

海鲜大酒楼（以下简称名豪轩酒楼）发生人格权纠纷，向广东省广州市海珠区人民法院提起诉讼。

原告梁某某诉称：梁某某热爱烹饪并取得中式烹调师高级资格证书。2015 年 6 月 28 日，梁某某在"58 同城"网站上看到被告惠食佳公司发布招聘厨房学徒的广告，指定面试地点在被告名豪轩酒楼处。梁某某于 2015 年 6 月 29 日下午到名豪轩酒楼应聘，该酒楼工作人员要求梁某某填写招聘表格后，让梁某某回去等待通知，称下午 5 点会通知试工。结果当天下午 4 点左右，名豪轩酒楼的工作人员打来电话，告知已经招满人。2015 年 7 月 16 日，梁某某再次发现惠食佳公司在"58 同城"网站上发布相同岗位的招聘广告，且明确要求应聘者为"男性"，指定的面试地点依然是名豪轩酒楼。梁某某在 7 月 22 日下午前往名豪轩酒楼询问，该酒楼前台工作人员再次明确答复厨房不要女性，就算是有厨师证也不录用。经梁某某反复表达求职意愿和能力，该酒楼人员依然拒绝让梁某某试工。梁某某认为，惠食佳公司在发布广告时列明其为发布广告主体，面试地点为名豪轩酒楼，作为应聘者，已经可以合理相信惠食佳公司即为广告的发布主体，而名豪轩酒楼是帮助惠食佳公司实施招聘行为的主体，二被告在发布广告、实施招聘过程中都侵犯了梁某某的平等就业权，也打击了梁某某的就业信心。为此，梁某某起诉至法院请求判令：（1）二被告向梁某某公开书面赔礼道歉；（2）二被告连带赔偿梁某某因应聘产生的经济损失 21 元（包括交通费 20 元及电话费 1 元）；（3）二被告连带赔偿梁某某精神损害抚慰金 40800 元；（4）二被告承担本案诉讼费。

被告惠食佳公司辩称：惠食佳公司不存在侵权行为。惠食佳公司是代被告名豪轩酒楼发布招聘信息，但具体的人事权由名豪轩酒楼掌握，所以惠食佳公司不存在对原告梁某某的侵权行为。另外，厨房学徒岗位每天工作 8 个小时，每周工作 6 天，且需要搬运重物，劳动强度较大。

被告名豪轩酒楼辩称：名豪轩酒楼在 2014 年年底委托被告惠食佳公司在 58 同城网站上发布厨房学徒的招聘广告，该广告是长期广告，主要目的是防止人员突然流失导致工作缺口；另外名豪轩酒楼除了原告梁某某所称的要求男性厨房学徒的广告外，还发布了招聘女性学徒的广告，只是年龄与男性有差别。实际上，名豪轩酒楼在2015年6月至8月期间并无招用任何厨房学徒。梁某某所称名豪轩酒楼前台人员的答复并不代表名豪轩酒楼意见，因为前台服务人员只是引导客流，并不负责人事招聘。名豪轩酒楼厨房处也有其他女职工，可见名豪轩酒楼没有对梁某某进行性别歧视或就业歧视，而是依法行使用工自主权，请求法院驳回梁某某的全部诉讼请求。

广东省广州市海珠区人民法院一审查明：原告梁某某于2015年2月6日取得中式烹调师三级/高级技能职业资格证书。梁某某于2015年6月28日在"58同城"网站上看到被告惠食佳公司发布招聘厨房学徒的广告，该广告中并无明确性别要求，指定面试地点包括被告名豪轩酒楼处。梁某某于2015年6月29日前往名豪轩酒楼应聘，填写了入职申请表，但名豪轩酒楼未对其进行面试。名豪轩酒楼称当时因厨房学徒一职已经招满故没有安排梁某某面试。

原告梁某某于2015年7月在"58同城"网站上再次看到被告惠食佳公司发布同一岗位的招聘广告，遂申请广州公证处对"58同城"网站中惠食佳公司发布的招聘广告的网页进行公证，该公证处于2015年8月18日作出相应公证书。该公证书显示招聘主体为惠食佳公司，招聘的职位为配菜/打荷（招8人），任职资格及其他条件载明"（1）男性，18~25岁；（2）身体健康，反应灵敏；（3）踏实肯干，做事认真负责；（4）服从领导管理，为人友好和善。（无需投递简历，请携带身份证原件到店内面试）……其他：……（2）每周休息1天；（3）每天工作8小时……"面试地址载明"（1）惠食佳名豪轩酒楼……（2）惠食佳滨江大公馆……"广告中还包括了惠食佳公司的公司介绍，载明"广东惠食佳经济发展有限公司是荣获广州市著名商标称号的著名餐饮集团，欢迎您加入我们的大家庭，我们将为您提供：良好的工作环境、广阔的发展空间、完善的晋升机制、法定有薪年假和完善的管理体制等"。被告名豪轩酒楼确认上述广告由其委托惠食佳公司发布，提交《情况说明》，载明"本酒楼于2014年年底委托广东惠食佳经济发展有限公司在58同城网站发布相关招工广告，招工具体事宜由本酒楼负责"；确认配菜/打荷职位即为厨房学徒职位，厨房学徒的工

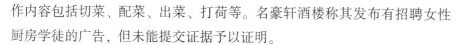

作内容包括切菜、配菜、出菜、打荷等。名豪轩酒楼称其发布有招聘女性厨房学徒的广告，但未能提交证据予以证明。

原告梁某某提交录音及录像资料，拟证明其前往被告名豪轩酒楼处与前台工作人员的沟通情况。录像中显示地点为名豪轩酒楼处；人物为梁某某与该酒楼前台人员；录像的对话内容中，该酒楼前台人员多次陈述"厨房学徒不要女的""厨房里没有女工，都是男的""公司规定厨房不招女工，即便具备厨师证也不行""不招女工，你填了（表）也是没用""不是说有没有实力的问题，这是管理的问题，就是如果不招女生的话就是不招"等。名豪轩酒楼确认录像中地点是其地址，但认为该前台人员不代表人事部门的意见。梁某某提交地铁发票若干、通话记录、病历材料及医疗费发票，拟证明其产生交通费、通讯费、因侵权导致心情抑郁、产生医疗费等。二被告对此不予确认。

广东省广州市海珠区人民法院一审认为：原告梁某某以二被告侵犯其就业平等权为由提起诉讼，本案争议的焦点在于二被告是否在招聘过程中存在侵犯梁某某就业平等权的行为。

本案中，根据原告梁某某提交的公证书内容，广告中列明的主体为被告惠食佳公司，指定的面试地点为被告名豪轩酒楼，且广告中附有关于惠食佳公司的情况介绍。从求职者角度来看，单凭广告内容，梁某某作为求职者不可能知悉二被告之间的委托关系，而是有理由相信该广告是由惠食佳公司发布。梁某某实际前往名豪轩酒楼处应聘并填写表格，此后多次均与名豪轩酒楼工作人员联系，可见名豪轩酒楼是实施招聘行为的主体。

被告名豪轩酒楼确认原告梁某某于 2015 年 6 月 29 日前往应聘厨房学徒一职，但未安排梁某某面试，对此名豪轩酒楼主张因当时厨房学徒已经招满，故没有安排梁某某进行面试。但名豪轩酒楼在梁某某应聘时安排梁某某填写入职申请表，且在梁某某应聘之后不足一月又继续在同一网站发布同一职位的招聘广告，并将招聘广告中的应聘条件中加以明确为"男性"，可见名豪轩酒楼主张其未安排梁某某面试的理由并不成立。

根据《中华人民共和国劳动法》第十二条、第十三条的规定，劳动者就业，不因民族、种族、性别、宗教信仰不同而受歧视。妇女享有与男子平等的就业权利。在录用职工时，除国家规定的不适合妇女的工种或者岗位外，不得以性别为由拒绝录用妇女或者提高对妇女的录用标准。可见，我国法律明确了就业歧视的种类包括对劳动者的民族、种族、性别、宗教信仰等的歧视，其中在性别歧视上又作出了进一步的规定，即除国家规定的不适合妇女的工种或者岗位外，用人单位在招聘其他工作或岗位时，不得基于性别对求职者作出任何区别、排斥或限制，不得基于性别损害求职者就业机会的均等，妨碍求职者就业权的实现，否则就构成就业歧视中的性别歧视。参照国务院颁布的《女职工劳动保护特别规定》附录，女职工禁忌从事的劳动范围包括：（1）矿山井下作业；（2）体力劳动强度分级标准中规定的第四级体力劳动强度的作业；（3）每小时负重 6 次以上、每次负重超过 20 公斤的作业，或者间断负重、每次负重超过 25 公斤的作业。被告招聘的职位是厨房学徒，广告中注明每天工作时间为 8 小时，每周休息 1 天；庭审过程中，二被告均陈述厨房学徒的工作内容为切菜、配菜、出菜、打荷等。从上述工作内容来看，原告梁某某应聘的厨房学徒工作强度并未达到第四级体力劳动的强度，也不存在需要持续负重或负重强度过大的情形，故并不属于不适合女性从事的劳动范围。在现实生活中，女性在家庭生活里也完全可以胜任厨房烹调、料理等工作，女性从事厨房类工作，符合社会普遍成员的心理预期。因此，二被告不能在招聘厨房学徒时，对于应聘人员的性别加以区分、限制或排斥。而被告惠食佳公司在发布招聘广告中明确要求求职者性别为男性；被告名豪轩酒楼在梁某某前往面试时未提供平等的面试机会；在梁某某前往询问时，该酒楼前台人员表示厨房不招女工，即便有厨师证也不行。可见，二被告无论在发布招聘广告中抑或是实际招聘过程中，均一直未对梁某某的能力是否满足岗位要求进行审查，而是直接以梁某某的性别为由多次拒绝梁某某应聘，拒绝给予梁某某平等的面试机会，已经构成了对女性应聘者的区别及排斥，侵犯了梁某某平等就业的权利，均已经构成了对梁某某的性别歧视，属于共同侵权，应该对梁某某的损失承担连带责任。

本案中，原告梁某某主张因二被告就业歧视的行为导致其心情低落、自信心受挫等，要求二被告公开书面赔礼道歉并赔偿经济损失、精神损害抚慰金。但梁某某陈述的心情低落、自信心受挫等属于主观性描述，即便真实存在梁某某陈述的情形，也与梁某某的自身承受能力有一定关联性，未能完全反映侵权结果和程度；梁某某提交的交通费等票据亦不能证明与本案有关。综合考虑二被告的过错程度及侵权行为造成的后果大小，法院酌定由二被告连带赔偿原告精神损失费 2000 元为宜。

综上，广东省广州市海珠区人民法院依照《中华人民共和国劳动法》第十二条、第十三条，《中华人民共和国侵权责任法》第六条①、第十一条②、第十五条③，《最高人民法院关于确定民事侵权精神损害赔偿责任若干问题的解释》第一条④、第八条⑤第二款，参照《女职工劳动保护特别规定》附录之规定，于 2016 年 3 月 31 日判决如下：一、被告惠食佳公司、被告名豪轩酒楼在判决生效之日起 7 日内连带向原告梁某某赔偿精神损害抚慰金 2000 元；二、驳回原告梁某某的其他诉讼请求。

一审宣判后，梁某某、惠食佳公司与名豪轩酒楼均不服，向广东省广州市中级人民法院提起上诉。

梁某某上诉称：（1）关于赔礼道歉的问题。赔礼道歉是承担民事责任的方式之一，且梁某某在其诉讼请求的第一项便要求惠食佳公司、名豪轩酒楼对梁某某作出书面赔礼道歉，故一审法院在认定侵权事实的基础上，对该请求应予支持。同时，从相关法律规定以及民事侵权赔偿理论来看，赔礼道歉侧重于恢复原状，而抚慰金则侧重于金钱赔偿，在梁某某同时要求赔礼道歉和精神损害抚慰金的情况下，法院应该优先考虑将赔礼道歉作

---

① 对应《中华人民共和国民法典》第一千一百六十五条。

② 对应《中华人民共和国民法典》第一千一百七十一条。

③ 对应《中华人民共和国民法典》第一百七十九条："承担民事责任的方式主要有：（一）停止侵害；（二）排除妨碍；（三）消除危险；（四）返还财产；（五）恢复原状；（六）修理、重作、更换；（七）继续履行；（八）赔偿损失；（九）支付违约金；（十）消除影响、恢复名誉；（十一）赔礼道歉。法律规定惩罚性赔偿的，依照其规定。本条规定的承担民事责任的方式，可以单独适用，也可以合并适用。"下同。

④ 该司法解释已于 2020 年 12 月 29 日修正，本条被修改为："因人身权益或者具有人身意义的特定物受到侵害，自然人或者其近亲属向人民法院提起诉讼请求精神损害赔偿的，人民法院应当依法予以受理。"

⑤ 该司法解释已于 2020 年 12 月 29 日修正，本条已被删除。下同。

为承责方式，亦应该尊重梁某某的选择，对其赔礼道歉的诉讼请求予以支持。（2）关于精神抚慰金的数额问题。2000元的精神损害赔偿过低，既不能补偿到梁某某所遭受的实际损失和为维权所付出的成本，也未能慰藉到女性仅仅因为性别而失去谋生和发展机会而遭遇的精神压力。对于实施就业歧视的两家用人单位来说，2000元的赔偿也是极低的一笔开支，与其实施就业歧视行为的严重性极不相称，不足以震慑违法者及潜在的违法者。而且就本案的具体情况而言，惠食佳公司、名豪轩酒楼无论在发布招聘广告中抑或是实际招聘过程中多次对梁某某故意实施直接的性别歧视，其主观故意明显，且始终未承认错误，同时惠食佳公司、名豪轩酒楼作为著名的餐饮企业具有承担责任的经济能力，综合广州地区的平均月薪为6911元等因素，梁某某认为一审法院判决的2000元精神损害抚慰金过低。据此上诉请求：（1）撤销一审判决，改判支持梁某某一审全部诉讼请求；（2）本案诉讼费用由惠食佳公司、名豪轩酒楼负担。

惠食佳公司、名豪轩酒楼上诉称：（1）惠食佳公司、名豪轩酒楼未安排梁某某面试系因当时两单位没有对厨房学徒人员的紧急需求。由于广州餐饮业人员流动性大、员工突然离职现象较多，为解决及防止突然出现人手不足的情况，名豪轩酒楼在网络及店门前长期发布招聘广告，是该行业的通常做法。梁某某在名豪轩酒楼前台填写入职申请表后，因当时没有领导及厨师在场能对其进行面试，则被要求先行离开等候通知。但是，名豪轩酒楼当时对厨房学徒没有紧急需求，且指导厨师也没有带徒弟的意愿，综合考虑以上原因后不安排梁某某面试。该行为合情合理，也不违反任何相关法律法规。名豪轩酒楼在涉案期间（2015年6月至8月）都没有招进厨房学徒，确无实际用工需求。（2）名豪轩酒楼实际没有对女性应聘者或女性员工进行区别及排斥。名豪轩酒楼在梁某某2015年6月29日来应聘时的招聘广告没有限定性别。招聘事宜属于名豪轩酒楼人事部门人员职责范围，酒楼前台人员不能代表名豪轩酒楼作出招聘的意思表示，何况前台人员言论还与名豪轩酒楼厨房内实际情况完全不一致。而且名豪轩酒楼提交的厨房女性员工资料，证明名豪轩酒楼本身在厨房用工方面并不存在性别歧视。（3）梁某某提交的部分证据在形式及实质上都存在问题，不能证明名豪轩酒楼构成性别歧视。梁某某提交的录音文件无法确认原始来源、形成途径和形成时间；相关通话清单也无法直接证明该时段通话内容与录音内容一致。梁某某提交的视频文件不真实，自述摄制时间为 7 月 22 日，但两段视频图像所显示时间均为 2015 年 5 月 2 日，且通过视频内容也无法获知真实的录影时间。与视频相关的《证人证言》缺乏证据的形式要件，没有证人的身份证明文件。梁某某提交的资格证书不能证明其符合涉案厨房学徒岗位资格，且应该、必然由名豪轩酒楼提供面试机会。（4）惠食佳公司不应就梁某某的损失承担连带责任。根据相关法律规定，责任主体应该为用人单位。本案中，惠食佳公司只是代发广告，不是实际用人单位，其公司营业范围不包含餐饮服务；此外，由于名豪轩酒楼在酒楼门口也有自行发布招聘广告，则不能证明梁某某是单凭网络招聘广告而去名豪轩酒楼应聘。即使名豪轩酒楼构成侵权，受托发布广告者惠食佳公司亦不应承担连带责任。据此，上诉请求：（1）撤销一审判决，改判驳回梁某某一审全部诉讼请求；（2）本案诉讼费用由梁某某负担。

广东省广州市中级人民法院经二审，确认了一审查明的事实。

另查明，二审庭询时，上诉人梁某某提交了相关的病历材料以及医疗发票等证据，拟证明其所遭受的精神损失。对此，上诉人惠食佳公司、名豪轩酒楼质证称：（1）梁某某在二审期间所提交的部分证据在一审时已经提交过，惠食佳公司、名豪轩酒楼已经发表过质证意见；（2）关于梁某某心理治疗的病历材料以及部分医疗票据均是在一审最后一次庭审前已经形成，而且上述证据系在惠食佳公司、名豪轩酒楼提出其精神损害抚慰金没有相关依据之后补充的关于治疗、检测、咨询的证据，不应认定为新证据，法院不应采纳；（3）关于面对面心理咨询记录以及相关医疗票据没有原件，与本案无关，对该证据的真实性、合法性、关联性均不予确认；（4）关于惠爱医院的评量表、问卷、测评表，仅有医师签名，没有医院的盖章，均无法确认真实性；（5）关于上述病历材料中的问卷、自评、测评表都是采用问答的方式产生，完全可以根据梁某某主观意识来影响结果，而且在该病历材料中关于多项人格调查表中表示说谎的 L 量量表的分值远远高于标准，不具有证明力；（6）即使梁某某有精神受损的真实情况，亦与其个人承受能力有关，不排除其可能存在的过往病史，也不排除其长时间内受到的其他打击，与惠食佳公司、名豪轩酒楼不通知面试没有因果关系。

广东省广州市中级人民法院二审认为：本案二审的争议焦点为上诉人惠食佳公司、名豪轩酒楼是否侵犯了上诉人梁某某的就业平等权以及应否承担相应的民事责任问题。

对于上诉人惠食佳公司、名豪轩酒楼是否侵犯了上诉人梁某某的就业平等权的问题。一审法院根据双方当事人的诉辩、提交的证据对本案事实进行了认定，并在此基础上依法作出一审判决，合法合理，且理由阐述充分，应予以确认。虽然惠食佳公司、名豪轩酒楼主张其不存在性别歧视行为，但是从惠食佳公司发布仅限男性的招聘广告以及名豪轩酒楼前台工作人员告知梁某某"厨房学徒不要女的""厨房里没有女工，都是男的""公司规定厨房不招女工，即便具备厨师证也不行""不招女工，你填了（表）也是没用""不是说有没有实力的问题，这是管理的问题，就是如果不招女生的话就是不招"等行为可以看出，惠食佳公司、名豪轩酒楼在发布招聘广告以及招聘员工的过程中存在对女性应聘者进行区别、限制以及排斥的行为。而惠食佳公司、名豪轩酒楼所招聘的岗位并非不适合妇女的工种以及岗位。根据《中华人民共和国民法通则》第一百零五条①之规定，妇女享有同男子平等的民事权利。又根据《中华人民共和国就业促进法》第三条之规定，劳动者依法享有平等就业和自主择业的权利。劳动者就业，不因民族、种族、性别、宗教信仰等不同而受歧视。惠食佳公司、名豪轩酒楼仅因招聘者性别而产生的区别、限制以及排斥的行为不具有合法以及合理性，损害了女性应聘者的就业平等权，应构成就业歧视中的性别歧视。虽然惠食佳公司、名豪轩酒楼针对梁某某所提交的系列证据均提出了异议，但是梁某某所提交的招聘广告网页公证书、录音录像以及证人证言等系列证据，相互印证，已经形成证据链，足以证明本案事实，故在惠食佳公司、名豪轩酒楼未能提出相反证据予以反驳之情况下，一审法院采纳

---

① 该法已于2021年1月1日废止，本条已无对应条文。

梁某某所提交的证据，认定惠食佳公司、名豪轩酒楼存在性别歧视行为，并无不当，应予以维持。

关于上诉人惠食佳公司、名豪轩酒楼应否承担相应的民事责任问题。就业平等权系指劳动者不论民族、种族、性别、宗教信仰等不同，而依法享有平等就业、自主择业而不受歧视的权利。就业平等权不仅属于劳动者的劳动权利范畴，亦属劳动者作为自然人的人格权范畴。根据《中华人民共和国侵权责任法》第二条第一款①、第十五条之规定，侵害民事权益，应当依照本法承担侵权责任。承担侵权责任的方式主要有：（1）停止侵害；（2）排除妨碍；（3）消除危险；（4）返还财产；（5）恢复原状；（6）赔偿损失；（7）赔礼道歉；（8）消除影响、恢复名誉。以上承担侵权责任的方式，可以单独适用，也可以合并适用。又根据《最高人民法院关于确定民事侵权精神损害赔偿责任若干问题的解释》第八条之规定，因侵权致人精神损害，但未造成严重后果，受害人请求赔偿精神损害的，一般不予支持，人民法院可以根据情形判令侵权人停止侵害、恢复名誉、消除影响、赔礼道歉。因侵权致人精神损害，造成严重后果的，人民法院除判令侵权人承担停止侵害、恢复名誉、消除影响、赔礼道歉等民事责任外，可以根据受害人一方的请求判令其赔偿相应的精神损害抚慰金。惠食佳公司、名豪轩酒楼在招聘过程中仅因招聘者性别而产生的区别、限制以及排斥的行为，损害了上诉人梁某某的就业平等权，给梁某某造成了一定的精神损害。惠食佳公司、名豪轩酒楼应该认识到自身行为的不当，故法院根据上述法律规定判令惠食佳公司、名豪轩酒楼向梁某某作出书面赔礼道歉并赔偿相应的精神损害抚慰金。关于精神损害抚慰金的数额问题。根据《最高人民法院关于确定民事侵权精神损害赔偿责任若干问题的解释》第十条②之规定，精神损害的赔偿数额根据以下因素确定：（1）侵权人的过错程

---

① 对应《中华人民共和国民法典》第一千一百六十四条："本编调整因侵害民事权益产生的民事关系。"下同。

② 该司法解释已于2020年12月29日修正，本条被修改为第五条："精神损害的赔偿数额根据以下因素确定：（一）侵权人的过错程度，但是法律另有规定的除外；（二）侵权行为的目的、方式、场合等具体情节；（三）侵权行为所造成的后果；（四）侵权人的获利情况；（五）侵权人承担责任的经济能力；（六）受理诉讼法院所在地的平均生活水平。"下同。

度，法律另有规定的除外；（2）侵害的手段、场合、行为方式等具体情节；（3）侵权行为所造成的后果；（4）侵权人的获利情况；（5）侵权人承担责任的经济能力；（6）受诉法院所在地平均生活水平。梁某某上诉主张一审法院判决的精神损害赔偿金过低，并提交了相关的病历材料以及医疗发票等证据拟证明其所遭受的精神损害，但是惠食佳公司、名豪轩酒楼对此不予确认。鉴于法院已经判令惠食佳公司、名豪轩酒楼向梁某某作出书面赔礼道歉，而且一审法院已经综合考量了上述法律规定的各项因素以及本案的具体情况，酌定由惠食佳公司、名豪轩酒楼连带赔偿梁某某精神损失费 2000 元，属于一审法院自由裁量权范围，无明显不当，应予以维持。

据此，广东省广州市中级人民法院依照《中华人民共和国民法通则》第一百零五条，《中华人民共和国就业促进法》第三条，《中华人民共和国侵权责任法》第二条第一款、第十五条，《最高人民法院关于确定民事侵权精神损害赔偿责任若干问题的解释》第八条、第十条，《中华人民共和国民事诉讼法》第一百七十条第一款第一项、第二项之规定，于 2016 年 9 月 6 日判决如下：一、维持广东省广州市海珠区人民法院（2015）穗海法民一初字第 1322 号民事判决书主文。二、惠食佳公司、名豪轩酒楼于判决生效之日起 10 日内向梁某某作出书面赔礼道歉（致歉内容须由法院审定，惠食佳公司、名豪轩酒楼如未在指定的期间内履行，法院将在广州地区公开发行的报纸刊登判决书主要内容，由此产生的费用将由惠食佳公司、名豪轩酒楼承担）。如果未按判决指定的期间履行给付金钱义务，应当依照《中华人民共和国民事诉讼法》第二百五十三条之规定，加倍支付迟延履行期间的债务利息。一、二审案件受理费各 500 元，均由惠食佳公司、名豪轩酒楼负担。

本判决为终审判决。

其 他

80. 刘某泉等 11 人与内蒙古东部电力有限公司兴安电业局劳动争议案*

企业改革中与职工签订离岗退休协议并对工资待遇作了具体承诺的，后因工资事宜发生的纠纷属于劳动争议

【裁判摘要】

国有企业在劳动用工制度改革过程中，与职工签订离岗退休协议并对工资待遇作了具体承诺的，在因工资事宜发生纠纷时，属于劳动争议，法院应当受理。

一、基本案情

1993 年国务院制定《国有企业富余职工安置规定》，国有企业开始安置富余职工。2000 年至 2003 年间，兴安电业局与刘某泉等 11 名职工签订了《离岗退养协议》，约定：职工办理离岗退养手续后不得再回工作岗位，属于在册职工，单位发给生活费；离岗退养期间，浮动工资、奖金取消，除享受普调性工资待遇外，不再享受其他增资项目的工资政策，福利按 50% 执行；养老、医疗、住房、失业等待遇按所在单位的在册职工对待，工龄连续计算，达到法定退休年龄办理正式退休手续。

---

* 摘自《最高人民法院公报》2015 年第 3 期。

兴安电业局改制后走出困境，对在岗职工的工资调整了结构、提高了数额。刘某泉等11人认为他们应当按照离岗退养协议的约定，即享受该单位在岗职工的普调性工资待遇，由于工资结构等已经变化，因此，在岗职工增长的工资均应视为普调性工资待遇，遂向人民法院提起诉讼，请求判令兴安电业局补发年功工资、效益工资、岗位效益工资、岗位基数工资、岗位级差工资、岗位工资，共计601500元。

二、裁判结果

本案经过一审、二审和两次再审，内蒙古自治区高级人民法院认为双方当事人之间的纠纷应由有关部门按照企业改制的政策规定统筹解决，不属于人民法院应当受理的劳动争议案件，裁定驳回起诉。最高人民检察院抗诉，最高人民法院进行了再审。

最高人民法院再审认为：本案是在我国国有企业制度改革和劳动用工制度改革过程中出现的纠纷，1993年国务院颁布《国有企业富余职工安置规定》，对于离岗退养的条件、程序、生活费等内容作出了原则规定，目的在于既要通过改革增强企业活力，提高企业经济效益；又要妥善安置国有企业富余职工，保障其基本生活。刘某泉等11人与兴安电业局签订离岗退养协议，具有落实上述改革措施的性质。特别是兴安电业局又在离岗退养协议中作出了离岗退养人员享受普调性工资待遇等方面的具体承诺，体现了劳动者与用人单位之间在工资待遇方面达成的一致意思表示，与《中华人民共和国劳动法》第四十七条规定的"用人单位根据本单位的生产经营特点和经济效益，依法自主确定本单位的工资分配方式和工资水平"并不矛盾，含有劳动关系的内容，本案纠纷属于劳动争议，人民法院应当受理。当事人诉讼请求中，除岗位效益工资99840元属于奖金性质，按照离岗退养协议的约定不应享受外，其余均应视为系统内工资的普调，应予支持，故判决兴安电业局向刘某泉等11人补发工资501660元。

三、典型意义

本案在如何准确认定企业改革时出现的哪些纠纷属于劳动争议，劳动关系双方均可通过诉讼方式寻求自己合法权益的保护，具有较强的典型意义。我国社会主义市场经济发展过程中，国务院制定的重要改革措施需要严格执行。离岗退养协议中就有贯彻执行国有企业改革政策性质的内容，这些方面的问题确实需要由有关部门按照企业改制的政策统筹解决；但协议中也有用人单位和劳动者之间通过协议确定工资待遇的内容，如离岗退养职工享受普调性工资待遇的约定。工资是劳动合同的重要组成部分，确定工资标准的内容具有劳动合同的性质，当事人对于是否按照劳动合同约定支付了工资发生争议，经过法定程序起诉之后，人民法院应当受理。

本案对于用人单位以法律规定其享有自主确定职工工资权利来抗辩职工关于工资的诉讼请求时，应如何妥善处理同样具有典型意义。离岗退养协议中，刘某泉等11人享受普调性工资待遇的约定，虽然没有直接确定明确的工资数额，却是双方当事人通过协商确定下来的工资标准，这同样是单位确定工资的一种具体方式，也符合《中华人民共和国劳动法》关于用人单位有权自主确定职工工资的精神，其实两者并不矛盾。工资标准确定了，在没有约定或者法律规定可以改变的情形发生时，就必须按照约定的工资标准履行。刘某泉等11人为使国有企业减轻负担、增加活力，顾全大局，以离岗退养的方式为企业的发展作出了奉献和牺牲。他们在离岗退养之后长期领取基本生活费，生活存在困难，诉讼请求中大部分仅仅是协议中所约定的工资内容。在企业经营转好的情况下，应当使这些依法主张权利的职工与在岗职工共同分享改革成果，除了协议中明确约定不能享有的工资待遇外，满足其合理要求。

最高人民法院判决支持了刘某泉等11人诉讼请求中合理合法的部分，通过审判还事实以本来面目，还职工以应得的公正，切实保护了劳动者合法权益。

81. 刘某与某科学院人事争议纠纷案*

▶ 事业单位科研人员离岗创业期间受开除处分的，原单位应依法与其解除聘用合同

【裁判摘要】

不同于《事业单位人事管理条例》第十五条关于事业单位工作人员旷工等事业单位"可以解除聘用合同"的规定，《事业单位工作人员处分暂行规定》第七条第五款规定："事业单位工作人员受到开除处分的，自处分决定生效之日起，终止其与事业单位的人事关系。"根据此规定，事业单位工作人员受到开除处分并规定人事关系终止或聘用合同解除的，属于法定解除情形，双方之间原有的权利义务不再存在，事业单位必须依法解除聘用合同。

一、基本案情

2014年12月1日，刘某与某科学院（某地方政府直属事业单位）签订了6年期聘用合同，到科学院从事科研工作。2017年10月，刘某与科学院订立离岗协议，并变更聘用合同，约定2017年12月至2020年11月与科学院保留人事关系，到某企业从事科研创新工作，其间服从企业工作安排。2018年9月，刘某公开发表的科

---

* 摘自《人力资源社会保障部、最高人民法院关于联合发布第一批劳动人事争议典型案例的通知》（人社部函〔2020〕62号）。

研成果被认定存在大量伪造数据及捏造事实，造成严重不良社会影响。按照国家有关规定，科学院决定给予刘某开除处分，并解除聘用合同。刘某认为其离岗创业期间与科学院仅保留人事关系，根据离岗协议及聘用合同约定，应由企业进行管理，科学院无权对其作出人事处理，遂向劳动人事争议仲裁委员会（以下简称仲裁委员会）申请仲裁。

二、申请人请求

裁决科学院继续履行聘用合同。

三、处理结果

仲裁委员会裁决驳回刘某的仲裁请求。

四、案例分析

本案的争议焦点是刘某离岗创业期间受开除处分，科学院能否与其解除聘用合同。

《人力资源社会保障部关于支持和鼓励事业单位专业技术人员创新创业的指导意见》（人社部规〔2017〕4号，以下简称部规4号文件）规定："事业单位专业技术人员离岗创业……可在3年内保留人事关系""离岗创业人员离岗创业期间执行原单位职称评审、培训、考核、奖励等管理制度""离岗创业期间违反事业单位工作人员管理相关规定的，按照事业单位人事管理条例等相关政策法规处理"。《人力资源社会保障部关于进一步支持和鼓励事业单位科研人员创新创业的指导意见》（人社部发〔2019〕137号，以下简称137号文件）将人员范围限定为"科研人员"，除对离岗创业期限有补充条款外，上述条款均继续有效。依据上述规定，事业单位科研人员离岗创业，并不改变其与原单位的人事关系，也不改变相关管理制度和管理方式。《事业单位人事管理条例》（以下简称《条例》）第十八条规定："事业单位工作人员受到开除处分的，解除聘用合同。"《事业单位工作人员处分暂行规定》（以下简称《规定》）第七条第五款规定："事业单位工作人员受到开除处分的，自处分决定生效之日起，终止其与事业单位的人事关系。"也即,不同于《条例》第十五条事业单位工作人员旷工等事业单位"可以解除聘用合同"的规定,上述情形事业单位工作人员受到开除处分并规定人事关系终止或聘用合同解除的,属于法定解除情形,双方之间原有的权利义务不再存在,事业单位必须依法解除。

本案中,刘某在离岗创业期间身份仍为事业单位工作人员,属于《条例》及《规定》的适用范围。科学院依法依规对刘某给予开除处分,刘某如对处分决定不服,可根据《条例》《规定》及《事业单位工作人员申诉规定》等有关规定申请复核、提出申诉。本案离岗协议及聘用合同所涉离岗创业期间服从企业工作安排的约定,应理解为是对刘某工作内容、工作方式的安排,并不改变其作为事业单位的工作人员的受管理地位。因此,科学院依据处分决定解除与刘某的聘用合同,符合法律和政策的规定,故依法驳回刘某的仲裁请求。

五、典型意义

支持和鼓励事业单位科研人员创新创业是国家加快实施创新驱动发展战略、壮大新动能的重要举措。做好这项工作,一方面要破除体制机制障碍,营造良好政策环境,解除科研人员后顾之忧;另方面,也要完善配套的人事管理办法,保证工作健康有序开展。因此,部规4号文件和137号文件明确,虽然对离岗创业人员可实行特殊的工作模式、激励措施等,但其仍属于事业单位正式工作人员,仍具有公职人员身份,应当按照原有标准进行要求和管理。实践中,事业单位在根据上述规定灵活做好离岗创业人员服务,为其开展创新创业创造良好环境的同时,也需特别注意事业单位要对离岗创业人员实施有效监督管理,敦促其规范自身行为、依法履职尽责。

82. 刘某与某人民医院人事档案纠纷案*

人事档案纠
纷性质上仍
属于劳动
争议

【裁判摘要】

> 当事人请求办理人事档案转移手续，属于劳动争议案件，仲裁机构或用人单位应予受理。用人单位解除与行为人的劳动关系，行为人以用人单位未办理人事档案转移手续，导致其社保关系无法转移为由，向当地劳动争议仲裁委员会申请仲裁，劳动仲裁机构应予受理。

一、案情简介

2012年8月1日，刘某入职某人民医院从事保安工作，双方签订了为期1年的劳动合同。2013年3月31日，医院以刘某不团结同事，协调能力、应急反应能力太差，不能胜任工作等为由，口头告知刘某被解聘。刘某不服，继续到医院上班，但医院不再安排刘某工作。2013年4月9日下午，医院向刘某送达了署期为2013年3月31日的关于解聘刘某的通知。2013年5月8日，刘某以医院未为其办理人事档案转移手续，导致其社保关系无法转移为由，向当地劳动争议仲裁委员会申请仲

---

* 摘自《民事审判指导与参考》2014年第2辑（总第58辑），人民法院出版社2014年版，第118~120页。

裁,请求医院出具解除劳动合同证明、办理档案转移手续及社保转移手续。

二、法院裁判情况

一审法院认为：根据《中华人民共和国劳动合同法》第五十条"用人单位应当在解除或者终止劳动合同时出具解除或者终止劳动合同的证明,并在十五日内为劳动者办理档案和社会保险关系转移手续"之规定,刘某要求判令出具解除劳动合同证明、办理档案转移手续的诉讼请求,于法有据,予以支持;鉴于某人民医院未为刘某办理社会保险登记,尚不具备办理社会保险关系转移手续的条件,刘某可在具备办理社会保险关系转移手续的条件后,另行主张权利。据此判决：一、某人民医院于判决生效后15日内为刘某办理档案转移手续;二、驳回刘某其他诉讼请求。

宣判后,双方均未提起上诉,判决生效。

三、主要观点及理由

本案争议焦点为：人事档案纠纷是否属于劳动纠纷。对此,案件审理过程中主要有四种观点：

第一种观点认为,在计划经济时代,政府对劳动者的档案进行统一管理。实行市场经济改革后,根据1992年制定的《企业职工档案管理规定》第五条,职工档案由所在企业的劳动（组织人事）职能机构管理。实行档案综合管理的企业单位,档案综合管理部门应设专人管理职工档案。因此,用人单位管理劳动者的档案是履行行政义务,并不是用人单位基于劳动合同应当对劳动者履行的义务,人事档案纠纷属于行政争议而非劳动者争议,劳动仲裁机构及人民法院不应受理。

第二种观点认为,《中华人民共和国劳动合同法》第八十四条第二款规定："用人单位违反本法规定,扣押劳动者居民身份证等证件的,由劳动行政部门责令限期退还劳动者本人,并依照有关法律规定给予处罚。用人单位违反本法规定,以担保或者其他名义向劳动者收取财物的,由劳动行政部门责令限期退还劳动者本人,并以每人五百元以上二千元以下的标准处以罚款；给劳动者造成损害的，应当承担赔偿责任。劳动者依法解除或者终止劳动合同，用人单位扣押劳动者档案或者其他物品的，依照前款规定处罚。"据此，人事档案纠纷应由劳动行政部门责令用人单位办理或/及处以罚款，而不应由人民法院受理，并且法院受理之后也难以执行。

第三种观点认为，人事档案独立于劳动合同，但由于用人单位与职工存在管理与被管理的关系，用人单位对劳动者的人事档案负有保管义务。因此，人事档案纠纷是用人单位与劳动者之间因保管合同产生的纠纷，属于一般民事争议，劳动者无需申请劳动仲裁，可以直接向人民法院起诉。

第四种观点认为，《企业职工档案管理工作规定》第十八条规定："企业职工调动、辞职、解除劳动合同或被开除、辞退等，应由职工所在单位在一个月内将其档案转交其新的工作单位或其户口所在地的街道劳动（组织人事）部门。"据此，在企业职工调动、辞职、解除劳动合同或被开除、辞退等情况下，用人单位负有将档案移转到相应部门的法定义务。性质上，这是劳动合同解除时和解除后所产生的附随义务。用人单位未履行该附随义务而发生纠纷的，属于劳动合同履行争议的延伸，性质上仍属于劳动争议，劳动仲裁机构及人民法院应当受理。

我们赞同第四种观点，即人事档案纠纷性质上属于劳动争议，具体理由如下：

1. 在计划经济时代，劳动者的人事档案制度属于企业人事管理的一部分，企业人事管理制度实质上是行政管理的延伸，档案完全属于国家，这时期的企业人事档案管理实际上是企业行政管理的内容之一，政企不分的状况使得企业对人事档案的管理完全参照国家机关的档案管理做法。随着我国从计划经济走向市场经济，人事档案管理也逐渐改革，企业成为独立的市场主体，不再行使对劳动者的行政管理职权，劳动者人事档案开始实行市场化管理模式，也即，实行"人才"管理与存放档案、当事人付费的模式，由人才市场和劳动力市场代管档案。当然，这一改革并不彻底，还存在不少问题。但总体而言，无论根据《企业职工档案管理工作规定》第十八条还是《中华人民共和国劳动合同法》第五十条，管理档案是用人单位的附随义务之一，其来源并非平等主体之间的保管合同。在劳动关系解除或终止时，用人单位有为员工办理档案转移手续的义务。

2. 大多数情况下，人事档案纠纷往往只是一种表象，实质上是其他纠纷的另一种反映。用人单位扣押劳动者的档案，无非有两个方面的原因：其一是用人单位不同意劳动者离开本单位，因为劳动者具有很高的使用价值；其二是用人单位利用扣押劳动者档案企图获得其他利益。至于丢失员工档案的问题，主要是档案在被使用过程中才凸显档案其价值的，如员工到其他单位谋职、办理社会保险手续、升学等都可能使用到档案。① 换言之，人事档案纠纷的背后，实际上是劳动权利义务纠纷。

3. 《中华人民共和国劳动合同法》第八十四条规定劳动行政部门对于用人单位扣押劳动者档案的，可以责令用人单位限期退还，并依照有关法律规定给予处罚。这是《中华人民共和国劳动合同法》赋予劳动行政部门的职权，但与人民法院受理人事档案纠纷并不矛盾，并非意味着此类纠纷只能由劳动行政部门处理。人民法院判决用人单位限期办理人事档案转移手续也并非不具有可执行性。

四、最高人民法院民一庭意见

人事档案纠纷属于劳动争议，劳动者诉请用人单位办理人事档案移转手续的，人民法院可依据《中华人民共和国劳动合同法》第五十条，根据案件情况判决是否支持劳动者的请求。

（执笔人：刘高等）

---

① 郑尚元：《企、事业单位人事档案纠纷之法律分析》，载《法学》2007 年第 10 期。

83．范某兴、俞某萍、高某诉上海祥龙虞吉建设发展有限公司、黄某兵提供劳务者受害责任纠纷案*

劳动者在工作中发生人身伤亡事故，建筑施工企业或实际施工人以投保人身份主张在赔偿款中扣除意外伤害保险金，变相成为该保险受益人的，有违立法目的，不予支持

【裁判摘要】

根据《中华人民共和国建筑法》第四十八条规定，为职工参加工伤保险缴纳工伤保险费系建筑施工企业必须履行的法定义务，为从事危险作业的职工办理意外伤害保险并支付保险费系倡导性要求。建筑施工企业已为从事危险工作的职工办理意外伤害保险的，并不因此免除企业为职工缴纳工伤保险费的法定义务。根据《中华人民共和国保险法》第三十九条规定，投保人为与其有劳动关系的劳动者投保人身保险，不得指定被保险人及其近亲属以外的人为受益人。建筑施工企业作为投保人为劳动者投保团体意外伤害险，该保险的受益人只能是劳动者或其近亲属。劳动者在工作中发生人身伤亡事故，建筑施工企业或实际施工人以投保人身份主张在赔偿款中扣除意外伤害保险金，变相成为该保险受益人的，有违立法目的，依法不予支持。

---

* 摘自《最高人民法院公报》2021年第10期。

原告：范某兴，男，住江苏省启东市。

原告：俞某萍，女，住江苏省启东市。

原告：高某，女，住江苏省南通市。

被告：上海祥龙虞吉建设发展有限公司，住所地：上海市天钥桥南路。

法定代表人：谢某明，该公司执行董事。

被告：黄某兵，男，住江苏省启东市。

原告范某兴、俞某萍、高某因与被告上海祥龙虞吉建设发展有限公司（以下简称祥龙公司）、黄某兵发生提供劳务者受害责任纠纷，向江苏省启东市人民法院提起诉讼。

原告范某兴、俞某萍、高某诉称：2018年2月，被告祥龙公司承包江苏沃地生物科技有限公司位于启东市高新技术产业开发区海州路的办公楼、车间建设工程后，将工程分包给被告黄某兵，范某昌（死者）为木工受雇于黄某兵。2018年10月3日下午4时，范某昌在工地上施工时被一根方料砸在头上，安全帽被砸碎，导致头部受伤，二被告在范某昌受伤后未及时将其送至医疗机构接受检查和治疗。2018年10月6日中午，范某昌因出现头昏现象加重，在妻子陪同下骑电瓶车至医院求医过程中摔倒，急诊送至启东市人民医院时处于深度昏迷，范某昌因抢救无效于次日死亡。2018年10月9日，启东市公安局委托苏州同济司法鉴定所对范某昌死亡原因进行鉴定，该所于2018年12月18日出具鉴定意见书，认定范某昌死因为重型颅脑外伤及胸部外伤，颅脑外伤是导致死亡发生的主要原因，胸部外伤为死亡发生的次要原因。原告认为，范某昌与黄某兵之间存在雇佣关系，雇员在从事雇佣活动中因安全事故死亡，雇主应承担赔偿责任，祥龙公司明知黄某兵没有相应资质，将工程进行发包，依法应承担连带责任，原告为维护自身合法权益，依据法律规定，特诉至法院，请求依法判决：（1）判令祥龙公司、黄某兵共同赔偿范某兴、俞某萍、高某医疗费、死亡赔偿金、丧葬费、被扶养人生活费、尸体保管费（截至2019年6月3日）等各项损失共计1065987.73元；（2）判令祥龙公司、黄某兵自2019年6月4日起至判决生效之日起按照100元/天的标准支付尸体保管费；（3）诉讼费用由祥龙公司、黄某兵承担。

被告祥龙公司、黄某兵辩称：鉴定机构并未搞清坠物为何物便盲目进行鉴定，不仅有悖司法鉴定的相关规定，亦影响对范某昌死因的分析和认定；范某昌在工地上被坠物砸到头部后的两三天内均到工地正常上班，未有任何不适的感觉和反应；司法鉴定并未对前后两次致伤对范某昌死亡的责任进行明确的区分和认定，有违司法鉴定的程序规定，故苏州同济司法鉴定所出具的鉴定意见书不能作为原告要求被告赔偿责任的依据，请求法院对范某昌的死因及前后两次致伤的责任划分进行重新鉴定。从现有证据看，范某昌死亡的原因只能是单车交通事故，单车事故当天上午还在工地干活，范某昌平时喜欢喝酒，单车事故现场来看其车速很快。退一步讲，即使范某昌死因与其在工地上受坠物砸伤存在因果关系，那也是次要的，主要的原因应是单车事故造成的多发伤。

启东市人民法院一审查明：自2018年2月至10月，范某昌受雇于被告黄某兵，工资为180元/天。2018年10月3日下午，范某昌在江苏沃地生物科技有限公司位于启东市高新技术产业开发区海州路的办公楼、车间建设工程中工作时被坠落的方料砸到头部。2018年10月6日，范某昌骑电瓶车发生单车交通事故，后因抢救无效，于次日死亡。2018年10月9日，启东市公安局交通警察大队事故调处中队委托苏州同济司法鉴定所对范某昌死亡原因进行法医学鉴定，该所于2018年12月18日出具的鉴定意见载明：范某昌的死因是重型颅脑外伤及胸部外伤，颅脑外伤是导致死亡的主要原因，胸部外伤为死亡发生的次要原因；关于致伤方式及两次外伤在范某昌死亡发生中的作用，摔跌作用不能引起头颅崩裂、轻度变形，摔跌作用不足以解释全部的胸部外伤，即头颅损伤和右胸背部损伤考虑系第一次外伤砸击所致，但在头颅和胸部已有外伤的基础上，身体摔跌致使面部、胸部受力完全能够加剧前述头颅和胸部也已有的外伤，这可能正是范某昌单车事故发生后深昏迷、自主呼吸弱等病理学基础。

另查明，被告祥龙公司为范某昌在中国人寿保险股份有限公司投保了团体意外伤害保险，事故发生后，原告范某兴、俞某萍、高某已获赔保险金10万元。

还查明，被告祥龙公司承建江苏沃地生物科技有限公司位于启东市高新技术产业开发区海州路的办公楼、车间工程，并提供案涉工程用的脚手架、方料等材料。被告黄某兵自祥龙公司处承接木工劳务，黄某兵并无相应施工资质；范某昌父亲范某兴于1933年1月13日出生，其父另有两女高某萍、高某芹。

启东市人民法院一审认为：公民的生命健康权受法律保护。根据法律规定，个人之间形成劳务关系，提供劳务一方因劳务自己受到损害的，根据双方各自的过错承担相应的责任，本案争议焦点为各方当事人在本次事故中过错问题。根据《中华人民共和国侵权责任法》相关规定，死者范某昌在提供劳务中受伤，应当由接受劳务方与提供劳务者根据双方各自过错承担责任。本案中，范某昌在工作时被坠落的方料砸中头部，造成头颅损伤和右胸背部损伤，单车事故中身体的再次摔跌加剧了之前的伤情，进而导致死亡，鉴定意见亦表明颅脑外伤是导致死亡的主要原因，胸部外伤为死亡的次要原因，故范某昌对本起事故的发生自身存在过错；被告黄某兵作为接受劳务的一方，对范某昌在提供劳务过程中所遭受的损害亦应当承担相应的赔偿责任。被告祥龙公司将案涉木工劳务发包给不具备相应施工资质的黄某兵，对现场疏于管理，未能提供安全的施工环境，对本起事故的发生存在过错，因此祥龙公司亦应承担相应的赔偿责任。一审法院综合各方过错程度，酌定由黄某兵负担损失中的50%、祥龙公司负担损失中的20%，其余损失由范某兴、俞某萍、高某自行负担。苏州同济司法鉴定所是具有相应鉴定资质的机构，其出具的鉴定意见可作为范某兴、俞某萍、高某主张相关损失的依据，该鉴定意见就两次事故在范某昌死亡原因中的作用已作出了解释和说明，祥龙公司、黄某兵并未提交任何证据证明该鉴定符合重新启动的情形，故祥龙公司、黄某兵关于重新启动鉴定的申请，不予准许。

关于损失的认定。原告范某兴、俞某萍、高某主张的医疗费16443.7元，因有相应的医疗费票据、用药明细等予以佐证，一审法院予以确认；范某兴、俞某萍、高某主张的住院伙食补助费36元（18元/天×2天）、护理费396元（2天×99元/天×2人）、误工费360元（180元/天×2天）、被扶养人生活费 46210 元（27726 元×5 年÷3 人），于法有据，一审法院照准；范某兴、俞某萍、高某主张的丧葬费 36342 元，符合法律规定，予以支持，范某兴、俞某萍、高某主张的尸体保管费，因该项支出属丧葬费范畴，范某兴、俞某萍、高某在其主张的丧葬费获得支持的情况下再行主张该项费用，系重复主张，故对范某兴、俞某萍、高某主张的尸体保管费用，不予支持；范某兴、俞某萍、高某主张的死亡赔偿金 896800 元（47200 元/年×19 年），因范某昌生前以非农收入为其生活主要来源，原告按照城镇标准计算死亡赔偿金，有相应的事实和法律依据，予以支持；范某兴、俞某萍、高某主张的受害人亲属为处理事故、办理丧葬事宜而支出的交通费、住宿费、误工损失等，酌定 3000 元。以上范某兴、俞某萍、高某的各项损失合计为 999587.7 元，扣除祥龙公司为范某昌投保团体意外伤害保险而获赔的保险金 10 万元，范某兴、俞某萍、高某的实际损失为 899587.7 元。由黄某兵负担其中的 50%，即为 449793.85 元，祥龙公司负担其中的 20%，即为 179917.54 元，其余损失由范某兴、俞某萍、高某自行负担。关于范某兴、俞某萍、高某主张的精神损害抚慰金，因范某昌的死亡给范某兴、俞某萍、高某造成较为严重的精神损害，结合双方的过错程度，从彰显法律正义的本意和有利于公序良俗的形成角度，酌定范某兴、俞某萍、高某的精神损害抚慰金为 3 万元，由黄某兵赔偿 2 万元，由祥龙公司赔偿 1 万元。

据此，启东市人民法院依照《中华人民共和国侵权责任法》第十六条①、

---

①　对应《中华人民共和国民法典》第一千一百七十九条："侵害他人造成人身损害的，应当赔偿医疗费、护理费、交通费、营养费、住院伙食补助费等为治疗和康复支出的合理费用，以及因误工减少的收入。造成残疾的，还应当赔偿辅助器具费和残疾赔偿金；造成死亡的，还应当赔偿丧葬费和死亡赔偿金。"

第二十二条①、第二十六条②、第三十五条③，《最高人民法院关于审理人身损害赔偿案件适用法律若干问题的解释》第十条④、第十七条⑤、第十八条⑥规定，于 2019 年 6 月 27 日作出判决：一、被告黄某兵于判决发生法律效力之日起 10 日内赔偿原告范某兴、俞某萍、高某各项损失合计 469793.85 元；二、被告祥龙公司于判决发生法律效力之日起 10 日内赔偿原告范某兴、俞某萍、高某各项损失合计 189917.54 元；三、驳回原告范某兴、俞某萍、高某其他诉讼请求。

范某兴、俞某萍、高某不服一审判决，向南通市中级人民法院提起上诉称：（1）根据《最高人民法院关于审理人身损害赔偿案件适用法律若干问题的解释》第十一条⑦第二款的规定，祥龙公司和黄某兵应当承担连带赔偿责任。（2）祥龙公司和黄某兵应当对上诉人的全部损失承担赔偿责任，范某昌在本起事故中没有任何责任。（3）上诉人获赔的 10 万元团体意外伤害保险金不应当扣除，根据《中华人民共和国保险法》第四十六条规定，被保险人遭受人身损害后，可以获得两种不同性质的赔偿。（4）上诉人基于诉讼额外支付的尸体保管费，已经超出法律规定的丧葬费范畴，应当由祥龙公司、黄某兵承担。综上，一审判决认定事实有误，请求二审法院撤销一审判决，依法改判。

---

① 对应《中华人民共和国民法典》第一千一百八十三条："侵害自然人人身权益造成严重精神损害的，被侵权人有权请求精神损害赔偿。因故意或者重大过失侵害自然人具有人身意义的特定物造成严重精神损害的，被侵权人有权请求精神损害赔偿。"

② 对应《中华人民共和国民法典》第一千一百七十三条："被侵权人对同一损害的发生或者扩大有过错的，可以减轻侵权人的责任。"

③ 对应《中华人民共和国民法典》第一千一百九十二条："个人之间形成劳务关系，提供劳务一方因劳务造成他人损害的，由接受劳务一方承担侵权责任。接受劳务一方承担侵权责任后，可以向有故意或者重大过失的提供劳务一方追偿。提供劳务一方因劳务受到损害的，根据双方各自的过错承担相应的责任。提供劳务期间，因第三人的行为造成提供劳务一方损害的，提供劳务一方有权请求第三人承担侵权责任，也有权请求接受劳务一方给予补偿。接受劳务一方补偿后，可以向第三人追偿。"

④ 该司法解释已于 2020 年 12 月 29 日修正，新司法解释中已无此条，此条被吸收入《中华人民共和国民法典》，其中第一千一百九十三条规定："承揽人在完成工作过程中造成第三人损害或者自己损害的，定作人不承担侵权责任。但是，定作人对定作、指示或者选任有过错的，应当承担相应的责任。"

⑤⑥⑦ 该司法解释已于 2020 年 12 月 29 日修正，新司法解释中已无此条。

被上诉人祥龙公司、黄某兵辩称：（1）根据《中华人民共和国侵权责任法》第三十五条规定，一审法院认定祥龙公司承担20%责任正确。（2）在本案中，范某昌确实因为工地上的方料导致其受伤，但其死亡的原因还有交通事故，所以一审法院认定范某昌承担30%的责任有事实依据。（3）10万元的团体意外险是雇主黄某兵为范某昌投保的，保险费也是黄某兵缴纳，该保险的获益人应当是黄某兵。（4）尸体保管费属于丧葬费范畴，本案已经计算了丧葬费。综上，一审法院认定事实清楚，适用法律正确，应当维持原判。

南通市中级人民法院经二审，确认了一审查明的事实。

二审中，上诉人范某兴、俞某萍、高某提交两组证据：中国人寿保险股份有限公司南通市分公司的团体意外险保单和尸体保管费、运输费发票，拟证明：（1）投保人为祥龙公司而非黄某兵，被保险人为范某昌；（2）尸体保管费、运输费应当由祥龙公司、黄某兵负担。祥龙公司、黄某兵质证认为，对该保单信息的真实性予以认可，该保单证明意外伤害保险费由祥龙公司负担，祥龙公司应为受益人。尸体保管费、运输费属于丧葬费范畴，不应另行计算。祥龙公司、黄某兵向法院提交为其他人投保的工伤保险、意外伤害保险单，并提交一组证人证言，拟证明祥龙公司没有投保意外伤害保险的法定义务，其为员工投保意外伤害保险、工伤保险的费用均由祥龙公司负担，并未在员工工资中予以扣除。范某兴、俞某萍、高某质证认为，对工伤保险、意外伤害保险单的真实性予以确认，但与本案无关联性，对其余证据的真实性、关联性不予确认。法院认证认为，对范某昌的意外伤害保险单、尸体保管费、运输费发票的真实性予以确认；祥龙公司、黄某兵提供的证人证言仅为书面证言，真实性不予确认；对其他证据的关联性不予确认。

南通市中级人民法院二审认为：本案二审的争议焦点为，（1）被上诉人祥龙公司与被上诉人黄某兵是否应当承担连带赔偿责任；（2）案涉10万元意外伤害保险金是否应当在祥龙公司、黄某兵的赔偿数额中予以扣除；（3）本案责任比例的认定是否正确；（4）尸体保管费、运输费是否属于丧葬费范畴。

关于争议焦点一，被上诉人祥龙公司应当与被上诉人黄某兵承担连带赔偿责任。

《最高人民法院关于审理人身损害赔偿案件适用法律若干问题的解释》第十一条第二款①规定，雇员在从事雇佣活动中因安全生产事故遭受人身损害，发包人、分包人知道或者应当知道接受发包或者分包业务的雇主没有相应资质或者安全生产条件的，应当与雇主承担连带赔偿责任。被上诉人祥龙公司将工程分包给不具备施工资质的被上诉人黄某兵，受害人范某昌在施工过程中受伤后死亡，对该人身损害，祥龙公司应当与实际施工人黄某兵承担连带赔偿责任。

关于争议焦点二，被上诉人祥龙公司、黄某兵无权主张在赔偿款中扣除 10 万元意外伤害保险金。

首先，《中华人民共和国建筑法》第四十八条规定，建筑施工企业应当依法为职工参加工伤保险缴纳工伤保险费。鼓励企业为从事危险作业的职工办理意外伤害保险，支付保险费。即为职工缴纳工伤保险系建筑施工企业的法定义务，而为从事危险工作的职工办理意外伤害保险为倡导性规定，不具有强制性。法律鼓励施工企业为从事危险工作的职工办理意外伤害保险的目的在于为职工提供更多的保障，但并不免除施工企业为职工缴纳工伤保险的法定义务，如施工企业可以通过为职工办理意外伤害保险获赔的保险金抵销其对员工的赔偿责任，则相当于施工企业可以通过为职工办理意外伤害保险而免除缴纳工伤保险的法定义务，显然与该条的立法目的相违背。

其次，从意外伤害险的属性分析。团体意外伤害保险并非雇主责任险，该人身保险的受益人一般为被保险人或其指定的人。《中华人民共和国保险法》第三十九条规定，人身保险的受益人由被保险人或者投保人指定。投保人指定受益人时须经被保险人同意。投保人为与其有劳动关系的劳动者投保人身保险，不得指定被保险人及其近亲属以外的人为受益人。该条的立法本意在于，雇主和劳动者通常处于不平等状态，雇主在为劳动

---

① 该司法解释已于 2020 年 12 月 29 日修正，新司法解释中已无此条。

者投保意外伤害险时，可能会利用自身的强势地位将受益人指定为雇主，该行为势必损害处于弱势地位的劳动者合法权益，故该条明确雇主为劳动者投保人身保险时，受益人只能是被保险人及其近亲属。如施工单位或雇主为员工投保意外伤害险后可以直接在赔偿款中扣除该保险金，施工单位或雇主即成为实质意义上的受益人，有违本条立法本旨。本案中，被上诉人祥龙公司作为投保人为范某昌购买团体意外险，该人身保险的受益人为范某昌，范某昌死亡后，其继承人有权继承该意外伤害保险金。即便祥龙公司为范某昌投保意外伤害险的主观目的在于减轻自己的赔偿责任，但意外伤害险系人身险而非责任财产险，祥龙公司或被上诉人黄某兵如要减轻用工风险，应当依法为范某昌缴纳工伤保险或购买雇主责任险，而非通过办理团体人身意外伤害险的方式替代强制性保险的投保义务。

最后，意外伤害保险的被保险人有权获得双重赔偿。《中华人民共和国保险法》第四十六条规定，被保险人因第三者的行为而发生死亡、伤残或者疾病等保险事故的，保险人向被保险人或者受益人给付保险金后，不享有向第三者追偿的权利，但被保险人或者受益人仍有权向第三者请求赔偿。根据该条规定，由于被保险人的生命、健康遭到损害，其损失无法用金钱衡量或弥补，被保险人或受益人可获得双重赔偿，此时不适用财产保险中的损失填补原则。本案中，范某昌在为被上诉人黄某兵提供劳务的过程中受伤后死亡，其继承人有权依据意外伤害保险向保险公司主张保险金，也有权请求范某昌的雇主黄某兵承担雇主赔偿责任。但保险公司给付保险金后，不享有向雇主黄某兵的追偿权。换言之，人身意外伤害保险金和人身损害死亡赔偿金均归属于范某昌的继承人所有，投保人祥龙公司不享有任何权益，雇主黄某兵更无权主张从赔偿款中扣除10万元的意外伤害保险金。

关于争议焦点三，本案中，司法鉴定意见书载明："综上分析，范某昌的死因是重型颅脑外伤及胸部外伤，颅脑外伤是导致死亡发生的主要原因，胸部外伤为死亡发生的次要原因。头颅损伤和右胸背部损伤考虑第一次外伤砸击所致，但在头颅和胸部已有外伤的基础上，身体摔跌致面部、胸部受力完全能够加剧前述头颅和胸部已有的外伤。"范某昌在提供劳务过程中受伤后并未第一时间到医院检查，而是第二天继续上班，最终因骑车摔倒后送医院无法医治身亡，其怠于治疗并骑车摔倒对于死亡具有一定的原因力，一审法院据此酌定范某昌承担30%的责任比例，并无不当。

关于争议焦点四，丧葬费系定型化赔偿项目，即不考虑为处理丧葬事宜所花费的具体数额，依据当地统一标准认定赔偿数额。尸体保管费、运输费均为处理丧葬过程中发生的费用。且本案中，受害人范某昌于2018年10月7日死亡，同年10月9日启动鉴定程序，10月26日尸检后，于同年12月18日由苏州同济司法鉴定所出具《鉴定意见书》，死者家属直至2019年10月4日才予以处理，对于该部分费用系扩大的损失，即便超出丧葬费定型化赔偿的数额，也应由死者家属自行承担。

基于前述，上诉人范某兴、俞某萍、高某因范某昌死亡产生总的损失为999587.7元，被上诉人黄某兵承担70%的赔偿责任即699711.39元，精神损害抚慰金3万元，合计729711.39元；被上诉人祥龙公司对该部分损失承担连带赔偿责任。

综上，上诉人范某兴、俞某萍、高某的上诉请求部分成立，对该部分予以支持。南通市中级人民法院依照《中华人民共和国民事诉讼法》第一百七十条第一款第二项规定，于2020年1月6日作出判决：一、撤销江苏省启东市人民法院（2018）苏0681民初9482号民事判决；二、黄某兵于本判决发生法律效力之日起10日内赔偿范某兴、俞某萍、高某各项损失合计729711.39元；三、上海祥龙虞吉建设发展有限公司对黄某兵的上述赔偿义务承担连带赔偿责任；四、驳回范某兴、俞某萍、高某的其他诉讼请求。

本判决为终审判决。

84．胡克金拒不支付劳动报酬案*

（最高人民法院审判委员会讨论通过　2014 年 6 月 26 日
发布）

拒不支付劳
动报酬的单
位或者个人
不具备用工
主体资格不
影响拒不支
付劳动报酬
罪的构成

【关键词】

　　刑事　拒不支付劳动报酬罪　不具备用工主体资
格的单位或者个人

【裁判要点】

　　1. 不具备用工主体资格的单位或者个人（包工
头），违法用工且拒不支付劳动者报酬，数额较大，
经政府有关部门责令支付仍不支付的，应当以拒不支
付劳动报酬罪追究刑事责任。

　　2. 不具备用工主体资格的单位或者个人（包工
头）拒不支付劳动报酬，即使其他单位或者个人在刑
事立案前为其垫付了劳动报酬的，也不影响追究该用
工单位或者个人（包工头）拒不支付劳动报酬罪的刑
事责任。

---

　*　摘自 2014 年 6 月 26 日最高人民法院发布的第七批指导性案例（指导案例 28 号）。

【相关法条】

《中华人民共和国刑法》第二百七十六条之一第一款

【基本案情】

被告人胡克金于 2010 年 12 月分包了位于四川省双流县黄水镇的三盛翡俪山一期景观工程的部分施工工程，之后聘用多名民工入场施工。施工期间，胡克金累计收到发包人支付的工程款 51 万余元，已超过结算时确认的实际工程款。2011 年 6 月 5 日工程完工后，胡克金以工程亏损为由拖欠李朝文等 20 余名民工工资 12 万余元。6 月 9 日，双流县人力资源和社会保障局责令胡克金支付拖欠的民工工资，胡却于当晚订购机票并在次日早上乘飞机逃匿。6 月 30 日，四川锦天下园林工程有限公司作为工程总承包商代胡克金垫付民工工资 12 万余元。7 月 4 日，公安机关对胡克金拒不支付劳动报酬案立案侦查。7 月 12 日，胡克金在浙江省慈溪市被抓获。

【裁判结果】

四川省双流县人民法院于 2011 年 12 月 29 日作出（2011）双流刑初字第 544 号刑事判决，认定被告人胡克金犯拒不支付劳动报酬罪，判处有期徒刑一年，并处罚金人民币 2 万元。宣判后被告人未上诉，判决已发生法律效力。

【裁判理由】

法院生效裁判认为：被告人胡克金拒不支付 20 余名民工的劳动报酬达 12 万余元，数额较大，且在政府有关部门责令其支付后逃匿，其行为构成拒不支付劳动报酬罪。被告人胡克金虽然不具有合法的用工资格，又属没有相应建筑工程施工资质而承包建筑工程施工项目，且违法招用民工进行施工，上述情况不影响以拒不支付劳动报酬罪追究其刑事责任。本案中，胡克金逃匿后，工程总承包企业按照有关规定清偿了胡克金拖欠的民工工资，其清偿拖欠民工工资的行为属于为胡克金垫付，这一行为虽然消减了拖欠行为的社会危害性，但并不能免除胡克金应当支付劳动报酬的责任，因此，对胡克金仍应当以拒不支付劳动报酬罪追究刑事责任。鉴于胡克金系初犯、认罪态度好，依法作出如上判决。

理解与参照

《胡克金拒不支付劳动报酬案》的理解与参照*
——"包工头"也属于拒不支付劳动报酬罪的主体
最高人民法院案例指导工作办公室

2014 年 6 月 23 日，最高人民法院发布了指导案例第 28 号"胡克金拒不支付劳动报酬案"。为了正确理解和准确参照适用该指导案例，现对其推选经过、裁判要点、需要说明问题等情况予以解释、论证和说明。

一、推选过程及其意义

2012 年年底，最高人民法院向全国各高级人民法院下发明传通知，征集有关拒不支付劳动报酬的案例。成都市中级人民法院将《胡克金拒不支付劳动报酬案》向四川省高级人民法院推荐。2013 年 10 月，四川省高级人民法院审判委员会经过讨论，决定向最高人民法院推荐该案例作为备选指导案例。最高人民法院案例指导工作办公室研究后，将该案例送研究室负责起草《关于审理拒不支付劳动报酬刑事案件适用法律若干问题的解

---

* 摘自《最高人民法院司法解释与指导性案例理解与适用》（第 4 卷），人民法院出版社 2016 年版，第 607~617 页。

释》（以下简称《解释》）的刑事处、刑三庭、民一庭审查和征求意见。刑事处、刑三庭和民一庭审查后均认为，该案例是典型的"以案释法"型案例，有利于指导解决实践中遇到的疑难问题，对类似案件审判有指导意义。2014 年 5 月 27 日，最高人民法院审判委员会讨论研究认为，该案例符合《最高人民法院关于案例指导工作的规定》第二条的有关要求，具有指导意义，同意将该案例确定为指导案例。6 月 23 日，最高人民法院以法〔2014〕161 号文件，将该案例作为第七批指导案例予以发布。

该指导性案例涉及对《中华人民共和国刑法修正案（八）》［以下简称《刑法修正案（八）》］关于拒不支付劳动报酬罪规定和《解释》第七条规定的理解和执行，针对建筑工程施工中不具备用工主体资格、违法用工的承包人拒不支付民工报酬的，能否以拒不支付劳动报酬罪定罪处罚等问题，作出了示范性裁判，有利于指导审判实践正确适用法律，加强对民工等弱势群体合法权益的保护，维护社会主义市场经济秩序，促进社会和谐稳定。

二、裁判要点理解与说明

该指导案例的裁判要点确认：

1. 不具备用工主体资格的单位或个人（包工头）拒不支付民工报酬的，属于《最高人民法院关于审理拒不支付劳动报酬刑事案件适用法律若干问题的解释》第七条规定的"不具备用工主体资格的单位或者个人，违法用工且拒不支付劳动者的劳动报酬"的情形，如果数额较大，经政府有关部门责令支付仍不支付的，应当依照《中华人民共和国刑法》第二百七十六条之一的规定，以拒不支付劳动报酬罪追究刑事责任。

2. 不具备用工主体资格的单位或个人（包工头）拒不支付劳动报酬，即使其他单位或者个人于刑事立案前为其垫付了劳动报酬的，不影响对该单位或个人（包工头）以拒不支付劳动报酬罪追究刑事责任。

现对上述裁判要点的相关问题作如下说明：

（一）关于裁判要点第 1 点的说明

该条涉及《解释》第七条的理解和适用。《解释》第七条规定："不具备用工主体资格的单位或者个人，违法用工且拒不支付劳动者的劳动报酬，数额较大，经政府有关部门责令支付仍不支付的，应当依照刑法第二百七十六条之一的规定，以拒不支付劳动报酬罪追究刑事责任。"这是《解释》在第一条规定的基础上，结合司法实践遇到的具体问题，对应当依照《中华人民共和国刑法》第二百七十六条之一追究刑事责任的犯罪主体，作出的一个特别规定。从当前全国法院审判拒不支付劳动报酬罪案件的总体情况看，实践中对"用人单位"拒不支付与之建立劳动关系的劳动者劳动报酬的情形，应以拒不支付劳动报酬罪追究刑事责任问题，不存在异议。但对于如何正确适用《解释》第七条，特别是对其中规定的"不具备用工主体资格的单位或者个人，违法用工"应当如何理解和把握方面，还不十分明确。

本案是《刑法修正案（八）》颁布实施以来，四川省法院判决的首个拒不支付劳动报酬罪案例。虽然该案例的裁判是在《解释》发布前作出的，但鉴于该案例对《解释》第七条规定的情形作了具体诠释，审判该案件的法官对"不具备用工主体资格的单位或者个人""违法用工"等问题依法作出了正确的司法认定。为此，最高人民法院将此案例作为指导案例予以公布，以指导类似案件的审判工作。

近年来，一些地方用工单位恶意拖欠劳动者工资的现象比较突出，大量务工人员工资被拖欠，严重侵犯了劳动者的合法权益，有的甚至引发群体性事件和诸多社会矛盾，成为影响社会稳定的重大隐患。特别是 2008 年以来，有的地方恶意欠薪案件呈上升趋势，占全部拖欠工资案件的 5%~10%。[①] 当前处理恶意拖欠劳动者工资主要通过以下几种途径：一是与用人单位协商解决；二是由劳动争议处理机构调解；三是由劳动争议仲裁机

---

① 郎胜主编、全国人大常委会法制工作委员会编：《中华人民共和国刑法释义》，法律出版社 2011 年版。

构仲裁；四是向人民法院提起诉讼。以上四种处理途径虽然解决了部分的问题，但总的来看，还没完全遏制这种违法行为。鉴于上述情况，2011年2月25日，第十一届全国人大常委会第十九次会议审议通过了《刑法修正案（八）》，将一些社会危害严重、人民群众反映强烈、原来由行政管理手段或者民事手段调整的违法行为，规定为犯罪，增设了拒不支付劳动报酬罪，对"以转移财产、逃匿等方法逃避支付劳动者的劳动报酬或者有能力支付而不支付劳动者的劳动报酬，数额较大，经政府有关部门责令支付仍不支付的，处三年以下有期徒刑或者拘役，并处或者单处罚金；造成严重后果的，处三年以上七年以下有期徒刑，并处罚金。单位犯罪的，对单位判处罚金，并对其直接负责的主管人员和其他直接责任人员，依照前述规定处罚"。上述法律规定的出台，对依法打击恶意欠薪犯罪行为，加强民生保护、促进社会和谐稳定，发挥了积极作用。但在理解和执行刑法新增设的拒不支付劳动报酬罪过程中，理论界和司法实务部门对该罪所涵摄的犯罪主体范围问题产生了较大分歧意见。特别是对恶意欠薪案件高发的建筑工程施工领域，拒不支付劳动报酬的用工主体能否按照该罪追究刑事责任，存在不同认识。据调查，当前恶意拖欠劳动者工资的案件有以下特点：（1）多发于建筑施工、加工制造、住宿和餐饮等劳动密集型行业的个体或中小企业。（2）被拖欠工资的对象主要是进城务工的农民工，属于弱势群体。（3）实践中，合法用工情况下发生拒不支付劳动者劳动报酬的相对较少。大约95%的拖欠劳动报酬案件，都发生在建筑工程施工领域。工程总承包企业违法发包、分包给不具备用工主体资格，也不具备相应资质条件的单位或者个人（小包工头），这些小包工头拒不支付所招用民工工资的情况占相当比例。（4）恶意欠薪或欠薪逃匿案件情况复杂，处理难度大，一旦处理不当易引发群体性事件，影响地方稳定。在上述情况下，有关承包工程的包工头拒不支付所招用民工工资能否入罪的问题，已经成为困扰法律实施、切实有效打击恶意欠薪犯罪的一个难点。法学理论界和司法实务部门对相关问题主要有三种观点：

第一种观点认为，只有属于《中华人民共和国劳动法》（以下简称《劳动法》）和《中华人民共和国劳动合同法》（以下简称《劳动合同法》）所规定的"用人单位"，拒不支付与之形成劳动关系的"劳动者"的"劳动报酬"的情形，才构成拒不支付劳动报酬罪。① 为此，建筑工程施工领域小包工头承包工程后，招用民工进行施工，小包工头与其所招用的民工之间，如果建立了劳动关系的，对恶意欠薪的小包工头可以拒不支付劳动报酬罪追究刑事责任。但如果小包工头与民工建立的是劳务关系的，对小包工头拒不支付民工工资的，就不应当依照《中华人民共和国刑法》第二百七十六条之一的规定追究刑事责任。

第二种观点认为，除了劳动关系中的"用人单位"之外，拒不支付劳动报酬罪也应当同等地适用于其他劳动用工关系中雇主的恶意欠薪行为。② 不论建筑工程施工领域小包工头与其招用的工人之间建立的是何种性质劳动用工关系，均应当比照劳动关系中"用人单位"来承担法律责任，包括刑事责任。主要理由：（1）劳动报酬，顾名思义是劳动者付出体力或脑力劳动所得的对价。《中华人民共和国刑法》第二百七十六条之一的规定并未明确拒不支付劳动报酬罪仅仅适用于《劳动法》《劳动合同法》规定的"用人单位"，拒不支付与之建立劳动关系的劳动者劳动报酬的情形。因此，不宜以《劳动法》和《劳动合同法》调整的范围来界定该条的"劳动者"和"劳动报酬"，从而推断出该条仅适用于双方建立了劳动关系情况下发生的恶意欠薪的结论。（2）劳动者基于劳动关系能够获得劳动报酬，但是不能反过来说劳动者的劳动报酬只能从属于劳动关系，因为劳动关系仅仅是劳动用工关系的一种情形。劳动者基于劳务关系获得的同样是劳动报酬。建筑工程施工领域小包工头招用的民工，按照包工头指令从事建筑工程施工，获得的工资也是劳动报酬。这与劳动关系中劳动者获得的劳动报酬之间不存在本质上差异。（3）虽然近年来，随着我国劳动用工制度的改革，在劳动关系领域里已实行全面的劳动合同制。但在《劳动法》和《劳动合同法》调整的劳动关系领域以外，也仍存在各种形式的劳动用

---

① 黄太云：《〈中华人民共和国刑法修正案（八）〉的理解与适用》，载《公检法办案指南》2011 年第 3 辑。"本条规定的'劳动报酬'，是指劳动者依照《劳动法》和《劳动合同法》的规定应得的劳动收入。"

② 蒙娜：《拒不支付劳动报酬罪若干问题研究》，载《中国刑事法杂志》2013 年第 3 期。

工。不论是劳动合同形式的用工关系还是其他形式,都是通过使用他人劳动,扩大雇主事业范围或者活动范围,用人单位和雇主因此获得利益。雇主作为接受劳动的受益者,也应承担对劳动者依照合同约定按时支付劳动报酬的义务。实践中,雇主出于最大限度实现自身利益并尽可能减轻己方负担、规避对劳动者责任的考虑,往往更多选择不与招用的劳动者建立正式劳动关系,而采用其他用工关系,比如雇佣关系、劳务关系等。建筑工程施工领域这种情况尤为突出。一方面,这是建筑工程施工活动用工的临时性、阶段性特点和实际需要所决定的;另一方面,也是用工者出于减轻对工人所负责任的一种现实考量。这种情况下如果仅仅用劳动关系来限定《中华人民共和国刑法》第二百七十六条之一适用范围,会导致大量的在其他用工方式之下的劳动者合法权益无法得到法律所提供的充分保障和有效救济。(4)实践中,在劳动者与用人单位或雇主之间发生纠纷,究竟是劳动纠纷抑或劳务纠纷、雇佣合同纠纷,在目前法律制度不够健全的情况下所作的区分判定,往往具有相对性、随意性和不确定性。可能对相同案件,因所处地区不同、法院不同或者不同法官之间认识上的差异,而得出不尽相同的结论。因此,若对拒不支付劳动报酬罪适用主体进行极其严格的限缩解释,不仅不利于保护法益,并且也不利于拒不支付劳动报酬罪的司法统一适用,不利于维护法律的严肃性。(5)依据《中华人民共和国刑法》第二百七十六条之一的规定,只有满足拒不支付劳动报酬"经政府有关部门责令支付仍不支付的",该行为才可能入罪。由于目前主要是劳动行政部门依法对欠薪者履行"责令支付"职责,因此在实践中很可能出现这样的情形,即对于一起恶意欠薪案件,如果劳动行政部门认为是劳动纠纷,而采取了责令支付行政措施的,用人单位或雇主就有可能最终成立拒不支付劳动报酬罪;而如果劳动行政部门不认为是劳动纠纷,以属于劳务纠纷为由不予采取责令支付措施的,行为人就不可能成立拒不支付劳动报酬罪。很显然,将某种行为能否入罪问题,在法律理论和实务部门尚未厘清不同劳动用工的法律关系之间彼此界限的情况下,交由不属于法律专业机构的劳动行政主管部门判断，这种做法绝非妥当。① （6）受历史和传统因素的影响，我国立法和法学界人为地将劳动用工关系区分为劳务关系和劳动关系，并将其纳入不同部门法调整的范畴，这不仅不利于我国统一劳动力市场的形成及相应交易规则的建立与完善，也不利于消解民法与劳动法之间的矛盾，造成执法中的混乱，更不利于实现对社会上劳动者的平等保护。无论是劳动关系中的劳动者，还是其他劳动用工关系中的工人，都应当平等地享有宪法赋予的劳动权利，亦应平等地得到法律的保护。② 如果对劳动关系中劳动者遭受恶意欠薪的，可以直至动用刑罚手段，追究用人单位的刑事责任，而对其他劳动用工关系中劳动者遭受恶意欠薪，却只能靠其自行提起民事诉讼追讨，势必造成我们国家对劳动者不予平等保护的局面，违背了在法律面前人人平等的宪法原则。综上六方面理由，主张把劳动关系之外的所有劳动用工关系当中的雇主恶意欠薪行为，都纳入《中华人民共和国刑法》第二百七十六条之一适用范围。为此认为，建筑工程施工中小包工头，不论其与民工建立的是劳动关系，抑或劳务关系、雇佣关系，均得纳入《中华人民共和国刑法》第二百七十六条之一适用范围之中。

第三种观点认为：（1）采取第一种观点界定该罪犯罪主体，固然有利于最大限度明确应予追诉犯罪的主体范围，便于司法实践操作，也符合刑法谦抑原则的要求；但该种意见对法律的理解失之过于机械，不能解决司法实践中遇到的复杂疑难情况。虽然立法机关对《刑法修正案（八）》条文内容的有关说明，比较明确地反映了增设该罪名时立法者的一些考虑和倾向性意见，即《劳动法》和《劳动合同法》规定的"用人单位"拒不支付劳动者劳动报酬的情形，应当属于适用拒不支付劳动报酬罪应予追究刑事责任的主要情形。③ 但并不能由此推断出"只有在合法用工，且用人

---

①　黄继坤：《论拒不支付劳动报酬罪的几个重要问题——对〈刑法修正案（八）〉的解读》，载《当代法学》第 2012 年第 3 期。

②　高峰：《拒不支付劳动报酬刑法规制之价值与重构》，载《人民检察》第 2013 年第 4 期。

③　郎胜主编、全国人大常委会法制工作委员会编：《中华人民共和国刑法释义》，法律出版社 2011 年版。

单位与劳动者建立了劳动关系的情况下，用人单位拒不支付劳动报酬的，才构成本罪"的结论。因为如果是属于形成了事实劳动关系，或者属于其他非法用工的，抑或是建立了其他类型劳动用工关系的情况，而一概将之排除在以拒不支付劳动报酬罪追究刑事责任之外，显然存在一个无法回避的法律逻辑悖论，"会形成合法用工拒不支付劳动报酬构成犯罪，而非法用工拒不支付劳动报酬不构成犯罪的不合理现象。"①

（2）如果采取第二种观点界定该罪的犯罪主体，能够使刑法该条规定在司法适用中更具灵活性，有利于应对当前我国劳动用工关系中客观存在的复杂局面，从而对劳动者合法权益保护面更宽、保护力度更大，实现公平正义。但该种意见对入罪范围界定失之过宽。毕竟当前我国劳动用工领域法律制度针对不同用工关系，在制度设计方面事实上存在区别对待，不能抛开这种差别现状另搞一套，否则会导致以追究刑事责任方式替代民事法律责任的结果，有悖刑法谦抑性要求，也不符合立法本意。尽管当前法学界从学理角度对"劳务关系""雇佣关系"和"劳动关系"乃至彼此之间的区别、界限，已经开展了比较深入研究探讨，但鉴于理论研究和司法实务部门对上述各类型劳动用工法律关系彼此界限，尚未达成比较一致看法。法律规则层面，目前除劳动关系外，法律尚缺乏对劳务、雇佣等民事法律关系比较系统、全面的规制。比如，《中华人民共和国合同法》仅对承揽合同作了较详细规定，但并未对雇佣合同、劳务合同作出明确规定；《中华人民共和国侵权责任法》使用了"个人劳务"概念，但未进一步对"劳务"定义进行界定。司法解释层面，《最高人民法院关于适用〈中华人民共和国民事诉讼法〉若干问题的意见》第45条，②使用了"雇主责任"提法，虽然"从程序意义上为雇主责任采取严格责任提供了依据"，③但并未对何谓雇佣关系等问题进行进一步阐释；在《关于审理人身损害赔偿案

---

① 喻海松：《〈关于审理拒不支付劳动报酬刑事案件适用法律若干问题的解释〉的理解与适用》，载《人民司法·应用》2013年第7期。

② 该司法解释已于2015年2月4日废止，本条已无对应条文。

③ 陈现杰：《解读〈最高人民法院关于审理人身损害赔偿案件适用法律若干问题的解释〉》，载《民事法官必备法律司法解释解读（修订版）》（上册），人民法院出版社2008年版，第108页。

件适用法律若干问题的解释》中，最高人民法院对雇员"从事雇佣活动""为他人无偿提供劳务的帮工人"等概念进行了初步区分，但也未提出有关"雇佣""劳务"等概念之间界限的系统意见。

（3）有鉴于此，对拒不支付劳动报酬罪的犯罪主体，既不宜机械套用《劳动法》和《劳动合同法》调整的劳动关系范围，确定拒不支付劳动报酬罪追诉主体范围，亦应回避将目前认识及法律规定均不甚明确的其他类劳动用工关系纳入刑法规制可能带来的过度扩大犯罪主体范围、打击面过宽等问题。应当遵循立法者本意和立法目的，兼顾刑法谦抑性原则的要求，结合当前我国恶意欠薪犯罪领域突出特点和打击犯罪需要作出具体分析。根据以上考虑，持第三种观点的同志建议，将属于"非法用工"的用人单位或雇主拒不支付劳动报酬情形，纳入追究刑事责任的范畴，较为妥当。①《解释》第七条的规定，基本采纳了第三种观点所提主张，将"不具备用工主体资格的单位或者个人""违法用工"又恶意欠薪的情形，明确纳入"应当依照刑法第二百七十六条之一规定追究拒不支付劳动报酬罪刑事责任"范围，回应了司法实践对此问题的争议和关切。

关于《解释》第七条规定的"违法用工"概念的内涵和外延。如果仅就字面含义理解和文义角度解释，"违法用工"可以包括当前所有劳动用工中含有违法因素的用工行为：比如可能涉及用工主体不"适格"的情况；也可能是所招用的工人不符合法定条件；或者招用工人程序上涉嫌违法等情形，较为复杂。但结合《解释》第七条规定作具体分析可以看出，该条的"违法用工"，应该主要指"不具备用工主体资格的单位或者个人"违反法律规定招用工人从事生产经营活动的情况，即用工主体违法、不适格的情况。从本案的案情看，被告人胡克金作为自然人，先后共计招用上百名民工从事其所承包的建筑工程施工活动。鉴于建筑工程施工领域对有关建筑施工技术和安全方面的特殊要求，《中华人民共和国建筑法》（以下简称《建筑法》）对从事建筑活动的主体，作出了资质方面的明确规定

---

① 黄太云：《〈中华人民共和国刑法修正案（八）〉的理解与适用》，载《公检法办案指南》2011年第3辑。"本款（《中华人民共和国刑法》第二百七十六条之一第二款）所说的'单位'，包括具备合法经营资格的用人单位和不具备合法经营资格的用人单位以及劳务派遣单位。"

和特别限定。比如第十二条规定，"从事建筑活动的建筑施工企业、勘察单位、设计单位和工程监理单位，应当具备下列条件：（一）有符合国家规定的注册资本；（二）有与其从事的建筑活动相适应的具有法定执业资格的专业技术人员；（三）有从事相关建筑活动所应有的技术装备；（四）法律、行政法规规定的其他条件。"第十三条规定，"从事建筑活动的建筑施工企业、勘察单位、设计单位和工程监理单位，按照其拥有的注册资本、专业技术人员、技术装备和已完成的建筑工程业绩等资质条件，划分为不同的资质等级，经资质审查合格，取得相应等级的资质证书后，方可在其资质等级许可的范围内从事建筑活动。"第二十六条规定，"承包建筑工程的单位应当持有依法取得的资质证书，并在其资质等级许可的业务范围内承揽工程。禁止建筑施工企业超越本企业资质等级许可的业务范围或者以任何形式用其他建筑施工企业的名义承揽工程。禁止建筑施工企业以任何形式允许其他单位或者个人使用本企业的资质证书、营业执照，以本企业的名义承揽工程。"第二十九条第一款、第三款分别规定："建筑工程总承包单位可以将承包工程中的部分工程发包给具有相应资质条件的分包单位。""禁止总承包单位将工程分包给不具备相应资质条件的单位。"上述《建筑法》的规定可以看出，作为从事建筑活动的主体应当是具有经过法定认证"资质"，经过工商注册登记的"企业"或者"单位"，自然人个人不允许成为从事建筑活动承揽工程的主体。本案例中被告人胡克金作为个人，不属于经过工商注册登记的施工单位，也不具备有关行政部门认可的"相应资质"。因此，胡克金不具备招用工人进行建筑施工活动的"用工主体资格"，其招用工人进行施工，属于《解释》第七条规定的"不具备用工主体资格的单位或者个人""违法用工"。这是该案例的裁判要点第1点所要明确的"不具备用工主体资格的单位或者个人，违法用工"在司法实践中的典型情形。

（二）关于裁判要点第2点的说明

裁判要点第2点涉及对《解释》第六条的理解与适用。《解释》第六条规定，"拒不支付劳动者的劳动报酬，尚未造成严重后果，在刑事立案前支付劳动者的劳动报酬，并依法承担相应赔偿责任的，可以认定为情节显著轻微危害不大，不认为是犯罪；在提起公诉前支付劳动者的劳动报酬，并依法承担相应赔偿责任的，可以减轻或者免除刑事处罚；在一审宣判前支付劳动者的劳动报酬，并依法承担相应赔偿责任的，可以从轻处罚。"这是《解释》依据《中华人民共和国刑法》第二百七十六条之一第三款规定的精神，为节约司法资源，最大限度地发挥刑法的威慑和教育功能，专门规定在公安机关刑事立案前、提起公诉前、一审宣判前支付劳动者的劳动报酬，并承担相应赔偿责任所能适用的从宽处罚情形。① 鉴于《国务院办公厅关于切实解决企业拖欠农民工工资问题的紧急通知》（国办发明电〔2010〕4号）规定："因工程总承包企业违反规定发包、分包给不具备用工主体资格的组织或个人，由工程总承包企业承担清偿被拖欠农民工工资责任。"为此，实践中，建筑工程施工领域一旦发生拖欠工资的情况，工程总承包企业于"刑事立案前""提起公诉前"或者"一审宣判前"代承包人支付了劳动报酬的现象比较普遍，此种情况下如何对小包工头适用《解释》第六条，实践中亟待明确。对于工程总承包企业已经向分包人支付了民工工资，因而拒绝再次支付民工工资的，由于其已经履行过支付劳动报酬的义务（只是由于小包工头非法扣留、挪用，甚至卷款潜逃），故不宜追究其拒不支付劳动报酬罪的刑事责任。本案例的具体情况是，工程总承包企业在已经向分包人结清工程款的情况下，又于刑事立案前为胡克金垫付了劳动报酬。考虑到虽然本案例在刑事立案前已经解决了欠薪问题，但这种情况，不能改变被告人胡克金存在恶意欠薪的主观故意以及其恶意欠薪的犯罪事实，工程总承包企业再次支付民工工资的，其在性质上属于为胡克金垫付。因此，不应影响对胡克金本人以拒不支付劳动报酬罪追究刑事责任。裁判要点2明确了此种情况下对恶意欠薪包工头仍应当坚持刑事追诉的意见。

---

① 喻海松：《〈关于审理拒不支付劳动报酬刑事案件适用法律若干问题的解释〉的理解与适用》，载《人民司法·应用》2013年第7期。

三、需要说明问题

依据《中华人民共和国刑法》第二百七十六条之一的规定，恶意欠薪行为必须经过"政府有关部门责令支付仍不支付"的，方可入罪。对此问题，《解释》第四条规定，"经人力资源社会保障部门或者政府其他有关部门依法以限期整改指令书、行政处理决定书等文书责令支付劳动者的劳动报酬后，在指定的期限内仍不支付的，应当认定为刑法第二百七十六条之一第一款规定的'经政府有关部门责令支付仍不支付'。"实践中对本案例的具体情形中，劳动保障监察部门责令胡克金支付工人工资的做法，有不同意见。有一种意见认为，胡克金是小包工头，非属于"用人单位"，劳动保障监察部门无权责令其支付工资，小包工头不在其行政执行权限范围之内。鉴于《劳动保障监察条例》第三十三条规定："对无营业执照或者已被依法吊销营业执照，有劳动用工行为的，由劳动保障行政部门依照本条例实施劳动保障监察，并及时通报工商行政管理部门予以查处取缔。"《劳动和社会保障部关于实施〈劳动保障监察条例〉若干规定》第四十七条也规定："对无营业执照或者已被依法吊销营业执照，有劳动用工行为的，由劳动保障行政部门依照本规定实施劳动保障监察。"根据上述规定，对胡克金这类建筑工程施工中不具备用工主体资格的小包工头违法用工行为，可以认定属于"无营业执照""有劳动用工行为"的一种情形，人力资源和社会保障部门可以而且应当进行劳动保障监察，对未支付劳动报酬的应当责令其支付劳动报酬。因此，将本案例中胡克金这类建筑工程施工中小包工头恶意欠薪情形纳入拒不支付劳动报酬罪的调整范围，在司法实践中具有可操作性，能够满足《中华人民共和国刑法》第二百七十六条之一设定的恶意欠薪行为入罪应具备的这一条件。

（执笔人：李兵）

512

85．袁巧娥拒不支付劳动报酬案*

以逃匿、改
变联系方式
的方法，逃
避支付劳动
者的劳动报
酬，数额较
大，经政府
有关部门责
令支付仍不
支付，构成
拒不支付劳
动报酬罪

【裁判摘要】

以逃匿、改变联系方式的方法，逃避支付劳动者的劳动报酬，数额较大，经政府有关部门责令支付仍不支付，构成拒不支付劳动报酬罪。拒不支付劳动报酬罪主观方面应以逃避支付劳动者的劳动报酬为目的，客观方面表现为以转移财产、逃匿等方法逃避支付劳动者的劳动报酬，或者有能力支付而不支付劳动者的劳动报酬，且拖欠的劳动报酬需达到数额较大，并要以经政府有关部门责令支付仍不支付为前提。

一、基本案情

被告人袁巧娥系浙江省云和县华夏工艺厂（系个人独资企业）的负责人，其与丈夫夏根发（另案处理）共同经营该厂。自 2011 年年初开始，该厂长期拖欠工人工资。2011 年 9 月初，袁巧娥与夏根发突然逃匿，手机关机无法联系。9 月 9 日，云和县人事劳动保障局发出指令书，指令华夏工艺厂于 9 月 13 日前支付拖欠的工人工资。同日，云和县人民法院对华夏工艺厂的机器设备进行了财产保全。9 月 21 日，因袁巧娥与夏根发未如

---

* 摘自 2014 年 7 月 24 日最高人民法院发布的八起典型案例之一。

期履行，云和县人民法院正式立案调查。10月8日，袁巧娥到云和县人民法院核对拖欠的工人工资情况。经法院判决和调解，华夏工艺厂拖欠工人工资共计人民币290270.52元。10月下旬，袁巧娥再次逃匿，并改变联系方式。2012年1月15日，该案被移送至云和县公安局，并于次日被立刑事案件。1月19日，袁巧娥自动到云和县公安局投案，并如实供述了主要犯罪事实。

二、裁判结果

浙江省云和县人民法院经审理认为，被告人袁巧娥以逃匿、改变联系方式的方法，逃避支付劳动者的劳动报酬29万余元，数额较大，经政府有关部门责令支付仍不支付，其行为已构成拒不支付劳动报酬罪。袁巧娥在案发后自动投案，并如实供述自己的犯罪事实，系自首，依法可从轻处罚。依照刑法有关规定，认定被告人袁巧娥犯拒不支付劳动报酬罪，判处有期徒刑一年，并处罚金人民币2万元。宣判后，袁巧娥服判，未提出上诉。

三、典型意义

自2011年5月1日起施行的《中华人民共和国刑法修正案（八）》，将恶意欠薪行为入罪，在很大程度上完善了劳动者权利保护体系。通过刑法的强力介入，打击恶意欠薪，震慑无良雇主，保护广大劳动者的合法权益不受侵犯。本案中，被告人袁巧娥以逃匿的方法逃避支付劳动者的劳动报酬达29万余元，且经云和县人事劳动保障局责令支付仍不支付，并再次逃匿，改变联系方式，其行为已构成拒不支付劳动报酬罪。该案的审判明晰了拒不支付劳动报酬罪的构罪要件，该罪主观方面应以逃避支付劳动者的劳动报酬为目的，客观方面表现为以转移财产、逃匿等方法逃避支付劳动者的劳动报酬，或者有能力支付而不支付劳动者的劳动报酬，且拖欠的劳动报酬需达到数额较大，并要以经政府有关部门责令支付仍不支付为前提，目的在于在加大保护劳动者合法权益的同时，也避免了刑罚的过度干预，有助于维护市场经济健康有序运行，促进社会的和谐稳定。